U0902833

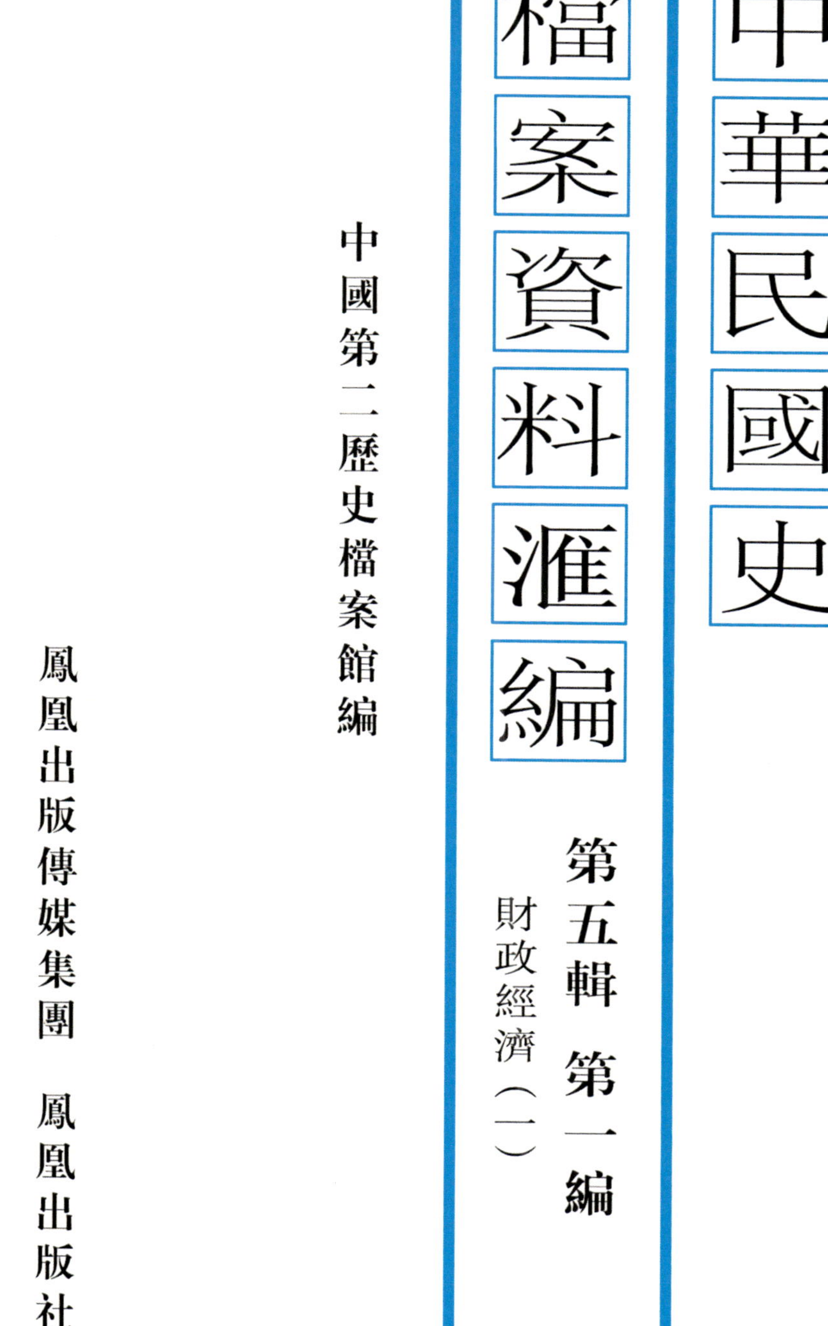

中華民國史檔案資料滙編

第五輯 第一編

財政經濟（一）

中國第二歷史檔案館編

鳳凰出版傳媒集團 鳳凰出版社

图书在版编目（CIP）数据

中华民国史档案资料汇编. 第5辑. 第1编. 财政经济 / 中国第二历史档案馆编. -- 南京 : 凤凰出版社, 1994.6 (2018.12重印)
ISBN 978-7-80519-527-8

Ⅰ. ①中… Ⅱ. ①中… Ⅲ. ①档案资料－汇编－中国－民国②财政－经济史－档案资料－汇编－中国－民国 Ⅳ. ①K258.063

中国版本图书馆CIP数据核字(2010)第085840号

书　　名	中华民国史档案资料汇编 第五辑　第一编　财政经济(共九册)
编　　者	中国第二历史档案馆
责任编辑	尹亚伟　胡多佳　杜基顺
出版发行	凤凰出版社(原江苏古籍出版社) 发行部电话025-83223462
出版社地址	南京市中央路165号,邮编:210009
出版社网址	http://www.fhcbs.com
印　　刷	上海世纪嘉晋数字信息技术有限公司 上海市汇金路899号,邮编:201700
开　　本	850×1168毫米　1/32
印　　张	195.75
字　　数	4911千字
版　　次	1994年6月第1版　2018年12月第3次印刷
标准书号	ISBN 978-7-80519-527-8
定　　价	1570.00元

(本书凡印装错误可向承印厂调换,电话:021-69214197)

说　明

《中华民国史档案资料汇编》(1912—1949年)，是为了适应中国近现代史的科学研究与教学需要，就馆藏历史档案中具有一定史料价值的资料编辑而成的一套综合性档案资料汇编。

本档案资料汇编，系以前副馆长王可风生前主持编辑的《中国现代政治史资料汇编》(1919—1949年)初稿为基础，进行修订补充的。全书扩编为五辑：第一辑《辛亥革命》(1911年)；第二辑《南京临时政府》)(1912年)；第三辑《北洋政府》(1912—1927年)；第四辑《从广州军政府至武汉国民政府》(1917—1927年)；第五辑《南京国民政府》(1927—1949年)。

本档案资料汇编第五辑《南京国民政府》的主编为施宣岑、方庆秋。

第五辑全书分为三编：第一编为《南京国民政府的建立与十年内战》(1927.4—1937.7)；第二编为《第二次国共合作与八年抗战》(1937.7—1945.8)；第三编为《蒋介石发动全面内战与南京国民政府的覆灭》(1945.8—1949.9)。以上每编各按政治、军事、外交、财政经济、文化教育等分为若干分册。

本分册为第五辑第一编的财政经济分册。全书分为九个部分：一、财经会议；二、财政概况；三、税制与税收；四、内外债；五、金融货币；六、工矿业；七、农业；八、商业；九、交通运输。

本分册编辑分工：第一、二、三部分的编者为刘冰；第四部分的编者为杨斌；第五部分编者为郑会欣、刘冰；第六部分的编者为李琴芳；第七、八部分的编者为张士杰；第九部分的编者为杨斌。最后，全书由施宣岑、方庆秋统编定稿；并由唐彪等审阅。

本辑资料汇编篇幅大，涉及面广。我们限于水平，在史料的选材、加工、编排等方面难免有缺点和错误。谨希读者批评指正。

编　　例

一、本汇编所选资料，为保持档案文件原貌，全文照录。但对少数文件因内容重复及与主题无关者，则酌予删节。资料出处，于文件篇后注明之。

二、本汇编所选资料，按类项并依文件形成时间先后为序。但属综合性或追述性的资料，则按其内容酌加调整。

三、本汇编所选资料，一般以一件为一题。但同属一事，彼此间又有直接联系者，则以一事为一题。

四、本汇编所选资料，一般由编者另拟标题并另加标点。沿用原标题、原标点者，加注说明。

五、本汇编所选资料，一般用简体字，但遇有可能引起文义歧异者，则保留原来繁体字。

六、本汇编所选资料，凡有破损缺漏或字迹不清者，以□号代之；错字、别字和衍文的校勘以及简单注释，均加在正文之后，以〔　〕号标明之；较长的注释，在正文之后以①②等号标明之；增补的字，以【　】号标明之；文件内容删节者，以……符合标明之；待考的字，以〔？〕符号标明存疑。

目　录

〔一〕财经会议

（一）重要财政会议及提案

（二）全国经济会议及提案

〔二〕财政概况

(一)财政行政组织与法规

(二)整理与统一全国财政

一、财政的整理与统一

四、财政施政报告

〔一〕财经会议

（一）重要财政会议及提案

1. 古应芬为解决财政问题拟召集财政会议的提案

（1927年5月31日）

提交中央财政委员会

拟召集财政会议由　五月三十一日发

敬略者，案查凡百行政，需财而理。近年财务行政失其纲纽，军兴以来，尤多改革。现在国民政府奠都南京，际兹建设伊始，首在整理财政，清厘积弊，稽核收支。所有各省最近财政状况以及内外困难情形，应如何妥定方针，端赖群策群力，开诚共见，互相维持。拟即由本部召集财政会议，综目前之实情，谋革新之方略，于一个月以内，由各省区推举代表莅宁列席。所有代表姓名，应先期电复。至各省政厅主管各项收支表册，饬其赶速造齐，交由代表携呈考核。其他财务机关，如盐税及海关、内地税、常关税、烟酒税、印花、煤油、卷烟暨官产、沙田及应属中央之军政各费，应同时分别造成表册，由各省代表一并携同送部，于规定期限以内，赴部报到，以便正式开会，俾资商确〔榷〕，而定南针。所有拟即召集财政会议，以期解决目前财政问题，是否可行，敬候公决。

古应芬提议

〔国民政府财政部档案〕

2．江苏兼上海财政委员会抄送历次会议记录函

（1927年6月11日）

江苏兼上海财政委员会公函　第八十六号

径启者：本会第十八次会议议决：议事纪录须抄送财政部、财政厅备考，除以后随时抄送外，兹将本会自本年四月二十成立之日起至六月七日止历次议事录先行抄送，即希贵部查照为荷。此致

财政部

计抄送四月二十日起至六月七日止议事录一份（另寄）

江苏兼上海财政委员会（印）

中华民国十六年六月十一日

江苏兼上海财政委员会会议录

总理遗嘱〔略〕

本会定名曰江苏兼上海财政委员会，于中华民国十六年四月二十日成立，各委员即于是日上午十时在南京国民政府礼堂行就职典礼。

一、对国旗、党旗、总理遗像行三鞠躬礼。

一、恭读总理遗嘱。

一、本会誓词。

一、中央党部训词，蒋总司令代表。

一、国民政府训词，蒋作宾君代表。

一、本会答词。

一、摄影。

是日行礼后，即开第一次会议。到会委员：陈辉德君、汤巨君、王孝赉君、钮永建君、陈其采君、吴荣鬯君、汤济沧君、钱

永铭君（汤巨君代）、徐国安君（汤济沧君代）。由主席陈辉德君恭读总理遗嘱毕，当由全体推定常务委员七人：

（驻宁）：汤巨、钮永建、缪斌。

（驻沪）：吴荣鬯、钱永铭、王孝赉。

（往来宁沪）：汤济沧。

推定后，复议决本会措理各重要事件如下：

（一）请将驻苏军队月饷及其余各费立一预算表，俾便按月筹拨。

（二）一切财政征收机关，不论国税、省税，暂时务宜一律截留，方可支配。

（三）关于财政各机关所有用人行政，本会宜有全权处理，方可负按月付款之责。

（四）本会地址请设在上海，另在南京分设一驻宁办公处。

（五）宁垣旧财政厅现驻军队应请移出，以便组织驻宁办公处。

（六）总司令前请宋部长全权办理之通令登在各报者，务请明文撤销或变更之。

（七）原有中央银行，武汉已不兑现，请暂在宁、沪设立分行，并请通电纠正。

（八）收回江苏境内中央钞币，并限定截止日期。

以上各条，除第七、第八两条外，余均面奉蒋总司令核准。

附录　本会就职誓词

余誓以至诚恪遵总理遗嘱，服从党义，奉行国家法令，尽忠于本职。余决不雇用无用人员，不营私舞弊及授受贿赂。如违背誓词，愿受本党最严重之处罚。谨誓。

附录　本会各委员答词

江苏本为财富之区，经历年军阀、官僚、土豪劣绅盘踞把持，几濒破产。现当国民政府迁都南京，适委员等奉令组织江苏兼上海财政委员会，今荷中央党部国民政府代表训示一切，委员等自当勉竭驽钝。本奋发之精神，以廉洁自励；用整理的方式，革故鼎新，以期财政公开统一，谋民众之利益，巩国家之基础，用副政府殷殷垂望之盛意。谨答。

第二次会议

同年四月二十二日，本会在上海交通银行三楼开第二次会议，到会委员：

陈辉德　徐静仁　汤筱斋　顾馨一　吴荣鬯　秦润卿

钱永铭　陈其采　虞和德　汤济沧　王孝赉　钮永建

一、恭读总理遗嘱。

一、报告本会成立就职宣誓经过。

一、报告中央政务委员会暨本委员在宁联席会议情形。

一、拟定本会通告底稿。俟总司令部登报后，再将此稿送登各报。

议决案列下：

（一）发行二千万元公债案　钱委员永铭提议并附条例。

（1）推举钱君永铭、吴君荣鬯、秦君祖泽审查条例，订本月二十三日第三次会议报告。

（2）推举虞君和德、王君孝赉、徐君国安、汤君巨、顾君履桂研究推行方法，订本月二十三日第三次会议报告。

（二）续垫临时借款叁百万元签字案　陈委员辉德提议。

议决：由主任暨驻沪常务委员公同签字。

（三）本会地址案　陈委员辉德提议。

议决：请顾委员履桂觅相当地点。

（四）接收江苏财政处　陈委员辉德提议。

议决：俟本会组织就绪正式办公后再行提议。

（五）淞沪警察厅请领经费案　陈委员辉德提议。

议决：在未接政治委员会正式函知以前未便拨付，先行通融借支三万元，用公函答复。

陈辉德　二十三号

第三次会议

同年四月廿三日下午五时，在上海交通银行三楼开第三次会议，到会委员：

徐君国安、虞君和德、汤君巨、王君孝赉、顾君履桂、秦君祖泽、王君伯群、陈君辉德、钱君永铭、陈君其采、吴君荣鬯共十一人，开会秩序如左：

（一）恭读总理遗嘱。

（二）读前二次会议议事录。

（三）审查各委员报告审查库券条例。

（四）研究各委员报告研究库券发行办法。

（五）顾委员履桂报告本会会址。

（六）讨论续垫叁百万元事件。

（七）讨论本会组织法。

审查各委员报告，原拟库券贰千万元，应改为叁千万元，月息七厘，限三十个月将本还清，余均可按原拟条例发行。议至此，由陈委员其采介绍江海关监督俞君飞鹏到会旁听，公决认可。嗣由俞君提出意见，亦以票额改为叁千万元为宜，与本会不谋而合。惟月息拟改为有奖六厘，十足发行，公决赞同，并将俞君所拟说帖付下次会议合并审查。研究各委员报告库券推销方法，可由上海各业认销壹千万元，驻沪绅富认销壹千万元，苏、浙各县认销壹千万元。陈委员其采报告，本日午后二时，曾偕陈主任辉德出席银行公会，告知本会成立情形，并评述日来军事重要，需饷孔亟，请该公会迅予设法续垫借款三百万元，以应急需，旋即退席。

嗣由胡君孟嘉、叶君扶霄来财委会办事处报告云：该公会开会结果，曾拟提左列条件二项，由该会执行委员胡、叶二君与陈委员接洽。

（一）速定库券条例，然后发行。

（二）由国民政府宣布承认偿还以前各处旧欠办法（附件附第二条下）。现汉口宣布专用钞票，封锁现金办法，金融界所受损失，应由国民政府赔偿。

以上二项，请本会答复，否则合同不能签字，不能垫缴借款，请大家讨论。

虞委员和德云：第二条所谓各处云云，范围太广，本会无此特权承认，即蒋总司令亦未必能答应。

钱委员永铭云：顾名思义，本会范围只限于江苏，无力偿还全国旧欠，即使能担任，此时政府亦碍难宣布。且现在未统一，即就江苏论，前以税收作抵者虽可照例偿还，但目下江北方面尚在孙军之手，一时亦无从应允，只可就本会权力所及之地，代为设法整理，否则亦当代为设法整理。

陈委员其采云：闻银行内容并不一致，其表同情于政府者较为多数，但为公会所束缚，故不能不一致提出此项条件。如胡、叶二君，均异常热心，极愿帮忙，且深知本会为难。大概所谓旧欠，亦只能限于江苏。

王委员孝赉云：现在办理，亦须采用革命方式。至还旧欠，须将来财政部担任。现在本会为救急计，惟有与银行界再行切实磋商，请其觉悟。

钱委员永铭云：如只限于江苏范围，本会便不妨答复。

陈委员其采云：不妨先行口头答复，大意第一条正在拟订条例；第二条俟将来财政部成立后，再行设法，本会亦无不竭力帮忙；第三条实不成问题。惟现在南京需款甚急，必须请银行公会后日上午（明星期日）十一时即开会决定，十二时签字，下午便当缴解垫款。

结果决定先行口头答复，订于明日下午二时仍在交行三楼开第四次会议，再行讨论。

顾委员履桂报告：本会地址他处一时难觅，查民国路老北门自来街口宋部长原来办公处甚为合宜，不如接租该处，并有器具，不妨接受备用。

公决：一面向房主接洽，一面向宋部长处接洽。

本会组织法。公决：设一秘书处，秘书数人，科员、录事若干人，总务、税务、会计、审核四科，每科科长一人，科员若干人，又另设教育经费管理处，请教育委员会蔡孑民先生荐举一人担任，以教育界素所信仰者为合格。议毕。廿四号

同年四月廿四日下午二时，在上海交通银行三楼开第四次会议，到会委员：陈君辉德、吴君荣鬯、钱君永铭、陈君其采、汤君巨、汤君济沧、秦君祖泽、王君孝赉、虞君和德、徐君国安、顾君履桂共十一人，主任陈君辉德恭读总理遗嘱毕开议，议题列左：

（一）二五库券条例。

（二）续垫借款合同。

（三）用人规则。

（四）本会地址。

（五）中央纸币事、

吴委员荣鬯报告：库券发行额审查结果，仍以贰千万为妥。闻各国对于我国金融界现亦非常注意，因金融与市场关系甚大，譬如日前日本台湾银行事已生绝大影响。且值此军事时期，税收减少，认购者亦不免多所顾虑。俟将来江北解决后，盐税及其他来源畅旺，然后再续加一、二千万，亦未始不可。依审查员三人意见：（一）维持贰千万原案，（二）对于原拟条例，可略加修改。

钱委员永铭云：长期叁千万不及短期贰千万，数目较小，销售当亦较易。宜先尽各绅富分头劝其多购，能全数售罄最好，不足再由银钱公会暨各业担任。

结果：均赞同贰千万原案。

库券条例及库券基金保管委员会条例，由陈主任辉德逐条朗读一过，请众研究。

结果：库券条例名称及第一、第四、第六、第七、第八、第九、第十各条字句均略有删改，另加一条，列为第十四条，全体通过。又库券基金保管委员会条例名称及第二、第五、第六、第七各条字句均略有修正，另加一条，列为第四条，全体通过。

续垫借款合同，全体通过，照缮，明日交银行公会，以备签字缴款。

用人规则：陈委员其采主张经验与学识并重，能得兼全者固善，但本会现仍以实在能办事者为宜，所谓经验是也。至于有专门学识之新人才，俟将来或添设研究、讨论等会时再容纳之。结果：仿照浙江财政委员会用人标准，秘书及各科办事职员，由各委员分别介绍，但须负保人之责。

本会地址，众以宋部长原来办公处一时能否让出，殊不可知，不如在法租界另行租屋备用，目前暂借中国银行楼上办公，以两星期为度。

中央纸币事，由陈主任辉德电呈总司令请示，复到再办，电稿另录。

同年四月二十五日下午五时，在上海交通银行三楼开第五次会议，到会委员：汤君巨、虞君洽卿、汤君济沧、徐君静仁、钱君新之、吴君荣鬯、陈君其采、顾君馨一、王君晓籁，开议如左：

一、恭读总理遗嘱。

二、陈主任辉德因父病请假回籍，其主任职务委托陈君其采暂代。

三、陈君其采报告：签订第二次垫款合同三百万元，经过银行公会争执，保障旧欠甚力。陈君答称：此事甚正当，财委同人亦极赞成，不过此事系政府之责，现在江苏地方亦尚未完全克复，至将来统一后必有办法。嗣由银【行】公会商量签字付款问题，又请陈君出一信，保障旧欠担任，呈请政府备案，方允签字。随由陈君函复照允。此事因时局紧急，未及通过，特补行报告。又，银【行】公会问及库券保管基金条例，陈君签复亦已照办。陈君报告毕，当通过呈蒋总司令电报稿。

二〔四〕、陈君其采报告：此次二次垫款三百万元，除还前次一百万元外，尚有二百万元，当拨交俞监督照收转解。

三〔五〕、通过代总司令布告一件，登载申、新、时事、民国四报。

四〔六〕、通过二千万库券呈报中央政治委员会暨蒋总司令呈文稿。

五〔七〕、陈君其采提议，本日银【行】公会商定垫款时，曾再三声明各地不能再有借款，已载入合同第二条，应请蒋总司令通饬各地军政机关查照。嗣公决：请汤委员赴宁接洽。

五〔八〕、通过本会通令布告稿一件，登载申、新、时事、民国回报。

六〔九〕、陈君其采报告：金坛县团体呈报白部军队抢劫并民军扣留杨知事情形，如何办法，再行续议。

议毕散会。

十六年四月廿六日下午五时，在交通银行三楼开第六次会议，到会委员：徐君静仁、汤君巨、吴君荣鬯、王君伯群、陈君其采、王君孝赉、秦君祖泽、汤君济沧、钱君新之，开议如左：

一、读总理遗嘱。

二、中央钞票问题。由陈君其采报告：浙省中央钞票已拟有办法，通告商民一律停用。本会迭接江宁县暨徐桴君电，询苏省亦应速定办法。嗣公决办法四条如左：

甲、总司令部、江苏兼上海财政委员会通令一律停用。

乙、在商民手中者，由商会自奉令之日起通告商民，限三天内交商会收存，由商会代出收条，听候办法。

丙、征收机关自奉令之日起，即日悉数报解。

丁、在军队手中者由军需处收回。

（以上办法四条，已抄交汤济沧先生带宁，）并先电复江宁县并商会、徐军需长。

三、汤济沧君赴宁接洽事项。议决如左：

（1）通令严禁各军在驻在地借款，由汤君带去拟令一件，文如下：（现在江苏兼上海财政委员会业经成立，所有关于财政上一切用人行政事宜，均已责成该会负责办理。嗣后各地需用款项，应呈候本总司令部核饬该会通盘筹划，由军需处分配发给，各该驻军不得径向地方商会暨银钱各业擅自借拨，致于未便。）

（2）带去库券条例呈文等件。

（3）陈说库券三千万与二千万之理由。

（4）报告本委员会连日进行情形。

（5）注意外交。

（6）报告拟定中央钞票办法（办法另纸抄带）。

四、议决：通令布告各征收机关、各县将经收款项照旧解交各地中、交两行，另通知中、交两行，对于各机关解款暂照旧章办理。

五、议决：通令本会所属各机关，即日将主管人员奉委到差日期及履历报告本会。

六、议决：驻宁办公处应速组织成立，由本会主任备函，请汤君巨速赴宁组织，并另备函钮委员，请其协助。以上两项函稿，均由各委员阅过。

七、会所地点。王君孝赉报告：上海县邵知事树华面告，县署内有洋房余屋可以借用，钱委员、吴委员均认为可用。

以上各条议毕后，由陈主任提议：本日两路孙局长暨津浦路特派员吴颂华君面商借款，大致孙局长需借二十万，以十天内须借洋十万，五天内须先借若干，以应急需，带有公文并张君群介绍函。吴颂华君【以】津浦路并伙食开支无着，须借三数万，带有局长陆福廷君公函。陈君谓：前沪杭路亦曾向浙财会借款，未几即还。现各路在军事期内，因军用关系，收入减少，自应酌量借给，以维交通。钱委员主张可以借款，惟该路将来收入亦须交到本会。嗣议，俟明日续来商借时再定。

陈主任又云：闻濬浦局升科收入原存规元七拾万两，闻被孙氏提去肆拾万两，确否未悉。该款本会可以提取，请钱委员转托郭交涉员前往一查。

又，交易所税可以派人接收，钱委员、秦委员均谓：交易所方面暂不收税，劝其多购库券。徐委员谓：交易所税系营业税，应该可收。

王委员伯群君提议：现在有人询及彩票税五拾万，尚有附税五万，是否续办？

陈委员报告：中央政治分会亦有来函，议禁彩票。

嗣公决：彩票本会主张从下个月起一律禁绝，函复政治会议上海分会，以前欠税应即缴到本会。

王委员伯群君提议：尚有跑马税，如得保护方法，可以收税。

公议：俟有妥法，可酌收。议毕散会。

十六年四月二十七日下午五时，在交通银行三楼开第七次会议，到会委员：王君孝赉、汤君巨、秦君祖泽、顾君馨一、吴君荣鬯、陈君其采、王君伯群、徐君静仁、钱君新之、虞君洽卿，开议如左：

一、恭读总理遗嘱。

二、陈主任报告：俞监督来信，已电辞委员。

三、陈主任报告：俞监督来信，附抄总司令来电，内称限月底筹足壹千万元云云。

四、陈主【任】报告：俞监督来信，请援朱前监督办法，向盐业银行商借二十万元一案。

公决：盐业银行两次垫借亦已有贰拾万元之数，婉复俞监督。

五、陈主任报告：俞监督来函两件：(一)条例筹款办法六条；(二)扩充江苏银行，加发钞票。公议：以上两款，请陈主任出名，先行答复。

六、陈主任报告：俞监督来函，徐处长来电，濬浦局存有税银柒拾万两，即希查提，以济急需一案。

公决：濬浦局款即函郭交涉员，请其提解。

七、陈主任报告：警厅吴厅长来函，请拨本月经常费贰万捌千陆百元借垫款。又报告购料需费拾壹万余元，请拨款办法云云。

公决：警厅经常费不敷之款，即请警厅呈请政治分会核转本会再行办理。购料需款一层，亦请其呈候政治分会核办。

八、陈主任报告：关防已刊就，应正式启用，并办通令、公告等件。县公署须派人前往布置。

九、陈主任报【告】：明日赴杭州，拟请钱委员代理主任职务。

公决：通过，并由陈主任电告总司令备案。

十、公决：二五库券发行办法应从速进行，现先分函劝募，应先函告各机关如下：商业联合会、总商会、县商会、闸北商会。

十一、陈主任报告：津浦局准借洋两万元，声明将来营业恢复，即将该局收入尽先交由宁交行拨还，沪宁借款，容缓再商。

以上各款议毕后，陈主任又报告：江苏兼上海财政委员会图章业已刊就，应即启用，并将旧章声明作废，随将新旧两章交付钱委员收用。议毕散会。

十六年四月廿九日，在中国银行二楼【开】第八次会议，到会委员：徐君静仁、顾〔顾〕君馨一、钱君永铭、张君寿镛、吴君荣鬯、王君伯群、王君孝赉、秦君祖泽、虞君洽卿，开议如左：

一、钱主任报告：政治会议来电，库券改发三千万元。又，保管委员由中央加派邓泽如、张静仁、林焕庭三君。又，汤济沧君来电，应否添印百元券一种并中央钞票办法。

议决：库券改为三千万元遵办，惟原条例应须增改之处，当电请政治会议核示，文如下：

南京中央政治会议委员会钧鉴：勘【电】悉，库券定额改为三千万元自应遵办，惟票额增加，原条例第四条临时军需下拟加及其他建设之用，第八条还本付息拟改为三十个月平均付还，第十一条拟加印百元券一种，乞速核电复祗遵。江苏兼上海财政委员会叩。

二、钱主任报告：中央钞票办法，政治会议来电，对于本会建议第一项照办，第二、三、四三项删除，嘱即日通令所属一律停用。

议决：俟汤济沧君即日到沪报告详情再办。

三、钱主任报告：俞监督来信：(一)询筹款一千万事，(二)向商业联合会借五百万元事，(三)总座电，限月底筹足四百万元事。

由王君孝赉、虞君洽卿、秦君润卿、徐君静仁报告：本日商【业】联合会开会认购库券情形，大约认购额有四百万元。惟实在数目难以确定，且尚需时日。旋公议：明日分向商【业】联合会及各团体、各银行接洽，于先日垫借贰百万元，以济军用急需，明日续议。俞监督来信暨附税保管条例草案，抄送商业联合会。

四、钱主任报告：南京中、交两行函报，南京公安局借款五万元请拨还案。

议决：该案移交南京分处办理，并函复两行接洽。

五、钱主任报告：政治分会秘书处函请核定染缸税办理一案。

议决：该税苛细病民，即行取消，函复政治分会。

六、钱主任报告：两路孙局长因急需请借款拾万元，准备将逐日收入拨归一案。

议决：转商中、交两行暂垫，由该局逐日拨还。

以上各条议毕散会。

十六年四月三十日，在中国银行三楼开九次会议，到会委员：王君孝赉、徐君静仁、吴君荣鬯、王君伯群、虞君洽卿、顾君馨一、钱君新之、张君寿镛、秦君祖泽，开议如左：

一、恭读总理遗嘱。

一、钱主任报告：接陈其采君来电，总座限月底筹足四百万元。又，陈君电，英界房租预借一月，亦一办法，祈酌夺。随即公请俞飞鹏监督报告如下。

俞监督报告：今天以军需处资格报告，在南京方面四、五天以前来电，限月底须筹款壹千万元，当时总司令对于军事，本有一种整个计划，嗣因此间壹千万系办不到的电复总座，又接总座来电，月底至少须四百万不可，不〔否〕则恐前方军事【会】起变化的，所以今天特诚报告，此肆百万应如何筹法。至于财委会方面，在四月份内已筹到陆百万已算很好，银行方面已垫借四百万，亦已算不错。故日前之四百万应责成商业联合会各业负责办妥。又，财委会似须定一计划，否则逐日来电催款，即逐日开会，亦非办法云云。随由虞洽卿君报告：商业联合会昨日开会，假定各业认购为四百万元，本日除交易所先缴到伍拾万外，各业将于今、明分头开会，下礼拜一在商联会报告实数，商业联合会俟得报告，再行答复财会。又，从前商业联合会曾有议案，拟向江、浙两省筹捐伍百万，该议案未发表，惟当时陈主任在旁听见，曾向总座报告。现总座来电催询，此事拟向房捐着手，如办理得法，数当可观，且不独华界须办，租界亦须办，最好办两个月。又，减租问题，似应以去年六月租金为标准。

俞监督又说：今日须分件讨论。

1. 壹百万元须今日办妥；

2. 明日财会函商联会认款速交；

3. 库券消纳法。

随即议决：第二条照办，信即缮发。库券消纳法积极进行。又第一条本日需要壹百万元事，正与中、交两行接洽借垫，嗣因银行垫借商无成议，即于本日先将伍拾万元交与俞监督。

议决：公推王君孝赉、顾君馨一、秦君祖泽会同商联会办理劝捐房租事宜。

议决：通令各征收机关，现在军需紧要，所有各该机关收存税款，限于文到三日内扫数报解，以济军用要需。该局以前收税数目情形，并应造册具报，以凭考核，如敢故违，定须严惩。

俞监督又云：财委会吸入将来商联会肆百万，以后续需款项应如何计划，极难解决。只有希望对于二五附税库券消纳法从速决定，一面积极整顿税收收入，以期渐渐得有办法。

钱主任报告邮包税局长情形，至整顿税务须有全权，均请张咏霓君明日赴宁时详陈总座。

议决：邮包税局既该局长沈应镛于税司方面办理妥惬，仍责成该局长续办。白总司令所委委员另行委用，函复白总司令。

一、特别市党部计领每月经费壹万陆千伍百元一案。

议决：现在本会项款支绌，该部每月需款至壹万陆千伍百元之巨，实无力可拨，只可先酌量借给洋伍千元，一面请汤委员私函陈组织部长，请其迅将该党部预算从速核定。

一、政治分会函饬整顿市财政情形具报。

议决：容再议办。

一、查验帆船局呈请核定章程计划。

议决：可以续办章程计划，交总务科审查。

一、汤济沧君报告：南京政治会议议定中央钞票办法。

议决：遵照政治会议来电办理，通令各属，并登报通告。

以上各条议毕，复讨论本会对于支出一项，须筹一统一办法，例如所属各机关经费，须先呈候本会核定各节，议交各科分别拟具办法，再行核议。议毕散会。

十六年五月二日，在中国银行二楼开第十次会议，到会委员：王君孝赉、吴君荣鬯、秦君祖泽、徐君静仁、钱君新之、顾君馨一、虞君洽卿，开议如左：

一、首由钱主任报告：因委员人数不足，改开谈话会。嗣由虞委员、王委员先后报告：商业联合会各业认购库券款共计一百八十二万五千元(连交易所已缴之五十万在内)。

一、钱主任报告：沪宁路局借款已转商江苏银行转借伍万元。又报告：政治会议来电，库券条例所列用途加建设之用各条均已照准。

一、议决：通令所属征收机关，不论总、分局，所收税款，均立即径解本会。

一、议决：茧市已届，关于茧捐应即派员，并请总司令通饬所属军警保护茧商，以利税收。一面函知南京办公处，饬送茧捐案卷。

一、徐委员提议：二五库券原议发叁千万时，所拟计划以壹千万由江、浙两省平均摊募。嗣改为两千万，即取消此议。现在中央政委会仍议定为叁千万，应即通知浙江财政委员会陈主席预为布置。

议决：当即电请陈主席照原议在浙劝募，并由钱主任明日赴杭时面洽。

一、钱主任报告：明日赴杭，代理主任职务由王委员代理。王委员坚辞，由钱主任改推吴荣鬯君代理。即议决：通过，并电告蒋总司令备案。

一、王委员、吴委员报告：本日与银钱业会议二五附税拨充库券基金另户情形，因银钱业尚有垫款关系，容再洽商办理。

一、议决：由本会分函南市自来水公司，摊募库券二十五万，闸北水电厂，贰拾伍万，南市电气公司，叁拾万。当函告，劝其照购，并速缴款。

以上各条议毕后，讨论明日召集各税收机关会议应推委员出席，即公推常务委员暨虞委员、顾委员一同出席。钱主任并报告：已邀俞监督届时莅会。又，吴委员提议：库券应从速公布发行。公议：应即速办，并登报公布。议毕散会。

十六年五月四日，在中国银行二楼开第十一次会议，到会委员：徐君静仁、汤君济沧、秦君祖泽、张君寿镛、虞君洽卿、王君孝赉、吴君荣鬯，开议如左：

一、吴主任报告：本日开会委员须分头接洽筹款，不能同时列席，改为谈话会。

一、吴主任报告：奉总司令来电，饬筹办丝茧二丑加税，又来电，保护丝茧商(此电已转丝茧商)。

议决：照录加税原电，转知江浙皖丝厂茧业总分所，并声明现因军需紧要，应遵令照办。至丝茧为我国出口货大宗，按照保护税原则，亟应设法维持，一俟军事稍定，即当将税则提议修正。

一、复核查核帆船挂号局案。

议决：业经复议，苛细扰民，应即撤销。

一、久大精盐公司呈请免除特税案。

议决：公推徐静仁君审查。

一、内地税局请拨领经费五月份关平银五万两案。

议决：现在军需孔急，筹款维艰，何以该局开支如此之巨，殊属骇人听闻。着即切实核减，造具预算，呈候审核。

以上各条议毕后，虞洽卿君、秦润卿君、王孝赉君先后报告：本日筹划各业认购库券，续交款大致已有柒拾万之谱，仍拟明日凑足壹百万，拨交俞监督。又，讨论日来库券推行情形，应送各报，载入新闻，以资鼓吹。议毕散会。

十六年五月五日，在中国银行二楼开第十二次会议，到会委员：陈君辉德、吴君荣鬯、徐君静仁、张君寿镛、汤君济沧、王君孝赉、虞君洽卿、秦君祖泽、顾君馨一，开议如左：

一、恭读遗嘱。

一、指定代销库券机关案。

吴委员说明发行简章各条，至简章所列代销机关，请公决指定。

议决：中、交两行暨各县署、各商会作为分销机关。

一、销售库券办法。

陈主任谓：上海绅富甚多，可开单劝募，今日须定确切的办法。

王委员谓：销售库券，上次曾拟定各行各业壹千万，绅富壹千万，惟此案当时并未成立，今日是否仍根据前拟办去〔法〕。

陈主任报告：拟定约数，计银钱两业伍百万，商业联合会及三商会伍百万，殷富壹千万。

议决：银钱两业及商联会、三商会之壹千万，分头办去，至殷富之壹千万，请各处同乡会开会，并由本会组织宣传部派员担任宣传文字，并分头赴各同乡会演说，积极鼓吹，并拟请余日章先生担任宣传部事。

一、徐委员报告审查久大精盐公司请免特税案。徐委员报告大致谓：该公司以抵制洋盐为名，破坏淮浙引岸，殊属荒谬。此后该公司及其他精盐公司，除用纸包、瓶装销行通商口岸仍照原订税则征税外，如以麻袋、大包，希图影射，不论通商口岸与非通商口岸，概以私盐论，并咨海关并通饬各盐务机关，一体从严取缔。

议决：照徐委员所拟办理。

一、陈主任报告：蒋总司令来电略谓，史家麟富有财政经验，请于上海、无锡税所或纸烟特税总局、沙田总局择一委任。

议决：遵令，委史家麟为江苏卷烟特税总局长，并即电复蒋总司令。文曰：蒋总司令勋鉴：甫密。敬电悉。史君家麟遵已委任为江苏卷烟特税总局长。江苏兼上海财政委员会预〔叩〕。

议毕散会。

十六年五月七日，在中国银行二楼开第十三次会议，到会委员：秦君祖泽、徐君静仁、陈君光甫、吴君荣鬯、顾君馨一，开议如左：

一、恭读遗嘱。

一、组织救国库券劝募大运动委员会由，陈委员报告组织之必要。

（1）人民不明二五库券之可靠；

（2）此次购买库券系救国性质；

（3）库券用途系补助革命军，防止军阀与共产。

至保管办法，不用客卿，由民众团体保管，开我国公债史上之新纪元。

又提出组织统系，图式如下：

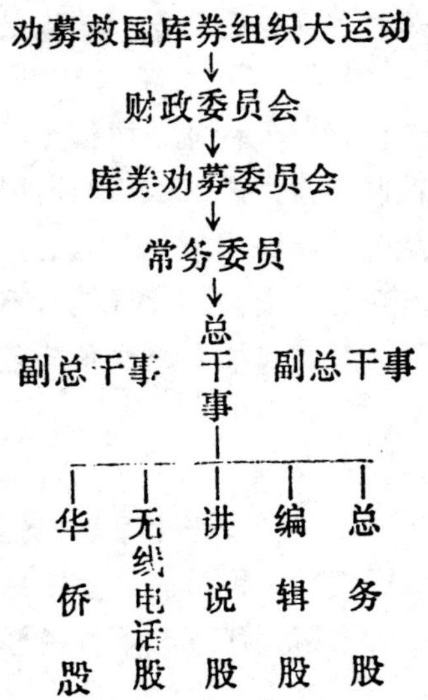

又提出委员名单。

议决：照办，即由本会函聘委员组织进行。

一、审定库券印刷案。

议决：添印十元券一种，即日与中华商定适当价格，从速付印。其价格、工料须与中华、商务等切实比较，再行择定。

一、复核内地税局经费案。

议决：该局开支有奖金一项，应立即取消。员额薪俸虚靡滥报，切实核减，一并由科拟办。

一、俞监督来函，请提内地税局朱前监督任内存款案。

议决：函中国银行详查，查明再办。

一、政治分会函拨特别费项下上海宣传委员会开办费叁千元案。

议决：函复政治分会，现在本会款项支绌，惟案关政治分会宣传费，勉为照拨。

议毕散会。

十六年五月十日，在中国银行二楼开第十四次会议，到会委员：杨君杏佛、吴君荣鬯、徐君静仁、钱君永铭、顾君馨一、王君孝赉、秦君祖泽、汤君济沧，开议如左(改开谈话会)：

一、救国库券大运动案。

吴委员报告添聘劝募委员暨聘请常务委员情形，又呈请政府立案及经费，俟由陈主任赴宁与总司令接洽再办。

一、何总指挥荐举凌敏刚充扬由关或江苏烟酒公卖局。又荐举陈烈臣充大胜关税所案。

议决：派凌敏刚充江苏烟酒公卖局长。至陈烈臣一层，应与南京办公处商派，函复何总指挥。

一、徐军需长电告总座谕：仿照浙省中央钞票报解办法案。

议决：查明中央钞票经过案由，函复徐军需长。

一、丹阳县呈为贰百亩捐应否续征案。

议决：先函南京办公处，查明亩捐原案，由科拟具意见，呈请政治会议核议。

议毕散会。

十六年五月十三日，在中国银行二楼开第十五次会议，到会委员：王君孝赉、顾君馨一、吴君荣鬯、徐君静仁、虞君洽卿、秦君祖泽、王君伯群、杨君杏佛，开议如左：

一、恭读遗嘱。

一、吴委员报告：奉总司令添派委员三人：张君定璠、潘君宜之、陈君群。

一、上海政治分会议决拨发游民、工厂维持费五千元函会照拨案。

议决：现在财政厅业已成立，应请径向财厅商拨。

又，市党部请续发四月份经费案。

议决：前款已拨过贰千元，现在不能再拨。因此项经费应由该部呈请中央组织部，即函复，一面由本会将已拨之款查明数目，函报组织部。

一、银钱两公会函二五库券加认伍拾万元案。

议决：俟陈主任回申再议。

又，苏五属盐商公会函请确定摊派库券方针，以便筹议案。

议决：责成盐商公会摊募壹百万元，此外各县盐栈准不另派。

一、总司令以东大等四校呈请派员接办，教育经费管理处饬会从速查案办理案，各校并开列预算，纷纷到会请费。

议决：先函南京办事处，查询教育经费管理处已否成立，如未成立，应否移交财政厅办理，俟函到再办。

一、淞沪警察厅函商借服装费应由本会指定的款归还案。

议决：俟陈主任回申接洽后再办。

一、总司令以据松江运副呈商人朱大经、顾兆德争办租界官销一案，令饬本会核办。

议决：公推顾君馨一、徐君静仁、王君孝赉审查。

一、总司令以南京总商会呈拟维持中央钞票办法，检同原呈饬会速议具复案。

议决：南京总商会所拟办法三条俱不能行，即函复总司令，呈稿交会议阅过再签发。

一、宁浦六商人乙和祥请借运浙盐以维民食案。

议决：准其借运，以济民食，应纳税项概交本会。

一、上海税所呈报矿煤、水泥已由所按率征税案。

议决：该所征存前项税款固可增益收入，惟事前未先呈请本会核准，手续殊属欠缺。至呈内煤每担征银二分，是否每吨之误，饬速详晰具复核办。

一、津浦铁路管理局函原请借拨叁万元维持员工伙食，除已拨贰万元外，尚有一万元，请速续拨案。

议决：本会款绌请其径向军需，处设法。

议毕散会。

十六年五月十七日上午十时，在中国银行三楼开第十六次会议，到会委员：

陈君其采、王君孝赉、陈君辉德、徐君静仁、秦君祖泽、虞君治卿、钱君新之、杨君杏佛、汤君济沧、顾君馨一、吴君荣鬯，开议如左：

一、恭读遗嘱。

一、陈主任报告：接市党部来函，请发经费，计四月份壹千贰百伍拾元，五月份伍千元。

议决：先发叁千元。

一、钱委员报告南京办公处归并财政厅情形。

议决：现在江苏财政厅业经成立，应由本会函知南京办公处，将处务移交财厅接收，并即办理结束，一面仍候国民政府训令，再行通告各处知照。

一、银钱两公会认购二五库券叁百万元。

议决：请再加认壹百伍拾万，合计肆百伍拾万元，并请陈、钱两委员分头前往接洽。至未经入会之各银行，由会另行分函劝募。

一、印刷库券应加签字案。

议决：由陈主任及钱常务委员永铭、王常务委员孝赉、汤常务委员济沧、吴常务委员荣鬯签字。

一、公推二五库券保管委员二人。

公推徐委员静仁、虞委员治卿。

一、淞沪警厅借款十二万元，以上海税所八、九两个月税收作抵，请本会令行该所知照。

议决：照办，一面函知财政厅查照。

一、总司令据江浙渔业事务局请将淞沪鱼税局归并饬由本会核议饬遵案。

一、李寿彤条陈补征洋货子口税案。

一、李寿彤条陈征收香烛税案。

一、党员徐春荣条陈纸烟收归官费案。

一、党员徐春荣条陈征收营业税案。

一、孙寿昌呈无锡烟酒认商舞弊殃民、请彻查收归官办案。

一、江浙皖丝茧总公所函复遵令带缴茧税二五附税一年，并请永远取消以前各种附加捐款名目。

议决：以上七案统移交财政厅核办。

一、南京总商会前拟维持中央钞票办法，经本会会议碍难实行，即呈复总司令（附呈稿）。呈稿由各委员阅过，即缮照发。

一、各县局报解税款如有中央钞票是否收受案。

议决：不能收受。

一、中央政治会议上海分会来函谓，组织审查委员会，请本会推派一人为团体立案审查委员。

公推王委员孝赉。

一、中央执行委员会政治会议据浙江省务委员庄崧甫条陈征收殷富捐、房租遗产税及所得税，函请本会核办案。

议决：此案暂为保留。

一、虞委员治卿提议征收房捐案。

议决：公推虞委员洽卿、杨委员杏佛、王委员孝赉、顾委员馨一起草拟议征收办法。

一、总司令以据上海绥靖处处长沈麟毓请拨发筹备费伍、陆千元函请核办案。

议决：先拨发叁千元。

议毕散会。

十六年五月二十日，在中国银行三楼开第十七次会议，到会委员：

陈君辉德、王君孝赉、秦君祖泽、徐君静仁、汤君济沧、吴君荣鬯、杨君杏佛、钱君新之、顾君馨一，开议如左：

一、恭读遗嘱。

一、陈主席报告：自本会成立后，各项税收不满百万，库券款约收壹百四拾万元，而历次支付军费，已达壹千壹百余万之巨，全系各处挪借。现在军饷仍急如星火，来源枯竭，无可腾挪。查商业联合会认销库券尚未缴到者计有陆拾万，其由本会派认完全未缴者得六百余万，应请分头担任接洽催款，以资应付。

王委员孝赉报告：商务印书馆原派销库券贰拾万元，兹该馆允先交拾万，除已缴到五万元外，其余五万准下星期一可以缴到。其他如南洋烟草公司、闸北水电厂、丝茧公所等处，正在接洽。

徐委员静仁谓：苏五属盐商公会之壹百万，应函松江运副转催速缴。

议决：将本会成立以来状况以及筹款困难情形呈报蒋总司令。至未入公会各银行之派销库券问题，议定于星期六（廿一）下午四时，假银行公会邀请各银行及各信托公司开茶话会，请其从速认定缴款。

一、两浙盐商张绶紫等呈请加增担额认办上海租界食盐案。

议决：俟财政部成立后，即批令该商径呈财部核示遵办。

一、秦委员润卿、王委员晓籁交到借捐房租办法一件。

陈主席报告：前晤外交部伍部长，曾谈及此事，请其帮忙，应否由会拟一说帖，送交伍部长，先与租界当局作非正式之接洽。

汤委员济沧报告：借捐房租一事，现市党部正在联合各团体进行，不日当有函致本会。

议决：加入市党部一致进行，俟党部信到，再推委员出席。

一、上海政治分会以据中南实业债券关守仁被总指挥部拘押，呈请具保出外候讯，检同原呈案，函请本会核办。

议决：该奖券会于前欠税款丝毫不提，而将四月之款解送本会，希图营业，显系有意蒙混。现奖券既已奉令禁止，前缴本会之款，应即抵还前欠，余欠若干，仍严切追缴。

一、远东运动场万国体育会呈复，赛马税前奉戒严司令批示，饬解沪北工巡捐局核收，究应如何缴纳，请本会示遵。

议决：仍令解沪北工巡捐局核收，惟该局对于前项收入如何支配用途，应令具报本会查核。

一、本会委员、职员薪俸案。

议决：委员暂月支叁百元，各职员照单开拟定数目支给，单存总务科。

一、钱委员永铭报告：江苏银行总理现由总司令委任顾立仁接充，应由本会函知现任程总理先举办移交，并分函监理官暨财政厅查照。

议决：照办。

一、二五库券汤委员济沧不愿加入签字。

议决：改为四人签字。

一、委任汪秉忠为江苏沙田局总办案。

议决：由会照委。

议毕散会。

同年五月二十三日上午十时，在中行三楼开第十八次会议，到会委员：

陈君辉德、顾君馨一、秦君祖泽、虞君洽卿、张君寿镛、汤君济沧、钱君新之、王君晓籁，开议如左：

一、恭读遗嘱。

一、陈主席报告：今日接总司令马电，谓日内渡江督师，请尽廿四日以前筹足五百万元解宁。应如何筹拨，请公决。

俞监督报告：总司令前令中国银行筹垫壹千万元，本嘱一次缴足，现中行并未遵电办妥，总司令很表示不满。现在将今日来电要筹之五百万元提开另议，先要问中行补足千万有无确定办法，须请宋行长明白答复。

陈主席谓：军事与财政本属休戚相关，北伐军费固关重要，但市面金融亦应维持。倘挤逼过紧，市面一旦发生变动，则任何方面均属不利。总之，我们凭国民忠心，双方兼顾，想一妥善方法，务使圆满解决。

俞监督又谓：接总司令来电，中行此次先缴之贰百万，嘱不予收受。如果中行对于补足千万之问题有切实办法，则此二百万不妨暂由财政委员会收解，否则无论如何，决不能收。

陈主席谓：中行本有诚意合作之表示，惟为市面金融，当亦不无困难。现除已缴二百万及此次所缴二百万，已有四百万，此外六百万或责成中行负责劝募库券，于短时期内如数募足缴款。似此办法，或有解决。

遂推秦委员、顾委员及陈主任三人立与宋行长当面接洽，结果宋行长表示始终合作到底，对于前项办法甚为赞同，自愿领袖提倡，努力劝募。

嗣议决：请钱委员永铭、张委员寿镛起草复电蒋总司令。

次议今日来电之五百万元一案。

议决：由张厅长筹二百五十万元，月内先交百万，下月初十前再交百万，廿日以前再交五十万。浙江方面打电【报】去嘱筹百万，月底至少要交五十万。又以库券作抵，向各发行钞票之各银行借垫六百万，由各委员分头前往接洽。计交通二百万，陈主任接洽；中南壹百万，徐委员接洽；四明壹百万，俞监督接洽；兴业壹百万、通商五十万，王委员接洽；中国实业五十万、农商叁十万，秦委员接洽；广东三十万，虞委员接洽，共六百六十万元。

徐军需长谓：明日赴宁，须带三百万去。

议决：中行之二百万暂时挪用，商业联合会尚可约收五十万，此外伍拾万，即请俞监督商请四明借垫。

即电复总司令，五百万准月内陆续解足。文曰：南京蒋总司令钧鉴：甫密。马电敬悉。现由财会同徐军需长会议，拟定由苏财厅筹壹百万，浙财厅续筹五十万，商业联合会五十万，并向各发行钞票之银行筹垫叁百万，合成五百万，敬、径两日先解交叁百万元，余俟随到随解，极迟限本月底扫数解清，先此奉闻。俞〇〇、陈〇〇、钱〇〇同叩。漾。

一、汤委员报告：淞沪宅地图册，现任保管员郑诚元拟缴存本会，惟借垫用费二千余元，须由本会支给。

议决：暂时由本会接收，款项照给，俟郑诚元正式具呈到会再行批办。

一、王委员晓籁报告：今日到借捐房租委员会出席会场，大众意见认为，此会实有设立之必要。

虞委员谓：房租经收机关须归本会。

汤委员谓：此事最好拟一办法，请总司令表示，办事上似较易为力。

结果：俟下次开会再详细讨论。

一、议决：各县摊派二五库券五百万元，请财政厅张厅长负责办理。

一、议决：明日四句〔点〕钟召集保管基金委员会开会，即发函通知。

一、钱委员提议：议事录须随时抄送财政部及财政厅备考。又，本会发放款项亦请随时函知部、厅。

议决：照办。

议毕散会。

同年五月廿四月，在中行三楼开第十九次会议，到会委员：王君晓籁、陈君德辉〔辉德〕、杨君杏佛、汤君济沧、徐君静仁、秦君祖泽、顾君馨一、虞君洽卿，改开茶话会，所议如左：

一、陈主席报告：总司令饬中行补足千万一事，前日会议议决：应电复总司令。兹拟有一稿，请大家传观。

一、王委员晓籁报告：中行之意，除缴足四百万元，其六百万元自当竭诚劝募。惟对于俞监督来函须限定日期，颇感困难。

一、议周行长佩箴来函，奉总司令电，请本会在二五税中速拨千万以便开办案。

陈主席报告：此事顷已与俞监督交换意见，召集财政部、财政厅及委员会开一联席会议，再详细讨论。

徐委员静仁谓：总司令来电如系指定在二五税项下支拨，则二五税早已抵作库券基金，无款可拨；若指定系库券款，则全数购出后亦不过三千万。应如何支配，应函钱次长与总司令商洽。

议决：即照徐委员意见，函致钱次长。

一、闸北水电厂函，以经济竭蹶，派销贰拾伍万元无力照购，商请酌量购认。

议决：现在军需万急，请其激发天良，勉为其难，务须照额购认。

一、上海内地税局虞局长请裁并现职仍归关监督兼办，以节经费。

议决：转财政部核办。

一、上海税局呈矿煤税定章以担计算，复请察核。

议决：应准备案。

一、赛马税从前系由军、民两署委托淞沪督办代征，上海华洋民事上诉处经费，即在前项税款下支拨。如今解交工巡捐局，则该处经费势将无着，应否并交财厅核办，请复议。

议决：交财政厅核办。

一、东路总指挥部函送江苏水警厅政治部呈一件并经费预算表，请本会查核办理。

议决：移送财政厅核办。

一、上海政治分会函，模范工厂五千元仍请本会查照原案拨借。

议决：现在军需急如星火，委实无款可拨，且本会并无税款收入，应仍请向财政厅商拨。

一、总司令训令，据久大精盐公司呈为高税精盐行销上海，请援案取销苛税，并通饬保护。

议决：请徐委员静仁审查。

一、虞委员提议：入总商会之广肇公所、潮州会馆等处，可发函请其劝销库券。

议决：照办。

议毕散会。

同年五月廿七日上午十时，在中国银行三楼开第二十次会议，到会委员：陈君其采、陈君辉德、顾君馨一、王君孝赉、虞君洽卿、杨君杏佛、徐君静仁，改开谈话会，所议如左：

一、钮委员惕生前在沪秘密工作时，曾由王栋、徐春荣两君代向南洋烟草公司、商务印书馆各借七千员〔元〕，共壹万四千元。现王等来函，谓奉钮谕，请本会拨还。

议决：复王栋君等函：本会并无收入，无款拨付，可请钮委员作函证明，向财政厅拨还。

一、何总指挥来电，以缉私营营私舞弊，应根本取消，提交会议讨论。

议决：将原电抄送财部，请另筹缴〔彻〕底革新办法，一面函复何总指挥。

一、交涉署函请本会拨发五月份经费伍千六百贰拾元案。

议决：兹再代财厅垫付伍千元，以后请径向该厅请领。至以前垫付之款，由会查明数目，仍请财厅拨还归垫。

一、上海中国卷烟厂公会条陈统一江苏卷烟税计划。

议决：将计划书函送财部核办。

一、特别市党部函，四、五月经费除领壹万元外，尚少陆千元，端节须〔需〕款，请速拨付。

议决：本会并无收入，前发之款悉系设法挪借，现在无法再付，请查照前函，向中央组织部请拨。

一、上海政治分会函，五月份经费，请本会先拨伍千元。

议决：现在财政部业已成立，请径向财政部请拨。

一、吴委员荣鬯来函，请辞常务委员。

议决：复函慰留。

一、陈主席报告：奉总司令电，中国银行之壹千万元，须令其补足，语甚严厉。在中行以关系市面金融，实感困难，现拟以盐税作抵，由江苏银行发行钞票贰千万元，藉资周转。至中行未缴之六百万，仍令其负责劝募库券，至遇有紧急之时，中行仍应随时设法接济。拟即以此意电复总司令，电稿请传观签字。

嗣议决：俟宋行长切实答复后，再将电文拍发。

江苏银行发行钞票事，拟电钱次长，请其提交中央政委会议决施行。

议决：照办，即发电。

一、陈主席报告：现在财政部业经成立，本会将改为建设机关、似应备具呈文及登报声明，现在应否办理结束，请付公决。

议决：请陈委员其采、王委员孝赉办理结束事务。

一、陈主席报告：今日总司令又来电，嘱筹叁百万元，如何办理，请公决。

议决：俟下次开会再妥议办法。

一、陈委员其采来函，本年一月下旬国民军入浙之时，苏、浙交界驻军如缉私营、水警队，均与民军竭诚联络。当时由陈委员筹借补助费，计先后给付四万叁千元。此案业由本会收存款内拨还，特备函，请予证明，归卷备考。

议决：将原函归入军需卷备考。

一、虞委员洽卿提议：二五库券殷富方面尚未着手劝募，明日开一会议，专办此事。

议决：明日下午三时召集会议。

议毕散会。

同年五月二十八日下午三时，在中行三楼开第二十一次会议，到会委员：王君晓籁、陈君其采、秦君祖泽、杨君杏佛、陈君辉德、虞君洽卿、徐君静仁、顾君馨一，开议如左：

一、恭读遗嘱。

二、王委员晓籁报告：总司令来电令中行补足壹千万元一案，顷与宋行长晤谈，并将昨日所拟复电稿交阅。宋行长自愿竭诚合作，遇有紧急之时，亦允相当垫款，至劝募库款，亦尽力帮忙。众认为答复满意，电即拍发。

一、陈主席提议：库券现只销去七百万元，连江、浙两省分销之壹千万并计在内，亦只壹千七百万，与叁千万总数相差甚巨。现拟组织劝募库券及筹垫军需两委员【会】，通为合作，以期库券早日募完，俾可应付军需。

议决：设一劝募库券委员会，当场开出各委员名单，请王君晓籁起草发函召集，并定星期二（五月卅一日）下午四时，假银行公会开茶话会。

一、保管基金尚缺贰拾余万元，应如何办法。

议决：照数先拨库券。

一、保管基金委员会李委员来函，请转饬内地税局，将积存税款迅予拨交。

议决：由本会令知内地税局，迅即扫数拨交，至该局月须经费，由会月支五千元，由局具呈到会请领。

一、王委员孝赉、陈委员其采报告：本会办理结束，拟定各事：

一、期限：六月二十日。

一、职员：一律移交财政部任用。

一、档案：分类移交部、厅。

一、款项：分别移报部、厅。

一、登报。

一、本会虽办【理】结束，对于经募库券仍始终其事，以募足三千万元为度。

以上各条由主席呈报政府暨蒋总司令，并请决定以后本会职权，俟得批令后，再行发表。

议决：照办。

一、陈委员其采报告：浙江方面因库券扣息，发生疑义，应设法补救。

议决：将前定发行简章即交今日会议通过，并登报公布及函知各地中、交银行。

一、陈委员其采报告：中央执委会政治会议曾有电致各造币厂停铸袁币，在一个月拟具先总理像壹元银币及辅币铜模式样，呈备采择等语。浙江方面以正值茧市，须现洋甚多，已函造币厂，在总理遗像新模型未经政府择定镌刻颁发以前，暂准仍用旧模铸币。

议决：南京造币厂亦由会函知，仿照浙江办法办理。

议毕散会。

同年六月二日上午十时，在中国银行三楼开第廿二次会议，到会委员：陈君辉德、王君孝赉、秦君祖泽、顾君馨一、杨君杏佛、徐君静仁，开议如左：

一、恭读遗嘱。

一、陈主席报告：五月三十日《字林西报》发表一种言论，于本会筹款前途很多阻碍之处。

徐委员静仁谓：本会筹款如劝募库券等事，并无强迫情形。该报此项论调，于国民政府及革命进行均有不利，应由本会将该报剪送外交部及交涉署，转达租界当局知照，该报馆嗣后对于此种稿件应加注意。

议决：照办。

一、陈主席报告：劝募库券委员会昨已召集，但察看情形，江、浙两省摊派之一千万元，均纷纷到沪劝募，恐殷富之一千万元不甚可靠，应另设他法。

此案经大众研究，认为系属两事。议决：殷富方面仍积极进行劝募。

一、陈主席报告：现在库券未经销出者尚多，拟请薛敏老、贝松生〔荪〕、郑莱诸君分赴小吕宋、爪哇、新加坡、暹罗、槟榔、西贡、美洲、坎拿大等处劝募。

议决：俟与薛等接洽后，再备文呈请国民政府正式委派。

一、库券签字案。

陈主席报告：现国民政府业已成立，照法律手续，库券应由财政部长签字，方足以昭郑重，而坚信用。

议决：函财政部，请盖用部印，并请部长及次长签字。

一、本会收支情形，应速造册，呈报总司令及财部。

议决：照办。

一、上海房租协助北伐军饷委员会来函，议决指定本会为征收机关，请本会提议捐募办法，以便讨论。

议决：函复该会，将来收款时由本会经收，自当照办。至捐募办法，仍请该会规定，议决施行。

一、保管基金委员会函送预算表，请本会拨付开办费二千五百元，五月份经费一千三百三五元。

议决：照数拨付。

一、江北现已肃清，江苏各县摊派二五库券数目应否酌加案。

议决：除原定五百万之外，并加二百万元，请张厅长负责支配销募。再，两淮盐务方面（应在江北各县所认之外）另有办法，应于文内声明。

一、杨委员杏佛来函，请拨清理招商局委员会一个月经费一千七百元。

杨委员报告：此事已有电致财部请示。

议决：俟财部核准电到，即行借拨。

一、吴委员荣鬯函，辞常务委员并请假十日。

议决：会务行将结束，仍望勉为其难，始终其事，呈请假十日，自应从命。即照此意函复。

一、议决：以后支付款项，属于中央者，请财部拨付；属于地方者，请财厅拨付。请政府颁发通令知照。

陈主席、王委员孝赉报告：接政治会议事函两件：（一）本会改为建议审核机关；（二）举办各省爱国捐一次，请本会拟具计划。

议决：俟下次开会再行讨论。

议毕散会。

同年六月四日上午十时，在中行三楼开第廿三次会议，改开谈话会。到会委员：陈君辉德、王君孝籁、张君寿镛、顾君馨一、秦君祖泽、徐君静仁、汤君济沧、杨君杏佛、俞君樵峰，开议如左：

陈主席报告：接总司令来电，令中行克日缴足壹千万元，并请本会于本月五日以前解宁六百万。当以无法筹解，已复电，请辞主任职务。文曰：万急。扬州前敌探投蒋总司令勋鉴：甫密。东电敬悉。中行款事，东日函详。此事关系市面金融，实至重大，而前方需款，又属孔急。辉德筹划无方，谨辞财政委员会主任职务，万恳俯准，并请钧座派员接办为叩。辉德。支。

俞监督谓：中行以市面金融关系，确有为难之处，但前方需款孔急，尚宜筹划两全之策。

徐委员静仁谓：江北现已肃清，两淮盐商方面，可令其认购库券叁百万元，计淮南贰百万元，淮北壹百万元。

议决：即由会电两淮盐使，请其负责向盐商劝募。

议毕散会。

同年六月七日上午十时，在中行三楼开第廿四次会议，改开谈话会。到会委员：陈君辉德、顾君馨一、杨君杏佛、潘君宜之、王君孝赉、秦君祖泽，开议如左：

一、陈主席报告：接俞监督来信谓：总司令前嘱五月底筹解五百万元，除已解外，尚差贰百万元，请速如数筹解，等语。现查前款已解壹百贰十五万，所差之七十五万，当即设法筹借，日内解出。

陈主席报告毕，经大众议决：以后收下库券之款，尽先按照次序，摊还各户借款。

一、松江运副以苏五属盐商公会要求核减摊派库券数目，函请本会查照核复案。

议决：函复松江运副，请其转知盐商公会，派代表到会面商。

一、财政厅张厅长来函，以库券条例并未有手续费之规定，而各县办理一切费用需待支销，似宜原定一种成数作为通案。现拟准予实报实销，但不得过壹厘之限(即千分之一)，如赞同核定，即通令各县一律遵办，请本会酌夺见复。

议决：浙江募销库券并未扣交公费，江苏方面如须手续费，可由财厅自行酌定办法，另款支给。本会但知按照条例九八收款，其他不能过问。即照此意复之。

一、中央政治会议来函两件：

（甲）本会改为建议审核机关案。

议决：请中央政治会议颁布条例（如本会如何组织，如何行使职权等等），以便遵守。

（乙）举办各省爱国捐一次，请本会拟具计划案。

议决：此事关系各省，应请财政部拟具计划，颁布各省施行。

一、陈主席报告：接菲律宾中华国民协会主席李清泉君函，并汇来侨民捐款拾万元，拟由会先复电道谢，一面将款解交总司令，并请总司令复电奖之。

议决：照办。

议毕散会。

〔国民政府财政部档案〕

3. 财政部报告财政会议经过情形并抄送该会简章等的呈稿

（1927年7月11日）

呈为具报财政会议经过情形事。本部前拟召集财政会议，综目前之实情，谋革新之方略一案，提经中央财政委员会议决：定于六日十五日由财政部召集财政会议，报告各省财政状况，解决中央、地方税之划分，指定各省解款数目，等因。复经订定财政会议简章，一面通电苏、浙、皖、闽、粤、桂等省财政厅长及管理中央收入各长官，依期来宁与会。嗣准浙江省政府张主席以汇集预算需时，电请展期。复将会期展缓一星期，于六月廿二日开会。计到会会员有苏、浙、皖、闽、粤等省财政厅长张寿镛等二十九人，本部参事姚咏白等十人，每日上午分省讨论，下午审查，并经蒋总司令莅会报告军费状况，于六月二十七日闭会。所有应行讨论各案，均经圆满解决。除俟编就会议报告书面行呈送外，兹将财政会议简章、与会会员名单及议决案由先行开呈鉴核。谨呈

国民政府

附财政会议简章、与会会员名单及议决案由各一份

代理财政部长　古〇〇

附件一

财政部财政会议简章

第一条　财政会议为明瞭各省收支状况，以革新财政计划为主旨。

第二条　财政会议由财政部部长、次长召集，以左列各员组织之。

甲、各省财政厅长。

乙、各省烟酒公卖局局长、印花税处处长、沙田局局长、官产处处长。

丙、盐运使、盐运副使、榷运局局长。

丁、各省关监督。

戊、全国纸烟税局总办、各省卷烟特税总局总办暨煤油特税总局总办。

己、本部奉派各员。

第三条　各省财政收入与支出之种类、款项、数目及征收方法，各省财政厅暨中央直接收入各长官，须为详晰之报告。

第四条　各省财政厅暨中央直接收入各机关，现在收入款项须先划分为国库收入与省库收入，以期国家税与地方税之区别。

第五条　财政会议开会时，以财政部长为主席，部长有事不能出席时，以次长为主席。

第六条　财政会议议案如左：

甲、财政部交议议案；

乙、各省财政厅长提议议案；

丙、中央直接收入各长官提议议案。

第七条　会议议决案由财政部长提出中央财政委员会或中央政治会议议决施行。

第八条　会议各案于会议前一日提出之，若有重要事件，得临时提议。

第九条　议案有须付审查必要时，得由主席于会员中指定三人交付审查，限二日内将审查结果报告会议。

第十条　会议日期自六月二十二日至六月二十七日止，若重要提案未议竣时，得展长之。

第十一条　本简章自公布日施行。

附件二

与会会员名单

江苏财政厅长	张寿镛
浙江财政厅代表	徐懋来
安徽财政厅长	余谊密
广东财政厅代表	汪宗洙
两淮盐运使	丁乃扬

两浙盐运使	周骏彦
金陵关代理监督	蔡公时
镇江关监督	沈玉仲
苏州关监督	沈泽春
扬由关监督	叶纪元
浙海关监督	张传保
瓯海关监督	徐乐尧
杭州关监督	赵文锐
芜湖关监督	姚禔昌
粤海关监督	邓召荫
江苏烟酒事务局长	凌敏刚
浙江烟酒局长	肖　鉴
安徽烟酒事务局长	史树璋
福建烟酒公卖处长	卢家驹
江苏印花税处处长	戴恩浩
浙江印花税处处长	潘　竞
安徽印花税处处长	徐惟一
福建印花税处处长	江屏藩
安徽财政特派员	习文德
江苏沙田局局长	汪秉忠
松江运副	王鹤齐
江苏官产处会办	蒋公德
江苏煤油局局长	朱　豪
浙江煤油局局长	郑志逌
财政部参事	姚咏白
财政部总务厅长	汤　巨
财政部秘书	郭啾霞
财政部盐务处长	徐国安

财政部赋税司长　　　贾士毅
财政部泉币司长　　　王　征
财政部会计司长　　　俞希稷
财政部公债司长　　　钟衍庆
财政部关税处科长　　卫挺生
　　　　　　　　　　张继龙

附件三

财政会议议决各案案由

一、划分国家、地方收入。

依照财部所拟划分国家地方税、国家地方费草案办理。

二、国家地方收入一经划分，各省政府不得截留国家收入，以办理地区事业。

江苏、安徽卷烟特税拨充教育经费者，以及浙江省道费、省防军经费，一律由拨归地方经费之田赋项下开支。

三、各省厘金、统税，须由财政部直接管辖。

四、各省地【方】收入及支出预算，限七月底造送，在预算未经核准之前，各省得照旧预算开支，但不得超过地方收入总额。

五、各省地方收入款项，须于编造预算时详细开列，连同办理各章程呈部核定备案，如有未经报部核定备案，各捐一律不准举办或续办。

六、各省如筹办新税或增加税率时，须先将计划章程呈部备案，方得举行。

七、各省所欠债务几何、以何种收入抵押，应由各省开呈财政部，以备通盘筹划。

八、各省财政厅及管理中央直接收入各长官，遇有要事，宜在各该省开联席会议。

九、江苏除中央收入外，月协解中央七十万元，浙江除中央收入外，月协解中央五十万元；安徽除中央收入外，月协解中央三十万元；广东、福建所有中央收入悉解中央；海陆军费，省不负担。

十、军事时期，各省建设事业延期举办。

〔国民政府财政部档案〕

4. 国府秘书处奉准由财政部召集全国财政会议并抄送原提议函稿

(1928年4月28日)

公函 第一五九八号

径启者：奉常务委员发下财政部宋部长提议整理财政议案一件，奉经第五十八次委员会议决议：关于召集军事会议一项，由军事委员会核议；关于财政会议一项，由财政部计划，等因，在案。除函达财政部
军事委员会外，相应录案并抄同提议书，函达查照办理。此致

军事委员会

财政部

计抄送原提议书一件

中华民国十七年四月 日

委员兼财政部长宋子文提议

现在北伐进展甚速，统一指届可期，战事一经完结，庶政即将纷举。按之实际，几无一事不与财政有关。虽财政部对于具体的财政计划及进行步骤，粗有方案可循，然非各方面通力合作，预备有素，亦恐徒托空谈。例如“兵额之制定、军费之配布、军区之分划、裁兵之安置”，此与军事方面有关系者一；又如“政府各部、大学院、建设委员会等所管事务，其机关费、事业费皆须有

确当不移之规定，而后事业可继续振兴，经费无虞缺乏”，此与各机关有关系者二；又如“国地两税如何划分，中央税款如何征解，必各守轨辙，而后清界限，必收支适合，而后无挪移”，此与各省有关系者三；又如“金融枯塞，如何救济，币制紊乱，如何划一，旧债宜求整理，新借务其推行，皆须予金融界以真确之了解，而后信用乃孚，社会经济、国家财政同受裨益”，此与金融界有关系者四。凡此诸端暨战区灾域筹办赈济，胥非于战事未解决前，先有巨大之临时收入，莫由举办。子文管见，以为欲整理财政，必先整理军事，纳军事于轨物〔？〕，斯财政乃无横决之危险，尤必须先整理金融，使金融能安定，斯财政乃有深固之壁垒。脉络本属一贯，不难殊途同归，拟请钧府即行筹备召集全国军事会议，议定兵额、军费、军区、裁兵各事，应如何组织召集，敬请钧府核定施行。一面即由本部召集各省财政长官，举行全国财政会议，议定机关费、事业费及划分国地两税、征解中央税款各事，务求中央及各省能实行预算上之收支适合，不致再有亏欠挪移之弊，以树立财政基础。至于救济金融，划一币制，整理旧债，推行新债各事，必先令国民明瞭政府之根本设施及财政上之确实计划，而后乃能贯彻执行，使财政与金融互收相辅之效。本部拟于召集全国财政会议之先，先在上海召集银行界、实业界及各商会诸领袖召开会议，征集意见，以为举行财政会议之预备。是否有当，敬祈钧府分别核准备案施行。

〔国民政府档案〕

5. 1928年全国财政会议部分文件①

（1928年6月27日）

全国财政会议规程

①该件为复印件，日期为财政部令在公报上公布时间。

第一条　国民政府财政部为财政之统一，税制之革新、国家地方收支之划分、预算决算之厉行、金融制度之改进，召集全国财政会议。

第二条　本会议由左列各项会员组织之。

1、财政监理委员会委员。

2、总司令部及各集团军代表。

3、政治分会代表。

4、各省省政府代表。

5、财政部部长、次长、秘书长、参事、各署、司、处、局之长官。

6、各省财政厅厅长或其代表。

7、财政部直辖财务各机关长官或其代表。

8、各特别市财政局长。

9、财政部选聘之专家。

第三条　各省财政厅长非不得已不派代表。

第四条　财政部选聘之专家为左列各项：

1、实业界专家若干人；

2、金融界专家若干人；

3、经济学专家若干人；

4、财政学专家若干人。

第五条　本会议以财政部长为主席，次长为副主席。

第六条　本会议议场设在首都本部。

第七条　本会议会期定为七月一日至十日，遇必要时得由财政部长酌量延长或缩短。

第八条　本会议所讨论之范围，以财政部交议之案及各代表、各专家提出之议案为限。

第九条　本会议以有报到人数过半数之出席为开会法定人数。

第十条　本会议表决议案，取决于出席会员之多数，遇可否同数时，取决于主席。

第十一条　各代表或各专家如有提案，须于开会前三日送交本会议秘书处，以便预加整理，编入议事日程，会员如有临时提案，须经会员十人以上之连署，用书面送交主席，酌量编入议事日程。

第十二条　各种议案须付审查者，由主席于会员中指定人员，组织审查委员会审查之，具有特别情形须付审查之议案，由主席临时指定特别审查委员审查之。

第十三条　本会议议决事项，由财政部分别采择施行。

第十四条　本会议设职员若干人组织秘书处，分掌各种事务，其章程另定之。

第十五条　各会员往返川资由选派出席各机关自行担任，并准作正开支。

第十六条　本规程如有未尽事宜，由财政部随时修正。

全国财政会议议事细则

第一章　总则

第一条　会员席次以抽签定之。

第二条　本会议以财政部长为主席，次长为副主席。如主席因事缺席时，由副主席代理之，正副主席同时因事缺席时，由会内公推一人代理之。

第三条　会议时间，每日以三小时为限，由下午二时至五时，遇必要时，得由主席宣告延长时间。

第四条　议案暨议事日程，应先期分别编印，分送各会员。

第二章　会议

第五条　本会议须有报到人数过半数出席方得开议。

第六条　凡发言者须先起立报告号数。

第七条　会议时不得有二人以上同时发言，如有二人以上同时报号时，由主席指定先后，依次发言。

第八条　会员讨论议案，不得涉及范围以外之事。

第九条　会员每次发言，其时间不得逾五分钟。

第十条　同一议案每人发言不得逾二次，但质疑答辩或唤起注意时不在此限。

第十一条　会议时主席得宣告讨论终止。

第十二条　会议时发现议案前后予质〔矛盾〕，或与国民政府现行法令抵触时，得由提案人声请修改或撤回。

第三章　临时会议

第十三条　凡会员遇有重大问题，得临时会议，但须有出席会员三人以上之附议。

第四章　审查委员会

第十四条　凡议案在大会不能即时解决者，得交审查委员会审查，但主席认为必要时，亦得先付审查。

第十五条　审查委员会分为左列各种：

一、财务行政组　依据划分国地收支标准，统一财权，实行划分国家财务机关及财务官吏奖惩保障等项属之。

二、税务组　整理旧税，推行新税等项属之。

三、国用组　整理土地、安插裁兵、划分国地收支，确定全国军费、预算决算等项属之。

四、公债组　整理旧债、募集新债等项属之。

五、金融组　币制、银行、交易所、公司等项属之。

第十六条　审查委员会各组审查委员，由主席于会员中指定之。

第十七条　审查委员会每组设主任委员一人，常务委员四人，由主席于该组审查员中指定之。

第十八条　审查委员会开会时间，由各组主任委员酌定通知。

第十九条　审查委员会对于所审查各案，应将审查结果报告大会，并由主任委员出席说明，其认为有修正之必要者，应提具修正案提出大会。

第五章　表决

第二十条　本会议表决议案取决于出席会员多数，遇可否同数时，取决于出席。

第二十一条　当表决时，由主席先将应付表决之议决案付表决，既表决后，不得再就本议案讨论。

第六章　出席及退席

第二十二条　会员如有疾病或其他事故不能出席时，须叙明理由，同主席告假。

第二十三条　会员出席时应于签到簿上署名。

第二十四条　会员出席后非散会或休息，或经主席允许，不得退席。

第七章　附则

第二十五条　本细则未尽事宜，由本会议议决修正。

〔国民政府财政部档案〕

6．行政院关于张学良拟召集北方省市财政会议并抄来往电训令

（1931年2月3日）

行政院训令　字第五〇九号

令财政部

为令行事。案准国民政府文官处第八五零号公函开：径启者：奉主席交下张副司令感电称，拟召集北方省市财政主管官员，举行财政会议，研究收支重要问题．如有不敷情形，拟将骈枝机关酌予裁并，以资节省一案，奉谕：电复，并交行政院。等因。除

由府电复外，相应抄同来件及复电函达查照，等由。准此，除函复外，合行抄发原件，令仰该部即便知照。此令。

计抄发张副司令感电及国民政府卅复电各一件

中华民国二十年二月三日

院　长　蒋中正

抄原电

南京国民政府蒋主席钧鉴：密。此间召集北方省市财政主管官员举行财政会议，研究财政上收支各项重要问题。倘研究结果实有不敷支情形，拟将各省市之骈枝机关或事务较简可以由性质类似之机关兼办者，酌予裁并，以资节省经费。如蒙允行，俟将来实行裁并某机关时，再行电请，谨先电陈，伏乞鉴核示遵。张学良叩。感。机。印。

抄本府卅电

沈阳张副司令勋鉴：纪密。感电诵悉，承示召集财政会议研究收支适合办法，兼筹硕划，佩慰良深。倘有不敷，拟将骈枝机关酌予裁并一节，尤与四中全会刷新政治之旨相合。尚望统筹全局，毅力进行为幸。蒋中正。卅。印。

〔国民政府财政部档案〕

7．财政委员会第一次会议纪要

（1931年11月15日）

财政委员会第一次会议纪要

会场：国民政府第一会议厅。

日期：民国二十年十一月十五日上午九时。

出席者：蒋中正、林森、宋子文、何应钦、李煜瀛、邵元冲、张学良（张振鹭代）、韩复榘（孙桐萱代）、荣宗敬、刘鸿生、虞和惪、张公权、李馥荪、吴达铨、马寅初、朱家骅、杨铨。

列席者：秦汾。

主席：蒋正中。

记录：屠宗根，李邦和。

主席恭读总理遗嘱。

主席报告。

张委员学良来电不能赴会，派辽宁财政厅长张振鹭代表出席。韩委员复榘来电奉令暂缓来京，派师长孙桐萱代表出席。范委员旭东来电不能赴会，周委员作民来电不克出席。

主席致开会辞：

国民政府自成立以来，历次设立关于财政之委员会，以谋整理财政，并监督国库收支，但其委员人选均属在职人员。此次设置本会，罗致全国工商、金融、教育各界人士加入，以期国家财政得与全国金融及经济、教育各项事业互相维系，并收集思广益之效。关于财政远大计划亟待详细讨论。对于目前财政状况应先报告，军政各费数年以来历有增加，而国家税收则未能与之俱进，每年不敷之数愈趋愈大，全恃举债以弥亏损，常此以往，断难支持，自非力谋开源节流，绝无办法。现在军政部长及财政部长均为本会委员出席本会，希望将军政各费情形及财政状况详细报告，应如何开源节流之处，请诸委员从详讨论，妥议办法，备政府采择，是所厚幸。

宋委员子文提出二十年六、七、八、九各月军务费实发各机关经费数目，最近应发各省协款及二十一年一月至六月止收支估计表，各种油印表件，报告财政困难情形，并言军费自十二月起拟定为一千六百万元，希望本会将军政各费共商一确实办法，数目决定后不可再有增加。

何委员应钦提出二十年九月、十一月陆、海、空军所属各部队机关经常费数目，剿匪各队临时费数目，军政部军需署经管中央各部队机关发款数目表，并言军费最少月需一千八百二十九万余元。

各委员继续讨论，结果认为，军费可减为每月一千八百万元，政费可减为每月四百万元，并发一宣言。

至十一时主席宣告暂行休息。

十一时二十五分继续开会。

主席　宋委员子文。

主席报告，蒋主席因公不克出席。继推定李委员煜瀛、杨委员铨、张委员公权、吴委员达诠、秦司长汾五人为宣言起草委员。一面继续讨论，最后由秦司长汾归纳议定要点为：(一)国内战争绝对不应再有，所有国家军队应专为国防之用。(二)规定国难紧缩时期临时预算，将军费减为一千八百万元，政费亦一律核减，定为四百万元。紧缩由军政最高机关始，以为全国倡导。(三)公债始终保持信用。(四)竭力提倡实业，发展国民经济，以增进国家财源，并声说此次紧缩由于天灾匪患及东北事变之所致，一旦恢复原状，税源增加，预算当能仍有扩充之望。

主席将归纳要点提付讨论。

众无异议。

下午二时起草完成，经蒋主席酌加修正，发表宣言如下。

本会于民国二十年十一月十五日开第一次会议，咸认为，国内战争已绝对不应发生，所有国家军队专为国防之用，当此国难之秋，国家财政自应竭力紧缩。兹特规定国难紧缩时期之临时预算，将军费减为每月一千八百万元，政费除中央教育总数不减外，其他一律核减，共为四百万元。除由财政部另制收支预算发表外，特此声明。按此预算，已由军政最高机关以身作则，切实执行，以为全国倡导。再国民政府发行之公债库券信用素著，现在预算又经紧缩，信用必更加坚固，政府必负责保持，一方面仍由政府竭力提倡国内实业，发展国民经济，则国家财源自可增进，以后预算亦可随之扩张。本会深知，目前国家财政之极感困难，大半由于天灾匪患及东北事变之所致，一旦恢复原状，则国家税收自可增加，不难期本会所定预算告终之时，即可举收支适合之效也。

二时三十分主席宣告散会

〔国民政府暨行政院全国经济委员会档案〕

8．财政部关于确定政费缩减办法的提案①

（1931年12月7日）

财政部提议请确定政费缩减办法以便执行案

谨按贵会第一次会议决定政费每月四百万元，系以本部前开最近国库实发各省协款每月一百九十六万五千元，及各机关经费每月三百三十四万九千五百余元之总数为根据，其向在经管收入内坐支及向在指定税款内拨付，不由国库直放者，当然不在此四百万元限额之内。前项实发数五百三十一万四千五百余元内，属于教育费照议定原则总数不减者，共为七十八万九千五百元，其余党政建设补助等费四百五十二万五千余元，缩减为三百二十一万零五百元，约当原数之七成。此项党政各费国库实发之数，原多不足预算定额，而本部前开各表内受协省、市计十有二区，领款机关计九十有八，此十二省市及九十八机关，依何标准分配此四百万元之经费，未经贵会议定，事实上难于执行，且近年中央所颁预算法令规定，预算之编制属之主计处，预算之核定属之中央政治会议。本部执行预算法案，仅能权衡国家财政状况，司其出纳而已，此次缩减政费，乃行政上之紧急处置，为易于公允，免除争执起见，似有请求贵会进一步议定具体办法或缩减标准之必要。

---

①为财政部在财政委员会第二次会议上之提案。

此次缩减政费为国难期内不得已之举。其缩减办法，宜从大处着想，如裁并骈枝及不需要之机关，缩小机关之组织、裁减冗员、停止不急要之建设，以及节省一切物资与费用等诸要端，似有注意之必要。其缩减之限度，当以不低减行政效率为原则。行政效率之高下，系乎人才。凡属必要而称职之公务员俸薪在法令规定范围以内者，不宜减少或折扣。俾真实有用之人才得安于其位，为国家尽力，则政府通盘计算可以较小之代价收较大之效果。

基于上述之原则，则国库原发党政各机关及各省协款四百五十二万五千余元缩减为三百二十一万零五百元，自不宜一律折发七成之笼统办法为之。关于某一类之机关应行裁并，或缩小组织，某一类之人员应行裁减，某一类之建设应行停止，某一类之物料与费用应行节省，必须详加考核为精密之计划。此项考核计划之责任，必须由各该主管上级机关负之，方能切实有效，故缩减办法似宜先行分析主管系统，计算其原发之总数，次就各个系统中机关之情形酌定某一系统之总数，再由政府责成各主管机关各就所定之总数量为分配于该系统内之各机关。则贵会提纲挈领易总其成，而各主管机关得有伸缩余地，可免削足适履扞隔不通之弊，兹就本部前开各机关经费表，按照主管系统，另行列表，附陈参考。

国库原发各省市协款一百九十六万五千元，约当总数百分之三十七，依此比例，则在四百万元总额内，应占一百四十八万元。其间除安徽教育协款十万元，明定属于教育用费，照议定原则总数不减者外，其余一百八十六万五千元缩减为一百三十八万元，约当原数之七成四。但中央各机关实发之数原多不足预算定额，其间属于教育费，照议定原则不减者，计有六十八万九千余元，属于外交费，照目前情势不便再行削减者，计有四十三万元，其余二百二十三万余元，缩减为一百四十万余元，仅及原数之六成二，事实上亦必深感困难。中央减政以后，省、市地方亦当同样办理，则其原在省市地方收入内支出之款所减不在少数，以之抵补，中央协款，当必不甚多难，国库所发协款可否照上述比例酌予多减，以补中央政费之不足，应请贵会通盘筹划，详加考虑。抑有进者。

贵会前次议定政费四百万元，仅以国库直发者为根据，其在经管收入内坐支及向在指定税款内拨付者，应如何办理，尚未议及，国库直发各机关经费历以国家财政困难，原多不及预算定额。兹既重加核减，则其他机关坐支或拨付之经费，除教育事业及原在军费内支配之军事机关经费，已随军费而缩减者外，应如何比照办理，以期公允，而免偏枯之处，亦祈并案核议施行。

财政上之处置，动关政治设施，此次减政，事出非常，用敢胪陈意见，谨祈察核，议定具体办法，俾有遵循，是所厚幸。

附国库实发经费按机关系统分析表一份。（缺）

财政部长　宋子文

〔国民政府行政院全国经济委员会档案〕

9．财政部关于提前召开全国财政会议函

（1934年5月9日）

财政部公函　全字第三一五九号

本部前奉行政院令，以第一四九次行政院会议议决减轻田赋附加、废除苛捐杂税一案，经将进行办法，通电各省市政府遵照办理，令仰知照等因。并抄发进行办法等件。查原办法第三项内有财政部于本年六月间召集各省市财政当局及经济界代表到京开会之规定，本部自当遵照办理。惟该项会议所应讨论之减轻田赋附加与废除苛捐杂税等问题，均与地方预算俱有连带关系。现距二十三年度开始为期已迫，故拟将开会日期稍为提前，于本年五月二十一日举行，亦经呈奉行政院核准，并分别咨请关系各部、会、处及各省市政府推派代表，令行各省财政厅厅长、各市财政

局长届时来京出席，又选聘专家莅会共同讨论，其本部内外应行出席人员，亦经分别指定各在案。现该项会议定于本月二十一日上午十时举行开会典礼，相应函请查照转陈，颁赐训词，俾有遵循，并兹见复为荷。此致，

国民政府文官处

财政部长 孔祥熙

中华民国二十三年五月九日

〔国民政府档案〕

10. 国民政府主计处关于确定地方预算办法的提案①

（1934年5月16日）

为提案事。查省市财政以预算为范围，而预算之能否确定，又必视其收支之能否适合以为断。溯自本处成立以来，各省市所编概算，经由中央核定公布者，年不及半。其余胥经否决抑或发还另编，要皆由于收支未能适合所致。财政困难至今已极，考其症结所在，约有数端。

1、自十六年划分国地收支，中央厉行国税统一。凡军阀时代所截留之国税，悉数收归中央，地方财政无由调剂，收支渐失平衡。

2、厘金裁撤，地方骤失巨款收入，而营业税之开征，又适在事变纷乘商业凋弊之秋，得失相偿，不足以资弥补，财政因之益困。

3、地方现有税收所可认为入款大宗者，在省为田赋，在市为房捐。然胥吏之侵蚀，商民之拖欠，往往收不足额，影响于省市财政者至大。

①此系1934年5月第二次全国财政会议上之提案。

4、政费膨胀继长增高，每遇收入短少，辄恃借债以为补苴，宿负未清，后欠又至，日积月累，浸成巨亏。

基于上述各项原因，拟具确定预算之办法如左。

1、依限编送　编送概算限期，在预算章程及预算法内均有详密规定，其立法本旨，一以确定收支，一以限制追加。此后省市政府如能依限编成预算，财政困难当可逐渐解除。

2、核实编列　预算以收支适合为原则。但各省市所编概算，或支多于收，或收多于支，原与适合原则不符。如必强求平衡，而以虚收虚支粉饰一时，按诸预算正确之本旨，实所不许。

3、力求自给　现时中央财政困难，无力补助地方，已为举国所公认。各省市自裁厘以后，多由中央拨款补助，原系一时权宜之计，地方若无自给之计划，设遇事变，中央无力兼顾，来源骤竭，危险堪虞，似非有自给之决心，不足固地方财政之基础。

4、量入为出　政务之推进，全系乎经费之多寡，而经费之多寡，又以轻重缓急为前提。各省市财政之整理办法，情况各殊，而要以量入为出为目前基本原则。案查蒋委员长整理豫鄂皖三省剿匪区域之地方财政，对于该三省之二十一、二十二两年度概算统筹支配，力加削减。凡前此各该省当局所认为收不敷支无法应付者，而今则大致适合矣，此即本量入为出之原则，进而定施政之方针，免致供求不应，仰屋兴嗟，或烦苛扰民，税源日竭。

以上四项，为解除目前困难之办法，至于确定预算之根本计划，尚须注意左列两点。

1、撙节政费以扩充事业经费。二十年三月，行政院曾据内政部呈各省行政经费不得超过事业费五分之三以上，良以事业费关系地方建设、文化经济，由此改进，应责成各省市政府缩减政费，留有余力，以充建设之需。

2、开辟财源须不超过国民经济负担能力。地方政务与时俱进，则应政费之需要，其收入亦随之增加，开源之说尚矣。然国民负担能力究有限度，一经超过，无异摧残国民经济，社会繁荣因之衰落，是又各省市财政当局所极应深切注意者也。

以上所拟办法，是否有当，提请公决。

〔国民政府财政部档案〕

11. 闽亦有关于确定地方会计制度以利整理地方财政的提案①

（1934年5月18日）

确立地方政府会计制度以树立整理地方财政之基础案

整理财政之道多端，而其共同最终之鹄的，一言以蔽之，不外使人民所纳者涓滴归公，政府所用者丝毫无滥而已。欲达此鹄的，除关于民智民德及政治环境者外，从财政本身而言，则会计制度尚矣。现今所谓会计制度者，其涵义之要点有二：一为合乎会计原理之簿籍组织，一为合乎分权原则之牵制组织。以完善之簿籍组织，处理一切财务程序，使财务权责之生灭，款项出纳移转，皆得以明敏之手续，作详尽之记载。以严密之牵制组织划分职权，使行政、会计各司其事，而不相妨，事功相成，职务互制，以收会计监督财政之效。具有完善之簿籍组织，副之以严密之牵制组织，则记载翔实，监督几可及。是故现今各国皆视会计制度为一切财务行政之基础，有是基础，财政仍致紊乱者或亦有之，无是基础，财政能达弊绝风清之境者，事实绝无。

我国地方政府于斯二者向未注重。以言簿籍组织，大都因陋就简，残缺不全，揆之会计原理，多有未合，以如斯之簿记登载之结果，自难确实详尽。以言牵制组织，则尤形缺乏，职权划分不明，会计多处于行政之下，会计监督之效全失，贪污舞弊之风遂遍于全国。簿籍组织不全，复无牵制组织以为之副，财政政策将何由决定，预算、计算、决算将莫由编制，勉强以成之，亦仅

①此系1934年5月第二次全国财政会议上之提案。

为无事实根据之空洞具文而已。准是以观，窍以为确立地方政府会计制度，实为目前一切整理地方财政方案之基础，具此基础，则所谓整理田赋，改进税收，废除苛捐杂税及编制地方预算，皆得如愿以偿。否则徒有空言，无补实际。

确立地方会计制度之要点约有三端；第一，应根据会计原理厘订簿籍组织，以期详尽确实，纤悉靡遗。第二，应划一簿籍组织，以便综核比较。第三，应采用牵制组织，厉行会计监督。兹分别将其办法择其重要易行者，条列于左。

甲、关于厘订簿籍组织者。

（一）采用复式簿记制度。

（二）设置会计科目。

（三）各种会计报表应与各种账簿相吻合。

乙、关于划一簿籍组织者。

（一）性质相同之机关得行同一之会计制度，

（二）性质相同之事项得用同一之会计科目。

丙、关于采用牵制组织者。

（一）关于推行会计制度之人员，均应按其事务之需要，分别设置任用。

（二）会计人员之任用，应就考试或甄审合格人员派充之。

（三）依法任用之会计人员，应予以保障，使克尽监督之责。

是否有当，提请公决。

提议人　主计处代表闻亦有（印）

〔国民政府财政部档案〕

(二)全国经济会议及提案

1. 各省区商民协会为召集经济会议讨论经济法案及关税税则呈

(1927年8月29日)

呈为召集经济会议讨论经济法案暨关税税则等事，恳请鉴核迅赐施行事。窃各省商民协会代表会议自奉令于九月一日实行关税自主、裁厘加税，逖听之余，不胜欢欣鼓舞。惟以兹事重大，且于中国之经济荣枯，关系至为密切，尤于商民最关利害，因此召集会议佥谓：中国之国计民生日趋衰落，虽军阀之弄兵，与帝国主义之压迫，原因虽非一端，而经济问题实为其重心。关税自主与裁厘加税，同为解决经济问题之惟一政策，但即就此两事而论，已引起关税税率、管理、收征、保管及出厂税则，影响中国工厂之种种严重问题，而因之连累所及之各项经济法案，亦须早行制定，藉以免除各种经济纠纷。惟是制定关于经济之法案与施行手续，如不经关于经济团体之讨论决议，虽未始不能审慎周详，然如能集思广益，当尤为无懈可击。用特提出职会议，一致决议，呈请钧府采取德国经济议会立法制度，于最短期间（至多不得过四个月）召集经济会议，容纳关于经济团体，如农、工、商、学与劳资两方等代表及政治、法律、财政、经济、外交专家为委员，讨论决议新税税则及关税管理、保管、征收等重要问题，并创制一切关于经济之法案，由该议会呈请钧府公布施行。按德国于欧战之后，国内工商、对外贸易渐有恢复之佳象，且其劳资纠纷消灭于无形，得到劳资真实之协调，识者均归功于其经济会议。总理之三民主义侧重民生，而民生主义侧重于劳资协调，各业共荣共存，则经济会议实最足以达到是项目的之惟一工具也。事关国计民生最重大之建议，理合录案具文，呈请鉴核，敬祈迅赐施行，

实为公便。谨呈

国民政府

各省区商民协会代表会议

主席冯少山（印）

中华民国十六年八月二十九日

〔国民政府档案〕

2. 冯少山等请召集全国经济会议调节各方纷争并抄送经济会议议案审查报告书等呈

（1928年1月31日）

呈。为呈请事。窃各省商会联合会十六年十二月二十一日第三次会议第二号议程第六案，为议请国民政府组设经济会议调节各方纷争案。提议者上海总商会，讨论之后，决议组设经济会议案特别审查委员会，由主席团指定委员九人交付审查去后。嗣准本案审查委员会主任方椒伯等，拟具审查报告书提交大会讨论，决议，照报告通过，交总事务所执行等议。在案。查一国之经济为立国之命脉，欲发展国家及民众之经济，而调节各方之纷争，则非尽量容纳各民众之代表，会同政府委员合组经济会议不为功。此项制度德国已行之而有效，我国亟宜仿行，以救经济之敝，而谋其妥协，理合依照决议案，具呈钧府察核，请准设立中国经济会议筹备事务所，选派全国农、工、商、学界人员及政府人员为筹备委员，筹备经济会议一切事宜，俾经济会议早日成立，谋全国经济之福利，并乞批令只遵，实为公便。谨呈

国民政府

计呈经济会议案议案一件、审查报告书一件。

各省商会联合会总事务所常务委员　冯少山（印）

苏民生

张棫泉（印）

中华民国十七年一月三十一日

第二号议程第六案

请国民政府组设经济会议调节各方纷争案

为提议事。自国民革命军去岁兴师北伐以来，原以国利民福为职志，不数月间全国响应，由两广而两湖而闽赣皖而江浙，转瞬底定东南矣。乃国军所至之地，共产党假借国民党名义到处制造工潮、制造农潮，工要增资减时，农要免租占田，不厌所欲，则威胁百出，暴民气焰甚张，主东吞声莫诉，逐致巨室远扬，中人破产，工商歇业，物竭价腾，生活愈高，失业愈众，有产固被其祸，无产亦同其害。湘鄂两省惨状固不忍闻。最近，广州杀人放火，尤酿成极端恐怖。揆之于先总理所主张之民生主义，实大相径庭。宜以为国民政府于现今彻底清党以外，应仿照德国组设经济会议，调节各方生活之纷争，组设中国经济会议。一面召集各方代表，一面搜集全国经济专家，共聚一堂，根据先总理所标民生主义各纲，参证我国固有经济状况，举凡土地，资本、生产、消费、劳力、贸易各事之分配制度及发展规划逐一研究讨论制成方案，建议国民政府施行。此项会议兼含团体集会及委员会两种性质，一部分由各方团体公推代表，一部分网罗全国经济专家，而为将来国民会议关于经济一部分建设筹备会议之张本，亟应吁请国民政府采择施行。除将组设中国经济会议组织大纲条拟附后并案提出外，特此提议，即希公决。

提议者上海市总商会

中国经济会议组织大纲

（一）在国民政府未达宪政时期，凡颁布施行之社会的、经济的法律案，须先交经济会议通过。经济会议亦得自行提案议决，建议中央政府颁布施行。

（二）凡政府社会的、经济的行政处分，经济会议认为不适合现在经济状况，得以议决案，建议中央政府取消之或变更之。

（三）经济会议通过建议中央政府颁布社会的、经济的议案，各省政府不得予以变更。

（四）经济会议设立于中央政府所在地或经济集中地之上海。

（五）经济会议在国民政府现下统治区域之下，以下列各项议员一百人组织之。

（1）由各省农业团体组织代表会，选出下列议员二十人。

地主（大小不拘）五人。

佃户五人。

自作农五人。

农科及经济科学者五人。

（2）由各省工业团体组织代表会，选出下列议员二十人。

机制工业厂主五人。

机制工业受雇者（即职员）二人。

机制工业劳工四人。

手工业店主二人。

手工业劳工二人。

工商科及经济科学者五人。

（3）由各省商业团体组织代表会，选出下列议员二十人。

出资者八人。

受雇者四人。

商科及经济科学者八人。

说明：上述代表会，由各省政府就农、工、商业各团体选派上列资格代表各一人（如无上列资格代表宁缺毋滥），在经济会议所在地组织之，议员若干即由此代表会产出。至农、工、商、经济学者，以国内外大学、专门学校毕业，得有正式文凭，曾在社会服务有成绩者为限。代表〔会〕之筹备举行，由经济会议筹备事务所处理之。

（4）金融业由上海、汉口、广州银行公会、钱业公会联合选出下列议员十人。

银行业出资者三人。

钱业出资者二人。

银行业受雇者三人。

钱业受雇者二人。

（5）矿业由矿业公会联合会选出下列议员五人。

出资者二人。

受雇者一人。

劳工二人。

（6）交通业分为官营事业、商营事业，得出下列议员十人。

(A) 官营事业由政府选派。

事务长官二人。

职员一人。

劳工二人。

(B) 商营事业由交通业公会选举。

出资者二人。

受雇者一人。

劳工二人。

（7）由上海、汉口、广州市政厅各组评议会选举人数共九人分配如下。

房主三人（各市一人）。

租户三人（各市一人）。

旅馆业兼营饮食业者三人（各市一人）。

（8）俸给劳心者阶级得由其团体选出议员

学校教师由各省教育会联合会选出一人。

律师由各省律师公会联合会选出一人。

医师由各省中、西医联合会选出一人。

（9）中央政府派代表三人。

（六）议员任期以经济会议终了为止。

（七）经济会议期以全国宪政开始，国民会议开幕时为终了之日。

（八）经济会议经费，中央政府津贴十分之四，各省政府担任十分之四，各地机制工业、金融业、交通业、矿业各团体筹措十分之二。

经济会议案审查报告

本案审查之结果认为，调节各方生活纷争，以谋一般社会生活状况之安定，一致决议，本案有成立之必要，唯组织大纲尚有须详细斟酌之处，应请国民政府赶设中国经济会议筹备事务所处理之，其筹备事务所由政府选派筹备委员，以农、工、商、学及政府人员合组，是否有当，即希公决。

特别审查委员会主任　方椒伯

审查委员　吕天宝

于小川

周白昂

于蓉樵

陈绍武

朱谋先

林康侯

李恢伯

〔国民政府档案〕

3．财政部经济会议组织规程

（1928年6月）

财政部经济会议组织规程

第一条　财政部长为预备全国财政会议及训政实行时期之财政方案起见，特将原定政策及施政方针先在上海召集经济会议，谘询众意，公开讨论。

第二条　经济会议由财政部长于左列各项人员中聘任委员组织之。

一、各商会、银行公会、钱业公会主要职员。

二、实业界领袖或声望素著人员。

三、经济专家或有专门学识经验人员。

四、各机关与议案有关之主管或专门人员。

第三条　经济会议开会日期，由财政部长定之。

开会时由财政部长【为】主席，并以次长为副主席，部长未出席时，得由副主席代理主席。

第四条　经济会议为拟订及审核提案，得由财政部长指定委员分担左列各股。

一、金融股　关于币制、银行及特种营业均属之。

二、公债股　关于国内外公债及库券等均属之。

三、税务股　关于关税、裁厘、加税及改良税制等均属之。

四、贸易股　关于国内外贸易或运输及劳资等问题均属之。

五、国用股　关于赈灾、裁兵、屯垦、教育基金等均属之。

每股由主席指定委员五人组织之，并于五员中指定一员为主任委员，其开会由主任委员召集之。

第五条　经济会议议案依左列程序提出之。

一、财政部部长或次长交议者。

二、委员提议者。

三、各省商会、银钱业公会及各团体之建议案或意见书，经委员二人以上连署介绍者。

第六条　经济会议议决案仍送由财政部长核定，其议事规程另定之。

各案得由财政部长先交各股审核，但仍应提交会议。

第七条　经济会议应置左列各职员办理本会议及各股事务，均由财政部长委令各职员兼任。

秘书长　一员。

秘书　若干员。

干事　若干员。

会议中处理会务及缮校文件，得酌用事务员及雇员。

第八条　经济会议为征询经济或财政问题，得聘请专门顾问。

第九条　本规程自财政部公布之日施行。

经济会议委员名单

（1928年6月）

经济会议职员一览表

秘书长	李承翼
金融股秘书主任	陈　行
秘书	王　华
秘书	殷安华
公债股秘书主任	顾立仁
秘书	徐其清
秘书	陆树棠
税务股秘书主任	贾士毅
秘书	卫挺生
秘书	蔡　允
贸易股秘书主任	贝祖诒
秘书	金贤宷
秘书	孙蔚生
国用股秘书主任	李调生

秘书　汪　厚

秘书　周增奎

秘书处文牍干事　孙蔚生

金贤宷

徐其清

编辑干事　程维嘉

卫挺生

蔡　允

缮校干事　陆钟履

鲍久之

蓝绪彰

宣传干事　曾　镛

孙　群

交际干事　徐可陞

宋仲宾

梁百龄

庶务干事　翁兆龙

郑渭川

蔡荅庵

经济会议委员姓名一览

（以笔划多寡为序）

（一）金融界

王毅灵　汉口金城银行

卞白眉　天津中国银行

吴蕴齐　上海金城银行

吴达诠　上海盐业银行

贝淞荪　上海中国银行

李馥荪　上海浙江兴业银行
李子平　广东银业公会
沈叙玉　上海中华懋业银行
周作民　北京金城银行
胡孟嘉　上海交通银行
胡笔江　上海中南银行
陈光甫　上海上海银行
陈健庵　上海中央银行
陈蔗青　上海汇业银行
陈子壎　上海恒隆钱庄
徐新六　上海中国兴业银行
倪远甫　上海盐业银行
孙景西　上海中孚银行
孙衡甫　上海回明银行
唐寿民　上海国华银行
秦润卿　上海福源钱庄
张公权　上海中国银行
黄明道　新华储蓄银行（上海）
叶扶霄　上海大陆银行
杨荫孙　天津交通银行
谈甘崖　北京大陆银行
卢涧泉　天津交通银行
钱新之　上海回行准备库
谢弢甫　上海承裕钱庄
薛敏老　Alhino Z.Sycils.China Bankieg.Corp.
MANILA
顾诒穀　上海江苏银行

（一）实业界

王一亭　　上海面粉交易所
王晓籁　　上海闸北商会
伍稷生　　上海仁昌公司（中孚楼上）
周湘舲
周星棠　　汉口总商会
周宗良
林康侯　　上海总商会
胡须棠　　广州总商会代表
徐静仁
徐庆云　　上海大丰纱厂
邹殿邦　　广州总商会代表
张嘉甫
冯少山　　上海总商会代表
虞洽卿　　上海三北公司
刘秉义　　汉口总商会
穆藕初　　上海纱布交易所
苏民生　　上海民生伞厂
顾馨一　　上海豆麦交易所
柴宗敬
郭　标　　上海先施公司
黄绶珊

(一) 学　者

周　典
徐永祚　　上海爱多亚路三十六号
盛　俊　　上海
寿毅成　　上海银行业联合会
潘序伦　　上海施高塔路恒丰里
戴蔼庐　　上海银行周报社

（一）军政界

李景曦　　海军
夏孙鹏　　海军
刘纪文
缪　斌

（一）交通部

吴承斋　　电
赵世瑄　　路

（一）工商部

赵锡恩
寿景伟

（一）本部

李调生　　印花
李承翼　　办事处
李　觉　　国库
林子峰　　秘书
陈　行　　金融
姚咏白　　参事
张福运　　税务
邹敏初　　禁烟
邹　琳　　秘书长
程叔度　　烟酒
郑　莱　　煤油
钱隽逵　　盐务
谢　祺　　卷烟
司徒俊厚　会计
贾士毅　　税务
钟衍庆　　债务

【经济会议金融股委】员议事录

【六月】□□日下午四时第一次会议

【地点】：【中】国银行二楼

出席委员：（签字）

贝淞荪、胡孟嘉、曾务初、戴蔼庐、陈行、姚咏白、周宗良、叶扶霄、秦润卿、顾馨一、李馥荪、陈子壎、黄汉梁、徐新六。

主席贝委员淞荪　临时公推。

一、议决。先行草拟及审查（一）币制及（二）银行制度各议案。至特种营业，俟下星期三后再为讨论。

国家银行制度

地方银行制度

商业银行制度

（以上由贝淞荪、戴蔼庐两委员草拟意见书）

特种银行制度：

（由姚咏白委员草拟意见书）

废两改元

（由秦润卿委员草拟意见书）

□□□□草案

□□□□例施行细则草案

造币厂条例草案

取缔纸币条例

（以上由胡孟嘉、陈健庵、徐新六三委员审查并提出意见书）

金库条例草案

（由贝淞荪、戴蔼庐两委员审查）

一、议决。于二十五日上午十时在中国银行二楼开第二次本股全体委员会议，审查各案。

各委员讨论记录。

主席：提议尽先讨论（一）币制及（二）银行制度。

徐委员新六：按照经济会议通知，特种营业亦应由本股讨论。

陈委员健庵：特种营业可暂不讨论。

周委员宗良：条例可不必讨论，本股可仅讨论原则。譬如纸币是否由中央银行发行及中央银行是否完全由政府管理。

主席：主张先讨论银行制度。

徐委员新六：特种营业已规定在本股范围以内，非□□□通过，似不应弃置不论。

〔发言人姓名残缺〕：□□讨论币制及银行制度，至特种营业可由本股函请贸易股讨论。

秦委员润卿：特种营业与金融攸关，宜一并讨论。

周委员宗良：金融股宜仅讨论银行、钱庄及信托公司。

叶委员扶霄：时期短促，宜先讨论币制及银行制度之原则。

陈委员健庵：先讨论币制及银行制度之原则，有余暇再讨论特种营业。

主席：星期二以前先讨论币制及银行制度，以后再讨论特种营业。

周委员宗良：英伦银行系属商办，吾国之中央银行究应官办，抑商办、抑官商合办，宜详细讨论，盖人民对于政府之权利与义务宜相辅而行。

陈委员健庵：国家银行有调剂金融、辅佐商业之责，现在应讨论者：（一）是否中国应设立国家银行；（二）若设立国家银行，其资本□□官股、抑商股、抑官商合股；（三）就原有有银行改设，抑另新设。

主席：中国应设立国家银行已为确定之原则，因国家银行与下列各种问题俱有密切关系。

（一）统一币制，收束滥币；

（二）整理财政；

（三）调剂金融；

（四）发展工商业。

但中国财政无系统，中央与地方未能确定划分，故在现状之下，国家银行颇不易实行其职权，或反因此损其威信，而制度亦随以破坏。以前中国银行亦曾煞费苦心，但以各种情形，后遂不能继续原有计划。目前中国之银行制【度】可区分为下列各种：

（一）国家银行，须逐渐筹设。

（甲）先组织总金库，就中央政府权力所及，推广分金库，其他省分则托由当地银行代理；

（乙）统计委员会，审查编订政府之一切收入及支出；

（丙）预算委员会，为大体之预算，以期收入相抵；

（丁）最后设立国家银行，但不能专供政府弥补财政之用。

（二）省银行制宜规定下列各点：

（甲）限制发行额；

（乙）确定准备制度；

（丙）受中央之监督。

（三）特种银行，如（甲）国际汇兑、（乙）农、（丙）工、（丁）国货之类，宜限制其业务。

（四）储蓄银行及储蓄会亦宜分别规定。

（五）普通商业银行。

（六）钱庄，宜以上海习惯为模范，统一全国钱庄制度。

陈委员健庵：宜早议决原则。

胡委员孟嘉：银行制度不可试验，宜切实讨论。

徐委员新六：中国幅圆〔员〕辽阔，美国之联合准备制似比英、法、德制较为相宜，即于将来全国之建设事业，亦有所补助。

秦委员润卿：赞成徐委员意见。

主席：宜先办省银行，为将来联合准备银行之基础。

李委员馥荪：发行之准备应集中于一处，但主体在政府抑在银行，请讨论。

主席：准备金可由金融监理局管理，至各省银行之发行额及准备成数，亦应由该局规定。

周委员宗良：纸币应流通全国，不能为区域所限，故省银行不应有发行权。

李委员馥荪：发行及准备非统一不可，省银行可办，而现金必集于中央，如不限制，则不如办国家银行，就中央政府实力所及，逐渐推广。

陈委员健庵：宜先订制度。

李委员馥荪：赞同陈委员提议。

主席：制度须据事实，目前省银行之设立，实非中央力所能阻，即使纸币由中央发行，各地仍须兑现，至少一部分准备仍须置于各省。

李委员馥荪：管理得法自有信用，则兑现即可不成问题。惟本席主张绝不可以发行，遗害各省。

秦委员润卿：宜分全国沪、汉、津、粤为四大准备区。

周委员宗良：国家银行无论由官办或商办或官商合办，人民总须有管理权。

徐委员新六：秦委员意见即系采用美制，若仿美制办理，则人民自可参加。

主席：纸币之发行与兑现可分为四区，而统辖于中央。

胡委员孟嘉：准备金应由商民组织委员会监督之。

李委员馥荪：可先就上海一区试办总府。

徐委员新六：美国之Fedeval Reserve Board及上海中国银行现行之核查准备制度均可仿行。

主席：委员是否由各处代表参加，已发行者是否须将准备移于上海。

姚委员咏白：纸币与现货相同，在理论上发行权当然属于政府。惟就事实方面，则可由中央出一部分，各省出一部分，共同组织准备总库，自觉轻而易举。

周委员宗良：人民应要求监督政府之发行纸币。

陈委员健庵：为目前整理金融计：(一)纸币不应再加遗祸人民；(二)宜定良好之银行制度；(三)省银行不应有发行权。

主席：各地正谋发行，政府宜设法限制，虽不能实行，亦宜规定。

陈委员健庵：全国金融因历年战事，已大受损失，省银行之发行更非限制不可。

李委员馥荪：发行权属于国家银行，故省银行条例实明订禁止发行。

主席、省银行自不应有发行权，但国家银行之设立，应按照本席前述步骤办理。

陈委员健庵：关于银行制度者可归纳如左：

（一）筹设国家银行之步骤；

（二）地方银行条例；

（三）普通银行条例；

（四）特种银行条例。

主席：币制问题可归纳如左：

（一）纸币之取缔；

（二）造币厂条例；

（三）本位及废两改元。

李委员馥荪：(一)取缔纸币可就政府提案讨论；

（二）造币厂应由政府统一；

（三）废两改元应充分发表意见。

秦委员润卿：上海造币厂成立，能自由铸造，则废两改元极端赞成。

周委员宗良：造币厂宜统一。

其余讨论提案之审查及草拟，已见议决案。

六月二十五日上午十时，第二次会议。

地点：中国银行二楼。

出席代表（签字）

秦润卿、周宗良、陈行、吴蕴齐、贝淞荪、戴蔼庐、徐新六、胡孟嘉、唐寿民、叶扶霄、李馥荪、姚咏白。

请假委员三人：钱新之、陈子壎、曾务初。

□□贝淞荪。因主任常务委员钱新之□津，公推贝委员淞荪主席。

一、议决。采取国家银行制度。

国家银行定为股份有限公司，其股权另订章程限制之。

一、议决。国家银行之组织如下：

（一）股东会；

（二）董事会。为最高执行机关，并希望将来国家订立宪法时，能规定国家银行董事会所推选之总裁，有权可以否决政府预算；

（三）政府之监督。政府可以监督国家银行是否按照条例营业。

一、议决。纸币发行权应统一，全国可分为沪、汉、津、粤四准备区，另设总库于上海，但兑现并不分区。

委员讨论记录。

主席：除特种银行意见书外，各意见书已齐集。现在应按照上次议决案分别讨论，以便汇编后提交大会。

姚委员咏白：本席原担任特种银行意见书起草，但再四思维，以为先决问题在于国家银行，故先提出国家银行意见书。

主席：先讨论提案编制法，本席并拟有弁言。

主席：报告经济会议秘书处来函，于廿五日前将一切提案送交该处，以便编订。

又，副主席有"整理硬币案"，交本股审查。

主席，本席拟订提案，编订次第如下。

（一）银行制度。

（甲）国家银行。

（乙）地方银行。

（丙）国际汇兑银行及其他特种银行。

（丁）普通商业银行。

（二）币制。

（甲）国币条例与施行细则草案审查意见书。

（乙）发行制度意见书。

（丙）取缔纸币意见书。

（丁）造币厂条例草案审查意见书。

（戊）整理硬币案（副主席提出，未经审查）。

主席：国家银行意见书有四。

（一）贝淞荪、臧蔼庐两委员。

（二）姚咏白委员。

（三）周宗良委员。

（四）王晓籁委员。

第一项资本问题。

（甲）商股。

（乙）官股。

（丙）由银行分认。

（丁）合作。

究应如何，请讨论。

姚委员咏白：中国银行则例，民国元年由本席起草。当时因招商股困难，故订先筹官股三千万，次招商股三千万，俟商股招足后逐渐售出官股，完全改归商办。

此项则例后经参议院通过，但因有特别原因，其后官股未足，即招商股，原有则例，遂为破坏。现在筹设国家银行，须先筹官股，俟办有成效后，再改商股。若就中国银行改办，须先清理政府债务。总之，就现状论，非先筹官股不可。

周委员宗良：银行认股较为直接。

〔发言人姓名残缺〕：世界制度与中国现状可互相比较，世界之银行制度有三：（一）英、德、法制；（三）美制；（三）俄制。何者相宜，请先讨论决定。

李委员馥荪：中国银行制度曾与钱新之先生讨论多次，钱先生主张省立银行制，但本席以为自大清银行、中国银行以来，均系中央集权制。因政治不良，故其实际不能表现，是政治之不良，并非银行制度之不良，现在总以国家银行制度为原则。至资本则主张官督商办，中国银行则例有商股保息一条，颇有研究价值，现在可官商合办。如就中国银行改造，则应由政府加入四千万元资本，照原有条例保息，而办理之权应在商股。

主席：如有一部分官股参入其间，将来恐为政治所牵涉。如全采商股，可脱离政治范围。至政府则当然有监督权，可于董事会之上再组织监理会。

陈委员健庵：无论官商合股或纯粹商股，苟政府有力干涉，则无所不可。如仿德Reichs-Bamk总裁有权否决总理预算,则可以补救一切。

徐委员新六：赞成主席意见，主张商股。至补救办法，则陈委员意见亦可采用，否则宜采姚委员意见书，官办商督。

陈委员健庵：李委员意见切近事实。

叶委员扶霄：国家银行应与民合作，则股本可由各团体公认。

姚委员咏白：国家银行关系太大，由团体入股比个人入股较为公允。

戴委员蔼庐：国家银行之名词实不能成立，各国银行制度可分两种：（一）国有；（二）股份。现在所欲采取者，或单独，或联合。

时间问题至重要。（一）先有国家银行向后整理金融；（二）先求金融稳健再设国家银行。

陈委员健庵：戴委员意见颇拟鸡与鸡子，先后无从决定。为会之计，金融固须整理，但制度亦宜确定。

姚委员咏白：商办以营利为目的，与国家政策有冲突。各国银行虽多由商办，但在历史上有特别原因，不足为训。

李委员馥荪：本席主张官商合办，原为顾及事实。但如完全商办，专以营利为目的，其弊固多；若完全官办，又恐如广东、汉口之中央银行，其弊亦多。故从事实上主张官商合办。

〔发言人姓名残缺〕：商股无从筹招，非官办不可。

中国银行商股可以公债偿还之，中国银行现营之业务有非国家银行所应有者，故主张国家银行绝对不能营商业银行之业务，股本主张自由买卖。

政府之股权宜加限制。

李委员馥荪：无论官股商股，均应限制，以适应节制资本之潮流。

陈委员健庵：总裁应有否决政府预算之权。

李委员馥荪：宜采董事制。

周委员宗良：反对官办，不得已则宜官商合办，取董事制。

戴委员蔼庐：组织股份公司，自由买卖，不必标明官商合办。

其余讨论见议决案。

□□日下午七时，第三次全体委员会议。

地点：中国银行二楼。

出席委员：（签字）

李馥荪、胡孟嘉、周宗良、戴蔼庐、贝淞荪、陈行、秦润卿、叶扶霄、吴蕴齐、徐新六、姚咏白。

主席 贝委员淞荪。

主席：宣布卞委员寿孙自天津来电及秦润卿委员等提出整理硬币案。〔附后〕

一、议决。地方银行意见书由原起草人戴蔼庐修改后提交大会。

一、议决。国际汇兑银行应提倡，由戴委员起草。〔见附件〕

一、议决。储蓄银行应明订条例，而有奖储蓄应从严取缔。

一、议决。普通银行条例草案，由陈委员健庵提出。

一、议决、国币条例及施行细则审查意见，略为修正后提交大会。

一、议决。造币厂条例审查意见书及取缔纸币条例审查意见书，照原拟提交大会。

各委员讨论记录。

主席：讨论地方银行之要点。

戴委员蔼庐：报告地方银行条例，应行规定各点。

李委员馥荪：如国家银行不能在内地多设分行，则各省应有地方银行。

陈委员健庵：现应规定取缔地方银行条例。

主席：中国之国家银行如系由普通商股组织，非若美制之以银行认股？可此应多设分行。

周委员宗良：国家银行未设立前，金库应由地方银行代理。

李委员馥荪：本委员主张国家银行不应多设分行，故地方银行应任其设立。

陈委员健庵：地方银行之范围，应限于一省。

主席：现在可规定地方银行暂行条例。

特种银行之种类亦应明白规定而限制之。

陈委员健庵：普通银行条例亦应规定。

胡委员孟嘉：除国家银行、地方银行、商业银行外，储蓄银行应取缔。

主席：国际汇兑银行极为重要，应尽先讨论，其余特种银行可暂缓。至储蓄银行另行取缔，另行起草意见书，申述无银行制度之害。至详细规定可暂缺。

李委员馥荪：国际汇兑银行与国家银行以可以相辅佐，关系甚大，应有意见书发表。

胡委员孟嘉：无实力仅发表意见亦无效。

李委员馥荪：建议提倡国际汇兑银行，并不必订条例。

主席：国际汇兑银行应提倡，储蓄银行应取缔，可提出意见书。

李委员馥荪：国际汇兑向为外人所操纵，故国际贸易亦为所操纵，此后借巨额外债及废两改元均有关系，故应提倡。但非有极大资本，不能开办。

〔发言人姓名残缺〕：现应取缔者：（一）非银行亦办储蓄；（二）有奖储蓄。

〔发言人姓名残缺〕：普通银行条例，可俟陈委员提出后再讨论。

陈委员健庵：钱庄是否应另有条例，抑包括于普通银行之中。

周委员宗良：钱庄股东负连带责任否？

秦委员润卿：钱庄可不必规定，但应规定破坏金融在十万元以上者，即处以死刑。

主席：钱庄不在范围之内，可暂不讨论。至普通银行条例，则由陈委员提出。

主席：请讨论币制。

胡委员孟嘉：审查国币条例之要点如下：

（一）应定为银；

（二）造币费用宜从轻征取；

（三）生银出入口不能限制；

（四）新本位币应督促推行；

（五）施行区域应分别规定。

解释提案之理由：

（一）原文“以金本位为终鹄”，乃合应世界潮流，并不主张即时实现；

（二）金券一层可撤去；

（三）造币费可另行规定；

（四）施行细则第十条仅泛定。

主席：铸费如不收，恐非政府目前财力所能担负。

秦委员润卿：新币应收铸费，旧币重铸则无。

主席：宁、杭两厂目前之铸费不足为根据。

李委员馥荪：铸费可折中规定。

主席：铸费之规定权在造币厂，现在无从讨论。

铸费总宜从轻。

〔发言人姓名残缺〕：草案第十条可除去，第十二条及第十六条费解，亦宜修订。

主席：俟国家银行确定后，一切币制问题自迎刃而解。

主席：现在讨论发行制度，周委员意见书可参酌讨论。

陈委员健庵：中国现在之保证准备多以公债为准备，但公债与商业无直接关系，不若美国之以商业票据为准备，反与金融市面可以息息相通。

主席：赞同陈委员意见。

胡委员孟嘉：发行制前会未提及，此时可无须讨论。

现在依据周委员提案讨论。

〔发言人姓名残缺〕：俟国家银行成立后，由该行自行规定。

李委员馥荪：商业票据中国现在尚少。

主席：发行制可附入国家银行制度内讨论。

主席：现在讨论取缔纸币条例意见书。

胡委员孟嘉：申述审查意见。

李委员馥荪：周委员意见可采入。

主席：现在讨论造币厂条例审查意见书。

胡委员孟嘉：意见书多系采取徐新六委员拟议。

各国造币厂均不止一所，中国幅员辽阔，广设分厂，但根本全视发行制为转移。现在应注意者：

（一）以准备区定厂数；

（二）旧厂须拆卸；

（三）限制滥铸，而造币厂不能有盈利与奖金。

主席：秦委员等整理硬币案可一并讨论，本席主张造币厂仅设一所，庶几可以公开而又易于管理。

李委员馥荪：全视其出量如何，若上海造币厂开工，其出量可为全世界第一，仅一厂已足。

主席：先试办一厂。

徐委员新六：仅设一厂，其他各厂非拆卸不可。

李委员馥荪：统一造币厂与废两改元极有关系。

秦委员润卿：废两改元有二要点：

一、俟上海造币厂成立后可自由铸造；

一、废两后纸币之需要愈多，故取缔纸币宜严，以免遗祸。

□□□□□□□决案。

附件一

天津来电（主张另创新制银行）

转经济会议主席及诸公均鉴：寿孙忝列委员，以事冗期迫，不及来沪与会为欠。诸公崇讨闳议，共建嘉谟，举国蒙庥，无任翘祝。就中银行制度一项，关系极重，谨贡管见如次：（一）银行制度应树立一银行之银行，使金融界平日得所调济危急，足资利赖为原则。至其制度，欧陆、英日式与美国式各有所长，即各有可采。吾国规定银【行】制【度】时，如采及欧陆及英日，似当兼收美国之长；如主张美式，亦未可尽弃欧陆、英日之善。宜执两以中用〔用中〕，弗刻舟而求剑，尤须详审国情，建立真中国式银行之银行，宁创毋因。正如五权宪法，用我之长，取人之善，融成新制，乃为卓绝。故不适于我者，纵人皆有，我可独无；我所必需者，纵人皆无，我可独有。总期折衷至当，统系分明，俾金融中枢确定，庶银界得所凭藉。（二）新立银行之银行，不宜于旧制度下所成立之银行改造，缘在旧制度下所成立之银行，各有其特殊情形，勉强改造，或不免顾忌迁就，根本既异，责效自难。（三）银行革新，发行统一，原为谋公众福利所应有之政策，但正为公众福利计，不宜操切从事，使现行制度下之金融发生剧烈变化，转移公众之祸。设果有此反响，即于新制度之成功必多妨碍，故应筹适当过度方法，以融贯之。吴达铨先生所著《新经济政策》一书，内有新金融制度一节，论列颇精。倘有未尽，宜斟酌各地金融机关情形，详加增损。尤要者，即政府所欠各金融机关之债款，应从速整理，使其资产稳定，亦能减少恐慌，转易早促新制度之实现。以上迂愚之论，聊备研讨，敬乞赐察，幸甚。卞寿孙。漾。

附件二

整顿硬币案

我国银质硬币，初因墨洋之侵入，几占全部流通货币之地位。后虽自行设厂鼓铸，如龙洋、北洋等，每以成色之低下，不受社会之信用，仍不能拒外币之行使，言之实可痛心。继自宁、杭造币厂鼓铸袁氏币，最近鼓铸中山币，成色划一，始夺外币之席。然各地杂色币仍未能完全禁绝，尤以银辅币之淆乱为甚，其于汇兑流通，每多折耗，国计民生，均受莫大之弊害。兹幸国民革命军北伐完成，我国民政府统辖全国，政令统一，从前障碍已除，正可着手整顿，庶于国计民生，两有裨益。特条陈管见，拟请公决转呈施行。

一、统一造币厂之管辖　查我国造币，如宁、如杭，固早收归财政部直辖，但如川、如粤、如汕、如北洋等等造币厂，尚皆省自为政，实于鼓铸前途妨害良多。统一币制之先，宜悉收国内造币厂，置于财政部管辖之下，一面则实行公开公铸。凡有金融事业，能备具生银原料，造币厂应即为之依照法定形式、成色铸币，只取工资，不加限制。庶几久而久之，币制有统一之效，而废两改元之政策实基于此矣。

二、划一正辅币形式成色　凡国有造币厂之鼓铸银币，其形式、成色悉遵财政部所颁布，不得有丝毫出入。如发见有违反情事，以紊乱币制论，从严惩处。

三、严禁私铸及劣币　所谓公开公铸者，非绝对准人民自由铸造之意，必须备具工料，交造币厂代铸，而造币厂应有此项义务之谓也。故财部于划一正辅币形式、成色之时，宜先令全国造币厂暂停鼓铸，一面严查私铸机关，封闭流收，以绝私铸之源，更明定罚则，严行取缔。旧有劣币、杂币，一律收销更铸，规定期限，以期肃清。

四，由财部颁布币制法规，以资遵守。财部应从速订定造币厂条例、币制法规等，颁行全国，共同遵守。

提议人　秦润卿

陈子壎

谢韬甫

附件三

提倡国际汇兑银行意见书

查世界交通日繁，国际贸易亦日见发达，一国之文化程度于以觇之。我国自海通以来，我之所需多仰诸外国，而我之所余又多供于异邦。彼此供求相应，我国与世界各国之关系乃愈密切，惟我国于华洋互市后，进口货恒超过出口货，为数之巨，与年俱积。揆其原因，不外乎受不平等条约之束缚及经济组织之幼稚。不平等条约之解放，国民政府已在积极进行之中，实现日期当不在远。然而一面固须解放羁绊，而一面更须努力于经济的建设，使于不平等条级废除之后，即能有所树立，而无临渴掘井之虞。在国际上关系，当以贸易为最重要，故以我国贸易史上观之，非亟谋发展之道不可，而发展之方，简捷言之，又当以提倡国际汇兑银行不为功。兹将其理由缕陈如左。

第一、我国以不平等条约关系，通商口岸，外国得设金融机关。初犹为外国人间疏通汇兑而设，继以贸易日繁，收付频仍，即我国商人汇款，因我国尚无大规模之国际汇兑银行组织，故纷纷以外国银行为枢纽。而嗣后其势力扩充，我国金融界纵欲谋抵制之道，而卒以资本薄弱，未能与之抗衡也。故亟应应在上海设立一伟大计划之国际汇兑银行，而遍设分支行于世界重要商埠。庶几我国商人对外汇款，可悉由该行办理，而在出口商人之汇票、贴现等等，亦不致为外国在华银行所操纵矣。

第二、我国训政伊始，重在各方面的建设，而尤以经济的建设为根本之图。而种种建设事业之举办，将来仍须吸收外资，即于一定条件之下借巨额外债，此亦为总理经济政策之一，无俟赘言。惟我国从前所借外债，大都由在华外国银行经理，不仅丧失主权，亦且损失利益。况以有外国银行为之操纵之故，于将来经济建设上或有利害冲突之可虑，此因借巨额外债不能不自设国际汇兑银行，以挽回权与利于万一也。

第三、我国现在正须统一币制，改善金融，使财政经济一应趋于正轨，而拟设中之关于统一硬币问题，端以废两改元为其关键。一旦废两改元实现，在本位制当未成立之前，所需生银以资鼓铸者又岂少数，而银无成色、重量既已划一，势必自由输出，是生银之来与银元之去，其间必须有一中间机关以为授受，而调剂生银与银元之流出入，又岂能任外国银行操纵其间，老生银与银元之出入自由，则于废两用元后之自由铸造有重大关系，故非自办伟大之国际汇兑银行，不能收其成效。

上列三端，不过关于设立国际汇兑银行之要点，其他于政治、经济、社会上一切关系，不胜枚举，即以日本正金银行之于日本国家所贡献而观目，已可觇其一班〔斑〕。此不能不于建设开始之时提出意见，以供政府参考者也。是否有当，敬请公决。

〔国民政府财政部档案〕

4. 经济会议各股主任暨委员姓名表

(1928年)①

金融股

主任　钱永铭

指定常务委员　贝祖诒　胡孟嘉　陈行　戴蔼庐

常选常务委员　徐新六　秦祖泽　陈光甫　吴蕴齐

委员　王殷灵　卞白眉　李铭　李子平　陈俊伯　唐寿民　张公权　叶扶霄　杨荫孙　谈丹崖　黄汉梁　顾履桂　吴达诠　宋汉章　曾慎基　周亮　于焌年　姚咏白

公债股

主任　李铭

① 原件没有日期，推测应为1928年所形成。

指定常务委员　叶扶霄　谢永镳　徐寄廎　俞寰澄

常选常务委员　钟衍庆　陈蔗青　潘序伦　周作民

委员　胡筠　孙衡甫　黄明道　卢涧泉　谢贻谷　虞洽卿　姚咏白　郑莱　谢祺　石磊　张慰如　袁崧藩

税务股

主任　贾士毅

指定常务委员　唐寿民　盛俊　荣宗敬　孔元方

常选常务委员　张福运　周典　钱隽逵　李永翼

委员　周庆云　胡颂棠　邹殿邦　王休仁　邹敏初　程叔度　李景曦　吴承齐　卫挺生　陈之英　夏光宇　王介安　黄翊昌

贸易股

主任　虞洽卿

指定常务委员　林康侯　穆湘玥　顾履桂　周星棠

常选常务委员　王孝赍　沈成栻　陆费逵　任稷生

委员　薛敏老　周亮　徐庆云　张嘉甫　刘秉义　郭标　赵世暄　徐春荣　许脩直　陈绍武　王介安　曹荫民　李三无　袁承纲　黄翊昌　胡颂棠　邹殿邦　林丽生

国用股

主任　张公权

指定常务委员　杨铨　刘纪文　缪武　寿景伟

常选常务委员　苏民生　冯少山　徐永祚　赵锡恩

委员　倪远甫　王一亭　周星棠　夏孙鹏　吴承齐　李调生　李觉　林子峰　邹琳　李景曦　司徒俊厚　贾士毅　杨天受　周纯　陈郁　王觉民　钟可托　杨芳　杨端六　沈昌　于焌年　徐静仁

禁烟特组委员　钟可托　李景曦　缪斌　邹敏初

〔国民政府财政部档案〕

5. 全国经济委员会成立纪要(全)

(1934年2月21日)①

全国经济委员会成立纪要

民国二十年六月六日，国民政府为促进经济建设，改善人民生计，调节全国财政，公布本会组织条例，并规定本会隶属于行政院。凡国家一切经济建设或发展计划，其经费由国库负担或补助者，应经本会审定，呈请国民政府核准行之。九月，国民政府任命蒋中正、宋子文、刘尚清、连声海、王伯群、孔祥熙、李书华、张人杰、张学良、李煜瀛、张嘉璈、李铭、周作民、晏阳初、虞和德、吴鼎昌、荣宗敬、刘瑞恒为本会委员，并指定蒋中正为委员长，宋子文为副委员长。

嗣行政院以本会委员业奉明令任命，自应早日成立。惟关于一应事宜，亟须预为筹备。遂决定在本会未成立以前，先行设立筹备处，于十月二十八日，令派秦汾为筹备主任，并饬速拟筹备处简章呈核。是月三十日，本会筹备处成立。筹备处简章八条，亦经呈核行政院转呈国民政府备案。二十一年五月，筹备处奉命协助苏浙皖三省，于最短期内完成主要国道。八月又奉命接管国民政府救济水灾委员会移交未完工程及中央卫生设施实验处。是年之春，迄于翌年之秋，本会虽在筹备期内，基于事业进行之需要，已将应有组织逐渐扩充，计设计审议方面，设有专门委员会五。(一)公路专门委员会。(二)工程专门委员会。(三)卫生专门委员会。(四)教育专门委员会。(五)农村建设专门委员会。实施工作方面，设有专处三。(一)公路处。(二)工程处。(三)中央卫生设施实验处。其属于工程处之江汉、江赣、皖淮、里下河四工程局及豫省工务所、金水建闸办事处，属于公路处之第一、第二、

---

① 此日期为经委会秘书处编就递呈时间。

第三、第四四区公路工程督察处，亦均次第设立。此处又有湖北堤工专款保管委员会，以为鄂省堤款收支保管之机关，至于本会应办文书事务计核等事项，则在筹备处内分别设股，由筹备主任秉承委员长、副委员长之命主持办理。

二十二年九月二十三月，国民政府公布修正本会组织条例，改定本会职掌为，(一) 关于国家经济建设或发展计划之设计及审定事项。(二) 关于国家经济建设或发展计划应需经费之核定事项。(三) 关于国家经济建设或发展计划之监督指导事项。(四) 关于特定经济建设或发展计划之直接实施事项。并规定本会直隶于国民政府，改委员长制为常务委员长制。设常务委员三人主持会务，由国民政府就委员中指定之。同日，国民政府特派汪兆铭、孙科、宋子文为本会委员，均指定为常务委员。十月四日，汪、孙、宋三常务委员莅会就职，本会即于是日启用奉颁印信，具报成立，并举行第一次常务委员会议，将本会各部分应有组织及应行办理各事项，加以商讨或决定。随奉国民政府令，以原筹备主任为本会秘书长，成立秘书处。并将筹备期内之文书、事务、计核三股，改组为秘书处第一、第二、第三三科。十月十二日，国民政府特派黄绍竑、顾孟余、朱家骅、陈公博、王世杰、张人杰、孔祥熙、李煜瀛、蔡元培、邵元冲、张嘉璈、李铭、周作民、晏阳初、虞和德、吴鼎昌、荣宗敬、刘瑞恒、陈立夫、钱新之、陈光甫、刘鸿生、史量才、王晓籁、徐新六、王克敏、陈伯庄、褚民谊、杨端六、秦汾、叶恭绰、连声海为本会委员。十一月十八日，举行第二次常务委员会议，当经决定本会各部分重要职员人选，并就今后应行进行各事业，为大体之商讨。

十二月八日国民政府公布修正本会组织条例第四条条文，改常务委员三人为五人。是月十二日，国民政府特派蒋中正为本会委员，并依据本会组织条例第四条，设常务委员五人之规定，又指定本会委员蒋中正、孔祥熙为常务委员。十五日，又特派叶琢堂、彭学沛为本会委员。孔、蒋两常务委员，即于是月二十日、二十七日先后就职。二十三年一月二十七日，汪、孙、宋、蒋、孔五常务委员，在本会举行第三次常务委员会议，决定将本会内部组织，酌予补充，并将本会在本年内事业进行计划，详加讨论，酌定进行办法。以资依据，现本会各部分组织，业经依照决议，重行部署，计设专处八：(一)秘书处。(二) 公路处。(三) 水利处。(四)卫生实验处。(五) 农业处。(六) 西北办事处。(七) 江西办事处。(八) 驻沪办事处。委员会七。(一) 棉业统制委员会。(二) 蚕丝改良委员会。(三) 公路委员会。(四) 水利委员会。(五) 卫生委员会。(六) 教育委员会。(七) 农村建设委员会。至原有之湖北堤工专款保管委员会，则仍照常设置。

本会自最初着手筹备，以迄于今兹，其成立情形，大如要此。

附件二

全国经济委员会报告

二十三年一月送四中全会

查近世各国，对于国家经济建设，无不视为重要。多数国家，现均设有最高经济委员会，以为筹划经济建设之总枢纽。国民政府因于民国二十年六月，颁布全国经济委员会组织条例。九月任命委员，并指定蒋中正、宋子文为正副委员长，当以本会负有促进经济建设，改善人民生计之全责，筹划进行，允宜慎重，乃由行政院订定全国经济委员会筹备处简则，规定筹备期间秘书处应办事务，由筹备处办理之，并令派秦汾为筹备主任，即于十一月一日成立筹备处，从事于本会一应事宜之筹备者，前后计约二年。民国二十二年九月，国民政府修正全国经济委员会组织条例，改本会直隶于国民政府，取销委员长制，改设常务委员，改定职掌为，(一) 关于国家经济建设或发展计划之设计及审定事项。(二) 关于国家经济建设或发展计划应需经费之核定事项。(三) 关于国家经济建设或发展计划之监督指导事项。(四) 关于特定经济建设或发展计划之直接实施事项，并重派委员，指定汪兆铭、孙科、宋子文为常务委员。十月四日，汪兆铭、孙科、宋子文莅会就职，本会即于是日宣告成立。十二月国民政府再加指定蒋中正、孔祥熙为常务委员，蒋中正、孔祥熙亦已先后就职。

查本会筹备期内，曾召开第一次委员会议。嗣本会议所定宗旨，分别进行各项事业，并基于事业进行之需要，将应有组织，逐渐扩充。计设计审议方面，设有专门委员会五，(一) 公路专门委员会。(二)工程专门委员会。(三)卫生专门委员会。(四) 教育专门委员会。(五) 农村建设专门委员会。实施工作方面，设有专处三；(一)公路处。(二) 工程处。(三) 中央卫生设施实验处。迨至本会正式成立后，原有各委员会，暂仍其旧。惟名称方面，专门二字从删，并将工程委员会改名水利委员会。原有各专处，亦赓续设立。惟将工程处改称水利处，中央卫生设施实验处改称卫生实验处，以符名实。并以我国以农立国，农业盛衰，有关国本，拟再设农业处，以专责成。此外本会鉴于西北各省，人烟稀少，宝藏丰富，亟宜筹议开发。拟设西北办事处，以便就近接洽，推行顺利。又鉴于最近剿匪胜利。江西一省，收复匪区，亟待整理建设，拟设江西办事处，以期就近研究，切实进行。复以我国比年以来，生产事业多成凋敝，若不力图振作，不足以裕民生，本会职责所在，自应分别统筹，设法救济。兹已先设棉业统制委员会，拟再继设蚕丝改良委员会。办有成效，当再推而广之，使所有各项重要生产事业均有专设机关，为之统筹改进，以收救济之效。

本会正式成立，迄今仅有三月，一切应办事业，正在规划进行。若欲述其成效，自若有待于将来。但其中如公路、水利、卫生三项，因在筹备期间，已经着手进行，历史较久，其已往工作，自不能无成绩可言。爰将所有经过情形，分段略述于下。

(甲) 公路，筑造公路，曾于民国二十一年五月起，先就苏浙皖三省联络公路，加以督造，经规定工程标准及每公里建筑单价，决定拨借三省筑路基金数目，以助各该省筑路经费之不足，三省联络公路之建筑费，计全部为三百一十九万九千元。三省联络公路系统，包含沪杭、京芜、苏嘉、长宣、京杭、杭徽六线，均已先后完工通车。二十一年十一月，七省公路会议举行于汉口，筹备处奉命参加。经拟具路线计划、工程标准及概算等，提经会议采纳。十二月成立公路处，又依照七省公路会议决案，督造豫鄂皖赣苏浙湘七省联络公路，拟分五期完成。曾拟订各项章程，以为督造之依据，至关于建筑费用之核定，工程图表书类之规定，及拨借各省筑路基金数目之支配，悉经公路处拟订，送经七省公路专门委员会通过。当将第一第二两期应筑各路，开始筑造，所需工款，计第一期公路五百一十一万三千元，第二期公路二千八百三十七万元。所有七省联络公路干支各线，共长二万二千余公里。其已督造完成者，迄今已有四千余公里，因此而得联络互通之公路，已有一万余公里。此外工作，则有建筑各式不同路面之试验路，训练公路工程人员，试验筑路材料，调查筑路费用，办理运输统计，考察四川油田等。

（乙）水利工程：民国二十一年九月，接办国民政府救济水灾委员会移交未完工程，因于是月设立工程处，将原有十六区工程局，归并为江汉、江赣、皖淮，里下河四工程局及豫省工务所。继续从事于江淮汉赣四河干堤之培修，以防泛滥，沿淮堤岸涵洞之筑造，以资蓄泄，并于里下河归海各港，加以浚治，以疏泄淮运入海之水。门龙港何垛河建筑潮水闸各一座，以障海水潮汛之倒灌，而兴灌溉航运之利，又于豫省黄洛沙颍诸河之重要地点，筑造沿河堤闸桥梁，以保农田，而利交通。凡此各项工程之完成，所有受益田亩，据初步调查，计有六千七百余万亩之多。二十二年六月间，扬子江水位涨高，为百年来同月所未有，且兼有数处，较二十年洪水位，仅低尺许，沿江一带，颇感不安，幸救济水灾委员会原筑各堤，早经工程处培修完固，民国二十年之大水灾，得免重演。此处工程方面，更于全国各地气象，水文、地质地图及各项水利计划资料、中外水利书籍，均设法征集，以为规划全国水利建设之参考。

（丙） 湖北堤工及堤款：民国二十一年十一月奉命接办鄂省水利堤工，并保管鄂省堤工专款，当经督责江汉工程局，勘估本届岁修工程，计划进行，即于二十二年二月间，着手开工。赶于六月中旬，全部完工，计完成土工五十处，用土八十七万六千五百方，石工五十四处，用石五万方，全部工程标价，合一百一十余万元。六七月间，江水盛涨，又办理鄂省长江汉水防汛事宜，用费二十余万元，并于接收之始，即组湖北堤工专款保管委员会，以为堤款收支保管之机关，计截至二十二年六月底止，七阅月间，收入堤款约为一百七十余万元，计收支两方，较前鄂省自管时代，收则增多，支则减少。因是得有余款，以为举办鄂省新兴水利永久工程之需，若久经设计迄未兴工之金水建闸计划，业已见诸实施者，即其一例也。现在二十三年岁修工程，已行开始办理，所需土石各工，较之上年，犹须略事增加也。

（丁） 公共卫生：此项设施，由中央卫生设施实验处经办。该处于民国十八年起，开始筹备，系经前卫生部与国联卫生组商定组织拟订计划，呈奉行政院会议议决照办，实为吾国与国联技术合作之开端。民国二十一年，该处隶属于本会，处内设置细菌化学制药寄生虫卫生工程及模型幻灯片等各项制造实验室。数年来对于海港检疫事权之收回，上海市霍乱之防治，医学教育之调查及改进计划，均已先后举办，又与各地方政府，协助促进一切医疗卫生之设施。协助杭州、南京、上海各地方政府，设各项环境卫生事宜，并于民国二十一年举办防止各地方霍乱及其他流行病之盛行。在南京及长江一带，作疟疾之调查与扑灭计划。民国二十二年设立浙江开化住血虫病防治工作队，复与公路处合作设立各省公路卫生组六处，注意于保护工人旅客及群众之健康。此外为协助中央医院及第一助产学校之建筑设备，又于汤山设立乡村卫生设施实验区，以为促进乡村卫生工作之实验。并利用本国材料，制造药品研究功用，以为挽回利权之标准，一面更与各地方政府团体合作提倡公共卫生教育，学校卫生及妇婴卫生等事业，且于处内设置各项训练班，训练各项卫生行政及技术人员。至若民国二十年间，该处与救济水灾委员会合作，办理灾区卫生设施，及二十一年间办理淞沪战区善后委员会卫生组之战区卫生医疗设施，尤有良好之成绩。

此外本会对于农村建设方面，在先亦加注意，曾于农田面积、乡村人口、土地分配、租佃关系、农业金融及主要农产品，与其出产消费、运输、改良各情形，加以缜密之调查，并曾搜集有关农村合作社之各项材料，拟订各项农村合作研究问题，征询专家意见，藉便规划进行。二十二年六月起，且接办救济水灾委员会移交农赈事务。于皖赣鄂湘四省，实行农贷，以为救济农村之一助。对于蚕桑方面，曾分设杭州句容蚕桑试验区，并辅助南京萧山及金坛蚕桑试验区，为原种、意大利交杂种及土种改良之育蚕试验，又于试验区内，另设指导所，指导农民各项饲养方法，成绩均能满意。

综上所言，本会前此经办事业，虽属不无成绩，然在国家整个经济建设计划内所占地位，究系微细，继往开来，所有应办事业之进行，允宜续加努力，而一方对于国家一应经济建设或发展计划之审查、核定、监督、指导各事项，亦愿依照职掌，切实办理，务使各个建设计划，在整个计划中，均占适当之地位，并能相互联络贯通，以免重复、冲突、遗漏、凌乱之弊也。

附件三〔略〕

附件四

全国经济委员会委员名单

常务委员：

汪兆铭、孙科、宋子文、蒋中正、孔祥熙。

委员：

汪兆铭、孙科、宋子文、黄绍竑、顾孟余、朱家骅、陈公博、王世杰、张人杰、孔祥熙、李煜瀛、蔡元培、邵元冲、张嘉璈、李　铭、周作民、晏阳初、虞和德、吴鼎昌、荣宗敬、刘瑞恒、陈立夫、钱新六、陈光甫、刘鸿生、史量才、王晓籁、徐新六、王克敏、陈伯庄、褚民谊、杨端六、秦　汾、叶恭绰、连声海、蒋中正、叶琢堂、彭学沛。

特准参加全国经济委员会委员会议立法院立法委员：

马寅初、吴尚鹰、邓召阴。

准参加全国经济委员会委员会议各省政府代表：

四川省刘航琛、湖南省张仲钧、山东省李天倪、宁夏省海涛、察哈尔省萧振瀛、绥远省苏体仁、山西省李鸿文、广东省杨德昭、广西省张定璠、河南省李敬齐、河北省鲁穆庭、贵州省邓后芳、云南省李培天、甘肃省张心一、陕西省雷宝华。

全国经济委员会重要职员名单

秘书长：秦汾。

简任秘书：林汝珩、杨华日。

荐任秘书：朱锡龄、郭德华、陈廷煦、赵冠。

简任技正：茅以升、杨承训、唐启宇、蔡正雅。

荐任技正：胡品元、冯立民、俞同奎、常叙。

公路处：

处长：陈体诚。

副处长：赵祖康。

水利处：

处长：茅以升兼。

卫生实验处

处长：刘瑞恒。

副处长：金宝善。

农业处

处长：赵连芳

副处长：许仕廉。

棉业统制委员会

主任委员：陈光甫。

常务委员：陈光甫、李申伯、谢作楷、唐星海，邹秉文。

蚕丝改良委员会

主任委员：曾养甫。

常务委员：谭熙鸿、沈百先、张公权、冷遹、胡笔江、薛寿萱、吴申伯、葛敬中、何尚平。

西北办事处

主任：刘景山。

驻沪办事处

主任：邓勉仁。

〔国民政府档案〕

6．翁文灏关于国民党中央党部第一次经济建设审查委员会决议致孔祥熙密电

（1937年3月26日）

急。孔副院长钧鉴：力密。本日出席中央党部第一次经济建设审查委员会议，议定要旨如下：（一）以院长及汪主席所提中国经济建设方案为基础，其他各案酌量合并。（二）由各专门委员会及各主管机关拟具五年计划实施纲要，送候审核，汪主席指定张群、何应钦、彭学沛分别接洽促进。（三）下星期三以前指定分组

审查人员，五年计划实施纲要宜于一个月内完成。谨此陈报。职翁文灏叩。宥。机。印。

〔国民政府财政部档案〕

〔二〕 财政概况

（一）财政行政组织与法规

1. 国民政府财政部会计则例及会计则例修正各条条文

（1927年7月和1928年3月）

国民政府财政部会计则例　十六年七月二十八日公布

第一章　总则

第一条　财政部为整理及统一会计，颁布本条例，凡本部及附属机关均须遵照办理。

第二条　政府会计年度以每年七月一日开始，次年六月三十日终止。

第三条　国家以租税及其他收入为岁入，一切经费为岁出，岁入岁出均由会计司编入总预算与总决算。

第四条　金库应将每日收支款项及库存数目编制收支日计表、库存表、日计细数表各三份，逐日分送本部国库司及会计司，并以一份转送监察院。

第五条　国库司应将准收或报纳之现金额、支付命令之现金额及其他关于运用国资保管基金储金等事项，逐日制具报告表，送会计司审核。

本部所辖各机关每日收入款项，应编制收支日计表，送由会计司查明，已解未解按旬汇编总表，呈报部长鉴核。

第六条　会计司应据国库司金库及附属机关各报告，每日并按月分别制具报告表，呈请部长鉴核。

第七条　会计司设稽核科，得随时派稽核员分赴各机关指导关于会计事项，并检查帐簿报告及单据。

第二章　收款之程序

第八条　各机关缴解款项，应备具五联缴款书（第一表），书内须分别注明税款项目、税款年月分并数目暨征收年月分，以第一联为存根，留缴款机关备查。第二联为批回，由本部印发解款机关。第三联为报告，由金库送国库司。第四联为报查，由金库送会计司。第五联为通知，由缴款人径送金库，其式样另订之。前项解款应由解款人携同解文先至本部国库司领取二联准收通知（第二表），一联存国库司备查，一联给解款人再行赴库缴款。

上项缴款书除存根一联由解款机关截留备查外，其余四联连同公文现金一并送交金库核收，金库应备具四联收款书（第三表），以存根一联存查，以收据一联发给解款人携回备案，其余报告一联报查，一联连同文件送交本部国库司核明，登入日计簿后，再以报查一联转会计司。

上项解款文金库将款收入后，应于文内加盖收讫戳记，以昭慎重。

第九条　各机关解款如同时有数款报解，必须每款填具一书，以清眉目而便登记。

第十条　距金库较远地方，如设有分金库，各机关解款，应就近解交分金库核收，分金库应备具五联收款书（第四表），以存根一联存查。以正收据一联发给解款人携回备案，副收据一联连同报告一联报查，一联并解文函送总金库转帐，总金库转帐截留副收据一联，以报告一联、报查一联连同解文送交国库司核记后，仍以报查一联转会计司。

第三章　支出之程序

第十一条　支款分直放、坐支、拨付三项，各机关每月领支经费，应编具支付预算书送本部审核附加按语，交送国民政府预算委员会核定支发。

第十二条　直放款项由各机关按月先期填具请款凭单（第五表），连同预算书三分一并呈请上级主管机关核定后文送本部，如系省辖机关并应分报财政厅或财政委员会（省政府已成立各省报财政厅，未成立各省报财政委员会）。

第十三条　直放款项核定后，由本部会计司填印三联直字支付饬书（第六表）。截留存根一联备案，以第二联送交国库司，以第三联通知书发交领款机关，通知准许领款。国库司接到直字支付饬书后，填印三联直字支付命令（第七表），截留存根一联备案，以第二联送交金库或发交分金库照发，以第三联通知书发交领款机关持向指定金库领取。其请款凭单及支付饬书、支付命令格式另订之，支付饬书、支付命令应呈由部长或次长盖章，始为有效。

第十四条　领款机关领到支付饬书通知书、支付命令通知书后，应另备五联总收据（第八表），以一联截留存查，以四联连同支付饬书通知书、支付命令通知书，送交金库或分金库，金库或分金库接到上项支付饬书通知书、支付命令通知书后，与国库司所发支付命令核对相符，即以现金交付领款人，并由金库将总收据四联中之一联存库备查，余三联送本部国库司分别登记，以一联留司备案，余二联转送监察院会计司存查。

其由分金库直放者，应将收回之支付命令通知书加盖某月某日付讫戳记，连同所取四联收据，径寄总金库分别存转。

第十五条　坐支划拨抵解各款手续与领现金无异，应分别登记转帐。

（甲）凡以坐支抵解之款，由本部会计司核填三联坐字支付饬书（第九表），截留存根一联备案，以第二联送交国库司，以第三联发交领款机关通知准许坐支，国库司接到坐字支付饬书后，填印三联坐字支付命令（第十表），截留存根一联备案，以第二联送交金库，以第三联发交领款机关通知准许坐支，领款机关接到上项支付饬书及支付命令，即在征存税款内如数坐支。依照第十四条之规定，以领款总收据四联连同支付饬书及支付命令通知书二纸，并填具五联抵解书(第十一表)，书内须分别注明税款年月份并数目暨征获年月份，以存根一联留抵解机关备查，以批回、报告、报查、通知四联一并文送本部发交国库司核明，分别收支登记后，填发准收通知，检同文件送交金库登记。截留领款总收据及抵解书各一联存库，并填具四联金库收款书，以存根一联存查，以收据、报告、报查三联连同领款总收据及抵解书各三联，仍送本部国库司，由部将批回盖印，连同金库收据一联发交原解款机关（即领款机关）备案，其余金库收款、报告、报查各一联（收款、报告一联存国库司，报查一联送会计司)、领款总收据三联，抵解报告、抵解报查各一联由司存转（抵解报告存国库司，抵解报查送会计司)。

（乙）凡以划拨抵解之款，除特别支款随时由部以命令饬拨外，其余寻常拨款均由本部会计司核填四联拨字支付饬书（第十二表)，截留存根一联备案，以第二联送交国库司，以第三联发交拨款机关照拨，以第四联通知领款机关。国库司接到拨字支付饬书后，填发三联拨字支付命令(第十三表)，截留存根一联备案，以第二联发交拨款机关照拨，以第三联通知领款机关。领款机关接到上项支付饬书通知书、支付命令通知书，即依照第十四条之规定备具五联领款总收据，以四联连同通知书二纸持向拨款机关核对相符，由拨款机关留下领款总收据四联并收回通知书二纸，将款如数拨付后，即依照前项之规定，以抵解书四联连同通知书二纸及领款总收据四联，一并交送本部发交国库司，由国库司依照第十四条手续办理完毕后，将批回盖印，连同金库收据发交拨款机关备案。

第十六条　金库须俟支付饬书及支付命令通知书、国库司所发支付命令及四联领款总收据完全到库核对数目相符，方得照付。

第十七条 各机关坐支之款，非奉到本部坐字支付饬书及支付命令通知，不得在征存税款内坐支。拨款机关非奉到本部命令或拨字支付饬书及支付命令通知书取得领款机关四联总收据，不得拨付。

第四章 帐簿及登记

第十八条 各机关现金簿、物品簿及其他一切帐簿，每一会计年度更换一次。

第十九条 各帐簿一经启用，无论主要簿、抑补助簿，已用完或未用完，均由各机关长官与会计人员负责保管。

第二十条 各帐簿首页应填具下列各项。（一）机关名称。（二）帐簿名称。（三）帐簿号数。（四）帐簿页数。（五）启用日期。（六）主管登记人员签字式样及印章。

第二十一条 各帐簿应于其末页填具下列各项。（一）经管帐簿人员姓名。（二）经管帐簿人员职务。（三）经管帐簿人员签印。（四）接管日期。（五）移交日期。

第二十二条 各机关每会计年度终止时，应具一帐册备考簿，将前条各帐簿首页、末页应填各项逐一登记，送会计司备查。

第二十三条 各帐簿均须按页顺序编号，逐日登记，各日记帐、流水帐及其他原始簿，均须于当日过入分类帐或总帐或誊清簿，每次过帐总帐内须书明原始簿之页数，原始簿内须书明总帐簿页数。

第二十四条 凡收支款项分为国库、省库二种。国库、省库会计科目分类另行规定，各帐簿内会计科目均须依照规定之分类名称分别登记，其未列入会计科目分类者，得由各机关自行酌定名称，但须简明切实表示各科目或帐户之内容。

第二十五条 各分类帐簿、总帐簿、誊清簿之首端，应填具科目或帐户之目录。

第二十六条　各出纳簿逐日小计一次，每月合计一次，由机关长官或会计主任加盖名章，以示郑重。

第二十七条　现金收付，均以国币银元为本位，以分为单位，不计毫厘，五厘以上作为一分，五厘以下则剔除，概不计算。收支银两或其他货币时，应即按市率折合银元登记，另立货币折合簿，以凭考核。

第二十八条　支出凭证单据与收入凭证单据，均应编两种号数，一为分类号数。平时收到各种单据分类编号保存，以便清查者（例如凡属文具类之单据以文字编号，官俸之单据以俸字编号等类是也）。一为总号数，即分类簿上单据号数栏内之号数须与单据粘存簿上之数一致。

第二十九条　各征收机关收入金未满洋一百元者，每月缴纳金库，未满三百元者，每十日缴纳金库，三百元以上者，二日以内缴纳金库；并须备文声叙该款来源及属国库或省库款项。

第五章　报告之编制

第三十条　报告分下列各项。（一）收入预算书。（二）支付预算书。（三）收入计算书。（四）支出计算书。（五）收支对照表。（六）官有营业结算报告。（七）及其他各种报告书等。

第三十一条　报告内科目须与帐簿上科目相同，新制报告其科目及排列次序须与原报告所开列者相同。

第三十二条　各机关每旬或按月应编收入预算书与支付预算书三份，分送本部转国库司、会计司与监察院。

第三十三条　各机关每旬或按月应编收入计算书与支出计算书三份，分送本部转国库司、会计司与监察院。

第三十四条　各机关每旬或按月应编收支对照表三份，连同凭证单据，分送本部转国库司、会计司与监察院。

第三十五条　各官办营业机关，每月应编官有营业收支报告及每会计年度编制损益表、资产负债表及财产目录等报告各三份，分送本部转国库司、会计司与监察院。

第三十六条　各报告均须按期送到，不得迟缓。

第六章　附则

第三十七条　本则例不完备处，经部长核准后得修正之。

第三十八条　本则例自公布日施行。

会计则例修正各条条文　十七年三月三十一日公布

第一章　总则

第四条　金库应将每日收支款项及库存数目编制收支日计表三份，逐日分送本部国库司及会计司，并以一份转送审计院。

第五条　国库司应将报纳之现金额、支付命令之现金额及其他关于运用国资保管基金、储金等事项逐日制具传票及报告表送会计司登记，并将报纳金额逐日报告主管署、司、处。

本部各署、司、处应查照部辖征收机关解款稽核办法，每月编制所属机关解款统计表，送由会计司查明已解未解按月汇编总表，呈报部长鉴核。

第六条　会计司应据国库司及金库各报告，每日并按月分别制具报告表，呈请部长鉴核。

第七条　会计司得随时派员分赴各机关指导关于会计事项，并检查帐簿报告及单据。

各附属机关及官办营业机关之帐簿、表册、报告，应由部派会计主任规划办理，并由该主任签名盖章，连带负责。

第二章　收款之程序

第八条　各机关缴解款项应备具五联缴款书(第一表)，书内须分别注明税款项目、税款年月份并数目暨征获年月份。以第一联为存根留缴款机关备查。第二联为批回，由本部印发解款机关。第三联为报告，由金库送国库司。第四联为报查，由金库送会计司。第五联为通知，由缴款人径送金库。

上项缴款书，除存根一联由解款机关截留备查处，其余四联连同公文现金一并送交金库核收，金库应备具四联收款书（第二表），以存根一联存查，以收据一联发给解款人携回备案；其余报告一联、报查一联，连同文件，送交本部国库司核明登入日记簿后，再以报查一联转会计司。

上项解款文金库将款收入后，应于文内加盖收讫戳记。

第十条　仍照原文。惟括弧内第四表之“四”字改为“三”字。

第三章　支款之程序

第十一条　支款分直放、坐支、拨付三项。各机关每月领支经费，应先期编具支付预算书三份，连同请款凭单（第四表），送本部核定，分别直放、坐支、拨付。

第十二条　前条所定各机关每月支付预算书、请款凭单，其呈送程序，应先呈请上级主管机关核定后，文送本部，如系省辖机关，并应分报财政厅或财政委员会（省政府已成立各机关报财政厅，未成立各省报财政委员会）。

第十三条　直放款项核定后，由本部国库司填印三联直字支付命令（第五表），截留存根一联备案，以第二联送交金库或发交分金库照发，以第三联通知书发交领款机关持向指定金领取支付命令，应呈由部长或次长盖章，始为有效。

第十四条　领款机关领到支付命令通知书后，应另备五联收据（第六表），以一联截留存查。以四联连同支付命令通知书送交金库或分金库，金库或分金库接到上项支付命令通知书后，与国库司所发支付命令核对相符，即以现金交付领款人，并由金库将总收据四联中之一联存库备查，余三联送本部国库司分别登记，以一联留司备案，余二联转送审计院、会计司存查，其由分金库直放者，应将收回之支付命令通知书加盖某月某日付讫戳记，连同所取四联收据径寄总金库分别存转。

第十五条　坐支划拨抵解各款手续与领现金无异，应分别登记转帐。

（甲）凡核定坐支抵解之款，由本部国库司填印三联坐字支付命令(第七表)，截留存根一联备案，以第二联送交金库，以第三联发交领款机关通知准许坐支。领款机关接到上项支付命令，即在征收税款内如数坐支，依照第十四条之规定，以领款总收据四联连同支付命令通知书并填具五联抵解书(第八表)，书内须分别注明税款年月份并数目暨收获年月份。以存根一联留抵解机关备查，以批回、报告、报查、通知四联一并送交金库登记，截留领款总收据及抵解书各一联存库，并填具四联金库收款书以存根一联存查，以收据一联交抵解机关，报告、报查二联连同领款总收据及抵解书各三联送本部国库司，由部将批回盖印，发交原解款机关(即领款机关)备案，其余金库收款报告、报查各一联（收款报告一联存国库司，报查一联送会计司）领款总收据三联、抵解报告、抵解报查各一联由司存转（抵解报告存国库司，抵解报查存会计司）。

（乙）凡核定划拨抵解之款，除特别支款随时由部以命令饬拨外，其余寻常拨款，均由本部国库司填发三联拨字支付命令(第九表)，截留存根一联备案，以第二联发交拨款机关照拨，以第三联通知领款机关，领款机关接到上项支付命令通知书，即依照第十四条之规定备具五联领款总收据，以四联连同通知书持向拨款机关核对相符，由拨款机关留下领款总收据四联并收回通知书，将款如数拨付后，即填具抵解书四联，连同通知书及领款总收据四联，一并送交金库，依照前项规定办理。

第十六条　金库须俟支付命令通知书、国库司所发支付命令及四联领款总收据完全到库核对数目相符，方得照付。

第十七条　各机关坐支之款，非奉到本部坐字支付命令通知，不得在征存税款内坐支，拨款机关非奉到本部命令或拨字支付命令通知书，取得领款机关四联总收据，不得拨付。

第三十条　报告分下列各项。（一）收入计算书。（二）支付预算书。（三）支出计算书。（四）收支对照表。（五）官有营业结算报告。（六）及其他各种报告书等。

第三十二条　各机关每月应编支付预算书三份，连同请款凭单，呈送本部转国库司、会计司与审计院。

前项书单应于支款月份之上月十日以前交邮递送。

第三十三条　各机关每旬应填送收支旬报表，并按月编造收入计算书各三份，呈送本部转国库司、会计司与审计院。

前项旬报表应于本旬之末日填制，翌日交邮递送，收入计算书应于次月五日以前交邮递送。

第三十四条　各机关每月应编支出计算书暨收支对照表各三份，连同凭证单据，呈送本部转国库司、会计司与审计院。

前项支出计算书、对照表及单据应于次月十日以前编齐，交邮递送。

第三十五条　各官办营业机关每月应编官有营业收支报告及每会计年度编制损益表、资产负债表及财产目录等报告各三份，呈送本部转国库司、会计司与审计院。

前项每月营业报告，应于次月十日以前，年度报告应于年度终了后一个月内，分别交邮递送。

〔国民政府财政部档案〕

2．国民政府命令公布之审计法

（1928年4月19日）

审计法　十七年四月十九日国民政府令公布

第一条　凡主管财政机关之支付命令，须先经审计院核准，支付命令与预算案或支出法案不符时，审计院应拒绝之。

第二条　审计院对于支付命令之应否核准，应从速决定之，除有不得已之事由外，自收受之日起，不得逾三日。

第三条　凡未经审计院核准之支付命令，国府不得付款，违背本条规定者，应自负其责任。

第四条　左列决算及收支计算，应由审计院审查。

一、国民政府岁出之总决算。

二、国民政府所属各机关每月之收支计算。

三、特别会计之收支计算。

四、官有物之收支计算。

五、由国民政府发给补助费或特与保证各事业之收支计算。

六、其他经法令明定应由审计院审核之收支计算。

第五条　审计院为前条审核时，应就左列各项编制审计报告书，呈报国民政府。

一、总决算及各主管机关决算报告书之金额与国库之出纳金额是否相符。

二、岁入之征收、岁出之支用、官有物之买卖让与及利用，是否与法令之规定及预算相符。

三、有无超越预算及预算外之支用。

第六条　审计院应将每会计年度审计之结果呈报国民政府，并得就法律上或行政上应行改正之事项附陈其意见。

第七条　经营征税或他项收入之各机关，应于每月经过后，编造上月收入支出计算书，送审计院审查。

第八条　各机关应于每月经过后，编造上月收入支出计算书、贷借对照表、财产目录，连同凭证单据送审计院审查。但因国家营业之便利及其他有特别情事者，其凭证单据得由各该机关保存。前项各机关保存之凭证单据，审计院得随时检查。

第九条　审计院审查各机关收支计算书如有疑义，得行文查询，限期答复或派员调查。

第十条　审计院因审计上之必要，得向各机关调阅证据或该主管长官证明书。

第十一条　审计院对于第五条所列决算及计算之审查，以院会议或厅会议决定之。

前项会议规则由审计院另定之。

第十二条　审计院审查各项决算及计算时，对于不经济之支出，虽与预算案或支出法案相符，亦得驳复之。

第十三条　审计院审查各机关之收入支出计算书及证明单据认为正当者，应发给核准状解，除出纳官吏之责任认为不正当者，应通知各该主管长官执行处分或呈请国民政府处分之。但出纳官吏得提出辩明书，请求审计院再议。

第十四条　审计院认定应负赔偿之责任者，应通知该主管长官限期追缴，前项赔偿事件之重大者，应由审计院呈报国民政府。

第十五条　审计院得编定关于审计上之各种规则及书式。各机关现用簿记，审计院得派员检查，其有认为不合者，应通知该机关更正之。

第十六条　各机关故意违背计算书或决算报告书之送达期限及审计院所定查询书之答复限期者，得由审计院通知该主管长官执行处分或呈请国民政府处分之，其故意违背审计院所定之各种规则及书式者亦同。

第十七条　各机关现行会计章程，应送审计院备案，其会计章程有与审计院法规抵触者，应通知各该机关停止执行，并依法定程序修正之。

第十八条　审计院对于审查完竣事项，自决定之日起五年内发现其中有错误、遗漏、重复等情事者，得为再审查，若发现诈伪之证据者，虽经过五年后，仍得为再审查。

第十九条　审计院对于审查事项认为必要时，得行委托审查，受委托之人或机关须报告其审查结果于审计院。

附　　则

第二十条　本法于党部决算计算之审查不适用之。

第二十一条　在审计分院未成立前，本法所定审计程序于地方政府之地方收入及支出暂不适用。

第二十二条　本法施行细则由审计院另订之，但须呈报国民政府备案。

第二十三条　本法自公布日施行。

〔国民政府财政部档案〕

3．国民政府公布之财政部组织法

（1928年5月25日）

修正国民政府财政部组织法　十七年五月二十五日国民政府公布

第一条　财政部直隶国民政府，管理全国库藏、税收、公债、钱币、会计、政府专卖储金、银行暨一切财政收支事项，并监督所辖各机关及公共团体之财政。

第二条　财政部对于各地方最高级行政长官之执行本部主管事务有监督指示之责。

第三条　财政部于主管事务对于各地方最高级行政长官之命令或处分，认为违背法令或逾越权限者，得呈请国民政府变更或撤销之。

第四条　财政部设左列各处司署。

一、秘书处。

二、总务处。

三、赋税司。

四、公债司。

五、钱币司。

六、国库司。

七、会计司。

八、烟酒税处。

九、印花税处。

十、禁烟处。

十一、关务署。

十二、盐务署。

但因征收上之必要，财政部长得于上列各处司署外，另设其他机关或增置佐理人员处理事务。

第五条　秘书处掌理部长委办事务。

第六条　总务处职掌如左。

一、关于撰辑保存收发文件事项。

二、关于本部会计出纳事项。

三、关于管理本部之官产物产事项。

四、关于铨叙及典守印信事项。

五、关于管理本部庶务及其他不属于各司署之事项

第七条　赋税司职掌如左。

一、关于赋税之赋课及征收事项。

二、关于赋税之管理及监督事项。

三、关于整理旧税推行新税事项。

四、关于赋税之调查稽核统计事项。

五、关于赋税票之印发及稽核事项。

六、关于土地之整理事项。

七、关于管理官产及沙田事项。

八、关于财政部所管辖之税外一切收入事项。

九、关于监督地方公共团体收入事项。

十、关于其他赋税一切事项。

第八条　公债司职掌如左。

一、关于公债募集发行事项。

二、关于整理公债基金及公债之还本付息事项。

三、关于公债之注册更名及稽核地方公债事项。
四、关于公债之预算决算及其调查统计事项。
五、关于公债计算之调制及簿籍登记事项。
六、关于财政部证券及取缔证券买卖事项。
第九条　钱币司职掌如左。
一、关于整理币制及调查货币事项。
二、关于金属货币及生金银出入事项。
三、关于监督银行及造币厂事项。
四、关于发行纸币及准备金事项。
五、关于国内外金融事项。
六、关于监督交易所保险公司事项。
七、关于其他币制及银行一切事项。
第十条　国库司职掌如左。
一、关于国资之运用出纳事项。
二、关于发款命令之稽核事项。
三、关于国库之出纳计算书之编制事项。
四、关于国库簿之登记事项。
五、关于政府各种基金及储蓄保管事项。
六、关于国库之出纳管理及其他一切事项。
第十一条　会计司职掌如左。
一、关于总预算决算及支付预算事项。
二、关于特别会计之预算决算事项。
三、关于编制岁入岁出现计书事项。
四、关于审核预备金之支出事项。
五、关于金钱及物品之会计事项。
六、关于主记簿之登记及各种计算书之检查事项。
七、关于各官署会计之稽核及整理事项。
八、关于公共团体岁计事项。

九、关于其他会计一切事项。

第十二条　烟酒税处职掌如左。

一、关于监督烟酒税收及考核成绩事项。

二、关于考察烟酒制造产销事项。

三、关于厘订烟酒率事项。

四、关于监制保管发行烟酒票照事项。

五、关于编制烟酒税收预算决算及造报收支数目表册单据事项。

六、关于其他烟酒税事项。

第十三条　印花税处职掌如左。

一、关于印花税之监督及考核其成绩事项。

二、关于监制保管发行印花事项。

三、关于编制印花统计预算及造报收支数目表册单据事项。

四、关于稽核印花税款表册事项。

五、关于其他印花税事项。

第十四条　禁烟处职掌如左。

一、关于监督禁烟事项。

二、关于烟药之运输限制事项。

三、关于征收烟药税及厘订税率事项。

四、关于稽核烟药收支及检查侦缉事项。

五、关于印发牌照联单运照印花等事项。

六、关于烟药税收支预算决算事项。

七、关于禁烟事务之统计及各项表册之编制事项。

第十五条　关务署职掌如左。

一、关于关税之赋课及征收事项。

二、关于关税之管理及监督事项。

三、关于关税制度之改革及推行事项。

四、关于关税定率之修改事项。

五、关于禁止货物进出口事项。

六、关于调查各国关税及关务之统计事项。

七、关于海常两关及各税卡之指挥监督事项。

八、关于解释关税法令事项。

第十六条　盐务署职掌如左。

一、关于监察各省盐务处盐运使榷运局办理之成绩及其以下各属官资格升降调迁事项。

二、关于建筑盐场仓栈制造盐类及编练场警缉私等事项。

三、关于各省运盐销盐事项。

四、关于改善场产调剂运销事项。

五、关于编制盐务收支预算决算及造报收支数目表册单据事项。

六、关于保管全国盐款及稽核各省盐税收入事项。

七、关于审定各省盐税定率事项。

八、关于其他一切盐务行政事项。

第十七条　财政部置部长一人、承国民政府之命综理本部事务，监督所属职员并所辖各机关。

第十八条　财政部置次长二人，辅助部长整理部务。

第十九条　财政部置参事二人至四人，承长官之命，拟定关于本部主管之法律命令事项。

第二十条　财政部置秘书长一人，承长官之命，掌理秘书处一切事务。秘书四人至八人佐理处务。

第二十一条　财政部置处长四人，司长五人，署长二人，承长官之命，分掌第四条第二款至第十二款各处及各司署事务。

第二十二条　关务署长盐务署长因对外关系，得由部长特别委任代表执行职权。

第二十三条　关务署、盐务署对于所属机关得发署令。

上列第二十二条、第二十三条之施行另规定之。

第二十四条　关务署、盐务署得各置秘书二人。

第二十五条，财政部除秘书处外，各处司署分科办事，各科置科长一人，科员若干人，承长官之命办理各科事务。

科长、科员额数以部令定之。

第二十六条　财政部置技术员若干人办理技术事务。

第二十七条　财政部因缮写核算及其他事务得酌用雇员。

第二十八条　财政部因财政设计之必要，得聘任富有财政学识经验人员为顾问。

第二十九条　财政部得于各省设置财政特派员，处理各该管区域内中央财政，该机关之组织另定之。

第三十条　财政部因事务上之必要时，得设立委员会及其他机关，其委员由部长聘任或委任之。

第三十一条　财政部各署司处及各会办事细则，另以部令定之。

第三十二条　本组织法自公布之日施行。

〔国民政府财政部档案〕

4. 修正财政特派员暂行章程及公布财政部财政特派员公署组织办法

（1929年1月3日）

修正财政特派员暂行章程　民国十八年一月三日公布

第一条　国民政府财政部依据组织法第二十四条之规定，就各省设置财政特派员，处理各该管区域内国税及中央财政事务。

第二条　财政特派员秉承财政部之命，办理下列各事项。

一、执行部令指导所管区域内之中央直辖税收机关。

二、接管各省财政厅代管之一切国税及其机关。

三、保管国税税款。

四、支拨及汇解国库款项。

五、稽核及所报所管区域内一切国税之帐目及情况。

六、计划所管区域内一切国税之整理办法。

第三条 财政特派员须将该管税收情况及收支款项数目，按旬册报财政部。

第四条 财政特派员于财政部主管范围内对于各地方行政长官之命令或处分认为有不合时，得随时呈请财政部核办。

第五条 财政特派员为简任职，由财政部长提请行政院核呈国民政府任免之。

第六条 财政特派员之办公机关称公署，依财政部直辖各机关组织通则第四条第一项、第五条一、二、三项之规定组织之。

第七条 财政特派员所委本公署课长以上各职员，须检同履历，呈报财政部备查，其各税局局长并应先将履历及所具考语，呈送财政部核定，再行委派。

第八条 财政特派员对于财政部所派国税征收长官之行文，概用公函或咨文。

第九条 财政特派员对于财政部直辖国税征收机关经管税收，遇有应行整理事项或改善计划，须会同各该主管长官呈明财政部核准办理。

第十条 未经简派财政特派员省份，财政部得提请暂令财政厅长兼任财政特派员，但须另设财政特派员公署，按照本章程办理。

第十一条 本章程自公布日施行。

财政部财政特派员公署组织办法 民国十八年一月三日公布

第一条 财政特派员公署直隶于国民政府财政部。

第二条 财政特派员承财政部长之命，管理及指导该管区域内部令指定之各种国税事宜。

第三条 财政特派员公署应设各职员及其任免，照财政特派员暂行章程第六条、第七条之规定。

第四条　财政特派员公署设第一、第二、第三三课。

第一课职掌如左。

一、关于收发事项。

二、关于会计庶务事项。

三、关于典守印信事项。

四、关于任免职员事项。

五、关于撰拟机要文稿及章则事项，

六、关于调查报告事项。

七、关于保管文卷事项。

八、关于不属于其他各课之事项。

第二课职掌如左。

一、关于征榷事项。

二、关于征收机关设置变更事项。

三、关于施行税则事项。

四、关于收发票照事项。

第三课职掌如左。

一、关于中央直辖国税机关收解事项。

二、关于预算决算事项。

三、关于国库出纳事项。

四、关于审核出纳事项。

五、关于统计事项。

六、关于簿记事项。

第五条　财政特派员公署每课设课长一人，课员若干人，办事员若干人分掌事项。

第六条　财政特派员公署因办其他特务及缮写文件表册，得酌用雇员。

第七条　凡财政特派员直接任免之所属各职员，特派员得按其服务成绩，援用征收官奖惩条例之规定，予以奖惩及黜陟。

第八条　财政特派员公署经费，由特派员造具预算，呈由财政部核定饬遵。

第九条　财政特派员公署办事细则及其他关于征收之各种章则，由特派员拟呈财政部核定备案。

第十条　本办法自公布日施行。

〔国民政府财政部档案〕

5．国定税则委员会简章

（1929年5月10日）

国定税则委员会简章　民国十八年五月十日公布

第一条　本会定名为国定税则委员会，直隶于财政部。

第二条　本会之职掌如左。

一、关于税则方案之编订修改事项。

二、关于国际贸易状况之调查事项。

三、关于互惠商品之研究事项。

四、关于工业制造成本运输状况之调查事项。

五、关于工业产品与外货竞争状况之调查事项，

六、关于关税对于国内工业影响之调查事项。

七、关于货价月报季刊年报之编辑事项。

八、关于货价之审查事项。

九、关于物价指数及其他统计之编制事项。

十、关于国内外物价金融及其他统计之搜集事项。

十一、关于中外商品产地产额性质用途之调查事项。

十二、关于中外商品色装方法、交易习惯等之调查事项。

十三、关于中外商品需给状况变迁之调查事项。

十四、关于中外商品之品质、标准品等级、市价及其代用品或类似品等之比较调查事项。

十五、关于中外商品名称之订定，并各种标本之搜集事项。

十六、关于本国关税法令修订之研究事项。

十七、关于各国关税法令之搜集调查事项。

十八、关于国际税公约协定之研究事项。

十九、关于最惠国条款及互惠问题之研究事项。

第三条　本会设委员长一人，由关务署长兼任。副委员长二人，委员四人，均由财政部长派充。

第四条　本会分股办事，设股长、办事、助理、调查员若干人，由委员长派充。

第五条　本会各股于必要时，得分设若干组，其主任由委员长就办事中分别派充。

第六条　本会设秘书二人，由委员长派充。

第七条　本会总务由委员长指派秘书兼理之。

第八条　本会得酌用录事分任缮校事务。

第九条　本会议决案，由委员长呈财政部长经由行政院呈请国民政府核准施行。

第十条　本会办事细则另定之。

第十一条　本会简章由财政部公布施行。

第十二条　本会简章如有未尽事宜，由财政部修改之。

〔国民政府财政部档案〕

6．财政部公布会计委员会章程令暨条文

（1930年4月25日）

财政部令　参字第4053号

兹制定财政部会计委员会章程十四条公布之。此令

部长　宋子文

中华民国十九年四月廿五日

财政部会计委员会章程

（一）总　纲

第一条　本部为实施会计委员会所拟各项会计之计划，以谋财务会计之改进与统一起见，设会计委员会，以研究并讨论各项会计上之计划。

（二）委　员

第二条　会计委员会委员由部长令派左列人员充任之。

一、会计司司长。

二、本章程规定设置会计专员。

三、本部会计司各科科长。

四、本部各司署处主管会计稽核事务之科长，每司署处所一人，由主管长官提请部长指派之。

第三条　会计委员会委员除会计专员外，均为名誉职。

（三）职员及其职务

第四条　会计委员会设委员长一人，综理该会事务，由部长指派会计司司长充任之。

第五条　会计委员会设秘书一人，承长官之命办理该会事务，由委员长就委员中指定之。

第六条　会计委员会设主任会计专员一人，依本部会计顾问之指导，督同会计专员办事，由委员长就会计专员中指定之。

（四）会计专员

第七条　会计委员会设会计专员，其额数由委员长拟定，呈由部长核定之。

第八条　会计专员由委员长遴选富有会计学识经验人员，呈请部长派充之。

第九条　会计专员不得兼任他职。

（五）会计专员之职掌

第十条　会计专员办理左列各事项。

一、关于拟订财务会计制度，期与设计委员会所拟计划相符，以备该项计划实行事项。

二、关于计划前项财务会计制度之设施事项。

第十一条　会计专员对于前条各事项拟定具体方案或办法后，提交会计委员会研究讨论之。

第十二条　前条具体方案或办法经会计专员就会计委员会讨论之结果作最后之修正后，由委员长呈请部长核定施行之。

（六）附　则

第十三条　会计委员会依事务之需要，得酌设办事员及雇员。

第十四条　本章程自公布日施行。

〔国民政府财政部档案〕

7. 财政部公布设立税务整理研究委员会令

（1930年11月28日）

财政部令　字第4462号

本部为整理旧税、计划新税，特设税务整理研究委员会，其章程预算另案呈请行政院核定之。此令。

部长　宋子文

中华民国十九年十一月廿八日

〔国民政府财政部档案〕

8. 财政部税务整理研究委员会章程

（1930年12月9日）

财政部税务整理研究委员会章程　十九年十二月九日公布

第一条　财政部为统一关、盐及其他税务行政章制，并研究改进及整理办法起见，设立税务整理研究委员会。

第二条　本会委员由部长委派左列人员充任之。

甲、当然委员以本部关务、盐务、税务署长，总务、赋税、会计、国库、钱币、公债司长充之。

乙、专任委员以办理税务富有经验及具有专门学识者充之。

丙、兼任委员以指派之本部参事、秘书人员充之。

第三条　本会当然委员及兼任委员均不支薪给。

第四条　本会得遴聘设计委员会外籍委员兼充顾问，以备咨询。

第五条　本会设委员长一人、副委员长二人，由本部部长、次长分任之。

第六条　本会组织秘书处，设主任秘书一人、秘书二人，承委员长之命，办理本会日常事务。

第七条　本会秘书处设科长二人、书记官若干人，分掌文书、编译、审核、记录事务。

第八条　本会委员办理左列各事项。

甲、关于整理旧税及计划新税事项。

乙、关于厘定税法及修订税制事项。

丙、关于改进机关组织事项。

丁、关于审核税收增减事项。

戊、关于撰制工作报告事项。

己、关于审订公务员考绩奖惩及保障通则事项。

庚、关于研究交核税务议案及条陈事项。

第九条　本会依上项规定之职掌，得随时向主管机关调阅档案，咨询事件，并得于开会时，邀请会外人员列席，陈述意见，或参加讨论。

第十条　凡关于不属于本会职权范围事件，得由本会发还原机关裁决办理。

第十一条　本会依事务之需要，得酌设办事员及雇员。

第十二条　本章程自公布之日施行。

〔国民政府财政部档案〕

9．财政部公布各省区统税局暂行组织章程等条例令

（1930年12月18日）

财政部令　参字第4584号

兹制定财政部各省区统税局暂行组织章程十一条，财政部统税署各省区统税局所属统税查验所分所暂行组织章程十三条，财政部统税署各省区统税局所属管理所暂行组织章程十二条公布之。此令

部长　宋子文

中华民国十九年十二月十八日

财政部各省区统税局暂行组织章程

第一条　依照统税署组织章程第十四条，各省之应先行举办者，设立各省区统税局，其名称如左。苏浙皖区统税局、湘鄂赣区统税局、鲁豫区统税局、粤桂闽区统税局。

第二条　各区统税局隶属于财政部，各设局长一人、副局长一人，承财政部长暨统税署长之命，综理局务暨监督指挥各管理所、查验所分所办理卷烟、棉纱、麦粉、火柴、水泥统税一切事宜。

第三条　各区局得设秘书一人或二人，掌理机要、综核各项文件及特别事项。

第四条　各区局设四课掌理左列事项。第一课掌理关于撰拟文件、典守印信、保管卷宗及收发文件、职员任免，并办理会计庶务一切事宜。第二课掌理关于防范各税厂之漏税、考核管理员司之勤惰、各税制造厂驻厂办事员之成绩、执行本局临时委托查验稽察事项，并详核各驻厂办事员填送各项表册一切事项。第三课掌理关于卷烟、棉纱补征税款及保管发给纳税运照登记事项。第四课掌理关于麦粉、火柴、水泥补征税款及保管发给纳税凭证运

照登记事项。

第五条　各区局设课长四人，承长官之命分掌各课事宜。

第六条　各区局依其事务繁简，酌设课员、调查员、检查员各若干人，并得因缮写文件，酌用书记、雇员若干人。

第七条　依照统税署组织章程第十六条，设置各管理所驻关、驻邮、驻厂办事员、查验所及分所，分掌职务。

第八条　各管理所应就区局辖境内，厂户丛集、税收繁多地域，分等设置，其等级另定之。兹将地点分配如左。

一、苏浙皖区分设芜湖、苏州、南通、杭州、南京、无锡六处管理所。

二、湘鄂赣区分设长沙、九江两处管理所。

三、粤桂闽区分设汕头、梧州、福州三处管理所。

第九条　各管理所及上海驻关、驻邮各设主任一人，由统税署委任。其他各省驻关及驻厂办事员、查验所长、分所长，由该管区局荐委之。

第十条　各管理所驻关、驻邮、驻厂及查验所分所组织章程另定之。

第十一条　本章程自公布日施行。

财政部统税署各省区统税局所属统税查验所分所暂行组织章程

第一条　本章程依照各省区统税局暂行组织章程第七条规定之。

第二条　查验所直接隶属于该管省区统税局，分所隶属于查验所或管理所，办理卷烟、棉纱、麦粉、火柴、水泥补税、检查、侦缉各项事宜，查验所并有协助管理所之责。但卷烟统税原设查验所分所应行归并或裁改者，悉依各管理所暂行组织章程第九条办理。

第三条　查验所得设所长一人，分所得设分所长一人，均由该管省区统税局委任，呈报统税署核准，分所非必要时，不得设置。

第四条　各地查验所事务繁简不同，辖境广狭各异，应定为一等、二等、三等。

第五条　凡该地辖境辽阔或商埠大镇事务殷繁、查验补税较多者，得设一等查验所，地处扼要查验较繁者，得设二等查验所，其事务简单者，得设三等查验所。

第六条　凡一等查验所得设股长二人，分为第一、第二两股，办理补税、检查、侦缉事项。

第七条　凡二等查验所得设股长一人，并办第一、第二两股事项，但事务较繁有补税可收者，得照一等查验所分股设置，股长惟须先行呈奉该管省区局核准。

第八条　凡三等查验所其职掌由所长酌量支配股员或雇员办理，不另设分股设置股长。

第九条　各查验所得设股员、检查员、雇员各若干人，均由所长委派，呈报省区局转呈统税署备案，其员额以事务繁简定之。

第十条　凡查验所得设稽核员、雇员各若干人，均由分所长委派，呈报所辖管理所或查验所转呈省区局备案。

第十一条　各查验所及分所办事细则，应由该管省区局拟定呈请财政部统税署核准施行，所有分配股员、检查员、雇员等名额，均于办事细则内规定之。

第十二条　本章程如有未尽事宜，得随时修改之。

第十三条　本章程自公布日施行。

财政部统税署各省区统税局所属管理所暂行组织章程

第一条　本章程依照统税署所辖各省区统税局暂行组织章程第七条规定之。

第二条　各管理所直隶于统税署，受各省区统税局指挥监督，办理卷烟、棉纱、麦粉、水泥统税一切事宜。

第三条　管理所设所长一人，得设副主任一人，由统税署委任，呈报财政部备案。

第四条　各管理所事务繁简不同，辖境广狭各异，应定为一等、二等、三等。

第五条　凡一等管理所得设股长四人，分第一、第二、第三、第四各股，办理补征税款、检查、侦缉、管理各税制造厂出品及保管发给纳税印花运照，监督指挥当地驻厂办事员，并考核勤惰及造报各项表册、会计一切事项。

第六条　凡二等管理所得设股长三人，分第一、第二、第三各股，其职掌依照本章程第五条办理之。

第七条　凡三等管理所得设股长二人，分第一、第二各股，其职掌依照本章程第五条办理之。

第八条　各所长依其事务繁简，酌设雇员、调查员、检查员各若干人，并得因缮写文件，酌用雇员若干人。

第九条　卷烟统税原有查验所分所凡在各管理所同一地点，由该所归并办理，其水陆交通货品入境扼要地点不属于管理所范围者，应就原有查验所分所酌定裁留，改为统税查验所分所，专司查验截缉事宜，其组织章程另定之。

第十条　管理所与同隶区局管辖之查验所遇有关系事情发生，应共同协助办理。

第十一条　本章程如有未尽事宜，得随时修改之。

第十二条　本章程自公布日施行。

〔国民政府财政部档案〕

10．暂行决算章程

（1932年10月12日）

暂行决算章程　二十一年十月十二日中央政治会议第三百五

十七次会议通过

第一章　通　　则

第一条　凡各级机关年度决算在决算法未公布施行前，除法令有特别规定者外，悉依本章程办理。

第二条　年度决算分为国家及地方两部分，各分为普通会计、营业会计两种，悉依各同年度预算区别之。

第三条　普通会计及营业会计各分为岁入、岁出，并按其性质各分为经常、临时两门，悉依各同年度预算区别之。

第二章　编制方法

第四条　各机关所编本机关（包括附属机关）之国家或地方岁入、岁出决算，均为第一级决算。中央各主管机关汇合国家第一级决算编成之国家各分类决算及各省政府并行政院直辖各市政府汇合地方第一级决算编成之各该省市总决算，均为第二级决算。国民政府主计处汇合国家第二级决算编成之国家总决算及汇合地方第二级决算编成之全国地方总决算，均为第三级决算。

第五条　国家总决算经审计部审定、各省市总决算经审计处审定后，国民政府主计处应各开具左列事项之计算，分别呈报国民政府。

岁入部

岁入预算额

岁入追加预算额

已收讫岁入额

岁入减免额

未收讫岁入额

上年度剩余额

岁出部

岁出预算额

岁出追加预算额

岁出预算实支额

岁出剩余额

第六条　各级岁入岁出决算书之编制，均按照规定格式及说明办理（格式及说明另附）。

第七条　各级岁入岁出决算书内所列科目，按照各同年度预算科目编列，如有新增收入未列预算及新增支出因情形紧急当时不及办理追加预算程序事后补请追加有案者，均得列入决算。

第八条　各机关编造决算书时，应附收支对照表、贷借对照表及财产目录（格式及说明另附）。

第九条　各级机关在年度内如有裁撤或改组情事者，照左列规定办理。

（一）机关之裁撤者，应由主管机关代为编制。

（二）机关之改组者，应由改组后之机关合并编制。

（三）机关之名义变更者，应由变更后之机关按名义变更前后分别编制。

（四）数机关合并为一机关者，在未合并以前各该分设机关之决算，应由并存机关代编。

（五）数机关之预算先合并而后分立者，在合并期内由原机关合并编制，分立以后由分立之机关各自编制。

第三章　国家决算编审之程序及时期

第十条　各机关编造各该机关上年度岁入岁出决算书（第一级决算）各缮其三份，限十月三十一日以前送达各该主管机关。

国家分类决算各主管机关与国家分类预算各主管机关同。

第十一条　各主管机关审核第一级决算，应分别加具审核意见，汇编国家各分类岁入岁出决算书（第二级决算）各缮具三份，连同第一级决算书各二份，限十二月三十一日以前送达国民政府主计处。

第十二条　国民政府主计处汇合国家各分类决算签注意见，

编成国家岁入岁出总决算案，连同第二级决算各一份、第一级决算各一份，限十二月二十八日以前呈国民政府令交监察院发交审计部审核。

第十三条　审计部审定国家岁入岁出总决算书，附入审查报告，限四月三十日以前呈监察院转呈国民政府发交主计处。

第十四条　国民政府主计处按照审计部审定之国家总决算，开具第五条规定各事项之计算连同国家总决算，限五月三十一日以前呈请国民政府公布之，并各缮具一份呈转中央政治会议备查。

第四章　地方决算编审之程序及时期

第十五条　省市各机关编造各该机关上年度岁入岁出决算书（第一级决算）各缮具三份，限十月三十一日以前送达各该省财政厅或市财政局。

第十六条　各省财政厅或市财政局审核第一级决算，应分别加具审核意见，汇编各该省市岁入岁出总决算书，连同第一级决算各二份，限十二月三十一日以前送达各该省市政府。

第十七条　各省市政府限二月二十八日以前将各该省市总决算审核完竣，发还财政厅或市财政局缮具三份，连同第一级决算各一份，限四月三十日以前呈由省市政府送达国民政府主计处。

第十八条　国民政府主计处审核各该省市岁入岁出总决算书签注意见，附具第五条规定各事项之计算，限五月三十一日以前呈请国民政府公布之，并各检具一份呈转中央政治会议，径送审计部备查。

各省市审计处成立后，各省市政府应将各该省市岁入岁出决算书送审计处审定后，再行送达国民政府主计处转呈公布之。

第十九条　国民政府主计处应将前项公布之各该省市总决算汇编全国地方总决算缮具三份，呈报国民政府并呈转中央政治会议暨迳送审计部备查。

第二十条　本章程规定各级决算送达时期为达到各该机关之期限，其距离窎远或有特别情形者，应酌量提前办理或提前递送。

第二十一条　本章程如有未尽事宜，得参照历次编制惯例办理。

第二十二条　本章程如与将来法令或事实有抵触时，应由国民政府主计处提请修订。

第二十三条　本章程自公布日施行。

〔国民政府财政部档案〕

11．财政部税务署暂行组织章程

（1933年5月11日）

财政部税务署暂行组织章程　民国二十二年五月十一日公布行政院备案

第一条　本章程依财政部组织法第七条制定之。

第二条　税务署承财政部长之命，掌理全国统税及印花烟酒矿产等税。

第三条　税务署置左例各科。一、总务科。二、主计科。三、卷烟税科。四、棉纱矿产税科。五、面粉火柴水泥税科。六、印花烟酒税科。

第四条　总务科掌左例事项。一、关于收发分配撰拟缮校保管文件事项。二、关于典守印信事项。三、关于税务署及所属机关职员之任免及成绩考核事项。四、关于所属机关之设置事项。五、关于各种章则之撰拟、审核、解释各事项。六、关于编辑税务公报事项。七、关于统税印照及免税运照之填发、核销及一切票照、单证之保管事项。八、关于庶务及其他不属各科事项。九、关于编制本科职掌事务之各种统计表册及报告事项。

第五条　主计科掌左列事项。一、关于收支税款登录簿记及所属各机关税款报告事项。二、关于税务署及所辖各机关预算决算之编拟及审核事项。三、关于税款之保管及报解事项。四、关于一切会计制度事项。五、关于煤油退税事项。六、关于各种印花之印制保管及发用事项。七、关于各种票照单证之印制事项。八、关于收税票照之核对事项。九、关于统税进口货品纳税单之登记事项。十、关于汇集所属各局所报告表册编制统计册报及制成各种表式事项。十一、关于审核舶来及国内各厂纳税盈绌状况事项。十二、关于汇齐各科各项统计及编制各项表册事项。

第六条　卷烟税科掌左列事项。一、关于卷烟烟叶税务及取缔卷纸之设计处置各事项。二、关于卷烟卷纸烟叶之查验缉私及审核处罚事项。三、关于卷烟烟叶税率之审订事项。四、关于考核所属各机关办理卷烟烟叶税成绩及册报各事项。五、关于卷烟退税或免税之处置事项。六、关于审核卷烟卷纸、烟叶之厂号牌样市价及纠纷事项。七、关于卷烟卷纸、烟叶之登记事项。八、关于编制本科职掌事务之各种统计表册及报告事项。

第七条　棉纱矿产税科掌左列事项。一、关于棉纱矿产税务之设计处置各事项。二、关于棉纱矿产税率之审订事项。三、关于棉纱矿产之查验缉私及审核处罚事项。四、关于棉纱矿产税各项照单之发用事项。五、关于棉纱矿产退税或免税之处置事项。六、关于考核所属各机关办理棉纱矿产税成绩及册报各事项。七、关于审核棉纱矿产品之市价事项。八、关于棉纱厂矿公司及其他货品之登记事项。九、关于编制本科职掌事务之各种统计表册及报告事项。

第八条　面粉火柴水泥科掌左列事项。一、关于面粉火柴水泥等项税务之设计处置各事项。二、关于面粉火柴水泥税率之审订事项。三、关于面粉火柴水泥之查验缉私审核处罚事项。四、关于面粉火柴水泥统税票照之销用事项。五、关于面粉火柴水泥退税或免税之处置事项。六、关于考核所属各机关办理面粉火柴水泥统税成绩及册报各事项。七、关于审核面粉火柴水泥广号、牌样、市价及纠纷事项。八、关于编制本科职掌事务之各种统计表册及报告事项。

第九条　印花烟酒税科掌左列事项。一、关于印花烟酒税务之设计处置各事项。二、关于印花烟酒税率之审订事项。三、关于印花烟酒税之检查漏税、取缔走私及审核违章处罚事项。四、关于处理印花烟酒税务之纠纷事项。五、关于考核所属各机关办理印花烟酒税成绩及册报事项。六、关于调查烟酒之制造、运输及销售事项。七、关于审核烟酒商登记烟酒营业及烟酒市价事项。八、关于编制本科职掌事务之各种统计表册及报告事项。

第十条　税务署设署长一人简任，综理全署事务及监督指挥所属职员及机关。

第十一条　税务署设主任秘书一人，秘书二人至四人荐任，承署长之命办理机要文牍、综合稿件及交办之事务。

第十二条　税务署设科长六人荐任，科员一百一十五人至一百三十人委任，内二十人荐任待遇，书记官十六人至二十人委任，承长官之命办理各科事务，并得酌用雇员办理缮校及其他事务。

第十三条　税务署设技正一人至二人荐任，技士二人至三人，内荐任二人，余委任，承长官之命办理技术事务。

第十四条　税务署设编译四人荐任，承长官之命分掌关于参考各国内地税制度法规及翻译洋文公牍各事务。

第十五条　税务署设视察六人至八人荐任，承长官之命分掌各省区局所考察办理税务成绩及查办临时发生之案件。

第十六条　税务署设稽核十五至十七人荐任，承长官之命，稽核统税货品之制销及出厂状况，烟酒矿产之产销，驻厂驻场员办事之勤惰及烟酒矿产各统税货品之进出口各事项。

第十七条　税务署设调查员十六人委任，承长官之命，调查统税及烟酒矿产各出品及市场售价、新旧出品之登记各事项。

第十八条　税务署设税务设计委员会研究税则及整理税务方法，其组织章程另定之。

第十九条　税务署因事实上必要，得秉承财政部长召集各项税务会议，其章程呈由财政部定之。

第二十条　税务署对外公文以财政部名义行之，对于所属之监督及指挥得颁布署令。

第二十一条　本章程自公布之日施行。

〔国民政府财政部档案〕

12．预算章程

（1934年 8 月）

预算章程　民国二十三年八月修正①

第一章　通　　则

第一节　纲要

第一条　凡各级机关年度预算除法令有特别规定者外，悉依本章程办理。

第二条　年度预算在未经国民政府主计处编成总预算案以前，称为概算。

第三条　会计年度以每年七月一日起至次年六月三十日止。

第四条　年度预算分为国家及地方两部分，按照办理预算收支分类标准分别编制。

办理预算收支分类标准另定之。

第五条　国家及地方预算各分为普通会计及营业会计两种，按照办理预算收支分类标准分别编制。

第六条　普通会计及营业会计各分岁入岁出，并按其性质各分为经常临时两门，分别编制。

---

① 本章程于二十年十一月公布，二十三年四月第一次修改。

第七条　每一会计年度内之一切收入为岁入，一切支出为岁出，均应编入预算。属于国家支出机关之收入列入国家岁入预算，属于国家收入机关之支出列入国家岁出预算，均应满收满支，不得将收支各数互相抵除，其属于地方各机关之收支亦如之。

第二节　编制

第八条　各机关所编本机关（包括附属机关）岁入岁出概算为第一级概算，中央各主管机关汇合第一级概算编成之各分类概算及各省政府并行政院直辖各市政府汇合第一级地方概算编成之各该省市总概算均为第二级概算，国民政府主计处汇合第二级概算编成之总概算为第三级概算。

第九条　凡因特殊障碍未能按期编送第一级概算者，应先将各项概数报告主管机关编入第二级概算。

第十条　凡未能按期编送第一级概算并未能报告各项概数者，由该主管机关根据最近年度预算数参酌情形核拟概数，编入第二级概算。

第十一条　各机关逐年常有之各项收支，均应列经常门，其非逐年常有之各项收支，均应列临时门。

第十二条　凡一年度内仅有数月或数次而非按月常有之各项收支及年度内按月常有而额数相差较巨之各项收支，应于说明栏内详细注明。

第十三条　凡工程制度及其他事业在一年度内未能完成者，应照其所需经费总额编制继续经费概算书附具说明，并将各年度应需之数分别列入各该年度岁出概算。

第十四条　凡特别建设或购置需用巨额经费者，应于编送概算时说明事由，并分别附具设施计划书及图样估单。

第十五条　凡有收入之机关，其岁入概算应于岁出概算同时编送，其有临时收支者，应将临时及经常两门概算同时编送。

第十六条　第一级岁入岁出概算书内所列科目，应按照预算科目细则办理。

预算科目细则由国民政府主计处另定之。

第十七条　概算预算之编制，均按照规定格式及说明办理。

概算预算格式及说明由国民政府主计处另定之。

第三节　计算

第十八条　岁入岁出概算均以国币银元为本位。

第十九条　岁入概算之计算方法如左。

一、属于产销性质之税收，如盐税、烟酒税、统税等，以本管区域内之产销额数计算之。

二、属于运出货物之关税收入，以本管区域内输入输出之状况估计之。

三、属于固定物之税捐收入，如田赋、房捐等，以本管区域内固定物之额数计算之。

四、属于行为税之收入，如印花税等，以本管区域内商市民力之状况估计之。

五、属于营业税之收入，以本管区域内商业之状况估计之。

六、属于沙田官产屯卫田地之收入，以本管区域内沙田官产屯卫田地之额数及清理之状况估计之。

七、属于行政之收入，如登记、检验、注册、牌照、诉讼罚金等，以法令之规定及各该机关行政之状况估计之。

八、属于事业之收入，如学费及试验场所出产品之变价等，以各该事业之状况估计之。

九、属于国家及地方营业之收入，以营业状况连同成本估计之。

十、各项收入如不能以上列各项之规定计算者，以最近三年间实收状况为根据，其逐年递增或递减者，按增减比率及增减原因估计之，其增减无定者，按三年间平均数，并参酌增减原因估计之。

第二十条　岁出概算之计算方法如左。

一、俸给之计算以各等级中一人为单位，按一人之俸额积算之。

二、估计一人应给之俸额有规定之数者，以规定之数额为标准，无规定之数者，比照同级之有规定者估计之。

三、积算俸给有一定之员额者，以定额为限，无定额者，以前年度各月平均员额为标准。

四、物件之计算，以各品类中一件为单位，按一件之价值积算之。

五、估计一件应需之价值有规定之价格者，以规定之价格为标准，无规定之价格者，以当时当地之市价估计之。

六、积算物件有规定之件数者，以规定之件数为限，无规定件数者，以前年度各月实际使用之平均数为标准。

七、计算偿还债款之数，其利息本金及其他各项费用均根据各该契约及法令之规定估计之。

八、旅费之计算除有特别原因者外，以前年度实支数为标准。

九、根据法律、命令、契约应行支出之总数业经确定者，以总数额列入。

十、不能根据以上各项计算方法计算之经费，用比较实在之方法估计，并将计算所根据之理由说明之。

第二章　国家预算

第四节　编审之程序及时期

第二十一条　各机关编造各该机关次年度岁入岁出概算书(第一级概算)各缮具三份，限十一月三十日以前送达各该主管机关。

第二十二条　各主管机关审核第一级概算，应分别加具审核意见，汇编各分类岁入岁出概算书（第二级概算）各缮具三份，连同第一级概算书各二份，限一月十五日以前送达国民政府主计处。

第二十三条　国民政府主计处编审第二级概算分类签注意见，汇编总概算书，缮具三份，限三月十五日以前将总概算书二份，连同审查意见书一份，并检同第二级概算书各二份，第一级概算书各一份，呈请国民政府送达中央政治会议。

岁出概算总额如超过岁入概算总额，应于编送概算时附具补救意见书。

第二十四条　中央政治会议依据收支适合原则核定岁入岁出概数，于四月十五日以前将核定总概算书一份，连同议决案并检同第二级概算书各一份，送由国民政府发交主计处。

第二十五条　国民政府主计处依据中央政治会议核定总概算书，编成总预算案，限五月十五日以前将总预算案，连同中央政治会议议决案并检同第二级概算书各一份，呈请国民政府交行政院提出立法院核议。

第二十六条　立法院于每年六月十五日以前将总预算议决，呈请国民政府公布。

第五节　预备费

第二十七条　第二级岁出概算内，应酌设预备费为第一预备费，按照岁出概算总额百分之一至百分之二编列。

遇有意外事故或扩充设施，该类预算内某科目所列经费发生不足时，得由主管机关核准动支前项预备费，通知国民政府主计处备案。

第二十八条　总概算内应酌设预备费为第二预备费，按照岁出概算总额百分之一至百分之二编列。但国民政府主计处汇编总概算时，收支比较如有余额，尽数列为第二预备费。

遇有意外事故或新增设施，其经费为原预算所未列者，得由主管机关拟具计划及概算，送由主计处签注意见，呈请国民政府转送中央政治会议核准动支前项预备费。

第六节　预算之执行

第二十九条　岁入预算公布后，各级机关应负责执行，非有重大事故或特殊变迁，不得短少。

第三十条　岁入预算公布后，各机征收机关应照法定税目、税率征收，非经法定程序核准修改，不得有所增减。

第三十一条　岁出预算公布后，各级机关应各照案执行，核实支用，不得超越。

第三十二条　岁出预算公布后，如因特殊事故或国家政策之变更，经中央政治会议决议后，以国民政府之命令，得缩减某项之一部分或全部。

第三十三条　岁出预算公布后，不得提出追加预算。但本于法令或契约所必不可免之经费遇有不足时，得提出追加预算，其办理程序依照第四节之规定。

第三十四条　岁出预算公布后，如因特殊应急之设施或处置不及办理追加预算时，以五院（主管）院长之提议，请经中央政治会议议决，得为预算外之支出。

前项预算外之支出，仍应由主管机关补编追加预算书送主计处签注意见，呈请国民政府发交行政院提出立法院追认之。

第三十五条　预算公布后，因特殊事故致收入短少不能适应原定岁出预算时，由国民政府提出补救方法，送中央政治会议核定施行。

第三十六条　新旧机关或事业其岁出预算在年度开始后核定者，均自核定之次月分起，照案执行之。

第七节　预算未成立时之救济

第三十七条　旧有机关或事业本年度概算依期编送，在年度开始以前未经核定者，暂照最近年度核定案执行之。但无该项核定案者，其应需经费由主管机关拟定概数，送由主计处签注意见，呈请国民政府转送中央政治会议核定施行。

第三十八条　预算未成立时，国民政府认为必须成立之新增机关或亟应举办之事业，其应需经费由主管机关拟定概数，送由主计处签注意见，呈请国民政府转送中央政治会议核准动支。

第三十九条　预算未成立时，如有特殊应急之经费，得由五院（主管）院长提经中央政治会议议决，先行动支，仍应补编概算，送主计处签注意见，送请中央政治会议汇案核定，编入预算。

第三章　地方预算

第八节　编审之程序及时期

第四十条　省市各机关编造各该机关次年度岁入岁出概算书（第一级概算）各缮具三份，限十一月三十日以前送达各该省财政厅或市财政局，如有一部分未能按期编送者，即由该省财政厅或市财政局代为编造。

第四十一条　各省财政厅或市财政局审核第一级概算，应分别加具审核意见，汇编各该省市岁入岁出概算案缮具二份，连同第一级概算书各一份，限一月十五日以前送达各该省市政府。

第四十二条　各省市政府依据全年行政计划及收支适合原则议定各该省市概算案，限一月三十一日以前发还财政厅或财政局。

岁出概算总额如超过岁入概算总额时，应由该省市政府议定补救办法，呈请中央核准。

第四十三条　各省财政厅或市财政局依据省市政府议定之全年行政计划及概算案，编成各该省市岁入岁出总概算书（即第二级概算），限二月十五日以前连同全年行政计划缮具五份，以一份送行政院，以一份送财政部，以三份连同第一级概算书各一份送国民政府主计处。

行政院接到各省市第二级概算书及行政计划后，应即召集各主管部会开审查会议，作成审查意见书，提经行政院会议通过，于三月十五日以前转送国民政府主计处。

第四十四条　国民政府主计处审议各省市岁入岁出概算书签注意见，限三月三十一日以前将总概算书二份连同行政院及主计处审查意见书各一份，呈由国民政府送达中央政治会议。

第四十五条　中央政治会议核定各该省市概算，于四月三十日以前将核定总概算书一份，连同议决案送由国民政府发交主计处。

第四十六条　国民政府主计处依据中央政治会议核定各该省市总概算书，编成各该省市总预算案，限五月十五日以前将总预算案连同中央政治会议议决案呈请国民政府交行政院提出立法院核议。

第四十七条　立法院于六月十五日以前将各该省市总预算书议决，呈请国民政府公布。

国民政府主计处应将前项公布之各该省市总预算汇编全国地方总预算书呈报国民政府。

第九节　预备费

第四十八条　各省市第二级岁出概算内，应酌设左列预备费。

第一预备费

第二预备费

前项第一预备费按照岁出概算总额百分之一至百分之二编列。

各省市总概算收支比较如有余额，列为第二预备费。

第四十九条　遇有意外事故或新增设施，预算内某科所列经费发生不足时，得由主管机关呈请各该省市政府核准动支第一预备费。

第五十条　遇有意外事故或新增设施第一预备费不敷应用

时，得由主管机关拟具计划及概算，呈请各该省市政府核准动支第二预备费。

第十节　预算之执行

第五十一条　岁入预算公布后，各级机关应负责执行，非有重大事故或特殊变迁，不得短少。

第五十二条　岁入预算公布后，各级征收机关应照法定税目、税率征收，非经法定程序核准修改，不得有所增减。

第五十三条　岁出预算公布后，各级机关应照案执行，核实支用，不得超越。

第五十四条　岁入预算公布后，如因特殊事故收入短少或加税募债等弥补办法未经实行时，由省市政府就原有收入范围议定缩减支出办法，以省市政府之命令行之，并呈报行政院转呈国民政府备案。

第五十五条　岁出预算公布后，如因特殊事故或政策之变更，经省市政府会议决议，得缩减某项之一部分或全部，并呈报行政院转呈国民政府备案。

第五十六条　预算公布后，因特殊事故致收入短少而支出不能缩减时，由省市政府拟具弥补方法，并附概算书送主计处签注意见，呈请国民政府转送中央政治会议核定施行。

第五十七条　岁出预算公布后，不得提出追加预算。但本于法令或契约所必不可免之经费遇有不足时，得提出追加预算，其办理程序依照第八节之规定。

第五十八条　岁出预算公布后，如因特殊应急之设施或处置不及办理追加预算时，以省市政府之命令，得为预算外之支出。

前项预算外之支出，仍应补编概算书，由省市政府送由主计处签注意见，呈请国民政府转送中央政治会议核定后，交行政院提出立法院追认之。

第五十九条　新旧机关或事业，其岁出预算在年度开始后核定者，均经核定之次月分起，照案执行之。

第十一节　预算未成立时之救济

第六十条　地方预算未成立时，得由各该省市政府参照最近年度预算及本年度财力，议定暂行救济办法，呈报行政院核转国民政府备案。

第四章　附　　则

第六十一条　本章程规定之概算、预算送达时期为达到各该机关之期限，其距离窎远或有特别情形者，应酌量提前办理或提前递送。

第六十二条　本章程内未经规定事项，得援照历次编制预算惯例办理。

第六十三条　本章程如与将来法令或事实有抵触时，应由国民政府主计处提请修订。

第六十四条　本章程自公布日施行。

〔国民政府财政部档案〕

13．财政部颁布财政收支系统法并附该法训令

（1935年8月28日）

财政部训令　参字第18215号

令秘书处

案奉行政院二十四年七月三十一日　第零四一一六号训令内开：案奉国民政府二十四年七月二十四日第五八七号训令内开：为令知事。查财政收支系统法，现经制定，明令公布，应即通行饬知，除分令外，合行抄发该法条文及附表，令仰知照，并转饬所属一体知照。此令。等因。奉此，除分行外，合行抄发财政收支系统法及附表，令仰知照并，转饬所属一体知照。此令。等因。奉此。除分行外，合行抄发财政收支系统法及附表，令仰知照。此令。

计抄发财政收支系统法及附表各一份

部长　孔祥熙

中华民国二十四年八月二十八日

财政收支系统法　二十四年七月二十四日公布

第一章　总　纲

第一条　中华民国各级政府财政收支之划分、配置、调剂及分类，依本法之规定。

第二条　各级政府财政收支分类，依附表一，附表二之所定。

第二章　税　课

第三条　左列各税为中央税。

一、关税。谓由海陆空进出国境之货物进口税、出口税及海港之船舶吨税等税。

二、货物出产税。谓盐税、矿产税及其他以法律规定之货物出产税。

三、货物出厂税。谓卷烟税、火柴税、水泥税、棉纱税、麦粉税及其他以法律规定之工厂制造品出厂税。

四、货物取缔税。谓烟税、酒税及其他以法律规定之无益物品，或奢侈物品，出产制造贩卖或消费之取缔税。

五、印花税。谓交易凭证、人事凭证、许可凭证等证明文件，依法贴用之印花税。

六、特种营业行为税。谓交易所证券及物品交易税，银行兑换券发行税及其他以法律规定之特种营业行为税。

七、特种营业收益税。谓交易所收益税、银行收益税及其他以法律规定之特种营业收益税。

第四条　所得税为中央税。但中央应以其纯所入按左列标准分给省、市、县。

一、省百分之十至百分之二十。

二、市、县百分之二十至百分之三十。

前项各款所定百分数，于非常预算得变更之。

第五条　遗产税为中央税。但中央应以其纯所入按左列标准分给省、市、县。

一、省百分之十五。

二、市、县百分之二十五。

省、市、县应以前项纯所入百分之四十充教育经费。

第一项各款所定百分数，于非常预算得变更之。

第六条　营业税为省税及直隶于行政院之市税，其纯所入总额，在省应以百分之三十归所属市县，在直隶于行政院市之应以百分之三十归中央。

第七条　土地税为市、县税，除中央因地政机关整理土地需用经费时得先于纯所入总额内提取百分之十外，在市、县以其余纯所入总额百分之十五至百分之四十五归省，在直隶于行政院之市，以百分之十五至百分之四十五归中央。

前项应归中央或省之土地税及中央提取之整理土地经费，其总额不得超过各该市，县土地税纯所入总额百分之五十。依土地法对于土地改良物征收之税，属于市、县。但县及属于省之市，应以其纯所入总额百分之十五至百分之三十归省。

第八条　左列各税为市、县税。

一、营业牌照税。谓戏馆、旅馆、酒馆、茶馆、饭馆、球房、屠宰户及其他应行取缔之营业之营业牌照税。

二、使用牌照税。谓舟车牌照税及其他因使用地方公有财产而征收之牌照税。

三、行为取缔税。谓筵席、电影、戏剧及其他应行取缔之行为按价加征之税。

第九条　凡中央税地方政府不得重征，并不得以任何名目征收附加捐费。

一切货物税均为中央税，地方政府不得征收，并不得阻止国内货物之自由流通。

第十条 各级政府均不得在货物通过地点征收任何税捐。但因改良水陆道路而对于通过舟车征收之使用费，不在此限。

第十一条 各种课税，依各单行税法之规定征收之。

第三章 独占及专卖

第十二条 各级政府经法律许可，均得经营独占公用事业。

地方政府所经营独占公用事业之供给，以该管区域为限。但经邻近地方政府之同意，得为扩充其供给区域之约定。

第十三条 中央政府为增加国库收入或统制生产消费，得依法律之规定专卖货物，并得制造之。

前项专卖为中央独有之权，地方政府不得为之。

第四章 特赋

第十四条 各级政府于该管区域内，对于因道路、堤防、沟渠或其他土地改良之水陆工程而直接享受利益之不动产，得征收特赋。

前项特赋之征收，不得超过各该工程直接与间接实际所费之数额。若其工程之经费出于借赊时，其特赋之征收，以借赊之资金及其利息之偿付清楚为限。

本条工程之举办与特赋之征收，均应经过预算程序，始得为之。

第五章 规 费

第十五条 司法机关、考试机关及各级政府之行政机关征收规费，应依法律之所定。未经法律规定者，非先经立法机关之议决，不得征收之。

第十六条 各级政府所属下列各种事业机关或组织，对于直接享受其利益者，得征收规费。但除法律另有规定外，应由该管最高级行政机关核定，并应经过预算程序，始得为之。

一、教育文化事业。

二、经济建设事业。

三、卫生治疗事业。

四、保育救济事业。

五、保安防灾事业。

六、保健娱乐事业。

小学教育传染病之预防，残废之赡给及水火灾患之救济，不得收费。

第六章　罚　款

第十七条　罚金或没收财物，非依法律，不得为之。

第十八条　各级政府依法律之规定，得制定关于罚锾之单行规程，各公务机关及公立事业机关，经各该主管最高行政长官之核准，亦得为之。

第十九条　罚金及没收财产之收入，应归入国库，罚锾之收入，应分别归入各级政府之公库。其定有奖赏金者，每次奖赏金至多不得逾所罚或所没收金额百分之三十。

第七章　售　价

第二十条　各级政府对于所有财产孳生之物品，公务机关及事业机关或组织对于出产物品，与其应用物品中之剩余或废弃物品，均得按时价售卖之。但应经各该级审计机关之同意，未设审计机关者，应经该管上级长官之核准。

第二十一条　公务机关得售卖其公开之印刷品，其售价应以成本为标准。但关于宣传性质或有益于公民知识者，得在成本以下。

为取缔人民行为之印纸，其售价得在成本以上。

教育文化机关、试验场所、监狱及其他保育救济之处所，其出品之售价，应以成本为准。但遇必要时，得在成本以下。

第二十二条　独占价格及专卖价格之规定，应经立法机关之议决。

前项以外之公有营业机关所供给之物品或劳务，其售价应参酌成本及市面通行之时价定之。

独占、专卖或其他公有营业机关售卖其剩余或废弃物品，准用第二十条之规定。

第二十三条　各级政府出售不动产或重要财产，除法律另有规定外，准用第二十条之规定。

第八章　租金使用费及特许费

第二十四条　各级政府对于其所有财产，得依法收取租金或使用费。

第二十五条　各级政府有权经营之独占公用事业，对于承揽经营者，得收特许费。

第九章　信托管理所入

第二十六条　各级政府依法为信托管理时，其管理费所入，应列入预算及决算。

第十章　利息利润盈余赠与或遗赠及其他合法之收入

第二十七条　各级政府所有金钱之利息，公务上或事业上获得之利润，公有营业之盈余，所受之赠与或遗赠及其他合法之收入，均各为其当然收入。

第十一章　政府间之征免

第二十八条　各级政府及其所属机关为办理公务及第十六条第一项各款事业所需要之机械、仪器及其他有永久性之设备物品，得免征关税，其免税范围，于关税法中定之。

第二十九条　各级政府及其所属机关自用之簿籍、凭证及所发之凭证，依印花税法之所定免税。

第三十条　各级政府设立之银行，均免征银行收益税，除中央银行外，其他政府设立之银行，经取得银行兑换券发行权者，均应征银行兑换券发行税。

第三十一条　各级政府及其所属公务机关、事业机关及营业机关之所得，其免税范围于所得税法中定之。但政府与人民合办之营业，不得免税。

第三十二条　各级政府及其所属机关之下列事业或营业，均免营业税。其所用土地及土地改良物，并免土地税。

一、交通及其他公用事业。

二、银行保险及其他金融事业。

三、林垦矿业及无竞争性之畜牧及制造业。

四、专为供应政府及所属机关之事业。

五、其他不以营利为目的之事业。

前项各款事业或营业，有兼营竞争性副业者，应按其兼营部分征营业税及土地税。

第三十三条　各级政府及其所属之公务机关，事业机关所用之土地及土地改良物，均免征土地税。

第三十四条　各级政府及其所属机关，除法律或契约另有规定外，对于货物专卖及独占公用事业，均应依其所定价格给付之。

第三十五条　各级政府或其所属机关，对于他级或同级政府，依第十四条所定征收之特赋，应按其因改良工程而享受之利益，比例缴纳。

第三十六条　各级政府或其所属机关，对于他级或同级政府或其所属机关征收之合法规费，应缴纳之。

第三十七条　各级政府或其所属机关，使用他级或同级政府或其所属机关之不动产、动产或其他特权时，除法律或契约另有规定外，应照缴租金、使用费或特许费。但下列之中央财产，经中央之许可，省、市或县得使用之，或享有其收益，而免缴租金或使用费。

一、归公之不动产。

二、荒地。

第三十八条　各级政府为他级政府或同级政府代办事项时，其受益政府应负担相当之费用。但法律明定有办理之义务者，不在此限。

第三十九条　各级政府左列各款收入，应免一切征课。

一、公有事业之收入与公有营业之收入及盈余。但政府与人民合办者不在此限。

二、公有权利或财物之售价，或公有金钱之孳息。

三、所受之赠与或遗赠。

四、公债收入。

五、其他直接专属于政府之收入。

第四十条　区、乡、镇之各类收入，应依类分别列入各该市、县之岁入预算，并免一切征课。

第十二章　补助及协助

第四十一条　各上级政府为求所管辖各区域间教育、文化、经济、建设、卫生、治疗、保育、救济等事业之平均发展，得对下级政府给与补助金，并得由其他下级政府取得协助金。

补助金、协助金之用途，除法律另有规定外，以前项之事业为限。

第十三章　借　赊

第四十二条　各级政府非依法律之规定，并经其立法机关之议决，不得发行公债或为一年以上之长期赊欠。

省、市、县政府对于外资之借赊，应先经中央政府之许可。

省、市、县之立法机关，得制定单行规则，限制其行政机关之借债及赊欠。

第十四章　支　出

第四十三条　各级政府之一切支出，非经预算程序，不得为之。

第四十四条 各级政府区域内人民行使政权之费用，由各该级政府负担之。

第四十五条 中央政府在地方行使司法权、考试权及监察权所需之费用，由中央政府负担之。

第四十六条 国防费用及外交费用，由中央政府负担之。

第四十七条 人民之移殖及侨务费用，由中央政府负担之。但与移殖或侨务有特殊关系之省、市，亦得自定经费。

第四十八条 区、乡、镇之各类费用，应依类分别列入各该市、县之经费预算。

第四十九条 教育、文化、经济、建设、卫生、治疗、保育、救济经费之总额，其最低限度，在中央，不得少于其总预算总额百分之三十，在省区或市、县，不得少于其总预算总额百分之六十。

第十五章 附 则

第五十条 本法施行条例另定之。

第五十一条 本法施行日期，以命令定之。

附表一：收入分类表

甲、中央收入

一、税课收入，见附表三之甲。

二、专卖收入。中央为增加国库收入或统制生产消费而经营之专卖收入均属之。

三、特赋收入。中央为经办水利道路及其他土地改良工程而征收之特赋，均属之，

四、惩罚及赔偿收入。中央公务机关因执行惩罚而收入之罚金罚锾没收金及没收物之变价因损害而要求之赔偿金均属之。

五、归公绝产收入。国库所受归公绝产及其变价均属之。

六、规费收入。中央公务机关为司法考试及执行各项行政事

务依法征收之规费及中央所属之事业机关或组织合法之收费均属之。

七、代管项下收入。中央为公务人员私人或机关团体代管事项受益者，对于中央负担之费用均属之。

八、代办项下收入。中央为省、市、县或机关团体代办事项受益者对于中央所负担之费用均属之。

九、物品售价收入。国有财产所孳生之物品中央公务机关及事业机关或组织所出产之物品与其应用物品中剩余或废弃之物品其售价均属之。

十、租金使用费及特许费之收入。国有土地、国有森林、国有水陆空交通之道路，及设备，国有建筑物及其他土地改良物，国有有形及无形财产之租金或使用费及国营矿业权与其他国营事业权，对于承揽经营者所取之特许费均属之。

十一、利息及利润收入。中央所有现金票据证券所获之利息折扣申益兑换盈余红利及其他利润之收入均属之。

十二、公有营业及事业之盈余收入。

造币、中央银行及其他国营金融事业邮政电信及其他国营交通事业国营电气及其他公用事业，国营制造业、林垦业、畜牧业、矿业等所获之盈余均属之。

十三、协助收入。

中央所受省、市及其他地方政府协助之收入均属之。

十四、赠与及遗赠收入。

中央所受人民赠与遗赠地方政府赠与及其他赠与遗赠均属之。

十五、财产及权利售价收入

国有不动产或本表甲第九类以外之动产及其国有权利之售价均属之。

十六、收回资本收入

中央收回其营业或非营业循环基金全部或一部分之资本均属之。

十七、公债收入。

中央发行公债库券及其他负债证券之收入均属之。

十八、长期赊借收入

中央不以证券借入之金钱及长期赊入货物之价格均属之。

十九、其他收入

中央依法应有之其他收入均属之。

乙、省收入

一、税课收入。见附表三之乙。

二、特赋收入

省为经办水利道路及其他土地改良工程而征收之特赋均属之。

三、惩罚及赔偿收入

省公务机关因执行惩罚而收入罚锾及因损害而要求之赔偿金均属之。

四、规费收入

省公务机关为执行各项行政事务依法征收之规费及省所属之事业机关或组织合法之收费均属之。

五、代管项下收入

省为公务人员私人或机关团体代管事项受益者，对于所负担之费用均属之。

六、代办项下收入

省为中央市、县或机关团体代办事项受益者，对于省所负担之费用均属之。

七、物品售价收入

省有财产所孳生之物品，省公务机关及事业机关或组织所出产之物品与其应用物品中剩余或废弃之物品其售价均属之。

八、租金使用费及特许费之收入

省有土地、省有森林、省有水陆交通之道路及设备，省有建筑物及其他土地改良物，省有有形及无形财产之租金或使用费及省营矿业权与其他省营事业权，对于承揽经营者所取得之特许费均属之。

九、利息及利润收入

省所有现金票据证券所获之利息折扣申溢兑换盈余红利及其他利润之收入均属之。

十、公有营业及事业之盈余收入

省营银行及其他金融事业，省营运输及其他交通事业，省营电气及其他公用事业，省营制造业、林垦业、畜牧业、矿业等所获之盈余均属之。

十一、补助及协助收入

省所受中央补助及市、县政府协助之收入均属之。

十二、赠与及遗赠收入

省所受人民赠与遗赠同级或他级政府赠与及其他赠与遗赠均属之。

十三、财产及权利售价收入

省有不动产或本表乙第七类以外之动产及其他省有权利之售价均属之。

十四、收回资本收入

省收回其营业或营业循环基金全部或一部分之资本均属之。

十五、公债收入

省发行公债库券及其他负债证券之收入均属之。

十六、长期赊借收入

省不以证券借入之金钱及长期赊入货物之价格均属之。

十七、其他收入

省依法应有之其他收入均属之。

丙、市收入

一、税课收入。见附表三之丙丁。

二、特赋收入

市为经办道路、堤防、沟渠及其他土地改良工程而征收之特赋均属之。

三、惩罚及赔偿收入

市公务机关因执行惩罚而收入之罚锾及因损害而要求之赔偿金均属之。

四、规费收入

市公务机关为执行各项行政事务依法征收之规费及市所属之事业机关或组织合法之收费均属之。

五、代管项下收入

市为公务人员私人或机关团体代管事项受益者，对于市所负担之费用均属之。

六、代办项下收入

市为中央或省或机关团体代办事项受益者，对于市所负担之费用均属之。

七、物品售价收入

市有财产所孳生之物品，市公务机关及事业机关或组织所出产之物品，与其应用品中剩余或废弃之物品，其售价均属之。

八、租金使用费及特许费之收入

市有土地、市有森林、市有水陆交通之道路及设备，市有建筑物及其他土地改良物，市有有形及无形财产之租金或使用费，与市营事业权对于承揽经营者所取之特许费均属之。

九、利息及利润收入

市所有现金票据证券所获之利息、折扣、申溢、兑换、盈余、红利及其他利润之收入均属之。

十、公有营业及事业之盈余收入

市营银行及其他金融事业、市营运输及其他交通事业、市营电气及其他公用事业等所获之盈余均属之。

十一、补助收入

市所受中央或省政府补助之收入均属之。

十二、赠与及遗赠收入

市所受人民或其他赠与遗赠均属之。

十三、财产及权利售价收入

市有不动产或本表丙第七类以外之动产及其他市有权利之售价均属之。

十四、收回资本收入

市收回其营业或非营业循环基金全部或一部分之资本均属之。

十五、公债收入

市发行公债及其他负债证券之收入均属之。

十六、长期赊借收入

市不以证券借入之金钱及长期赊入货物之价格均属之。

十七、其他收入

市依法应有之其他收入均属之。

丁、县收入

一、税课收入。见附表三之丁。

二、特赋收入

县为经办道路、堤防、沟渠及其他土地改良工程而征收之特赋均属之。

三、惩罚及赔偿收入

县公务机关因执行惩罚而收入之罚锾及因损害而要求之赔偿金均属之。

四、规费收入

县公务机关为执行各项行政事务，依法征收规费及县所属之

事业机关或组织合法之收费均属之，

五、代管项下收入

县为公务人员私人或机关团体代管事项受益者对于县所负担之费用均属之。

六、代办项下收入

县为中央或省或机关团体代办事项受益者对于县所负担之费用均属之。

七、物品售价收入

县有财产所孳生之物品，县公务机关及事业机关或组织所出产之物品，与其应用物品中剩余或废弃之物品其售价均属之。

八、租金使用费及特许费之收入

县有土地、县有森林、县有水陆交通之道路及设备，县有建筑物及其他土地改良物，县有有形及无形财产之租金或使用费及县营矿业权与其他县营事业权对于承揽经营者所取之特许费均属之。

九、利息及利润收入

县所有现金票据证券所获之利息折扣申溢兑换盈余红利及其他利润之收入均属之。

十、公有营业及事业之盈余收入

县营银行及其他金融事业，县营运输及其他交通事业，县营电气及其他公用事业，县营林垦事业等所获之盈余均属之。

十一、补助收入

县所受省或中央补助之收入均属之。

十二、赠与及遗赠收入

县所受人民及其他赠与遗赠均属之。

十三、财产及权利售价收入

县有不动产或本表丁第七类以外之动产及其他县有权利之售价均属之。

十四、收回资本收入

县收回其营业或非营业循环基金全部或一部分之资本均属之。

十五、公债收入

县发行公债及其他负债证券之收入均属之。

十六、长期赊借收入

县不以证券借入之金钱及长期赊入货物之价格均属之。

十七、其他收入

县依法应有之其他收入均属之。

附表二：支出分类表

甲、中央支出

一、政权行使支出

国民或国民代表，对于中央行使政权由国库之支出均属之。

在训政时期中国国民党行使政权，由国库之支出亦属之。

二、国务支出

国民政府之各项支出除所属机关另有科目列举者外均属之。

三、行政支出

行政院及所属各机关之各项支出除另有科目列举者外均属之。

四、立法支出

立法院之各项支出均属之。

五、司法支出

司法院及所属各机关之各项支出均属之。

六、考试支出

考试院及所属机关与其在中央或地方行使考试铨叙权之支出均属之。

七、监察支出

监察院及所属机关与其在中央或地方行使监察审计权之支出均属之。

八、教育及文化支出

关于教育、学术、文化等之中央事业及补助之支出均属之。

九、经济及建设支出

关于经济、交通、实业、劳工、建设等中央事业及补助之支出均属之。

十、卫生及治疗支出

关于卫生、防疫、医药等之中央事业及补助之支出均属之。

十一、保育及救济支出

关于育幼、养老、救灾、恤贫、赡给残废等之中央事业及补助之支出均属之。

十二、营业投资及维持之支出

中央政府自办或合办之营业投资及亏空填补之支出均属之。

十三、国防支出

关于陆、海、空军之支出及国防特别经费均属之。

十四、外交支出

关于使领馆等经费、外交特别经费及关系外交之事业及补助之支出均属之。

十五、侨务支出

关于侨务之事业及补助之支出均属之。

十六、移殖支出

关于屯垦、移民之中央事业及补助之支出均属之。

十七、财务支出

财政部所属办理国币收支管理及国债募集偿还等特种公务机关之支出均属之。

十八、债务支出

中央内外长短期债券及赊借等债务之还本付息及其折扣申溢

之支出均属之。

十九、公务人员退休及抚恤支出

中央公务机关及事业机关或组织人员之退休金及抚恤金支出均属之。

二十、损失支出

中央各机关关于货币票据证券之兑换买卖损失及其他损失支出均属之。

二十一、信托管理支出

中央代管及代办事项之支出均属之。

二十二、普通补助支出

中央补助各级地方政府未经明定其用途之支出均属之。

二十三、其他支出

中央依法应为之其他支出均属之。

乙、省支出

一、政权行使支出

省公民或其代表对于省行使政权由省库之支出均属之。在训政时期中国国民党行使政权由省库之支出亦属之。

二、行政支出

省政府及所属各机关之各项支出，除另有科目列举者外，均属之。

三、立法支出

省参议会之各项支出均属之。

四、教育及文化支出

关于教育、学术、文化等之省事业及补助之支出均属之。

五、经济及建设支出

关于经济、交通、实业、劳工、建设等省事业及补助之支出均属之。

六、卫生及治疗支出

关于卫生、保健、防疫、医药等之省事业及补助之支出均属之。

七、保育及救济支出

关于育幼、养老、救灾、恤贫、赡给残废及其他救济事业之省事业及补助之支出均属之。

八、营业投资及维持之支出

省政府自办或合办之营业投资及亏空填补之支出均属之。

九、保安支出

关于省保安水陆警察消防等组织及其设备供给补助之支出均属之。

十、移殖支出

关于开垦移殖之省事业及补助之支出均属之。

十一、财务支出

省所属办理公帑收支管理及省公债募集偿还等特种公务机关之支出均属之。

十二、债务支出

省债券及赊借等债务之还本付息及其折扣申溢之支出均属之。

十三、公务人员退休及抚恤支出

省公务机关及事业机关或组织人员之退休金及抚恤金支出均属之。

十四、损失支出

省各机关关于货币票据证券之兑换买卖损失及其他损失之支出均属之。

十五、信托管理支出

省代管及代办事项之支出均属之。

十六、普通协助及补助支出

省协助中央及补助下级地方未经明定其用途之支出均属之。

十七、其他支出

省依法应为之其他支出均属之。

丙、市支出

一、政权行使支出

市公民或其代表对于市行使政权由市库之支出均属之。在训政时期中国国民党行使政权由市库之支出亦属之。

二、行政支出

市政府及所属各机关之各项支出，除另有科目列举者外均属之。

三、立法支出

市立法机关之各项支出均属之。

四、教育及文化支出

教育、学术、文化、娱乐等之市事业及补助之支出均属之。

五、经济及建设支出

关于经济、交通、实业、劳工、建设等市事业及补助之支出均属之。

六、卫生及治疗支出

关于卫生、保健、防疫、医药等之市事业及补助之支出均属之。

七、保育及救济支出

关于育幼、养老、救灾、恤贫、赡给残废及其他救济事业之市事业及补助之支出均属之。

八、营业投资及维持之支出

市政府自办或合办之营业投资及亏空填补之支出均属之。

九、保安支出

市警察、保卫、消防等组织及其设备供给由市库之支出均属之。

十、财务支出

市办理公帑收支管理及市公债募集偿还等特种公务机关之支

出均属之。

十一、债务支出

市债券及赊借等债务之还本付息及折扣申溢之支出均属之。

十二、公务人员退休及抚恤支出

市公务机关及事业机关或组织人员之退休金及抚恤金支出均属之。

十三、损失支出

市各机关关于货币票据证券之兑换买卖损失及其他损失之支出均属之。

十四、信托管理支出

市代管及代办事项之支出均属之。

十五、普通协助及补助支出

市协助中央或省及补助区未经明定其用途之支出均属之。

十六、其他支出

市依法应为之其他支出均属之.

丁、县支出

一、政权行使支出

县公民及其代表对于县行使政权由县库之支出均属之。在训政时期中国国民党行使政权由县库之支出亦属之,

二、行政支出

县政府及所属各机关之各项支出除另有科目列举者外，均属之。

三、立法支出

县立法机关之各项支出均属之。

四、教育及文化支出

教育、学术、文化、娱乐等之县事业及补助之支出均属之。

五、经济及建设支出

关于经济、交通、实业、劳工、建设等县事业及补助之支出均属之。

六、卫生及治疗支出

关于卫生、保健、防疫、医药等之县事业及补助之支出均属之。

七、保育及救济支出

关于育幼、养老、救灾．恤贫赡给残废及其他救济事业之县事业及补助之费用均属之。

八、营业投资及维持之支出

县政府自办或合办之营利事业投资及亏空填补之支出均属之。

九、保安支出

县警察、保卫、消防等组织及其设备供给补助等由县库之支出均属之。

十、财务支出

县办理公帑收支、管理及县公债募集、偿还等特种公务机关之支出均属之。

十一、债务支出

县债券及赊借等债务之还本付息及其折扣申溢之支出均属之。

十二、公务人员退休及抚恤支出

县公务机关及事业机关或组织人员之退休金及抚恤金支出均属之。

十三、损失支出

县各机关关于货币票据证券之兑换买卖损失及其他损失之支出均属之。

十四、信托管理支出

县管及代办事项之支出均属之。

十五、普通协助及补助支出

县协助省或其他政府及补助区镇乡公所未经明定其用途之支出均属之。

十六、其他支出

县依法应为之其他支出均属之。

附表三：税课分类表

甲、中央税

一、关税

1. 货物进口税

2. 货物出口税

3. 船舶吨税

二、货物出产税

1. 盐税

2. 矿产税

3. 其他以法律规定之出产税

三、货物出厂税

1. 卷烟税

2. 火柴税

3. 水泥税

4. 棉纱税

5. 麦粉税

6. 其他以法律规定之出厂税

四、货物取缔税

1. 烟税

2. 酒税

3. 其他以法律规定之无益物品或奢侈物品取缔税

五、印花税

六、特种营业行为税
1. 交易所证券及物品交易税
2. 银行兑换券发行税
3. 其他以法律规定之特种营业行为税
七、特种营业收益税
1. 交易所税
2. 银行收益税
3. 其他以法律规定之特种营业收益税
八、所得税
九、遗产税
十、由直隶于行政院之市分得之营业税
十一、由市县分得土地税
乙、省税
一、营业税
二、由县市分得之土地税
三、由县市分得之房产税，土地法施行后并入土地改良物税
四、由中央分给之所得税
五、由中央分给之遗产税
丙、直隶于行政院之市税
一、土地税
二、房产税，土地法施行后并入土地改良物税
三、营业税
四、营业牌照税
五、使用牌照税
六、行为取缔税
七、由中央分给之所得税
八、由中央分给之遗产税
丁、县税或隶属于省之市税

一、土地税

二、房产税，土地法施行后并入土地改良物税

三、营业牌照税

四、使用牌照税

五、行为取缔税

六、由中央分给之所得税

七、由中央分给之遗产税

八、由省分给之营业税

财政收支系统法施行条例草案

第一条　本条例依据财政收支系统法第五十条之规定制定之。

第二条　所得税由中央依照财政收支系统法第四条所定标准先行确定分给省、市、县之百分数。

所得税、遗产税分给省、市、县之部分，由中央依财政收支系统法第四条、第五条及前项之规定，统筹分配之。

前项分配各省所属县、市之部分，由各该省政府拟定分配数额，呈经行政院核准行之。

第三条　营业税分配给县、市之部分，由各该省政府拟定分配数额，呈经行政院核准行之。

第四条　各地方原有之牙税、当税、屠宰税等应改征营业税，其牙帖税、当帖税、屠宰户执照税等改办营业牌照税。

第五条　凡中央征收各种货物税之物品或其原料与半制成品，其生产制造或贩卖者，除法律另有规定外，应先经中央之许可始得请领营业牌照，但仅征关税之货物不在此限。

前项已领营业牌照，而未经中央许可者，应于财政收支系统法施行后六个月内为许可之声请，不为声请或声请后不许可者，应限期勒令登记至货物售完为止。

第六条　各省、市、县田赋之分配，在未依土地法举办土地税区域，准用财政收支系统法第七条之规定。

前项分配数额，由各省政府拟定，呈经行政院核准行之。

第七条　各省、市、县现行契税，在未依土地法举办土地税区域，得照旧征收分配。

第八条　各省、市、县原有之船捐及车捐，应改征舟车牌照税，因水陆道路之改良及设备，对于通过之舟车，得征收使用费。

前两项税费之征收另以条例定之。

第九条　各省、市、县对于中央现行各税重征或征收附加税捐者，应即废止。

第十条　各省、市、县已设之专卖事业，应依财政收支系统法第十三条之规定，由中央接办其原有专卖所入在未筹得抵补前，由中央补助之，但以一年为限。

第十一条　各省、市、县依财政收支系统法第二十二条所定为独占价格之规定时，其立法机关尚未成立者，应呈经该管上级机关核准。

第十二条　各省、市、县依财政收支系统法第二十六条所定为信托管理时，应以不抵触中央信托机关之职权为限。

第十三条　财政收支系统法第二十八条所定免征关税事项，在关税法未颁布以前，暂依现行免征关税成例办理。

第十四条　财政收支系统法第三十条所定免征银行收益税之银行以完全官股者为限。

第十五条　财政收支系统法第四十一条之补助协助，应由上级政府于编造预算前，通知各该下级政府。但省政府于所属县、市之补助协助应先拟定数额，呈经行政院核准行之。

第十六条　各省、市、县依财政收支系统法第四十二条所定为借赊时，其立法机关尚未成立者，应先经上级政府之核准。

第十七条　中央政府担负在地方行使司法权所需之费用时，

各该地方之司法收入均归中央。

第十八条　各级政府对于财政收支系统法第四十九条所定之教育、文化、经济、建设、卫生、治疗、保育、救济等经费，应于五年内逐渐增至该条所定之标准数额。

第十九条　财政收支系统法及本条例同于民国二十五年七月一日施行。

民国二十五年度之预算及其执行仍依向例办理。

〔国民政府财政部档案〕

（二）整理与统一全国财政

一、财政的整理与统一

1. 财政部财政整理会章程

（1927年8月19日）

第一条　本会职务以前财政整理会所掌各事宜为范围（财政整理会原章程第一条及六、七、八各条均可参照），以符继续办理之旨。

第二条　本会设会长、副会长各一人，由财政总、次长兼任。

第三条　本会设会员三十人，除以财政部总务厅长、参事、司长、处长、秘书二人兼充外，由财政总长遴选具有财政学识经验者充之。

第四条　本会设秘书长一人，坐办一人，承会长、副会长之命，处理会内一切事宜。

第五条　本会关于职务之执行，设第一、第二、第三股；事务之处理，设文书、庶务二股，每股设主任、副主任各一人，股员若干人。此外酌设秘书、译员、事务员、核算员、打字生、录事各若干人。

第六条　本会职务上应办各事宜，先由该三股查案具稿，由秘书长、坐办核呈会长、副会长裁定施行。如会长、副会长认为须开会议决者，即定期召集会员行之。

第七条　本会为咨询起见，得延聘中外必要人员为顾问或名誉会员。

第八条　本会各项人员凡有差缺者，均不支薪，酌送夫马费顾问为名誉职。

第九条　本会议事及办事细则另定之。

第十条　本章程以后如有应行修正之处，由财政部随时改订。

第十一条　本章程由财政部以部令公布施行。

中华民国十六年八月十九日

〔国民政府财政部档案〕

2．中央联席会议报告讨论军委会所提关于财务各案函

（1927年8月22日）

径密启者：八月二十二日第二次中央联席会议讨论军事委员会所提关于财政方面各案：（一）于一个月内，由浙江省政府负责筹款二百万元，由财政部负责在上海方面筹款八百万元。（二）由江苏财政厅举办，向各县殷富借款，以各县丁粮杂税作抵，由军事委员会经理处派员，会同江苏财政厅所派人员，分赴各县守催，解经理处支拨，其各县借款数目，由财政厅定之。（三）由安徽财政厅举办各县借款，亦由军事委员会经理处派员，会同安徽财政厅所派人员守催，解处支拨，其各县借款数目，由安徽财政厅定之。（四）各军政机关、各部队、各党部暂时仅发火食公费，薪饷容后补发。经决议，送交国民政府研究，等语。相应录案，函请政府查核办理。此致

国民政府

中央联席会议临时主席　李烈钧

中华民国十六年八月二十二日

〔国民政府档案〕

3．财政部请令中央各部收入悉归部支配呈暨国民政府令

（1927年10月）

（1）财政部呈（10月15日）

呈。为呈请事。窃维整理财政，自以统一收支为先。惟历查各机关收支款项有未经向职部商洽径行划拨者，或有事后方行咨达职部以致无案可稽者，实于财政统系诸多紊乱。兹为力求整理划一起见，拟请钧府令行各部及中央直辖各机关，嗣后凡有一切收入款项，应悉数尽先解交职部分别支配，并按月列表报告，以凭查核。其一切开支实数，亦应先行呈明钧府核准，令行照拨，以免漫无稽考。是否有当，伏候察核示遵。谨呈

中华民国国民政府

国民政府财政部长

中华民国十六年十月十五日

（2）国民政府指令稿（10月22日）

国民政府指令　第一五一号

令财政部部长孙科

呈一件：为力求财政划一起见，拟请令行各部及中央直辖各机关，嗣后一切收入款项应悉数尽先解部分别支配，并按月列表报告，其一切开支实数亦应先行呈府核准，令行照拨，免致漫无稽考由。呈悉。该部长为力求财政统一起见，所陈各节，洞中肯綮，仰候通令各机关切实遵照办理可也。此令。

（3）国民政府训令稿（10月22日）

国民政府训令　令第二九号

令各部
直辖各机关

为令遵事：案据财政部部长孙科呈称：呈为……伏候察核示遵。等情。前来。查各机关财政若不厘定办法，必致漫无准绳，何资整理，而策久远。该部长所陈各节，扼要可行，自应照准。除分令一体切实遵照办理外，合行令仰遵照。嗣后一切收入款项

应悉数尽先解部，分别支配，并按月列表报告，其一切开支实数亦应先行呈府核准，令行照拨，以昭划一。切切。此令。

〔国民政府档案〕

4．财政监理委员会请令饬各军禁止任意截款呈

（1927年12月17日）

呈。为呈请事。窃职会前据财政部国库司造送十月份国库收付报告表，其中各军截款计三十余万元。经于十一月三日开第三次会议，议决，所有各军以后不得直接向财政机关提款，业经函请军事委员会转行在案。兹复据财政部国库司造送十一月份国库收付报告表，各军截款竟达壹百伍拾余万元之多，即十二月结至十三日止，仍截留肆万余元。似此任意截款，实属有碍政府统一财政计划。职会于十二月十五日开第五次会议，议决：应呈钧府令饬军事委员会转行各军仍遵前令禁止，以符原案。理合备文呈请鉴核施行。谨呈

国民政府

国民政府财政监理委员会谨呈

中华民国十六年十二月十七日

〔国民政府档案〕

5．财政部请申令各省尊重中央统一财政主旨以维国课呈①

（1927年12月20日）

呈。为呈请申令划清国省权限以全威信事。窃维庶政，欲谋实施，事权先贵统一，现值军务方殷，筹济后方给养，职责所在，

① 国民政府于12月24日申令浙江、安徽省政府遵照办理。

尤关重要，若权限淆混，政令纷歧，则威信先自不行，成效殊难逆睹。查现在隶属中央各行省，近如浙、皖等，尚不能遵重法令一致奉行，他更何论。例如职部前颁各省验契办法，原为整理土地之张本，案经钧府议决施行，乃浙省囿于地方之见，始由省厅拟具补充办法，继谓与成案抵触，以致窒碍丛生，无从着手。关于禁烟一项，职部实鉴于历来军阀之包揽营运，流毒伊于胡底，不得已实行寓禁于征，经古前部长规定，按年递减，三年禁绝之办法，呈奉核准通行有案。甫经派员筹办专卖，浙省顿生反响。昨据禁烟处长梅光培由沪电称，据浙省药品专卖局长王鲲徙面称，赴浙拟具办法，商蒙省政府交付审查，令再详拟，正拟办间，省政府已另委局长，若不彻查解决，恐难继续进行等情。是此案始而藉词中梗，继由省派员自办，尤觉矛盾显然。关于沙田官荒正派员积极整顿，浙省政府又来电谓，事属财厅范围，且收入甚微，无设专局之必要。关于卷烟特税一项，前据浙省政府函称，曾与前次长钱永铭面订，以税收十成之四解中央，十成之六拨充本省建设经费，职部反复筹思，仅据片面之商洽，遽予照办，诚恐牵动预算，若各省纷纷效尤，影响尤大，然关系该省建设需要，亦不能不略予通融，是职部对于省方无不兼筹并顾，而浙省对于部令一若貌合神离。尤其甚者，本年六月间职部召集财政会议，各省分筹协济中央，浙省认定每月五十万元。最近该省政府来电谓，本年筹垫军政各费不遗余力，不特财厅认解之五十万，事实上断难办到，前此所垫各费七百余万，尚请准在浙境内各直接税收项下陆续扣还，语气之间，尤失内外相维之意。连岁军兴，而后财力支绌，岂惟浙省一隅，全赖各勉其难，协谋救济，先有统一办法而后整理可期，如果异议纷持，省自为政，等中央如虚设，视政府如赘瘤，国家前途之危险，孰有甚于此者。以上感于浙省之困难情形也。他如皖省财政紊乱，已非一日，举凡属于中央征收机关，如卷烟、禁烟等局，皆国税收入大宗，部派各员迄久未能接事。最近，煤油税局接办筹划，甫有端绪，省政府又另委人设办公处，节经函电驰商，尚无效果，此感于皖省之困难情形也。似此种种情况，皆为万不可掩之事实，如果长此纷淆莫循轨范，较诸军阀之恃强占据，紊乱财衡，曾何少异，徬皇仰屋，空切殷忧，惟有将经过详情沥陈鉴察，应请分别严切申令各该省政府，须分清国省权限。关于用人行政须尊重中央统一主旨，一致奉行，毋得藉词牵掣，以维国课而重威信，职部幸甚，党国幸甚。谨呈
中华民国国民政府

国民政府财政部长　孙科

中华民国十六年十二月二日

〔国民政府档案〕

6．财政部关于请将各项国税一律收归部办的提案

(1928年2月4日)①

谨查我国民政府自珠江流域进展至长江、黄河流域，对于军事、外交、财政、交通，首在维持统一。而财政为国家之命脉，尤贵彻底统一，方能顺利进行。近时关于本部税收方面，常有他项机关代为主管支配。政出多门，遂生杆〔扞〕格，预决算亦因之破坏，于财政前途影响匪细。查各机关对于财务行政，在理不应横加干涉，且按照欧西各国经济原则，亦从无以某项税收指充某项用途之规定。今之反对外国债主把持海关、盐税，藉口保持偿还基金，亦即据此理由，兹为整齐划一起见，拟请将各项国税范围，无论直接间接，凡现为他项机关所暂辖者，一律收归本部办理，庶政令不致分歧，整理易于着手，由此方能实现统一，收入支出庶可通盘筹划，而各机关经费亦得公平之支配。如荷公决施行，并乞通电令行各军政机关一体遵照，实为公便。

---

① 此件为抄印件，时间为财政部转发国民政府通令日期。

财政部长宋子文谨提

〔国民政府财政部档案〕

7．宋子文关于整理部务经过情形呈暨报告书

（1928年5月29日

呈。为整理部务经过情形，分款列陈，仰祈鉴核事。窃〇〇谬承宠命，重掌度支，任重材轻，虑无报称。顾念钧府垂眷之切，更怀以身许国之私，纵处艰危，敢存趋避，毅然就任，劳怨奚辞。第当此司农仰屋之时，实有巧妇难炊之势，况值大军北伐，饷需紧要，难缓须臾，职责所关，更无旁贷。〇〇受职之始，即经统筹全局，默察今情，整理扩充，兼营并进，或就原有职务加以改良，或从旧有税收收归整顿，凡此诸端之规划，差幸成效之可期，其间最感困难者，即各处税务机关，间为军队越权委办，甚将征存税款任意截提，不惟阻碍事权，抑且有妨统一。迭经咨准军事委员会严行制止，虽未悉就范围，可期渐趋正轨。溯自任事以来，瞬经三月，仰承钧谟，幸免愆尤，谨将办理经过情形，分款列叙缕陈鉴核。现在大军北征节节胜利，扫穴犁庭，计日可待。惟是戡定之后，善后诸事，非财莫办，宜为未雨之绸缪，庶免临时之竭蹶，职部正在通盘筹划，一俟拟定方针，另行呈请训示施行。所有〇〇抵任后，整理部务暨经过情形，理合具文呈报。谨呈
国民政府

附报告书一册

财政部长　宋〇〇（印）

中华民国十七年五月二十九日

国民政府财政部最近三个月报告书

第一章

绪　　言

本年一月，子〇奉命重掌度支，受事之初，即值大军北伐，饷需万急之即，责任之重，事势之难，倍于曩昔。当经统筹全局，体察现状，整理扩充，兼营并进，或就原有职务加以改良，或将旧有税收收回整顿。其间最感困难者，厥为各处税收机关，半由军队权宜委办，其次则省自为谋，以致中央解款毫无着落，不徒司农仰屋，实等无米为炊。迭由子〇咨请军事委员会严行制止，虽尚未能悉就范围，要可渐趋正轨，惟是军需浩繁，财源匮乏，必须就固有之收入，确定数目，方能将无着之支出，预计补苴。爰于上月召集苏浙皖各省部辖征收机关会议，认定月解数目，并严订规约，切实遵守。计全月确有把握之解款，共为七百六十余万元，距实支一千六百万元之数，悬差至巨，有待另筹，然从此有籍可稽，酌盈剂需，较有标准。子文任事以来，已逾三月，簿书常事，差能不逾恒轨，整理方法，亦幸渐有端倪，缅维理财之程序，固宜随事公开，爰将工作之情形，撮要汇报。

第二章

关　　税

关税向为收入大宗，而担保内外债款，关系国信尤巨。自我军收复长江，定都南京后，全国关税已有三分之二归我管辖，整理自不容缓。兹将三个月来办理重要之事列左。

一、撤换芜湖关税务司贾士。海关行政向为税务司把持，查有芜湖关税务司贾士，逾越职权，即予撤换。遴委西班牙国人马悌继任，以重主权。

二、划一各关局组织，并严定经费数目。各关局组织多不一致，而月支经费，亦多浮滥。迭经审核厘定各关局组织章程，并分等经费表，通令实行，切实撙节。

三、收回各军派员经征之分关局。凤阳关所属之正阳、临淮、盱眙等分关，淮安关所属之徐州分关，经各军派员经征，迭咨军事委员会，并直接电致各军长官，请其移交关监督接办。现已陆续收回，正在督饬整理。

四、令饬税司呈报理船厅经办工程事项，并准许华人参加引水公会。船舰领港等事务，向由海关附设之理船厅办理，已饬将经办工程及航政上一切设施，切实报告，并令税司转饬上海引水公会，准许华人一律参加，遇有缺出，先尽华人补充，均系为将来收回海政之准备。

五、修正罚款章程严防偷漏。各常关及内地税局旧有罚款章程，立法或欠周详，迭经审议修改，订立漏报、偷越及私带禁品罚款专章，业经公布施行。

六、调查各关局税章则例及税收经济状况汇编统计，由部印制表式，分发各关局，将历年税收状况、沿革情形，详细填报。现将陆续送到各册，分别审查，汇编统计，为通盘整理之张本。

七、通令各海关税务司造报支出表，按期呈送稽核。各海关税务司支用经费，尚未造送表册，呈请稽核。为慎重关款及收回海关之预备起见，严令各海关税务司，分别款目，按期造送表册，以凭审查而资考核。

八、按照考成条例，厘定各关局比额。各关局税收数目，应按比额考核。迭令各关局将近年实征实解各数，查明具报。经已分别厘定，以凭按照条例，实行考核。

九、严核内地税收数表册，并随时对照比较。附税收数，以正税为定衡，因令各内地税局，按期造报收数表册，认真审核，并令各海关监督转知税务司，将海关税收数按期填报。俾与附税收入数目，切实对照比较，期绝侵蚀之弊。

十、各内地税局应用税单，一律由关务署印制，请领备用。从前内地税局所用税单，向由各局自制，格式既不一致，尤易发生弊乱。自经规定由关务署预制发填用后，各内地税局所有附税联单，除远省外，现已概由关务署颁发。

十一、通令各关局按期缴验副单。从前关局用过税单，多不将应缴副单送请查验。经已颁发表示，令行各关局将所有税单缴查一联，遵照表册，按号填注，呈送查核。各关局近均遵办，按期缴由关务署切实查对。

十二、修正征收内地税办法。各关口内地税局征收内地税，前有宁汉两种办法，未能一致。兹为划一税制，便利征收起见，将宁汉两种办法，参酌修正，定名曰财政部关务署主管内地税局征收内地税办法，业已通令遵行。

十三、改定国定税则委员会之组织。国定税则委员会，系在前部长古应芬任内开始组织，因经费未定，未能成立。嗣经前部长孙科指拨的款，成立进行，又以事属草创，多未尽善。兹于本年一月将该会改定组织，添增专门委员，分事调查研究，积极进行。

十四、厘定军用品征免暂行办法。各军报运军用品，多未领用护照，影射偷漏，有碍税收。现经厘定暂行办法，对于军用品之种类，加以限制，分别征免。已咨准军事委员会咨复照办，通令各军遵照。

十五、规定教育用品免税暂行标准。按国内各学校及其他教育机关购运教育用品，率以公文请求免税，漫无标准，难免冒滥之弊。经已订定暂行标准，以纯粹教育用品为限，函请大学、院转行国内教育机关查照办理。

十六、三联单应征内地税，改由经过第一关局征收。按三联单应征内地税，（即二五附税），本由发单海关处所之内地税局照章征收。旋因商人往往不运出洋，即在中途分销，关局税收不免暗中耗蚀。经将前项内地税改由经过第一关局征收，以杜流弊。

十七、出洋茶叶规定退税办法。出洋茶叶照案本系免税。惟现在往往有藉词出洋，仍行销售国内情事，亟应设法取缔。经已参照关章规定退税办法，并制定联单式样，通令各关局切实遵行。

十八、出口税则经已研究修改，准备实施。现行出口税则尚系咸丰八年所订，阅时既久，税值悬殊，且均一税率，已不合科学之原理。现经详加研究，切实修改完善，准备施行。

十九、进口奢侈品表，经已补充修改，准备实施。现行进口洋货奢侈品表，范围过狭，遗漏甚多，税表未能完备，不惟征收上易滋疑窦，且于税收亦有损失。现经详细增删，补充完善，准备施行。

二十、研究易纨士七级税表。易纨士所拟七级税表，系沿用北京关税特别会议之陈案，为各国协议之结果，若经采用恐多不利。现在详加研究之中。

二十一、修改机制洋式货物税办法。该项办法，为奖励国货提倡实业而设。惟相沿日久，原定办法难期适用。现经修正完善，准备施行。

第三章

盐　　税

盐税历年盈余甚多，足供军政各费之挹注。现为筹措北伐军需，积极整理，更谋税收之增加，兹列举重要之事项如左。

一、解决上海租界食盐包商。上海租界食盐，民国六年由公茂盐栈承包。至十六年夏间，据张紫绶等呈请加额认办，前部长古应芬公布投标办法，久和公司以年销二十八万担得标。嗣因该公司对于筹借预税二十万元托辞推宕，旧商公茂盐栈自愿照数筹解，并请继续承包。经前部长孙科批准，仍归旧商承办，而新商以得标为词，相持不决。本年二月间由〇〇委派赋税司司长会同松江运副详查核办，旋据呈复，拟由新旧商合作，并征得双方同意。惟原呈对于年销认额与得标之数未符，现正批令照原标认缴，再予准行。

二、精盐扣放及征收特税。精盐定章，只准瓶装纸包，行销于通商各埠，原为抵制洋盐而设。近年以来冲销内地，为数日多。本年二月经〇〇规定征收精盐特税临时办法，通令遵照。凡运销沿海一带暨江宁下关以下各通商口岸者，每担税银三元；其运销芜湖以上通商口岸者，每担税银四元五角，并为征收统一起见，不问运往沿江沿海何口，一律向江海关及松江运副署报验，由部特制凭照，发交松江运副验明，遵章收税给照转运，违者概以私论。

三、四岸平销局之设并及济运局设立与撤销之原因。湘鄂西皖四岸，当军事期间，长江运道梗阻，各岸同时均告盐荒。前部长孙科特组设四岸平销局以资救济。嗣以精盐、青盐之冲销，借运军运之特准，端绪纷繁，群相争攘，国税民仓，两有妨碍，而淮商对于缴纳税款，又复意存观望。○○为解除纠纷计，不得已而有济运局之设，提呈钧府议决，并另订简章，就上海设立济运总局。前设之四岸平销局归并办理。现在各岸盐荒情形已较前纾缓，淮商亦承认筹缴巨款，以济国用，自较招商承销为有把握，国课民生，均能兼筹并顾，业已准如所请，即将四岸食盐济运局撤销，并呈奉钧府核准备案。

四、恢复稽核机关之经过情形。前部长孙科恢复稽核制度，所有总分各所章程，曾经钧府第十三次会议分别修正议决公布施行，于去年十二月间在上海设立稽核总所，并在两淮、两浙、松江、福建潮桥各产盐区域设立分、支各所，在皖鄂赣各销盐区域设立稽核处。设立以来，未着成效。○○鉴于旧有之稽核制度颇有成绩，事实具在，但须操之有方，自可收驾轻就熟之效，爰将新设各总、分所一律停办。一面就现隶钧府管辖区域内之原有各稽核分、支所先行恢复，畀以稽核账目及秤放盐斤之任务。盐税收入仍暂由运使、运副经征保管，于清厘盐税之中，寓挽回主权之意。

五、各岸盐斤加价及浙、松引商换照，酌收照费，以济北伐军需。现当北伐之时，饷糈孔急，于本年一月十二日就江、浙各食岸盐斤每石暂加一元；二月十五日就淮北盐斤行销皖、豫者，每担加一元五角；三月一日就行销各岸盐斤，每石加一元五角；又令浙、松引商换领新照，除照费外，加费一元或五角。取数无多，商家尚乐于从事。

六、皖北淮盐官运局之设立。查皖北、豫东一带，近年私运充斥，曾在蚌埠设立皖北淮盐平市局，办法未善，令饬撤销，重行改设官运局核定运销条例，并准商运商销，既可体恤商情，兼顾民食，而于课税收入亦月有增加。

第四章

赋　　税

赋税一司，向为全国税政总汇。将来改良旧税，推行新税规划之责尤重，所系之事尤繁。现在已办之事如左：

一、各省验契情形。验契一事，系由前部长孙科拟定条例，呈奉钧府议决施行，并通令苏、浙、皖、赣、闽、鄂等省开办在案。此项收入，专充北伐饷糈。现在苏、皖两省业经举办，苏省已收数约七万余元，据财政厅呈请延长三个月继续办理，但此三个月期限以内，非得克期赶办，不足以应军需，而考查各县验契不能踊跃之原因，亦有三点：(一)因税验并行，除前次已验未税之契不再纳税外，其余白契均须纳税。(二)因此次验契注重登记，手续繁多，不无稽滞。(三)因省政府前有请改归省办之议，以致人民心理，不无多所观望。现在省政府议归省办一节，业奉钧府交部议后，仍令省政府按照部颁条例办理，并由部令饬财政厅通令各县，凡在本条例施行以前成立之契，一律只验不税。至登记手续务求简捷便利，并严令各县长负责进行，以后收数当可渐见起色。至皖省已收数约二三万元，呈请展期三个月。经部另定补充办法，派委验契专员前往该省会同财政厅负责赶办，并限令每月将此项专款分期解部以免延误。

二、江、浙箔类特税局办理情形。江、浙箔类特税，先由大学院主办。原定税率为百分之二十五，现准大学院将此税咨还职部主办，税率改为百分之一二。五，年比改为九十六万元，其税款分配办法，则以三十万元抵拨江、浙两省，原比以三十三万元指充中央教育经费，以其余之三十三万元为地方教育经费。嗣因浙江省府对于支配成数略持异议，业经令饬江苏财政厅核议具复，俟该厅复到再行核办。

三、征收房租情形。前部长古应芬任内，呈准中央财政委员会仿照粤省先例，征收两个月房租以充北伐军费，由部制定简章，通令苏、皖、浙、闽、赣、桂六省照办，原限两个月办竣，中因军事准请展期。现在江苏成绩较优，计收数共有一百十八万余元。浙省现计收数共有四十六万余元，悉已就近拨支十九军及浙东警备司令饬项。皖省现计收数共有二十三万余元，率由驻在军队径行提拨。惟查上海租界以内华产房租实为大宗，迭经令行财政厅设法举办。拟再由部派专员赴沪先行剀切劝谕，倘能办到，成效当有可观。

四、江、浙渔业事务局最近情形。江、浙渔业事务局所征税款，除坐支征收经费外，以四成拨充中央教育费，以六成平均分配江、浙两省，指充建设专款。其征税区域，原定江、浙两省所辖全省各县分，旋以办理困难，改为沿江沿海县分，以浙江之鄞县、镇海、定海、临海、永嘉、平阳、玉环等沿海七县，江苏之上海、宝山、崇明、东台、盐城、阜宁、东海、灌云、赣榆等沿海九县，为江、浙渔业事务局征税区域，并咨行浙、江两省政府呈明钧府备案，规划进行。

第五章

公　　债

普通岁入举有常经临时额支出胥募债券，以期调剂，况当北伐战事方殷，尤不得不募集公债，期筹巨款以应急需。兹列其重要者如左：

一、加募续发二五库券。前部长古应芬任内办理第一次江海关二五附税国库券三千万元经募足额。嗣以军需急迫，暂向上海银钱各界借款应用。嗣前部长孙科就任，整理旧欠，续发二五附税库券二千四百万元，除还旧欠一千余万元外，余数无多，早经劝销足额，库券亦如数发清。迨〇〇就职，正值军事进展，饷糈之繁，什倍于昔，遂就原定二千四百万之额，加募一千六百万元，当将库券条例加以修正，提呈钧府议决公布，并通令各征收机关及劝募委员会分投劝募，可期依限募足。

二、办理卷烟国库券。续发二五库券券款，不敷分配，因以卷烟统税全部收入拨作基金，举办卷烟国库券一千六百万元，业经拟具条例，提呈钧府议决通过，专济前敌军费之用。

第六章

烟　酒　税

烟酒税为各省大宗收入之一。历年以军事纷纭，不遑整顿，以致原有比额日见不符。近以体察情形土酒洋酒、土烟洋烟销路均佳，为保持土酒土烟计，不得不对于洋酒洋烟增加税率。兹举经办重要事项如左：

一、增加烟类营业牌照税率。各省原定烟类牌照，大都征自土制烟商，比年卷烟畅销，营业状况回非昔比，自应增加税率，以补税收，仍照旧章纳卷烟于烟类之中，由各省烟酒事务局征收，庶免烟商藉口重征，致多阻碍，并定于本年四月一日分别开征。

三、筹办机制酒类营业牌照税。查近年洋酒畅销，日增月盛。土酒营业牌照税创行已久，洋酒牌照尚未征税，现正调查营业状况，规定牌照款式，刊发各省，预备开征。

三、修订机制酒类税率。机制酒类税则，早经厘定章程，通饬遵行，惟办法未臻妥善，与原定比额相差甚巨，盖以原订章程与事实多所扞格。现拟调查状况，参酌商情，重行厘订，以期推行尽利。

四、厘定烟酒公卖费率。各省原定烟酒公卖费率为百分之十二，按之事实，各省征收此费，有仅征百分之七八者，有增加百分之二十以上者，嗣经职部将此项费率，规定百分之二十，而苏省酒商狃于裁厘加税之说，坚不承认。详加考察，增加费率与厘之裁否毫不相涉，且此项费税，本系按照实价征收。物价按年递增，原定价格迄未修正，是于烟酒公卖费率，名为百分之十二，不过实征百分之六七。兹拟将苏省费率先行增至百分之二十，一面调查各省烟酒实价，再行酌定价格，照章征收，以补国课。

五、统一征收机关。军兴以来，各省征收烟酒费税机关多为当地驻军委员办理。现经咨请军事委员会转饬各军交还，以一事权。如江苏之徐海各属，已由各该主管机关派员接收。安徽烟酒皖南北本不统一，亦经派员次第收回，着手整理。

六、清理旧欠。查各省烟酒费税，以军事影响，各商率多观望，积欠甚巨。现经职部咨请各省省政府转饬各县政府及公安局，遇有商人短欠税款，一体协助追缴，并将各商积欠税款饬各省烟酒事务局从速清理，以裕收入。

七、调查产销状况。查各省烟酒产销状况，向未详晰调查，于整顿税务诸多隔阂。现经委派专员分赴浙、苏、皖、赣、鄂、闽等省实地调查，俟汇集报告，再行通盘筹划，彻底改革，以清积弊。

第七章

印　花　税

印花税本为列国通行良税之一，我国举办近二十年，然成效不彰，收款甚少，其原因在办理方法不得当，而推行之道又等于包商切也。自设专处以来，清查积弊日见澄清，税额增加日见畅旺。兹列其情况如左。

一、税收之激增。印花税事宜，原属职部赋税司办理，就江、浙两省而论，年收税额统计不过二十四万余元。嗣以此项税收日行增益，乃特设专处主管其事，先将年额增定为七十七万九千余元，浙江增定为六十万元，详加考核，切实推行。江苏一省，现已超过原定比额，每月可达十余万元左右。

二、推行实贴印花之情形。上海为商业最盛之区，迭经提议试办，中多梗阻，迄未实行，严重交涉，对于报关提货单一项，中外商人均已一律照贴。至帐簿凭折应贴印花，初虽未能照章贴用，近亦督促实行。

三、统一印花税票之办法。各省军队往往派人占据局所及自印制税票，最为税收之障碍。迭经咨请军事委员会严令制止，尚未一律遵从。现在皖省办理渐有端绪，自可日见起色，鄂省税收成绩本优，近则微生阻碍，现在严行规定税率，不得自由增减，税票不得自由印造。至军政费紧急省分，准先按照票面解缴工本一成，即予发给税票，所收税款，仍照职部会计则例，列单抵解，似此办理，果能中外相维，当可渐收统一之效。

第八章

煤 油 特 税

煤油特税为新税之一。前部长孙科任内即已开办，中间因税率不定，时有变更，成效甚鲜。近来体察各方情况加以整理，税收日趋畅旺。兹列其情况如左：

一、减征税收之影响。煤油特税一项，为前部长孙科所筹办。原定税率每十加伦乙元，嗣为预收税款计，遂改为每十加伦征收六角。甚至苏省存货减征二角，税率既先其平，商民纠纷屡起，若照长江流域各省销油约计每年可收税一千二百余万元，一旦遽行减征，公家收入因而骤短。苏、浙、赣、鄂、皖五省，自上年先后开办之日起，截至年底止，共收约一百八十余万元，若非减征影响所及，收数似不止此也。

二、修正及规定各项规章。自〇〇接办后，以凡事之进行，全视规章为准则，爰将该处原定组织简章及煤油特税暂行简章加以修正，又规定办事税票税证细则、转运执照施行细则、进口准单施行细则、各驻仓委员服务规则、各省总局卡暂行组织章程、附列等级薪工经费表、遵守简章共七种，又创制税收日报表共五种，均经公布颁行，遵守办理，渐着成效。

三、规复原定税率。减征之后，税收损失甚巨，当与三公司重经妥订合约，业于三月一日实行，并分限苏省存货已纳过二角税者，应于三月十五日以后，补充一角，其从前各省局减征之六角税者，宽限至四月十五日以后，即须登记以示限制，亦经先后通令一律遵办。又调查各公司设有油仓地点，派员分驻稽核出入数目，按日填表报告，通令各省局将历来征存未解税款，扫数解缴列报，不准再有截延，统限自本年一月起，补填税收及票证逐日报告各表汇送，以凭登记而利勾稽。

四、扩充征收范围。煤油特税为新税之一。凡属钧府管辖境内，均已一律举办，苏、浙、赣、皖四省征解各有成绩，鄂、湘两省收入均暂解武汉临时财政整理委员会充饷，闽省则为该处政府管理，尚未由部派员接收，蜀、豫、黔、滇四省虽在范围之内，或由该省政府主办，或由驻军踞收，正在设法扩充归部直辖，以谋财政统一之效。至上海租界一隅，年销煤油不下百万，只因其他关系，均不纳税，以致巨大收入坐受损失，且运货纳税以平均负担为原则，无论华、洋各商贩，均须一致，方昭公允。经令煤油特税处转饬江苏总局详议扩充办法及向来进行情形如何，呈候核办。如得完好结果，税收前途不难充裕矣。

第九章

卷　烟　税

卷烟税自划为国税后，始收归部辖。乃奢侈品之一种，外商向以条约为藉口，征收甚感困难。自经本部设立专处改征统税后，税款日有增加。兹列其情况如左。

一、从前办理情形。卷烟税率外商向以条约为藉口，舶来品仅纳值百抽五，国内制造品则根据其与北京烟酒署所定声明书仅纳值百抽二五。十六年十月钧府颁发条例由值百抽二七五起，递进为值百抽三十、值百抽五十，外商仍多争执．均未遵行。而各省征收特税及吸户捐等，又各自制印花参差不一，以致行销内地之卷烟较之行销租界者，其税率轻重不平，且内地税率遽然增高，吸户购买力与商场销售之路受骤然之打击，因之避重就轻，绕漏走私更所不免，此以前之情形也。

二、改征统税。现经改为征收统税，在部设处管理，其办法系就厂就关征收，根据关税会议中所议之过渡税值百抽二七五，华商外商一律遵办，贴足印花统征一次即可运销各省，不再重征，中外待遇既平，税收于以统一。现先从江、浙、闽、赣、皖五省办起，将来再推广各省，以期全国一致。其改办统一税之理由，则以近日言财政者，多主张关税自主及裁厘加税，而卷烟统税之设施，即加税之实行。对外虽不必有关税自主之宣言，而无形中烟税已不啻有自主之权矣。

三、将来之计划。将来拟办之事规划约有三端：（一）全国各省皆施行统税为第一步；（二）收买中外各商烟件，由政府专卖为第二步；（三）政府自设烟厂制烟为第三步。现调查全国销售卷烟价值约二万万元，尚有日渐增加之势，以二七五税率计算，每年税收可得五千余万元，倘以值百抽五十，或值百抽百计，则为数更巨，故能于卷烟统税设法整理，实为财政上收入之一大宗也。

第十章

邮　包　税

邮包税向由各省附于海关或厘金内征收，收数甚鲜。自归部辖委办以后，税额激增。将来大局平定，税收更为有望。兹列其情况如左。

一、从前办理情形。查邮包税系邮递包裹，应课之货税，邮为主体，税附丽焉。凡适用邮递者，类多贵重细软，又得政府交通行政权之维护，与其他商事运输迥别，水陆皆免危险之虞。各省创行此税亦已多年，岁会月要，国家宜有大宗收入，而历来由海关代征或厘卡兼管，既无专责，又乏考成，其设局经理以策进行者，察之无几，又视为无足轻重，任其放弃不加整顿，历年损失为数不赀。

二、收归部办后税收之激增。〇〇受事以后，建议于钧府，凡税款之应隶属中央范围者，次第收归职部直辖，于是有各省邮包税局之设，于部特置专局以总其成。于本年二月成立，分别拟就总局组织简章、各省局组织简章、暂行征收简章，并征收补罚规则，先后公布施行。就中规划，约可分为设备时期及整理时期。关于设备者，责成已派之各正副局长先向各该省政府协洽，以便由财政厅迅办移交，一面令行各海关监督转知税务司解除代征名义，划还该省局定期接收，并咨请交通部檄转各该省管理局，予以相当之协助，同时饬由各该省局长考察管辖区域内适用邮寄之大宗商货产销状况及通商大埠最近年份邮包进出口概数，且报查核，为审定全年比额之参考。现除江苏省局成立在前外，浙江已报告开征，安徽、湖北、江西亦将次第开办，其余尚在协洽之中。其关于整理者，各省填用税单为征收上重要之凭证，所有该单并相因而及之罚单免税单，统由部局制定划一方式，编号印发，俾与旬月报告表册，互相比对，便于稽核。又查江苏省局虽成立较早，而所设分、支各局，仅及沪宁路线，江北繁要地域尚付缺如。已令部局转行该省局筹划举办。就苏省局而言，自收归部辖后，据上海经征处册报，三月份税收银数已达六万八千七百余元。举办未久成效已著，实为向来所未有。

三、弊端之防止。凡事之创办利之所在，弊不能免。拟即令由部局分派视察，前赴已办各地认真查考，冀可周知利弊，资以改良。其邮递商货较少之省份，亦当适用最经济办法，另定简易组织，以专责成而明系统，此皆将来应有之规划，正在缜密筹计中也。

第十一章
金　融

金融与财政关系之密切，近世稍治财政学者类能知之言之，而于战时之关系尤巨。本部有鉴于此，故特设金融监理局，使金融与财政息息相通，大之可收补助之利益，小之亦可除筹款之隔阂。三阅月来颇有相当效果。兹举其重要之事于左：

一、监理银行。前部长孙科办理银行事项，系从检查官商合办及有发行权之各银行着手。嗣因银行公会表示不满，停止进行，改拟从注册入手，订定补行注册简章。外国银行首由远东银行遵照章程请求注册，发给执照在案，此为外国银行向金融监理局注册之嚆矢。又中国银行组织发行准备检查委员会，亦经令行金融监理局加入检查，据有报告，此又为本国银行就范之初。

二、举办交易税。前部长孙科拟办交易税，因上海各交易所联名呈部反对，未及举办。〇〇抵任后继续进行，交易所联合会允即遵章加增营业税，当经拟具交易所税条例，呈奉钧府核准公布在案。该项税款依条例之规定，预算全年收入约有洋三、四十万元之谱。现在为试办时期，将来拟修改交易所法规，斟酌情形再定相当税率以益收入，并对各所为慎密之检查，以防匿漏税款及各所发生非法操纵，危害商场各情事。

三、取缔储蓄公司、储蓄会。有奖储蓄迹近彩票，有害社会之经济，亟须从严取缔。惟此种储蓄会或为外国人所创设，或设立于租界内，皆为我国法权所不能及。最近上海惠利银公司发行有奖储蓄券，迭经设法禁止推行华界及内地，又上海万国储蓄会营业更甚，流弊更大，吸收现金至二千余万之多，曾拟先从检查入手逐渐取缔，无如格于外交情势，尚未定有扼要办法。至将来对于本国银行所附设之储蓄部带有给奖性质者，亦拟一律设法禁止，但其进行程序则应并入于银行注册，与检查同时办理也。

四、厘定一切金融法规。职部现将银行公会章程、银行稽查章程、取缔纸币条例、取缔银行职员章程、金库条例、金券条例，国币条例、国币施行细则、造币厂章程逐一审查修改，并新订票据法草案。惟此项法规关系金融前途至巨，必须适合时宜，方能推行尽利，故拟延聘专门人才若干人组织专门委员会详细讨论，斟酌完善，即行呈请钧府核定公布。

五、整顿币制，吾国币制向极紊乱，现拟先从统一国币模型入手，曾雇请工程师精绘总理像国币图案，托由奥国工厂范制新模，又据金融监理局条陈整顿造币厂治标办法三条颇称扼要。

（一）凡开铸各项新式币，须将新币之种类、成色、模型及鼓铸理由作成说明书。呈部令行职局核议，未经职局核议呈复之，先不得迳行鼓铸。

（二）经部批准照铸，须将开铸及停铸日期，分别通知职局。

（三）铸成之币，应将币样检送职局，以供化验，如发现成色不合制者，得令停铸。

即经令饬各厂遵照办理在案。现在杭州、南京两造币厂先后开铸，命将所造新币随时检送一、二枚，由金融监理局转交商、银两会化验，以明成色而昭信用，并计划将原有各种劣币严禁行使，以谋币制之统一。

第十二章

禁　　烟

禁烟为现今要政，寓禁于征，使吸户增重负担，以期断绝流毒。诚以不平等条约尚未修改，租界尚未收回，空言禁烟，而烟土转得包庇之路，吸户以无税价廉，致吸者益多。不如实行征税，而禁烟始得根本解决，且可以所征之税挹注军需。兹列其近时情况如左：

一、开办烟政之初况。全国烟政，前部长孙科只将苏、浙两省着手开办，由中兴信远两公司遵章分别承办。旋因舞弊没收饷款后，浙江方面部派人员仅办月余，即经浙省政府收归省办。江苏方面，另由自新公司承办，改为禁烟经理总局，经照批约缴过保证金六十万元，系直接缴交军事委员会照收。惟该公司亦复办理不善，人言啧啧，且各县禁烟分局与县政府及公安局迭起纠纷，影响税收。不言可喻，殊无成绩可言。

二、收回浙省禁烟之经过。自○○接办后，鉴于禁烟事宜，非事权划一不足以裕税收。经与浙省政府往复协商，始将浙江禁烟收回中央办理，改委余文灿为该省禁烟局局长，即于二月下旬接办。

三、取消招商承办制度。苏省禁烟自自新公司承办后，改为禁烟经理总局，办法诸多不善，除一月份预缴税款五十万元外，此后分文未缴，即经令饬取消收归官办，遴委曾镛为该局局长，亦于二月间接办。惟当纠纷群起之余，情形复杂，整理情形，如治乱丝，复经督饬清理，现已渐有头绪，三月份该局已缴税款二十万元，此后当可源源报解。

四、筹设专卖专运等各机关，遵照修正禁烟条例，拟定各种规章次第公布，并筹议设立全国禁烟药品专卖总局，组织戒烟医院，派员筹办驻宜戒烟药料专运所及长江一带检查所，又一面改造戒料印花，印制运照，通行各关署及交通机关知照，以期杜绝私贩，依限禁绝。

五、设立各省检查烟苗局。烟苗一项，皖北最多，皖中次之，此外闽南、徐州、豫南等处亦均有栽种。经拟具检查各省烟苗局章程，呈准钧府核定公布，先于皖省设局，遴派妥员前往办理，逐渐推行各省，总期有所限制，使此项收入归于正当用途。

六、计划统一办法。烟禁应全国一律举办，现在苏、浙两省整理已有端倪，其余各省自当继续进行。现正设法协商，陆续收回派员办理，既可达禁绝目的，而于财政系统亦庶有统一之希望也。

〔国民政府档案〕

8. 国民政府秘书处函送宋子文统一财政建议书

(1928年8月21日)

敬启者：奉常务委员交下中央执行委员会函为第二届中央执行委员第五次全体会议，据财政部长宋子文提出确定预算、整理税收，并实行经济政策建议案，经决议认为妥善，交由政府查照，详细规划，妥慎施行，并由府即组织预算委员会等语。在案。特检原建议书函达查照办理函一件，附建议书一件。奉谕：交财政部拟具详细实施办法，呈候核夺。等因。除建议书有案不另抄送并函复外，相应抄同原函，函达查照办理。右上

财政部

计抄送原函一件

秘书长　吕苾筹代

中华民国十七年八月廿一日

抄原函

径启者：查第二届中央执行委员会第五次全体会议，据财政部长宋子文同志提出统一财政、确定预算、整理税收并实行经济政策、财政政策，以植财政基础而利民生建议案，业经决议：(一)财政部长宋子文同志关于财政之建议案，大会认为其原则甚属妥当，交国民政府查照，详细规划，妥慎施行。(二) 本大会认为有迅速设立预算委员会之必要，应交国民政府即行组织之。等语。在案。相应录案，检同原建议书函达，即希查照办理为荷。此致

国民政府

附建议书一份

中央执行委员会

统一财政确定预算整理税收并实行经济政策财政政策以植财

政基础而利民生建议书

提案人 中央执行委员 财政部长 宋子〇

自上年之夏奠都金陵，中间北伐停顿，已逾半载。子文于本年一月七日复长财政时，时值旧历年关，东南各军饷需已积欠数月，同时给养且将不继。在中央税收所恃者，计江、浙、皖三省，皖省尚无款可解，实只恃江、浙两省而已。自维才轻任重，深惧勿胜，所幸学识虽不如人，各界尚能见信。故到任后旬日之间，勉筹一千二百余万，对于中央军政各费付足一月，对于各方协济各款，亦略有补助。顾旧历之难关已过，而北伐之大计实行，遂有为军事委员会总司令部每五日预筹一百六十万之责任。以三省之收入，而供北伐之军费，短绌既巨，弥补尤艰。际此危险困难之时，只顾筹此急如星火之军费，势难专恃整理需时之税收。计惟有一方严定所属考成，责令报解，一方筹发各项债券，分别劝销。且收入固有时不足，军费则万难延期，更惟有向各银行陆续垫借，勉强维持。盖以发款限期止隔五日，国家银行既未成立，临时垫借亦难通融，磋商辄费数日之久。转瞬又届发款之时，环境避免无方，旦夕不遑宁处，完全以有用之精力，消耗于无谓之周旋。在子文但求军费足资应付，后方勿起纠纷而已。当时之目的及政策，唯一希望在北伐之成功，其他尚无暇同时计及。盖事情宜审缓急，步骤应有先后，整理财政自〔只〕有根本解决，非可一蹴而几也。

故当时计划皆从急则治标入手，尤从收入大家者着想，亦非此不足以济缓急，而资挹注。如两淮盐税年收一千二百万，时因垫缴税款已多，各岸私盐充斥，运销困难，商人裹足，税源几绝，收入毫无，乃经若干周折，始定每月预缴一百五十万之议。他如改订卷烟统税及整理煤油特税，皆因大局未定，不能不迁就事实，先使其办法统一，收入确定，乃足以取信中外，而以之拨充库券及公债基金。一面限令其他税收加增解款，严定五日报解一次之限期。中央税源止限于此，征收区域亦止限于此，所恃以筹措北伐军费及中央政费者，亦止限于此。其时国际外交危险，国内战事激烈，凡可以设法借垫者，罗掘已穷。幸赖总理在天之灵及前方将士用命，旋将十余年祸国殃民之军阀分别打倒，而全国军事上乃有统一之希望。子文于当时危急存亡之际，虽有种种计划，又何敢轻于进行。既未便创为高论，自诩其能；尤未便强令输将，重沽民怨。况不平等条约尚未废止以前，关税有协定之明文，遇事先无妥协，则易滋误会；强欲实行自主，又虑起纠纷。若以整理收入而专注于国内，则又为本党政策所不许，更非吾人整理之本旨。故子文认为时机未至，惟冀现状得以维持，筹款即有把握，无论如何，总以不多所更张、不发生变化为原则，免致摇动根本，扰乱人心，影响大局。故本部所发行之库券、公债，如二五库券，其价值已与票面相等，续发二五库券、卷烟库券，则已值九成以上，而近日市价仍均有蒸蒸日上之势，务使基础巩固，则信用自增，尤不得不慎重者也。

北平既克，军事已告一段落，为预备训政实行时期之财政方案起见，子文当于上海集合全国金融界、实业界及经济学者，举行经济会议。复于南京召集各省财政长官及各军代表、财政专家，举行全国财政会议，分定财政政策及经济政策二种。其最要者，如划分国家地方之收支及统一财务行政，裁厘加税，关税自主，整理国债、划一币制、维持贸易及金融、审订银行制度，确定国家银行基础，并拟发行公债，筹备裁兵、建设等费，均期始终贯彻，坐言起行，不独政府政策所应尔，抑亦全国人民所渴望者。盖非战争结束以后，财政上一切根本计划无从实施，故从前设施者，乃局部的、临时的，而此时所拟订者，乃整个的、永久的，且经会议详加讨论，力求其完备及贯彻而后已。所有该两会议议决各案，已印送各委员参考，惟仍有待于决定后善择时机，次第实施，盖为政不在多言，顾视力行向如耳。兹更列举其根本办法如次。

目前根本办法，不外统一财政与确定预算。以上两大政策如不能决定实行，则整理财政虽放言高论，亦徒托空谈，其他皆属枝节问题，更无实行之希望也。现时所谓中央收入者，只江、浙、皖三省，已如上述，而皖北匪患频仍，肃清有待，其收入尤不可恃，只能以半数视之。此三省收入每月虽有九百万元之名，实际上则二五内地税、卷烟税、煤油税、印花税，均已指定为库券及公债基金，即如盐税、麦粉税，亦均为银行借款担保，按月收入均已抵扣本息，一再抵押，已不啻完全供北伐军费之用，期满尚需岁月，此毋庸讳言，亦无可讳言者也。故其结果，实收只有四百余万之谱。在六、七月以前尚能勉强维持者，亦以有库券、公债之推行及金融界之垫借也。此在作战期间，商民尚能忍受一时之痛苦，而求全国统一后乃有彻底之解决，故对于募集债券，则勉应之，对于借款抵押，则承受之，皆恃商民奋其义愤，鼓其勇气，通力合作，一致援助，希望我革命军胜利，不独债券与借款之本息有着，尤以军阀铁蹄之下，官僚剥削之余，内受历年军事蹂躏，外来国际经济压迫，商民困苦，死里求生，乃得收此效果。今战事已平，政府决不能长恃借债以应开支，而商民亦再无此项财力以供需求，可断言也。故财政如不能统一，不独对于各省之支配不能平均，决无办法，即对于中央之现状亦不能维持，更无办法，可断言也。

至子文之所谓财政统一者，并非好高骛远，强各省以难能，而故作离于事实之言论，以博一鸣惊人之叹赏。盖其限度最低，其范围亦甚狭，所希望者，先由中央现办及新创者，推而及于各省，并按新定之国家地方收支划分办法，将旧日地方代办者次第划分，收归中央，同时即将军费及应归中央支出各款，均由中央完全担任支发，尤须各省一律定期，同时次第实行，否则中央既无点金之术，各省每多向隅之虞，非通筹全局,则支配不能平均，支配不能平均，则争执将由是而生矣。其统一办法，则已由财政会议议决，如规章，如用人，如行政，如收支等皆是。而中央对于用人尤以人才为前提，殊无成见，原任职员，应资熟手，但使奉公守法，不越范围，中央并无预定更换之意。此以明中央所希望者，只在用人权之统一，并不因个人而有省界之问题，此则不可不重言以申明之者也。(详见财政会议第一议决案。)

其次则为确定预算。夫国家之支出皆有定额，惟我国无之，故民国十余年来财政之纷乱如是，是为最大原因。溯国民政府在广东成立时，即有预算委员会之设立，军政各费皆归其支配，故政府当日〔时〕财政上所以尚有日日进步之形式者，亦恃乎此。自奠都金陵后，所有前项预算委员会制度，不问其是否合宜，并不存其名，在军事时期，于纷乱之中，军费固成为唯一之主要支出，如两粤、两湖、陕、甘、豫、山西各方面，方竭尽心力，以应付军费，而中央所恃者，只江、浙、皖三省之收入，又安能编成全国之预算，而平均支配，此皆事实之所致也。故财政当局于军事时【期】，只能直接对军事委员会及总司令部负责，并由军委会及总部自负其支配之责任，决不能对于任何方面同时负发款之责也。夫军费支配之权既属于最高军事机关，财政当局除担任筹拨外，自不能有所顾问。而处此财政支绌、收入有限之时，即完全供给军费尚虞不足，则政费之竭蹶，更可想见。虽有财政监理委员会之组织，在事实上中央之收入既如是，尚安有余款依政费之需要，供监理委员会之支配乎！故各机关政费惟有日向财政部交涉，而财政当局亦日惟应付各方面而适当其冲，更无暇计及整理财政之办法，此亦为原因之一。

为今之计，如果能实行财政统一，确定预算，同时应立即组织强有力之预算委员会，将所有国家收入，完全交其支配，各项预算既已确定，则收入上之有无侵蚀，支出上之有无浮滥，应由审计院严密考核。至财政部所管国家收入，应悉数报告预算委员会，并存入国库，收入如有不足，则由预算委员会按成均分，支出如须追加，仍应由预算委员会议决核准。中央与地方对于国地收支如有意见参差或互相协助之必要时，亦由预算委员会秉公解决。非经预算委员会核准，不能支付；非经审计院核准，不能支销。庶几财政公开，各方均得平允，而无畸轻畸重之嫌。一面并将收支各款由各机关如限造报，财政部逐日公布，此尤子文所极端主张者也。

考各国预算制度，但经过立法、司法、行政三层程序，由行政机关编制预算，由立法机关决定预算，由审计机关考核预算。今以党治国，在此训政时期，立法院未成立以前，暂由国民政府组织预算委员会，以当此决定预算之重任。就行政系统言之，国府应有整个的施政方针之必要，且预算确定，则事前既有审查，事后尤严考核，于吾党造成廉洁政府之主旨，尤为相合，财政上之组织，尤似非此不能健全也。

总而言之，必俟统一财政、确定预算，财政乃可根本整理。以前财政尚不能根本整理者，其要点有二：（一）因战事期内，税收视为饷源，恐一有变更，影响及于军费，不得不暂维现状。（二）因国际关系，不平等条约尚未取销，为所束缚，如有创制，虑涉外交，不得不稍待时机。今全国粗平，军事既将结束，国际亦表赞同。裁撤厘金已决议于先，关税自主又订约于后，根本上已有整理之可能。往者各项税收机关林立，亦殊有不得已之理由，如内地税、煤油及各项进口货特税若归并海关，则有关主权。况尔时全国尚未统一，各省互立征税局卡，甲防乙省货物漏税侵入，乙恐甲省商贩瞒税减收，乃不得不有各省边境林立机关之举。倘厘金裁撤如期，关税增加有望，自成一条鞭办法，所有前项各机关或应归并或应废止，更有根本解决之可能，而与税收则有盈而无绌，此尤时机问题与事实问题所得当然之结果。其他经济政策与财政政策，亦皆可次第见诸实施矣。此则子文敢掬诚为党国人民陈长治久安之策者也。是否有当，敬候公决。

附呈经济会议专刊、财政会议汇编各一册〔均缺〕

〔国民政府财政部档案〕

9. 蒋宋为统揽全国财政与阎冯等关于支配北方军费的来往函电

(1928年6～10月)

(1) 宋子文致阎锡山电稿（6月23日）

北京。阎总司令百川兄勋鉴：皓电敬悉。京津节费已饬钱特派员隽逵接洽拨济，并于马电达，计邀察照。弟略事摒挡，即当北来，晤教匪遥，统容面既。弟宋子○叩。漾二。

(2) 宋子文致冯玉祥密电稿（6月26日）

新乡。冯总司令焕章同志勋鉴：枢密。次功兄① 来历述同志财政窘状，不胜焦念。弟复任财长，又值北伐开始，头痛医头，脚痛医脚，势出于无可如何。今幸全国秩序将次稳定，中央始有通盘筹划之机会。此次定期七日一日召集各方财政人员会议，期凭良心之主张，将全国财政绝对公开，打破地方主义，实现财政统一，俾政府人员及武装同志在革命旗帜下一律平等待遇，区区愚忱，此足告慰于我同志者也。弟宋子○叩。宥。印。

(3) 宋子文致阎锡山密电稿（6月27日）

北京。阎总司令百川兄勋鉴：枢密。梗电敬悉。库券条例业经国府会议通过公布，请即电傅司令知照。至驻军给养，并于宥电奉复，当于国税收入设法尽量拨解。所有中央机关接收人员，并

---

① 薛笃烈，字次功，时任河南省政府委员兼财政厅厅长。

请傅司令惠予协助，至深公感。弟宋子〇叩。感。

（4）陈家栋[①] 致宋子文密电（6月29日）

部长宋钧鉴：定密。宥日电呈傅作义来电，接收机关不便交替，惟盼日给十万元，即不干预友情，谅邀钧察。刻正派员与傅协商给养，当以就地所收，除大部已指定用途之收入外，核实筹发。至各种税收机关仍应交替，成效如何，应随时再行禀闻，乞电示遵行。省政府至迟五号成立，并闻。陈家栋叩。艳。

（5）陈家栋致宋子文等密电（7月6日）

部长宋、次长张钧鉴：定密。冬电计邀察阅。艳日电请傅司令派员来此接洽，迄未得复。因派私人试探，据私人谈话，晋军给养虽有著，惟晋省曾垫用八百万元，尚未补苴。且浙、皖各机关亦曾有非中央所派□人等语。现仍在接洽中。□座到平，钱运使呈请统一税收奉捐，请阎总司令限期主〔代〕交。余续报。家栋叩。鱼。

（6）阎锡山致蒋介石代电（7月16日）

碧云寺。蒋总司令钧鉴：窃查平津卫戍区域内驻兵数目，计北平城内二师，回郊一师，京兆旧属分驻两师，天津市原驻保安队一旅，现添二师，天津旧府属分驻一师，京津交通关系重要，派护路队一师，以上共九师一旅，曾于五月间电陈中央奉准在案。惟是此项九师一旅之饷，照山西现行章制，每师饷项、服装、医药、杂费需十二万元有奇，每旅约需七万元有奇，统计月需壹百贰拾万元之谱。加以卫戍总司令部、警备司令部及平津两处宪兵，共计一百三十余万元。锡山入平之时，携带晋钞暂行济用，

---

① 陈家栋，时为北平财政办事处代处长。

然因不能兑现，市面不甚通行，甚感困难，善后苦于无策，幸值钧座莅止，洞悉此间状况，此后卫戍兵额究应如何规定，仍乞钧裁。兵额既定，饷必有着，方可以期经久，谨撮要陈之。一、凡平津中央财政机【关】，锡山且已饬令完全交由财政部派员接收，以期统一。约计平津税收可集巨款，并可加发债券，非但足供卫戍兵饷已也。此后军政、财政既均归中央统一，而所需饷糈即不能不望中央之指拨。二、山西自连年作战以来，地方抵借各款已达二千八百余万元之巨，每月尚亏二百数十万元，实已精疲力尽。察、绥两区各只十数县，收入原不敷支出，本年旱荒，收入减而支出仍旧，困难更可想见。自顾犹且不遑，无法再行接济平津之饷。三、山西兵饷仍照旧制发给，按中央定章，仅过半数，虽按月发给，不过仅敷火食而已。抵平以来，因生活较高，饷项不敷，火食业已配给津贴，若再积欠，生活无法维持，此不能不声明者也。务恳钧座核定兵额兵饷，指定确实专款，按月拨发，俾资维持平津治安。锡山得以尽心国事，不以筹饷为忧，则幸甚矣。是否有〔当〕，敬候核示。阎锡山叩。铣。印。

中华民国十七年七月十六日

〔蒋介石原批：交宋部长核办。大约河北省收入之款，只可为河北省之用。至财政办法，应请与阎总司令切实面商一次。中正。〕

（7）阎锡山致宋子文代电（7月25日）

南池子表章库二号。宋部长子文兄勋鉴：此次奉令卫戍平津，遵照中央颁行京津卫戍总司令部暂行组织条例，以旧京兆属及天津旧府属二十七县为区域，共驻卫戍兵九师一旅，业于五月间呈奉中央核准。所需九师一旅之饷，月需一百二十万元，加以卫戍总司令部、警备司令部及平津两处宪兵，共支一百三十余万元。曾于本月铣日电请蒋总司令核定兵额、兵饷，指定确实专款，按月拨发，俾资维持平津治安等语。旋经蒋总司令铣电，交由贵部长确定指拨办法，并承贵部长指派钱特派员隽逵与敝部所派专员崔廷献商定办法如下：一、自本月二十一日起，凡计算书至每月底准留支经费一次，所有每五日之解款于第六日解交北平财政部办事处，第七日由办事【处】解交平津卫戍司令部，或交由卫戍总司令部在平津指定之银行收帐。二、长芦【盐】运使经收之产销捐，一并于五日解款，于第七日解交平津卫戍总司令部。三、每月内所解交卫戍总司令部之款如不敷用时，由长芦盐税项下补行拨足，或指定长芦盐税另行筹借，每月底双方结算一次。等语。本总司令甚荷贵部长之殷谊，仍请将中央直辖平津一带财政机关之收支月报表、每月比较表及预算总【表】函送一份，并请饬将长芦盐税每月收入总数每月函报卫戍总司令部一次，以备考查。敝部仍派定专员崔廷献与贵部驻北平办事处接洽，办理拨款事宜，如该员不在北平时，另派他人代办，特此电请查核备案，并盼见复为荷。阎锡山。有。印。

中华民国十七年七月二十五日

（8）阎锡山致宋子文代电（7月25日）

南池子表章库二号。宋部长子文兄勋鉴：此次大部指定津海关二五附加税发行库券九百万元，前据敝处所派财政会议代表电称，此项库券贵部长主张财政公开，在北方平均支配等语，闻之至为倾服。惟是募集实款，谅须时日，而河北、山西、绥远、察哈尔之财政苦窘状况，计在洞鉴之中。迭据各该当时〔事〕者，请求转商分拨库券前来，未知此项库券贵部长拟分配各该地方若干，抑或别有分配办法。总之无论如何，分配如承目下预先发给库券收据，则领受者可以指〔持〕此周转金融，以救急需，实为利便之道，特此奉商，请烦查核见复为荷。阎锡山。径。印。

中华民国十七年七月二十五日

（9）阎锡山致宋子文代电（7月25日）

南池子表章库二号。宋部长子文兄勋鉴：河北一省，各军云集，号令不一，供应俱穷。灾劫之重，不可胜言，行政经费，更无着落。该省官绅以河北财政大宗只盐税、关税两项，今二五附税已发库券，非赖盐税不足以资救济。从前每日有协款叁拾万元，此后拟请每月协款伍拾万元，恳由敝处转请贵部拨给等情，前来。并据商主席及保定警卫司令徐永昌等，亦以其所部驻河北军队无法发给火食，请由长芦盐税指拨若干等情。敝处以为盐税固属大宗，然以难应各方之需求。并拟商酌办法如下：一、请饬长芦盐运使，将旧日每月由长芦盐税项下协款叁拾万元，每月拨交平津卫戍总司令部另款收存，由本总司令酌量分配，仍饬将支出用途造册，报由大部查核，此是另款，不在卫戍经费之内。一、财政公开，平均支配，为贵部长之主张，本总司令极所赞同。长芦盐税每月收数及支出用途，自应一并公开，平均分取，以昭公允，而免藉口，庶几财政统一政策可以早促其实现。应请将长芦盐款每月【用】途饬该运使简明函报平津卫戍总司令，以免隔阂。以上所商二端，未知台意如何，仍请查酌见复为荷。阎锡山。径二。印。

中华民国十七年七月二十五日

（10）宋子文致阎锡山代电稿（7月26日）

代电　1051

平津卫戍总司令部阎总司令勋鉴：顷奉有代电及径一、径二各代电均敬悉。财政统一计划，承荷贵总司令极端赞助，民国前途实有无穷希望。至公开用途，平均支配，原为统一财政必径之道，亦为子文原定计划。惟统一伊始，头绪繁多，河北方面尤关重要。并将来电商确〔榷〕各要点分条答复如下：（一）各军军额、军费支配数目，在中央五次会议决定贵部军费暂难确定数目。

（二）在五次会议各军军费未经决定之前，所有本部直辖河北国税收入，除长芦正税有外债关系及各征收经费应由国税内坐之外，所有一切收入，一律解交贵总司令向各方支配，如各款不足应付，准由长芦区税项下暂时借拨。（三）河北方面，自即日起各机关收支数目，除每五日登报公布外，并抄送各集团军，以为公开准备。（四）河北各国税机关尚有未能完全交由部派人员接收，及各分局等尚有各军警派人接办未经完全交由各主管机关接收者，务希贵总司令严饬各属，一律交还，由主管机关接收，俾便得事权统一，整理收入。（五）前承电嘱在平设财政办事处，业经暂派钱隽逵代理处长，俾便与贵总司令派定崔专员廷献随时接洽拨款事宜。（六）指定津海关二五附加税发行库券，前由部向银行抵借垫款，陆续交由蒋总司令，分别支配贵总司令及其他北方各军事机关，其详细数目，因尊电到时蒋总司令已于昨晚回宁，不及接洽，应俟子文抵宁查明，再行奉达。子文定于本日离平，闻贵总司令不日莅宁，所有未能解决各问题．届时再行商承办理，特此电复．请乞察照。宋子〇叩。宥。印。

（11）宋子文致谭延闿电稿（8月15日）

南京。国民政府谭主席钧鉴：删电计察。顷得白总指挥寘电，以前方部队确已绝食，请在津就近拨款济急等语。明知将士困苦，确属实情，谊难坐视。惟本部支绌状况已详前电，所有调节支配，惟有仵请速组预算委员会，俾办法有所秉承，统一期早实现，不胜企荷。宋子〇叩。删二。

（12）白崇禧致宋子文密电（8月30日）

宋部长子文兄勋鉴：枢密。北平为东北屏蔽，首都南迁后，所以保持旧观，除发展市政，别无长策。现今克之市长擘划已具规模，惟据其所谈财政状况，有朝不保夕之势，非赖中央维助，实在难乎为继。吾兄统筹全局，于北平重地自有相当之筹计，而克之兄又为吾兄好友，更当不忍听其为难。弟本毋庸哓渎，只以目击实情，不敢不代为一言，务祈俯念，格外帮助，俾北平不致中落，东北有所屏蔽，是为盼感。弟白崇禧叩。卅。

（13）财政部文书科签呈（9月21日）

敬签呈者：据河北印花税局呈称：县政府对于征收机关应以公函往来云云。又陈河北军事甫定，军需甚急，钧部权衡轻重，已设有特派员驻平接洽，乃军事长官仍间有直接命令涉及税收者。请准予咨行军委会转行最高军事长官，均不得直接命令各征收机关，并通令遵照，请核示遵，各等情。前来。查本部为协商河北国税收入支配事宜，业已设有驻平办事处办理，军事长官自应向平处接洽，未可直接命令征收机关办令〔理〕，方符财政财统一之义。据呈前情，应否据此理由咨行军委会，并通令遵照之处，理合签请示遵。

文书科签呈　九月廿一日

（14）李品仙等致谭延闿、蒋介石等电（9月21日）

中央党部、中央政治会议、国民政府军事委员会、谭主席、蒋总司令、李总参谋长、何总参谋长、李总司令、胡展堂先生、李协和先生、吴稚晖先生、蔡孑民先生、张静江先生、李石曾先生、戴季陶先生、宋部长、冯总司令、阎总司令钧鉴：各总指挥、各军长、各，师长勋鉴：总理创造三民主义，致力革命，艰难奋斗，垂四十年，精神主义，普遍全国。品仙等追随蒋总司令及诸公之后继续奋斗，乃有此次北伐之完成，此总理在天之灵，蒋总司令领导之力，全国民众赞助之功，非任何人所得而私也。品仙等信仰主义，或效命于会师武汉，或苦战于德安、龙潭，皆党员应尽之义务，往事毋庸赘述矣。惟恳诸公于训政之余，垂念尚有十万革命士兵与直鲁军阀战平奉线上。值兹北地深秋，两月以来，偶有接济，无异杯水车薪，依然单衣赤足，露宿霜餐，栉风沐雨，夜无盖被，日不一饱，有断炊绝食两日者，有以汤水充饥者，有因饥寒而致病者，有因疾病而死亡者，有因负伤无钱医治而求死不得者。品仙等屡次要求白总指挥代陈下情，设法补救。前以五中全会谣言蜂起，不便转陈，责品仙等勉力支持，顾全大局为诫；现则以政府正议改组，静待政府成立再陈为嘱。白总指挥既无地方之责，不肯就地筹饷，品仙等进克古冶之时，军中绝粮，一面向民间乞食，一面与顽敌鏖战。白总指挥目击心伤，潜〔潸〕然泪下。品仙等知其心力交瘁，不忍再加催言。惟品仙等日与士兵接触，责无旁贷，维持之术已穷，天公不能因品仙等之困苦而延长时令。品仙等愧乏教士兵辟谷之术而断绝烟火，再四思维，只有哀诉于中央及诸领袖之前，恳于从容议政之余，知品仙等现状之苦，迅制棉皮服装以御寒，指定的款，按月拨发以充饥，则士兵得以温饱，不至饥毙冻死，委身沟壑。品仙等抚躬自问，心亦少安矣。饥寒所迫，急切陈词，语多戆直，伏乞鉴宥，不胜屏营待命之至。第四集团军十二路总指挥李品仙、军长叶琪、廖磊、魏益三、独立师长刘春荣率全体将士同叩。自滦州发。马。印。

（15）财政部致军事委员会公函稿（9月27日）公函第1676号

径启者：据河北印花税局呈称：河北军事甫定，军需甚急，钧部权衡轻重，已设有特派员驻平接洽。近来各军事长官间有直接命令涉及税收者，应付甚感困难，请鉴核示遵，各等情。前来。查本部为协商河北国税收入支配事宜，业已呈准国民政府，设有驻平办事处办理。所有军事长官自应向该处接洽，未可直接命令征收机关办理，方符财政统一之义。除指令并分行外，相应函请贵会转行该处最高军事长官，查照办理，至纫公谊。此致

国民政府军事委员会

财政部长宋〇〇

（16）陈家栋致宋子文密电（9月28日）

财政部部长宋钧鉴：定密。查向来各军饷项，由职处解交经理处转发具领，乃此次节费各军以所领不足之数，竟纷纷向职处直接催索，势甚汹涌，致栋数日来行动失其自由。应请钧长商之总司令转饬所属，嗣后无论任何军费，一律仍照向例办理，否则栋才力薄弱，深恐不能胜任。又，嗣后总司令部与钧长商定，凡属职处应筹之款，须由钧部事前电饬知照，俾得遵循，有自免致贻误。是否有当，理合电请训示施行。陈家栋叩。勘二。

（宋子文批：转蒋总司令。文。）

（17）阎锡山致宋子文密电（10月1日）

宋部长子文兄勋鉴：枢密。勘电敬悉。运使人选，兄既有为难情形，弟无不谅解。惟原案指拨卫戍经费，现在渐有动摇，芦盐附加产销等捐，拨付卫戍经费一节，河北人民以为卫戍经费应由国税项下支付，此项附捐系地方收入，因而由河北省政府议决，作为该省教育、建设、省行基金之用，另行设局征收。弟到平后，始通知该省政府，卫戍区域内既有河北二十七县，卫戍经费亦应由河北分担，此项附捐即作为该省分担卫戍经费之款，由总部派员帮同运使征收，河北不另设局，藉资挽回。查平津国税所收本来无多，卫戍经费全赖借拨芦盐正税，惟日来以盐款抵借之事，已有数起，卫戍经费，大感困难，务请饬令新运使确实维持原案，卫戍经费未拨足以前，不得另有抵借，以资信守。特电奉恳，并盼示复。弟阎锡山。东。印。

（18）宋子文致蒋介石代电稿（10月2日）

快邮代电

南京。蒋总司令勋鉴：现据北平财政办事处陈代处长家栋勘电呈称：查向来各军饷项云云（照来电叙至）理合电请训示施行等情。应请总司令通令各军，转饬所属，嗣后领支军饷，仍照定章赴总部经理处请领，勿再径向办事处催索，以符统系，勉碍财务进行，切叩。财政部长宋子〇叩。冬。

（19）宋子文致陈家栋电稿（10月2日）

北平办事处陈代处长家栋览：勘电阅悉，已据情转请总司令通令各军转饬所属，嗣后领支军饷，仍照定章赴经【理】处具领。如有军人越轨要索，当一律严拒，勿稍瞻顾。部长宋。冬。

（20）军委会致财政部公函（10月5日）

国民政府军事委员会公函　经字第6171号

径复者：准贵部函请令饬河北最高军事长官关于国税事宜应向驻平办事处接洽，未可直接命令征收机关办理等由。除分令阎总司令、白总指挥饬属遵照办理外，相应复请查照。此致

财政部

中华民国十七年十月五日

〔国民政府财政部档案〕

10. 胡汉民拟具整理财政建议书函

（1930年1月20日）

径启者：查十九年一月十四日本院第七十一次会议关于审议民国十九年关税公债条例暨还本付息表案，讨论结果，（一）佥以财政之整理须有整个计划，关于币制、税制、财务行政、会计独立具体方案，应申请政治会议催财政部从速拟订，送交本院。（二）付财政委员会拟具前项申请政治会议建议书。当即议决：（一）民国十九年关税公债条例修正通过。（二）还本付息表通

过。除缮具民国十九年关税公债条例暨还本付息表呈请国民政府鉴核施行外，相应将整理财政建议书一份函达查照，即希列入议程，提出政治会议公决为荷。此致

政治会议秘书处

附抄送整理财政建议书一份副本二十本

院长胡汉民

十九、一、二十、

整理财政建议书（密件）

现在训政早经开始，财政为国家命脉，迄今改革方案犹未确立，殊于凡百庶政之进行发生障碍。前在军政时期，仓卒应付，凡可以筹款者，多急不暇择。对于国民经济及财政组织之统系是否发生不良影响，均未遑过问，各种积弊陋习，亦无暇整理剔除。长此不变，不但国家税源日见枯竭，国民经济愈趋恶化，行见财政本身，亦将陷于绝境。查上年六月十四日第三届中央执行委员会二次全体会议议决振刷政治各案，关于财政者如下：

一、统一币制，整理金融。财政部须于本年（十八年）底确定实施计划，负责执行。

二、整理盐法，减轻盐税，剔除积弊，调节盐价。财政部应于十八年内制定此项计划，负责执行。

三、应严厉革新财务行政制度，整顿机关，清除积弊，养成下级财务人员，制定财务人员任用法，由政府组织专门委员会，于六个月内规定实施办法，负责执行。

四、岁计、会计、审计制度之确定及厉行民国十九年度之预算案，必须如期确定。

又，查国民政府十八年七月二十日公布之训政时期施政纲领，关于财政部者第九款为整理内外债务事项。以上各端，均应由财政部负责，如期分别办理。当此十九年开始之时，而应于十八内

制定或确定者，除关于岁计、会计、审计制度之部份已通过原则，交职院起草法律外，其余均未经财政部拟定具体方案,以资整理。查国民政府组织法第二十五条规定，职院有议决法律案、预算案之权，而各该方案均属法律预算范围，应送职院审议。现在二中全会议决关于办理财政各案之期限已过，而整理内外债务亦刻不容缓，为此建议于钧会议，敬请限令财政部将各该案迅速拟定，送职院审议，以便制定法规，进行整理。是否有当，恭候裁决示遵。谨呈

中央政治会议

〔国民政府财政部档案〕

11．财政部参事厅等奉准抄送税务整理研究委员会章程等文件函

(1930年12月6日)

径启者：查本部设立税务整理研究委员会，以谋统一关盐及其他税务行政章制，并研究改良及整理办法拟具章程预算，呈请行政院鉴核备案在案，兹奉第三三二八号指令内开：呈及附件均悉，准予备案。等因。奉此。相应录案函达，并附章程预算各一件送请查照。此致

国库司

财政部参事厅

国民政府财政部秘书处

十二月六日

附抄件

财政部税务整理研究委员会章程

第一条　财政部为统一关盐及其他税务行政章制，并研究改进及整理办法起见，设立税务整理研究委员会。

第二条　本会委员由部长委派下列人员充任之。

（甲）　当然委员以本部关务、盐务署长，统税、烟酒、印花处长，总务赋税会计，国库钱币司长充之。

（乙）　专门委员以办理税务富有经验及具有专门学识者充之。

（丙）　兼任专门委员以指派之本部参事、秘书人员充之。

第三条　本会当然委员及兼任专门委员，均不支薪给。

第四条　本会得遴聘设计委员会外籍委员兼充顾问，以备咨询。

第五条　本会设委员长一人，副委员长二人，由本部部长、次长分任之。

第六条　本会组织秘书处设主任秘书一人，秘书二人，承委员长之命办理本会日常事务。

第七条　本会秘书处设科长二人，科员书记官若干人，分掌文书、编译、审核、记录事务。

第八条　本会委员办理下列各事项。

（甲）关于整理旧税及计划新税事项。

（乙）关于厘定税法及修订税制事项。

（丙）关于改进机关组织事项。

（丁）关于审核税收增减事项。

（戊）关于撰制工作报告事项。

（己）关于审订公务员考绩、奖惩及保障通则事项。

（庚）关于研究交核税务议案及条陈事项。

第九条　本会依上项规定之职掌，得随时向主管机关调阅卷档咨询事件，并得于开会时邀请会外人员列席陈述意见，或参加讨论。

第十条　凡关于不属于本会职权范围事件，得由本会发还原机关裁决办理。

第十一条　本会依事务之需要，得酌设办事员及雇员。

第十二条　本章程自公布之日施行。

税务整理研究委员会议事规则

第一条　本会议规则依照财政部税务整理研究委员会章程各项之规定订定之。

第二条　本会议以委员长为主席，副委员长为副主席，主席因缺席时，由副主席代理，正副主席同时因事缺席时，由会中公推委员一人代理之。

第三条　本会常会定为每星期一次，遇有议案增多时，由秘书处通告召集临时会。

第四条　凡议案由部长交付本会随由秘书处编列议程提出会议，遇公认为须付审查时，即当场由会公推委员二人至三人审查之。

第五条　审查委员对于议案为郑重起见，得随时邀集主管机关人员咨询意见或参加讨论，均于本会会所行之。

第六条　审查委员审查完竣后，应提出报告书于本会。

第七条　审查报告书到会经由本会讨论，如公认为未尽妥善时，得另行推定委员重行审查之。

第八条　前项审查报告书，均应于五日内提出，如遇特别理由，得申请延期。

第九条　委员会非有三分之二委员之出席，不得开议，其表决须有出席委员过半数之同意，遇可否同数时取决于主席。

第十条　本会议决事项，应将议决书备函，陈报部长核定之。

第十一条　前项议决案在未公布实行前，不得对外宣布或发表任何言论。

第十二条　本规则自公布日施行。

〔国民政府财政部档案〕

12. 行政院议准财政部呈请整理中央财政三项纲要训令

（1930年12月11日）

行政院训令　字第04346号

令实业部

为令行事。案据财政部呈称，窃查厘金一项，向为各省政府岁入之大宗，自明令规定实行裁厘，各省政府纷纷以维持现状、指定拨补为请，或主张以盐税附加拨归省府，或要求以特种税收划归财厅。似此分割破碎之办法，实足以障碍财政之统一，弊之所至，将使裁厘徒成具文，而病民更甚于昔，自非确定原则，不足以杜纠纷，而利推行。举其纲要，约有数端：

（甲）盐税正附，均为国课大宗，其附税已收归中央者，如湘、鄂等省，固不得移拨省库，其向由省库征收者，亦应一律收归中央，以期统一盐税，藉资整理。

（乙）特种消费税，原系中央税收，须由中央筹设专局，方能使税法章制全国归于划一，期成良税。

（丙）各省政费不敷，由中央酌量各该省收支情形，分别补助之。

上列三项，均为实行裁厘以前亟须解决之问题，是否有当，伏乞鉴核示遵。等情。据此。经提出本院第三次国务会议，决议照办。除呈报国府备案暨分令外，合行令仰该部知照。此令。

院长　蒋中正

中华民国十九年十二月十一日

〔国民政府实业部档案〕

13．卫挺生为如何解决当前财政急切问题致国府主席函

（1931年2月18日）

主席钧鉴：上周恭承赐宴，饫聆谟猷，至感至幸，复蒙不弃刍荛，殷殷垂询，具征钧座图治之切，故躬亲吐握之事，挺生恭逢其盛，能勿喁喁讴颂。

钧座广开言路，挺生感激图报之下，能勿尽其管窥之愚。伏见今日，国内万端，亟待建设，然欲百废俱举，非财不行，故财政方针，万不容再有错误。目前，财政最切急问题，愿陈五事，对其解决之方，请钧座特别注意。（一）厘金撤废应以何税抵补。（二）中央地方经费不敷应如何增加岁入。（三）中央对于各省经费补助应取何种方式。（四）鸦片问题应如何处置。（五）金本位问题应否于此时解决。第一问题厘金撤废后，除一部分已用棉纱、火柴、水泥三种出厂统税抵补外，下余部分现今财政部提议，以拟丝、瓷、茶、纸、油、竹木等六项特种消费税作抵。窃见此六种税，无一可抽，因其税若在销场征收，则与各省举办之营业税性质甚同互相抵触；若在经过地征收，则仍为不变相之厘金；若在出产地征收，则除丝、瓷、茶、纸以外，余两项产地过于散漫，行政诸多困难，而国内丝、瓷、茶、纸等业近数年来所在均有不能维持现状情势。在商人方面，正盼政府以国家力量设法救济，若不予救济，商民已难维持其存在，何堪更加重税。而且此六项税，历年全国收入，所报总额不过七百万元，纵然充分剔除积弊，使税收增加至三四倍，行政方面似乎可告无罪，而全国总数仍不过二三千万元。若处处设局，每年经费所需，又不在少数，所余能几何，故六项特种消费税收入既少，费用又大，而且摧残实业，加以行政困难，有此四大不利，故苟非万不得已仍以不办为是。查国内每岁卷烟消耗量价值有一万数千万元之多，而各国对于卷烟征税，最高者有值百抽四百八十之税率。我国现今对于进口卷烟仅征值百抽五

十，对于国内厂制卷烟仅征值百抽四二·五，似可各再加征一值百抽五十之税率，则单此一项所增税收，每年应增五千万元至六千万元之数额，其货物既为应行限制之奢侈品与人民生计毫无关系，而其生产集中亦便于税收行政，且其收入之数多，而行政所需之费用少，有此四大利益，故以此一种税代彼六项特种消费税，两两相较利害相玄真不可以道里计。或谓历年华商卷烟工厂多已倒歇不堪再加税率，不知华商倒闭非因税重，乃因洋商预交税款取得折扣之故。若今后加税，对华厂则豫扣一部作为奖金，对洋厂则不予折扣。则华商先占优势，自可不畏竞争，要与全部加税政策并不冲突，此关于抵补厘金应请特别注意者一。第二问题，现今中央与地方即如不裁撤厘金，每岁岁入与岁出较不敷之数相差且甚远，所以裁后除抵补以外，仍须另开收入之源，始可免支绌之虞。而开源方面，各国视为最优良之税源，如所得税、遗产税等直接税、皆非待户籍法颁布，户籍编定、户口查清，则无从举办，即烟酒税类之间接税亦待户口查清，始可切实增加，在户籍编定、户口查清以前，开拓税源惟有整理现征各税之一途。查现征各税中最大者关税以外莫若盐税，按中外人士精密调查，国内销盐每年约在五千万担至六千万担之间，每担盐税全国有税率可考之一千五百六十余县中，有在五元半以下者，七百八十余县，在六元以上者，七百七十余县，故全国平均计算，每担税率约六元弱。全国中央地方税收每年总额应在三万万元以上．而中央经收部分以去年为最多，仅一万三千余万元，地方收去部分数额虽无可考，但可决其远不到一万七千余万元，充其量各省政府所收到之数，不过数千万元。现今中央既有明令关于盐之一切正附税捐，均归中央征收，若能即速加以整理并统一其税率，严密其行政，剔除其积弊，则每年除现有一万三千余万元外，增加一万五千余万乃至一万七千余万元之收入非不可能。此关于增加岁入，应请特别注意者二。第三问题，自裁厘以后，各省因经费不敷，莫不环请中央补助。窃见各省经费项内最要支出，除各县民政以外，最要者为剿匪、司法、教育三事。剿匪经费现今既多由中央担负，中央似司乘此各省需要补助时期进而统一司法经费，中央担负全国司法经费计有数种利益：（一）可以促进司法权之统一。（二）可以促进新制司法之推行。（三）可以避免地方之干预司法，以减少人民之痛苦而安定社会之秩序。（四）可以促进治外法权之废止。（五）可以促进人治的政治日趋入法治之一途，因而助长经济事业之发展。若中央于担任司法经费以外犹有余力或省方仍有需要，似可补助各省教育经费中之小学师资养成经费之一部分，藉以促成教育之普及。若匪共肃清、司法完成、教育促进，则其余各种政费中央纵无补助似无不可。此所补助经费均应限定上述用途，始能生效，否则笼统补助，诚恐徒糜国帑，于人民毫无利益，于国家一般进步毫无关系。此关于补助经费，应请特别注意者三。第四问题，查现今下游各省厉禁鸦片，所以毫无成效者，则因上游各省对鸦片征收特税之故。上游各省所以必须征收特税者，则因经费支绌之故，若中央对于租税政策决定增收卷烟统税并统一盐税而即速整理之，则每年两项增收可二万万元。然后严禁中央与上游各省官吏征收鸦片税捐，其收入上之损失，每年充其量不过四五千万，抵补有余。既经禁止征税以后，然后进而彻底禁种禁运，始可生效。近有因禁烟无效，而主张公卖者，其意大谬，不知禁烟无效，非下游严禁之罪，乃上游不禁之罪也，或因少数奸商因禁烟而致富，因而主张公卖，独不思纵令少数致富，其于国民全体贻害尚小，若公然买卖，多数国民将受其毒，其害之大，更非可以金钱计数，况且严禁之下，尚不能完全断其走私，公卖之下，又何术完全断其走私。民国初年以来不有烟酒公卖乎，其禁止走私成绩何如，以此例彼，则谓一经公卖，即可以断走私者，其说不攻自破。此关于处置鸦片，应请特别注意者四。第五问题，银贱金贵。而我国货币用银，外货腾贵，我受其害，亟思救济，于是而有改用金本位之说。惟金本位之能否成立，全视我国国际贸易出口货物能否抵偿入口货物，否则虽有大宗借金，仍难免其流出，不能免现金之流出，则金本位无从维持。印度目前为维持其虚金本位，又借大款，澳洲新南威尔士为维持其国际贸易，议会新近宣布主张欲废止其金本位，此皆目前时事，可资借镜。窃愚以为，我国今日所当计谋者，乃增加我国之生产能力，若能力增加，则他日金货流入，设定金本位自属不难，否则不力图增进生产，而专从货币方面致力，则不但舍本求末，所求不遂，且恐徒耗财力，而国家经济愈陷枯竭。此关于何时采用金本位，应请特别注意者五。以上五问题，皆一一近在目前，亟待解决，不揣浅陋，缕觌上陈，伏维睿鉴不宣。恭颂。

政绥

卫挺生谨上(印)

二月十八日

〔国民政府档案〕

14. 国民政府文官处抄送杨汝梅关于整理现行财政制度纲要并拟具意见函

(1931年12月7日)①

国民政府文官处公函　字第九一三九号

径启者：奉主席发下主计处主计官兼岁计局副局长杨汝梅呈。为条陈整理现行财政制度纲要拟具意见四条，以备采择施行，并附呈整理各国退还庚子赔款余额用途意见书，请鉴核批交财政委员会参考一案，奉谕交财政委员会，等因。除函复外，相应抄检原件函达。查照。此致

财政委员会

计抄送原折呈一件，检送原意见书一件。

①原件为印件，时间为提交财政委员会第二次会议讨论之日期。

抄原折呈

主席钧鉴：敬呈者。窃维刷新政治以整理财政为先务，整理财政之要素有二：曰统一，曰公开。不统一，则支离破碎，纵有一部分革新计划，亦常为他方势力所牵制，弗克贯彻其主张。不公开，则真相隐蔽，易滋疑谤，纵有重要设施，亦往往不为民众所信任，而阻力横生。国府奠都南京以来，励精图治，亦尝努力，以求财政之统一公开，惜尚未有具体之完善计划见诸实行。近读第三届中央执行委员会全体临时会议通过之财政委员会组织大纲，计凡八条，其职权为整理财政、审查军政各费之概算、稽核公债之发行、收支数目之考核及公布四项。综上所列职权，对于财政审计、主计及军需各机关之职务有综核指导之全权，仰见中央以财政为庶政枢纽，特别重视，以求达到统一公开之目的。

硕划鸿猷，莫名钦佩。唯财政委员会为国家最高之设计及监督机关，并非财政执行机关，其职权在决定财政政策及事后解除政府之财政责任，其委员人选除政府之高级政务人员外，涉及工商、金融、学界各方面，各委员悉有其本来之职务，对于政府内部财政执行之事务责任自难强其兼任，故欲完成此项重大任务，对于现行财政审计、主计及军需各机关之职掌权限，尚须再加整理划分，方能按照委员会决定之各种计划负责进行。汝梅学识肤浅，本不敢妄有所建议，惟念自民元追随总理在南京临时政府财政部服务以来二十年之研究，及最近工作多与财政有关，现在供职国府主计处，秉承主计长襄理岁计事务，获窥国府财政之全部概要，爰就经验所及者加以研究，窃以为现时之财政制度固应力求刷新，但徒作高论不顾事实，亦必窒碍难行，朴揣捣昧，谨斟酌国情，拟定整理财政意见四条，谨呈钧核，以备采择施行，

（一） 拟请划分财政部权限俾专责成

查现行财政制度，财政部之职掌异常繁杂，往往顾此失彼，虽有贤能长官，亦无法表现其才能，其最大原因即由于财政部长

兼有筹集财源及支配款项之两重责任。查筹集财源本为财政部之专责，至支配款项职权有左右政治之威力，须属之政治上最高机关，始能统筹全局，公平分配。查前此财政制度，财政部于筹款外有完全支配军政各费之权，掌财政者或不免依局部之感情为分配之多寡，值军事时期财源枯竭，如偏厚于某部份，则其他部份之政务，或至停止，故常因财源短绌，分配不均，引起政治上之纠纷。历年军政各方对于财政当局之责难，多由于此，此非尽属主管人员之咎，盖亦制度不良之咎也。兹欲补救此缺点，宜以筹集财源为财政部唯一之专责，如整理租税、整理公债、统一货币、统一金库等职务，均应专归财政部办理，不宜另设机关，致令财政部办事掣肘。至属于支配款项之责，如编制国家岁入岁出总预算等事务，应提归国府直接掌管，于府内另设机关办理，以专责成。

（二） 拟请厉行预算制度

预算为国魂之写真，不仅表示全年度之收支计划，即一年度内之内政外交以及一切建设，皆可于预算揭示之。故无预算即谓之无政治。今欲刷新政治，宜先整理财政，欲整理财政，宜先励行预算制度。然预算能否成立，又视审编预算之机关能否胜任以为衡考。近代各国预算制度，凡负有审编预算责任之机关，类皆地位隆重，有支配政治之全权，近代三权宪法之国家，多以编制预算之权，属诸财政部。因三权制度下之财政部长在内阁中占最重要之地位，随时可以参与大政方针。然近代政治革新之趋势，尚不足以此制为满足。美国自一九二一年颁布新算制度（即一九二一年六月十日公布之预算及会计条例）后，以编审预算之权，属诸大总统，于其下设预算局，使任实际事务上之责任。英国之财政部组织，系采委员制，以内阁总理兼任委员长。英美均以最高政治机关支配预算，自易与大政方针相符，不致意为轻重，引起各方面之不平。依次观察可知，财政部编审国家总预算，已不适用于吾国今日之政治，因吾国现行五权宪法，财政部仅为行政院内之一部份，与其他四院无对待地位又无密切关系，故吾国财政部之地位职权，均不足支配全国预算。若强以此权属诸财政部，转使其顾此失彼，放弃其应负之职责。试察近年政治事实，财政当局常因支配款项引起各方面之责难，致财政当局，以全副精神消耗于敷衍周旋之中，不暇为整理财源之根本计划，事实昭然，无可讳言也。国府有鉴于此，曾遵照第三届中央执行委员会第四次全体会议之决议案，以编审预算之权提归国府直接掌理，而于府内设主计处为其财政幕僚机关，其职掌为岁计、会计、统计三部份，而岁计局即为实际编审预算之机关，虽规模草创，职权尚未完全行使，但因制度适于国情，故二十年度之国家总概算，已经于本年八月初旬编审完成，呈经国府转送中央政治会议。现经中央政治会议财政组审查会议通过，已树收支适合之规模，不可谓非改造编审预算机关之一种成绩也。今欲厉行预算制度，对此试验颇有成绩之基础，更宜扩充改良，切实施行。前此改革预算制度，专注重于最后审核决定之机关，而忽略其编制机关，故虽先后设立预算委员会、财政委员会，而十七、十八、十九各年度之预算始终未能编成。此□□无恰合政情之编制总机关也。今后无论政治如何改造，而此编审全国预算决算之总机关，必须制于最高政治机关之内，始能使国家政治与财政之支配保持其平衡。

（三） 拟请厉行审计制度

吾国现行审计制度分事前监督暨事后审查两部分。事前部分为核定收入命令及支付命令，事后部分为审核各机关之收支计算及决算。关于事前部分之拟定支付命令一节，除财政部直接支配之各类经费依法填发支付命令，送由审计部核定外，其他如交通、铁道及各种营业机关之支出，因其财源不由财政部支配，均尚未能填发支付命令送审计机关审定。其核定收入命令一节，因现行审计法无明文规定，新审计法尚未制定公布，无所依据，迄今尚未能实行。事后审查部分之审核收支计算及决算事项，各机关类能依法编送审核，唯编造期间参差不齐，虽经国民政府明定解除责任期限，通令各机关遵行，但因受政治影响未能完全见诸实行。查历年战乱相寻，庶政废弛，其故固非止一端，而财政紊乱实其重要原因之一。今欲刷新政治，俾训政事业早观厥成首，宜厉行审计制度，迅令立法机关制定详明审计法规，俾审计机关于法定范围内尽量行使其职权，以期纳财政于正轨。

查审计部组织法第五条之规定，第一厅掌理事前监督，第二厅掌理事后审查，第三厅掌理稽察职务。其第一、第二两厅事务审计部已分别执行，惟第三厅尚未设立。盖因稽察一职颇嫌空洞，如漫无标准分赴各机关稽察，不但收效非易，且恐流弊滋多，若俟第一、第二两厅审查案件有异义时，始分赴各机关稽察，则当未发现疑义时，稽察人员几同候差之闲职，且由字面观之，颇与行政监督之稽察职务重复。为实际上便利计，宜由立法机关修改审计部组织法，删除稽察名目，将事前监督事后审察之职务，按经费类别及机关性质，分派各厅掌理，若欲注重实地审查，则随时随地由部派审计协审前往稽察帐目，自可收稽察之实效，无庸于审计协审外，另设稽察名目，致滋纷歧。

再查吾国财政紊乱中央与地方相同，各省市收支事务之繁杂不亚于中央，亟宜有地方审计机关分任各省市财政监督，以期逐渐整理。国府自十七年设立审计机关以来，因未设地方审计机关，仅监督中央财政，对于各地方收支是否确实，尚未能过问，故中央一切财政计划，均难推行于地方，殊为政治之缺陷。查审计部曾草拟审计处组织法条文及理由，呈经监察院转送立法院参考，迄今尚未议定公布。现欲厉行审计，宜由国府责成立法院速收〔将〕审计处组织法议定公布，以便实行，则中央及地方财政同臻整理，一切建设事业自行逐渐推行矣。

（四）拟请厉行军需独立

中央业已设立之军需署，其本旨即在实行军需独立。第因军需职权狭小及各种事实上之阻碍，原定计划尚多未能施行。现在各部队之办理军需者，仍系各带兵长官之私人，军费膨胀，无法限制，实为整理财政最大之阻碍。欲救此弊，惟有扩充军需署之权限，益以法律保障其职权，然后始能责其厉行军需独立，不稍宽假，其理由如下。(1)可以限制兵额之扩充。吾国军官往往随意扩充兵额，以增实力而保权位，推原其故因部队经费可供其东挪西凑随意分配，即百事具废亦所不惜，补救之方非军需独立不为功。盖军需独立，则款项用途之支配，其权属于军需部，部队长官无权干涉，虽有扩充兵额之梦想，然因无款维持，亦自中止，且军需人员对于军需需者负极大之责任，如与军官狼狈为奸，则将来无从卸除其责任，自不肯代人受过，而自予处分。故欲限制兵额之增加，惟有实行军需独立最为妥善。(2)可以维持部队预算，借此可以维持国家总预算。夫全国总预算之关系重要，不可变更，尽人皆知，然部队之预算，若因增兵而破坏，则军费之预算无形扩大，总预算亦将无法维持矣。若军需独立，无预算外额外开支，则部队预算既能维持，即全国总预算亦不至受其牵动而渐臻巩固矣。(3)可以使全国军队成为劲旅。夫吾国军队组织之要素在士兵，应募当兵之百姓□□饷银□无可讳言者也。现因军队长官扩充兵力，故粥少僧多，竟有数月不能发饷者，致军队要素之士兵以全副精神盼望军饷之发行，殆如大旱之望云霓，在此种情形之下，欲其专心操练为国干城，岂非南辕而北辙乎。今欲安其身心减其顾虑，俾能以军队为家庭，敬长官如父母，只有实行军需独立之一法。盖惟军需独立，能维持预算，能按期发放军饷，则士兵身心安，而顾虑少，自能专心操练，且整理服装器具等件有统一之机关承办，布置渐臻完备，则士兵视军队为可爱之家庭，长官专事训练，无金钞营谋庞杂其间，易于保持士兵之敬畏心。故军需独立后，则吾国军队不数年可成劲旅，而为国家之干城也。

以上所陈，皆属整理现行财政制度之纲要，如蒙采纳，拟请批交财政委员会参考审核，详定条目，以利推行。抑尚有陈者，财政委员会之职掌，如审查概算、稽核公债发行及核定收支数目等事，类皆手续繁重，非仅恃会议所能决定者，必另有专门人员分组佐理，始能克期办竣，以收速效而免延误。一得之愚，并以奉陈，是否有当，推垂鉴焉。谨呈

国民政府主席蒋

主计处主计官兼岁计局副局长杨汝梅印

附呈整理各国退还庚子赔款余额用途意见书一件以备鉴核参考（略）

〔国民政府暨行政院全国经济委员会档案〕

15．宋子文呈送裁并所属非必要机关办理情形清册

（1931年）

附呈。为遵令实行减政裁并非必要机关胪陈办理情形仰祈鉴核转呈事。案奉钧院第四五九五号训令内开：为令遵事。案奉国民政府第七一三号训令内开：为令遵事。案准中央政治会议函开：查第三届中央执行委员会第四次全体会议交议刷新中国政治，改善制度，整饬纲纪，确立最短期内施政中心，以提高行政效率案内，甲项第四款关于其他各部会之组织应力求缩小，严定员额，由中央政治会议审议决定之，各部会之直属机关亦应减少员额节省经费一节，及乙项第七款厉行减政裁并，并废止骈枝机关，由中央政治会议决定原则，交由国民政府逐级执行之。均经交由政治报告组审议。兹据报告称，该两案业已合并。案查佥以各部会所属各委员会所管事务，有仅系临时性质无须常川设立者，有原属各司处主管无须另立机关者，均应分别裁并，拟请交国民政府令各院部处会，限十日内将现有非必要之所有机关或临时组织依

照下列原则：(一)须不超过核定之行政费范围者，(二)须与其他部会不发生权限争议者，(三)须不分裂本机关内原有主管部分之职权者，切实拟具裁并计划书，并拟定最小限度之组织及员额送会核夺。是否可行，仍候公决，等语。复经本会议第二百五十四次会议决议，照审查意见通过，交国民政府如期分令各院部处会遵照，相应录案函达，即希查照办理，见复为荷，等由。准此。应即分令遵办，除函复并分行外，合行令仰遵照办理，如期呈报，转送核夺，毋得稍有延误，并仰分别转饬遵照，此令。等因。奉此。自应遵办，除分令外，合行令仰该部即便遵照办理，依限呈报，以凭核转，此令。等因。奉此。正遵办间，复奉钧院第一七六号训令，催即查照前令克日遵办具复，以凭汇案核转，等因。奉此。伏查现值军事告终，关于刷新政治、裁并非必要机关、缩小组织、减少员额，并限制职部范围内之预算等项，既为四中全会议决要案，亦为训政时期惟一要图。子〇掌理度支，职责所在，早曾积极规划。奉令之后，当经分别严饬各机关实行裁汰，以便缩减会计预算，仰体中央整饬纲纪，厉精图治之至意。兹将应裁应并者分为四类，第一类如常关、邮包税局，业于裁厘案内一并裁撤。第二类如各省财政特派员，除河北、广东暂留外，其余均已裁撤。第三类印花烟酒两处业经合并为一，卷烟麦粉及新创之棉纱火柴水泥统税已合并改设统税署。缉私处自改专处后，当时因关需要，虽曾一度扩充，现已厉行裁并，缩小组织，经常费近亦减去一半。他如第四类所属机关亦经督饬分别清查，择其可裁并缩小者，分令切实遵办，去后。兹据各该主管长官等将遵办情形开单呈报前来。或经实行裁撤，或已遵令缩小，或甫经办理尚未完毕，情形各有不同，但综计裁并机关已属不少，尤以盐务署所辖最居多数，似尚无员额冗滥、支配失宜及缩小国计岁入、障碍会计统一等弊，谨依照善具清册呈请鉴核。至各署司处公务员额本已严定限制，现值工作紧张，因事实之需要，委实难以再减。所有职部奉令办理裁并非必要机关及缩小组织并限制范围内之预算各情形是否有当，理合具实呈报，伏乞俯赐核转施行，实为公便。再，此案因部属机关散在各省，道路窎远，汇集需时，致呈复未能如限，合并陈明。

谨呈

兼行政院长蒋

计附呈裁并所属非必要各机关办理情形清册一份

财政部长　宋〇〇

中华民国二十年

谨将督饬职部主管各署司处裁并所属非必要机关汇集办理情形造具清册呈请鉴核

计开

关务署　该署除主管之各海关外，所有常关及邮包税局，现已裁撤办理结束，此外，并无临时组织或非必要附属机关。

盐务署　一、该署之组织及经费本属极小限度，所有员额均系就事分配，并无冗闲。现因整顿盐务积极进行，原有人员尚虞不敷，实属无可裁减。

二、各省区盐务行政机关除楚西掣验局业经裁撤外，其附属于各盐运使运副榷运局之分支机关亦应酌量裁并，经订定调查各分支机关册式分令限期查报，藉便通筹，期归适当。现在已据两浙、两淮、松江、淮北等区呈复到部，业经分别审核裁并，广东各场亦已规定裁并办法令饬遵办，其余陆续复到者正在审查中，其尚未填送者，已电令催办。

一、已经裁并各区盐务行政分支机关列表于左。

两浙

机关名称	裁并办法	理由
许村场	并入黄湾场	查该场向不产卤，又系煎盐并与黄湾场同在海宁县境故应裁并
海沙场	并入鲍郎场	查该场产卤甚少又系煎盐并与鲍郎场同在海盐县境故应裁并
大嵩场	并入清泉场	查该场产盐甚少又系煎盐并距清泉场不远故应裁并
穿长场	并入清泉场	查该场与清泉场同在镇海县境故应裁并
上望场	并入双穗场	查该场产盐无多又系煎盐并与双穗场同在瑞安县境故应裁并
东江场	并入三江场	查该场产盐无多又系煎盐并与三江场同在钱塘江之南距离不远故应裁并
金山场	并入三江场	查该场产盐无多又系煎盐并与三江场同在钱塘江之南距离不远故应裁并
衢山场	并入岱山场	查该场与岱山场同在舟山群岛且原属岱山场佐故应裁并
杜渎场	并入黄岩场	查该场事务甚简且与黄岩场反隔椒江一水故应裁并
鸣鹤场	裁　　废	查该场□□本系由□姚场分拨辖境内并不产盐故应裁废
宁属各场办事处	改为宁属督销局	查各场场务应由各场秉承运使办理该办事处应即改为宁属督销局专办宁属销盐事宜将月支经费酌量减少
台属各场办事处	改为台属督销局	查各场场务应由各场秉承运使办理该办事处应即改为台属督销局专办台属销盐事宜将经费酌量核减

温处场务行政局	改为温处督销局	查该行政局原辖双穗上望长林南盐北盐等场现各场已有裁并关于场务亦应由场长直接秉承运使办理该局应即改为温处督销局专办温处销盐事宜经费量予核减

两淮

机关名称	裁并办法	理由
庙湾场	并入新兴场	查该场煎盐产额日见减少故应裁并
东何场	并入安梁场	同前
丁溪场	并入草堰场	同前
栟角场	并入丰掘场	同前
吕四场	并入余中场	同前
泗源沟查缉卡	归并扬子总栈	查该卡原属扬子总栈所有事务可由扬子总栈直接办理故应归并
长江稽查员	同前	查该员原属扬子总栈所有事务可由扬子总栈直接办理故应归并
十二圩查舱局	同前	查该局原属扬子总栈所有事务可由扬子总栈直接办理故应归并
泰属总场长	裁撤	查该总场长仅办承转事务故应裁撤
通属总场长	同前	同前
海道桥查验卡	同前	查该卡办理未认真形同虚设故应裁撤
孙家庄查验卡	同前	同前
南盐厅查验卡	同前	同前
蚌埠掣验员	同前	查该员无设置必要故应裁撤

续　表

高淳食岸督销局	同　前	查淮南各食岸已另规定设置外江河两督销局故应裁撤
溧水分局	同　前	同　前
驻湘掣验委员	同　前	查该员无设置必要故应裁撤
驻汉掣验委员	同　前	同　前
驻浔掣验员	同　前	同　前
驻汉掣验鄂西轮运委员	同　前	同　前
济南场督运委员	同　前	同　前
通属催征缴地价委员	同　前	同　前

松江

机关名称	裁并办法	理　　由
青村场	并入袁浦场	查该场产盐无多又系煎盐又袁浦场相距匪遥故应裁并
两浦场	同　前	同　前
崇明场	裁　废	查该场产盐极少故该裁废
启东查验所	归并启东盐务局	查启东已另设启东盐务局所查验有事务应即归并办理以期樽节
上海租界督销委员	裁　撤	查该员无设置必要故应裁撤
上海稽察精盐运销委员	同　前	同　前

淮北

机关名称	裁并办法	理　由
五河稽查局	裁　撤	查查验过湖入淮盐船已在盱眙设局查验该局无设置必要故应裁撤
临淮稽查局	同　前	同　前

广东

机关名称	裁并办法	理　由
博茂场	并入电茂场	查该场产盐无多事务甚简故应并裁
淡水场	并大洲场	同　前
小靖场	并入石桥场	同　前
海甲场	同　前	同　前
隆井场	并入昭收场	同　前

统税署　该署由卷烟统税处甫经改组并兼管棉纱、麦粉、火柴、水泥等项统税，当以卷烟统税向系省各设局，经费不无虚靡，故通盘筹划，就事务最繁之苏鄂鲁粤省局改设苏浙皖、湘鄂赣、鲁豫、粤桂闽各区局，其浙皖湘豫桂闽等省事务较简，均饬裁撤。惟以区局辖境广阔，非设分区管理，难期周密，故就裁撤省局及查验所，改设十三处分区管理所，其非必要之查验所概予裁撤。此外，原有各麦粉特税机关均饬裁撤，分别归并办理。新办之棉纱、火柴、水泥统税亦令一并兼办，不另设局，照此组织，实为减缩之最小限度。

赋税司　该司所主管之附属机关，如江苏浙江两省沙田官产局、安徽官产屯垦局、河北兼热河官产总处，河北验契专员办公处、烈山中兴鲁大各矿税征收专员办公处，均属正式征收机关，有设置之必要。惟江苏沙田官产局业经令饬裁撤，此外并无骈枝机关。

公债司　一、该司第四科业已裁并，现因各特派员、常关监督等裁撤，经募债券尚未换发者，一并缴送该司办理，此后事务尤繁，现有人员实在无可裁减。

二、江海关二五附税国库券基金保管委员会现在并兼代保管各项债券基金，津海关二五附税国库券基金保管委员会现在并兼代保管疏濬河北省海河工程短期公债基金，且基金保管委员会均系规定在各省债券条例之内，其所支经费系以一部分基金之存息作抵，并不由国库支出。

三、劝募债券委员会，查发行债券端赖有劝募机关方易集事，该会于历届劝募各项债券成效卓著，值此库储奇绌，每藉发行债券以资周转，此项劝募机关自应继续存在。

钱币司　一、杭州造币厂现照常鼓铸，关于员额经费正在审核预算中。

二、中央造币厂本年内亟须筹款开铸，将来于员额经费方面自当恪遵刷新政治议决案，力就节省。

三、武昌造币厂现仅支派员保管经费，无可裁节。

四、天津造币厂现拟令停办，援照武昌厂例，但派员保管。

五、北平印刷局现正议变更组织，尚未核定。

印花烟酒税处　一、各省印花烟酒两局已实行合并者，有江苏、浙江、江西、湖南、湖北、山东、广东、河南等八省，其余各省亦将次第合并。

缉私处　一、该处组织现已缩小，经常临时两费已由二万八百五十五元核减至一万五千五百八十元。

二、该处主管之附属机关已裁撤者为湖南、鄂岸、江西、皖南、皖北五缉私局及该五局所属之缉私部队。惟江西尚缩编兵士两连，湖南因办理不及，准其延缓一月。

三、淮南、淮北两缉私局所属队伍，经裁并二分之一。

四、缉私官兵教练所业经裁撤。

盐务稽核总所　该所管理全国盐税缉核事宜、职务繁重，其所属各分支机关既无骈枝，亦非临时性质，至关于经费员额向系樽节开支，审慎规定，并无浮滥之处，委系无可裁并。

〔国民政府财政部档案〕

16. 财政部为设立财政委员会并拟定组织大纲与各方来往文件

（1932年1月）

（1）财政部呈（1月4日）

敬折呈者：查财政委员会依据和平会议决案，实为整理国家财政最重要之机关。方今国难当前，财政问题更形繁复。汉梁奉命，权掌度支，拟将该组织大纲酌加修正，以期集合全国金融、实业领袖及经济专家，协谋财政改进。兹特拟就修正该会组织大纲草案，并开列委员人选，藉备征聘。至草案第四条规定之政府委员及第六条规定之常务委员，并恳转请国民政府分别指定，以利进行。理合将所拟全国财政委员会组织大纲并委员人选名单折呈钧鉴，是否有当，敬候核转施行。谨呈

行政院院长孙

副院长陈

附陈修正全国财政委员会组织大纲草案暨委员人选名单一份

署理财政部部长黄汉梁

中华民国二十一年一月四日

全国财政委员会组织大纲草案

第一条　国民政府为整理财政并实行财政公开起见，设立全国财政委员会。

第二条　本会对于政府在中央及地方财政收入内提供军费，应以关于国防及剿匪两项用度为限。

第三条　本会得拒绝关于内战之一切负担。

第四条　本会设委员长一人，以行政院院长充之，委员三十五人至四十五人，以政府人员及金融界、工商业界领袖、经济学者暨有经验之专家充之。

第五条　本会之职权如左。

一、整理财政。

二、审核预算。

三、审核公债之发行。

四、稽核报销。

五、公布收支帐目。

第六条　本会设常务委员七人至九人，处理本会日常事务。

第七条　本会定每两星期开会一次，由委员长召集之。

第八条　本会常务委员须于每次开会时将经办事务报告本会审查讨论。

第九条　本会设秘书处，其组织另定之。

第十条　本会及常务委员办事细则另定之。

第十一条　本大纲由国民政府公布施行。

拟请聘任财政委员会人选名单

金融界：

张嘉璈　李　铭　吴鼎昌　周作民　陈辉德　钱永铭

胡祖同

实业界：

荣宗敬　刘鸿生　范旭东　虞和德　王孝赉　王云五
郭　乐
学者：
顾孟余　胡　适　马寅初　杨　铨　金开年　唐有壬
李石曾　陈公博
有经验之专家：
陈锦涛　林康侯　孔祥熙　邓召荫　卢学溥　叶恭绰
胡笔江　谈荔孙
政府委员
孙　科　陈铭枢　何应钦　韩复榘　张学良
常务委员：
陈铭枢　何应钦　黄汉梁　张嘉璈　李　铭　陈辉德
钱永铭　刘鸿生　林康侯

(2)孙科致黄汉梁电稿①（1月5日）

上海中央银行转黄部长鉴：本日院议，业将财政委员会组织大纲修正案、该会委员人选案及中央银行监理事人选案，均照提呈议决通过。关于该会、行新任人员宣誓就职，即由该部长就近监督。又，关于财委会常委开会，应指定由张委员家〔嘉〕璈及该部长负责召集，克日组织成立为要。院长孙〇。五日。印。

〔国民政府行政院档案〕

17．国民政府公布全国财政委员会组织条例训令

（1932年6月11日）

国民政府训令　洛字第113号

令行政院

为令知事：查全国财政委员会组织条例现经制定，明令公布，

① 此电系孙科亲笔所拟。

应即通饬施行。除分令外，合行抄发该条例，令仰照知，并转饬所属一体知照。此令。

计抄发全国财政委员会组织条例一份

国民政府主席 林 森

立法院院长 邵元冲代

中华民国二十一年六月十一日

全国财政委员会组织条例

第一条 国民政府为促进财政改善，实现财政公开，设立全国财政委员会。

第二条 全国财政委员会隶属于行政院。

第三条 全国财政委员会对于行政院办理左列财政事项有审查及建议之职权：

一、整理财政。

二、审核收支概算。

三、审核公债之发行。

四、稽核报销。

五、公告收支帐目。

第四条 军费之支出以国防及绥靖地方所需为限，对于国内战争之一切负担，全国财政委员会应拒绝之。

前项经全国财政委员会拒绝之一切负担，行政院不得支付或列入预算。

第五条 全国财政委员会设委员长一人，以行政院院长兼充，委员三十五人至四十五人，由行政院院长就左列各款人员提出均等人数，呈请国民政府聘任之。

一、现任简任职以上之公务人员。

二、金融业代表。

三、农工商业代表。

四、有经验之经济学者。

五、财政专家。

第六条　全国财政委员会设常务委员七人至九人，由委员互选之，处理本会日常事务。

第七条　全国财政委员会每月至少开大会一次，由委员长召集之，但于必要时得召集临时会议。

第八条　全国财政委员会每次开会时，常务委员应将经办事务报告大会审查决定。

第九条　全国财政委员会设秘书长一人，简任；秘书二人，荐任；干事三人至五人，委任，并得酌用雇员。

第十条　全国财政委员会议事规则及常务委员办事细则，均由大会议定之。

第十一条　本条例自公布日施行。

〔国民政府行政院档案〕

18．南昌行营关于各省财政应统收统支专款尤宜少定训令稿

（1934年4月5日）①

国民政府军事委员会委员长南昌行营训令治字第4892号

令豫鄂皖赣苏浙湘陕甘闽等省政府（分别正缮）

查各省地方财政，关系各省行政、教育、建设之推行，至为重要。倘使财政收支能纳入常轨，则一切事业自可循序设施，以期渐进，以往各省税捐收入，多由各主管机关指款专解，自行支配，遂致各自为政，财政乃日趋紊乱。一省之收入既无统一之可言，则一切政治匪仅无法推进，且将因之而废弛，言念及此，深

① 拟稿日期。

为隐忧。

须知一省政治之能否推行尽善，即以其财政收支能否统一为准绳。此次在赣召见各省厅长、专员，综核各项报告之结果，深觉各省财政情形，均属错综复杂，是非积极促进统一，殊不足以图推行完善之政治。当曾剀切申明期能实现。

自兹以后，各省地方财政务宜设法整顿，厉行统收统支之办法，而各种事业之经费，非有绝对必要，尤宜少定专款，俾能斟酌权衡，得就事业之缓急，以为庶政之建设，庶几政治得期修明，渐以日臻上理也。

除分令外，合行令仰该省政府即便遵照办理，仍将遵办情形具报备查为要。此令。

委员长 蒋〇〇

〔军事委员会委员长南昌行营档案〕

19．军委会委员长行营为颁发财政监理处章程饬属遵照训令

（1935年8月12日）

国民政府军事委员会委员长行营训令 字第876号

令四川财政特派员公署

查过去川省财政情形，因政权分裂，收支极形紊乱。自省政府改组成立以来，曾经督促组设川省财政整理处，从事整理在案。兹为应付事机，并收财政上联合统一实效起见，特制定驻川财政监理处暂行章程，由本行营设立驻川财政监理处，以监理川省财政之整理及各项预算之执行，并规定川省各项国税之就地留用部分及各项省税，统由各该管征收机关扫数解交中央银行重庆分行附设之联合库，分别国地各款列收，每月应支国省各税，由监理处依照核定预算，统筹支拨造报。

至监理处正副处长三人，亦经照章规定，由四川财政特派员

关吉玉及财政厅长刘航琛，暨由本行营遴派阮参议毓麒，分别充任，以期分工合作，克赴事功。

除正副处长另案委任，饬即照章组织成立，拟具该处经费预算呈候核定，并函财政部备查暨分令外，合行印发章程一份，令仰该署即便知照，并转饬所属一体遵照。此令。

计印发本行营驻川财政监理处暂行章程一份

委员长 蒋中正

中华民国二十四年八月十二日

军事委员会委员长行营驻川财政监理处暂行章程

第一条 军事委员会委员长行营为便利剿匪期间应付事机，并收财政上联合统一实效起见，特设驻川财政监理处，监理川省财政整理及预刚算执行各事宜。

第二条 本处设处长一人，副处长二人，除由行营委四川财政特派员、四川财政厅长兼任正副处长外，其余副处长一人，由行营遴员派充之。

第三条 本处正副处长秉承委员长之命，综理本处事务，监督所属职员。

第四条 本处设左列三组：

第一组 掌理文书、印信、庶务及交际等事项；

第二组 掌理联合库、洽办收支款项、票据等事项；

第三组 掌理记帐及填造表报等事项。

第五条 前条所列各组，各设主任一人，组员若干人，就特派员公署、财政厅调用，必要时得另派之。

第六条 在本处设立期间，所有四川省各项国税之就地留用部份及各项省税，统由各该管征收机关扫数解交中央渝行附设之联合库，分别国地各款列收，每月应支国省各费，由本处依照核定预算，统筹支拨，按月将收支款目造册呈报，本行营并分报财政部查核。

第七条　联合库支款办法，由行营与财政部核定行之。

第八条　关于川省税收整理及预算执行各事宜，应按照中央通行法令办理，但因特殊情形，须另行规定办法时，应由财政监理处呈请行营与财政部商洽定之。

〔财政部驻港办事处档案〕

20．财政部拟具中国财政备忘录之1927年至1937年部分

（1947年）

一、抗战以前之中国财政

中国财政自民国十六年（一九二七）国民政附定都南京时起，年有进步，无论收支，两方情况，均属良好。支出方面，建设性支出年有增加，由十六年（一九二七）百分之〇．六至廿五年（一九三六）增达百分之九·九。换言之，即消耗性支出由十六年（一九二七）百分之七六·七至廿五年（一九三六年）减至百分之二七·九。收入方面，税制年有改进。例如废除厘金改办统税及将向为国家主要税源之间接税逐渐改为直接税代替等是。税收亦年有增加，由十六年（一九二七）百分之二九·一至廿五年（一九三六）增达百分之五五·八。在民国十六年(一九二七)至廿五年（一九三六）之十年中，虽为完成统一，国内尚有局部军事行动。但随军事之进展，国家统一之规模于以粗具，财政之整理亦已渐臻正轨。此足证明中国之整理财政如有一定之计划与步骤，自有光明之前途。此检阅此十年中财政收支情形，即可获得一具体之观念。（附表一、表二）

抗战前十年岁出统计总表

1927——1936

（自十六年七月至廿五年六月）

表一

	项目 \ 年别	平均	1927 16	1928 17	1929 18	1930 19	1931 20	1932 21	1933 22	1934 23	1935 24	1936 25
数额（单位百万元）	总计		189	434	539	714	683	672	873	1,203	1,337	1,987
	军务费		145	210	245	312	304	321	386	387	362	665
	政务费		15	38	56	65	60	88	109	305	268	402
	债务费		28	160	200	290	270	210	333	456	359	605
	建设费及其他		1	26	38	47	49	58	45	55	348	395
百分率	总计	100.0	100.0	100.0	100.0	100.0	100.0	100.0	100.0	100.0	100.0	100.0
	军务费	43.8	76.7	48.4	45.5	43.7	44.5	47.8	44.2	32.2	27.1	27.9
	政务费	13.6	7.9	8.8	10.4	9.1	8.8	12.4	12.5	25.4	20.0	20.8
	债务费	34.5	14.8	36.9	37.1	40.6	39.5	31.5	38.1	37.9	26.9	42.0
	建设费及其他	8.1	0.6	5.9	7.0	6.6	7.2	8.5	5.2	4.5	26.0	9.0

抗战前十年岁入统计总表

1927——1936

（自十六年七月至廿五年六月）

项目	年别	平均	16 (1927)	17 (1928)	18 (1929)	19 (1930)	20 (1931)	21 (1932)	22 (1933)	23 (1934)	24 (1935)	25 (1936)
数额（单位百万元）	总计		189	434	539	724	683	672	873	1,203	1,337	1,987
	税款		55	260	416	471	536	531	622	745	801	1,057
	债款		98	100	101	217	135	115	180	226	385	679
	其他		36	74	22	26	17	28	71	232	151	251
百分率	总计	100.0	100.0	100.0	100.0	100.0	100.0	100.0	100.0	100.0	100.0	100.0
	税款	29.1	29.1	59.9	77.2	66.0	78.5	79.0	71.2	61.9	59.9	53.2
	债款	51.9	51.9	23.0	18.7	30.4	19.0	16.8	20.6	18.8	28.8	34.2
	其他	10.2	19.0	17.1	4.1	3.6	2.5	4.2	8.2	19.3	11.5	12.6

二、一九二七年至一九三六年之中国财政

远在一九二七年南京政府成立以来，中国即无日不与拥有军队之共产党从事争斗，故其平时财政即无时不与战费相关连。然自一九二七年至一九三六年（抗战开始之年）之间，中国财政金融无论在制度上、在政策上，或在收支成果上，均有显著之进步。其遭受日本侵略之嫉妒者以此，其蕴藏潜力足以支持抗战亦以此。

举其重要之事例而言，一九三一年曾将革命政府以前唯一内地税税源之厘金首先裁撤，而代以一税通行全国之货物出厂税（即统税）。一九三〇年曾在不平等条约束缚之下制定关税自主之税则。一九三一年曾废除数千年就销地征收与豪商把持之盐税制度，颁布新盐法，重定就产场征收与自由贸易制度之盐制。一九三二年曾裁撤地方苛杂捐税至千百种，同时则整理田赋，用航空测量及清丈方法，按田亩生产力之多寡，厘定纳税之等则。一九三六年曾创办所得税，树立直接税之税源。一九三三年曾废除银两银元并用之币制，并实施法币政策与英镑美元发生联系，无限制供给外汇，并逐渐统一币券之发行。凡此荦荦大端，皆足证明其缔造之艰难与成就之伟大。

此时期中，国家预算收支两方均属良好，就支出方面言，建设性之支出，年有增加，由一九二七年全预算百分之〇·六增至一九三六年百分之九·九，消耗性之支出，年有减少，由一九二七年全预算百分之七六·七减至一九三六年百分之二七·九，就税收方面言，由一九二七年全预算百分之二九·七增至一九三六年百分之五五·八，每年入超数字平均虽占出口之〇·三〇倍，而以华侨汇入之款相抵，国际收支尚有盈余，同期中对于外债赔款偿还数目达美金五亿六千余万元之巨，截至一九三七年止，法币发行数字达十六亿三千九百万余元，其现金准备占百分之六十，保证准备占百分之四十，以故物价相当稳定，收支相当平衡，现代

化之财政金融基础遂以树立。

中华民国三十六年

〔国民政府财政部档案〕

二、地方财政的整理

1. 蒋介石为湖南省因财政困难电请救济事给财政部的训令

（1930年12月4日）

行政院训令　字第四二二一号

令财政部

为令行事。案据湖南省政府感电称，属省财政以年来积极整理，原已粗具规模，全省收支一以预算及会计法为依归，税收逐有增加，出入适可相抵。但使省城安宁，军费旧垫有着，即可注全力于建设事业。不意本年五月后桂逆共匪相继来犯，政府人民同受巨创，财务行政遂不能保持固有秩序，艰窘情况尤为历年所无，苟非亟谋补救，前途岂堪设想。查湘省收入，除契税、牙、当、屠宰各税年收不过六十万元外，以田赋、统税两项为大宗。十九年田赋久已开征，本年蠲免及上年正赋杂捐与桂张逆军勒提者，共计已达一百四十余万元，近如拨公路局工程费及拨偿挪用赈款共四十四万元，垫拨军费六十万元，所余应征数并上年民欠不过百余万元，就中尚应留支备交外汇恤金四十余万元，并欠偿赈款四十万元，所余无几。统税一项，依十八年收数计算并附加收入，全年可收七百余万元。近因交通梗阻，税收枯竭，七、八、九、十等月平均收数恒不及二十万元，且转瞬即将遵令撤销，将来开办消费、营业两税，预计两项收入亦仅能抵补全年统税原额之半数。此外谷米稽查处所收之出口谷米照费，因湘米出口无多，此项收入不过十余万元。至善后委员会所收之善后捐，系专作劫后抚绥流亡办理善后之用，开办迄今，收款亦仅十二万余元。支出方面，依照原定预算数，凡划归省款开支之党政、司法、教育暨建设各项经临费用，每月支出近两百万元。近以省税收入短绌暨移垫军费之故，自本年六月起至十一月止共六个月，除已支发四百三十七万元有奇，实尚欠支约七百数十万元。当此公私同罹浩劫之后，兼值国家革新政治之秋，庶政所需既无可节缩，亦无他术可谋补收，仰屋徬徨，惟有吁恳中央予以特别救济。谨将请求各点分陈于左。（一）湘省于民国十七、十八两年垫借军费二百余万元，本年五月以后，由省府及各县局赋税项下垫拨军费洋一百余万元，请中央指拨的款立予归还。（二）善后军费照国地两税划分成案，概归国税，供支不敷之数归国库统筹弥补，不再挪拨省款。（三）请以原属地方税性质之盐斤附加，全数划解省库。（四）统税撤销后，恳依裁厘委员会议决大纲，以特种消费税归财厅办理，以资弥补。（五）统税撤销后，预计以新税抵补，不足之数请由关税增收项下酌定确数拨补。以上五项，皆为目前万不容已之请求，伏乞俯赐核准，以维湘局，不胜翘企待命之至，等情。据此。查来电所陈财政艰窘，自系实情。惟请求五项救济办法，关系中央财政，是否可行，合行令仰该部即便核议具复。此令。

院长　蒋中正

中华民国十九年十二月四日

〔国民政府财政部档案〕

2. 杨永泰摘陈关吉玉拟具整理北平财政意见呈

（1934年6月10日）

兼第二厅厅长杨永泰呈　二十三年六月十日

来文姓名或机关：关吉玉

地址：

来文月日：五月十九日

来文摘要：

拟具整理北平财政意见于次：

对于北平市各项捐税，拟定永久及暂时保留者十种：曰房捐、契税、车捐、屠宰税、游艺捐、烟酒牌照税、田赋、营业税、铺捐、电车公司捐。

拟裁并者十种：（一）房地转移凭单费，拟归于契税内合并征收。（二）公益捐，拟合并于铺捐征收。（三）牙税，此税有三种征收方法：（子）财政局自征，如每猪每货征税若干，等于消费税，拟取消。（丑）常年税，纯为牙行之营业税，拟并入营业税内征收。（寅）登录税，即所谓帖费，尚属合法，应照旧征收。（四）乐户捐，亦拟并入现行营业税。（五）检验牲畜费，拟并入屠宰税征收。（六）警饷附加捐，拟加入汽车捐内征收。（七）弹压费，拟并入游艺捐征收。（八）慈善捐，拟亦并入游艺捐征收。（九）郊外养路费，拟并入车捐征收。（十）铺底移转费，因契税中新建、添建及改建房屋者，均负纳税任务，拟并入契税中征收。

拟取消者五种：一、牲畜税，二、肠骨税，三、广告捐，四、粪厂捐，五、厕所捐。

应创行者三种：一、宅地捐，二、地价税，三、筵席捐。

上列各税捐，除保留裁并者仍照旧征收，不影响收入外，如营业税能将税率化为简单，彻底施行，只此一种，即可解决北平之财政问题。此外取消之捐税五种及裁并税目中部分取消者二种，此即市库短收之数目，可将新创之三种税收抵补。此三种税收，除地价税施行有待不计外，宅地捐年收入拟为八十余万元，筵席捐年收入约十万元，抵补减去税款，大概估计，应尚可余存六十余万元，以之改进市政，实绰有余裕也。统乞察核。

拟办：所陈意见，颇有可采，拟转令北平市政府核议具报。

〔军事委员会委员长南昌行营档案〕

3. 北平市政府核议关吉玉整理北平财政节略暨递送税制整理计划书呈

（1934年7月11日）

案奉钧会治字第七六八六号训令内开：据关吉玉呈送整理北平财政节略，对于各项应行裁并及新创之捐税，分晰甚详，所陈意见，亦颇有可采之处。合行检发原件，令仰该市政府即便详加核议具报。此令。等因。计检发整理北平财政节略一件，仍缴。奉此，经令据财政局呈称：查关吉玉现任冀晋察绥统税局副局长，研究捐税制度素有心得。此次全国财政会议开幕以前，本局正草拟本市整理税制计划，广征社会有关系各方面及学术界意见，关君亦在被邀之列。本局因其热心可佩，故尽量供给材料，如各项章则、收支概况、各种捐收情形，均送供参考，并详为解释。至于本局对于整理税制已定之计划，亦曾与之开诚商讨，故关君对于本市财政能充分了解，而对于各项应行裁并及新创之捐税能详细分晰者，盖根据本局实在之事实及已定之意见也。此项节略原稿，关君最先送至本局，其时本局应送财政部之计划书亦经脱稿，与此项节略大致相同。惟关君所述稍偏重于学理，而于事实上难免有不易推行之处。本局计划则皆实事求是，不尚泛论，故二者虽繁简不同，而精神则一。现在全国财政会议对于整理地方财政已有各项具体之决定，本局正根据原有计划及遵照中央决议，积极进行。例如各种牲畜税、牙税以及其他迹近苛细之捐税，皆行之数百年或数十年者，均在裁并之列，本市税制于最短期间内，当能整顿就绪，不难臻于整齐划一之境。等情。前来。查关吉玉所拟整理北平财政节略，系应本市财政局征询彼此商讨而作，故内容与该局所拟本市税制整理计划书大致符合，仅为财政会议前准备之工作。至于实际上捐税之整顿，现正依据财政会议决议案通盘筹划中，力求实施，容俟另案呈报。奉令前因，理

合检同原发节略及本市税制整理计划书各一件，具文呈复，伏乞鉴察。谨呈

国民政府军事委员会委员长南昌行营

附缴整理北平财政节略一件（原件模糊不清，略）、赍呈北平税制整理计划书一件（复印件）

北平市市长　袁　良

中华民国二十三年七月十一日

北平市税制整理计划书

一、本市各种捐税之名称

查本市各种捐税，除其性质为行政收入或财产收入不计外，共有二十四种，分列如次。

田赋

契税

房地转移凭单费

铺底税

牲畜税

屠宰税

牙税

肠骨税

车捐

铺捐

公益捐

戏艺捐

乐户及妓捐

营业税

以上十四种财政局经收

房捐

警饷附加捐

娱乐场弹压费

娱乐场慈善捐

以上四种公安局经收

广告捐

郊路养路费

以上二种工务局经收

贫民捐

以上一种社会局经收

粪厂捐

厕所捐

以上二种卫生处经收。

自治附加捐，随房捐铺捐契税带征。

二、各种捐税之研究及整理方案

上列各种捐税，大部分系沿袭前京师工巡捐局暨左右翼税局与警察厅之旧制征收，经征机关既不统一，其中涉及重复与苛细之处，实自所不免，整理之道要不外化零为整与废除苛细二端。兹将各种捐税之性质分析研究，并拟定整理方案，论列如次。

（一）田赋　查田赋为收益税之一种，在举办地政实行土地税后，应即改征地价税，然在目前自属地方正当收入，且本市正税外，并无附加，故不涉及减免问题。

（二）契税　查契税为财产移转税之一种，在土地法未施行以前，实为目前各省市重要税收之一。

（三）房地转移凭单费　查本市不动产转移凭单，创自前京都市政公所，为整理公有私有之不动产权而为转移之登记，其用意与现在土地法土地移转登记适相吻合，此项凭单与土地法规定之土地所有权状况亦相类似。现本市人民对于此项凭单习惯上视与印契同等重要，遇有转移产权之有无纠纷，每以有无凭单为证。在十七年以前，制发转移凭单归前京都市政公所办理，征收契税机关则为崇关左右翼税局。自市政府成立后，凭单事务由土地局接办，契税由财政局接办。迨十八年土地局归并财政局，单契始一局制发。惟凭单费与契税仍分别征收，以凭单之本质而论，本有其存在之价值，在土地法未施行以前，自未可偏废。但税费两项既取自同一业主，征收方法又均按产价计算，管理机关亦复相同而名目各异，仍如旧贯，殊非合理之办法，复查其他各省市关于契税税率亦至不齐一。如南京市、汉口市契税税率买契百分之九，典契百分之六，上海市买契百分之八，典契百分之四，河北省、天津市买契百分之十二，典契百分之六，本市契税买契为百分之七，典契为百分之四，另收凭单费百分之二，若单契合并征收买契改为百分之九，典契改为百分之六，与各省市比较尚无出入，对于市民负担亦毫无增减。兹拟将凭单费之名目取消，暂行归并契税征收，亦划一税制化零为整之一道也。

（四）铺底税

北平商号习惯，往往因营业停止，其原家具或所租铺房曾经改建，若直接退租，一切用费无所取偿，故多转倒以取倒价，每一商号辗转租倒，而铺底权于以发生，实为本市时有之习惯为法院所公认。民国九年前京师左右翼税局呈准政部创办铺底税，按照倒价征收百分之二。此项税收虽迹近苛细。但本市商号十之八九有此铺底，遇有转移，经过官厅之审核登记以后，自可免除纠纷，习惯已久，商民称便。惟推其性质，似仍为财产转移税之一种，且含有保障权利之意，与契税上日趋相同。兹为划一税捐名称起见，拟归并契税内与买、典、建筑、永租各名目，按照现行税率征收之。

（五）牲畜税

查牲畜税现各省市大都存在。惟本市此项税收名目繁多，以猪、羊两项而言，其种类有：火车猪、入栈猪、闸猪、小猪、市猪、行贩猪、家羊、零羊、店羊、栈羊、外门羊、东道羊、阁羊之分别，征收方法既各不同，税率亦参差不一，显属苛杂，拟废除之。

（六）屠宰税

查屠宰税为消费之一种。惟既可转嫁，自非屠商担负，更非取自贫民，且税率单纯，征收便利，故目前各省市仍视为重要财源之一。至营业税法以之与牙当两税并列，规定营业税施行后，改从营业税征收一节，似仍有研究之余地，目前尚难遵办。

（七）牙税

本市牙税征收方法分为两种：(1) 就货按率征收。(2) 领帖设行缴纳常年税。其第一种有由财政局各稽征处直接自征者，如猪口、羊只、粮麦、石灰、鱼类、鸡蛋等是，有由各公会代征者，如芝麻油类、棉花、纸类等是，按照牙税之性质，自以第二种征收方法为正当。惟领帖设行，本应以居间经纪代客买卖，而于抽收牙佣中向官厅完纳定额税款，方合牙税原则。但以目前本市情形而论，所谓牙行无非借公家一纸行帖之名，以行其垄断中饱之实，病民害商莫此为甚，且纠纷争讼种种弊端，胥以此为厉阶。至第一种之各类物品中或关系民食或生活必需，且多属农产，际此农村破产民生凋敝之时，此项捐税实足以阻碍农村复兴加重贫民负担，况就货征收根本不合牙税原则，而此项就货征收之数，约占本市牙税收入百分之九十强，故亟应全部废除。

（八） 肠骨税

查此项税收系就猪羊小肠及兽骨运出外洋者征收之，历有检验性质。惟列在捐税项下，似近苛杂，拟废除之。

（九） 车捐

车捐为直接消费税之一种，对于人民负担力最称公允，故目前各都市皆视为重要财源之一，而列作正当收入也。

（十） 铺捐

查自营业税实行后，其类似营业税之各种捐税，依法应分别取消或改征。本市铺捐一项，同依营业额为征收标准，与营业税自不免重复。惟此项捐收每年收入将及四十万元，为本市重要收入之一，考其性质既不能改征营业税，若遽予废除，财政上将不敷甚巨，而抵补方法又非短期间所能筹措，况本市营业税自开办以来，迄未循入正轨，尚无显著成效，而此项铺捐办理将及三十年，人民纳捐习惯既深，征收利便整齐划一，远非新办之营业税所可及。为顾全地方收入计，对于铺捐应请特准暂予保留，俟营业税征收额增加足以抵偿停征铺捐之损失时，再行筹议归并。

（十一） 公益捐

查在前京师工巡捐局时代以本市洋商及国有营业未纳铺捐，有失公平原则，乃创办公益捐以补救之，其征收方法除洋商系自由认捐外，余均照铺捐捐率征收，故其性质与铺捐无异，拟与铺捐一并暂行保留。

（十二） 戏艺捐

此项捐收与营业税重复，拟按营业税法之规定，照原税率改征娱乐业营业税，原有普通营业税取消之。

（十三） 乐户及妓捐

此项捐收情形与戏艺捐同，拟照原税率改征乐户营业税。

（十四） 营业税

营业税为市组织法规定之正当市税，兹不论列。

（十五） 房捐

房捐为市组织法规定之正当市税，兹不论列。

（十六） 警饷附加捐

十七年春间，前京师警察厅以警饷无着，一面锐意整顿房捐，一面创办警捐附加，原拟定就娱乐场、汽车行、马车行、饮食店、保险公司、证券交易所五项征收加一捐，于十七年三月呈准，将娱乐场、车行先行开征，其余三项始终未办，至十九年二月改名为警饷附加捐。查此项捐收，其娱乐场部分，自表面观之似与戏捐不无重复之嫌，但戏捐征自场商，而加一捐系随券附征，取自顾客，含有寓禁于征之意，似不得谓苛细，拟请暂行保留。至汽车行、马车行，虽亦不免有娱乐奢侈性质，但车行须缴纳车捐、铺捐，担负已重。再以本市习惯论，车行之加一捐，并非如娱乐场完全取自顾客，故应即停征（警饷附加捐既将车行部分废除，其名称拟改为游艺捐，以符其实）。

（十七） 娱乐场弹压费

娱乐既征收戏娱捐（即现拟改征之娱乐业营业税者），又复负担弹压费，似嫌重复。惟娱乐场所公安局日夜派驻员警担任弹压，职责綦重，并有一部分薪饷耗费于此，即令负担稍重，求得谓之苛细，为化零为整划一征收起见，拟将此项弹压费归并戏捐一并改征娱乐业营业税。

（十八） 娱乐场慈善捐

此项捐收亦随券附征（不论票价，每券一份）取自顾客，其用途系专作社会局救济事业及公安局设立感化所之用，不入正款，收数无多，拟废除之。

（十九） 广告捐

广告捐为市组织法规定之正当市税，兹不论列。

（二十） 郊路养路费

原名长途汽车捐，凡汽车、马车、长途汽车出城，在郊路行驶时，另征此项养路费。查郊外公路原在市区范围之内，前项车辆既缴纳普通车捐，而驶行郊外又复收费，显然涉及重复，拟废除之。

（二十一） 贫民捐

贫民捐系向乐户征收，由财政局每月随乐户捐带征，拨交社会局充作救济事业之用，不入正款，月收仅四百余元，迹近苛细，拟废除之。

（二十二） 粪厂捐

按照粪厂资本征收千分之一，每年仅收六百余元，性质苛细，拟废除之。至对于粪厂，除由卫生处加以特别管理外，另课以肥料业营业税，似较合理。

（二十三） 厕所捐

按出产量列等征收，每所自二角至二十元不等，每年约收三千余元，现指充改建市内厕所专款。惟此项捐收考其性质殊不一致。（1） 公立厕所由打扫人缴捐，其性质似为售粪收入。（2）公地私建厕所其性质有类地租。（3） 私地自建厕所纯粹为捐的性质，但此类捐收占极少数。依上分析，此项捐收名目，应即废除。除第三种厕所关于设立地点，应由卫生处严加限制与取缔，不再收捐外，其第一种厕所拟改为售粪收入。第二种厕所拟改为地租收入。

（二十四） 自治附加捐

查此项附加捐系随契税、房捐、铺捐三项带征。契税按产价带征百分之一，房捐、铺捐均按正税百分之五带征，每月由公安、财政两局于收齐后，拨交本市自治专款保管委员会支配，各自治区之经费按其性质，固仍为市政经费之一种。惟本市其他收入均有一定之正当用途，初以无法挪腾，故创办此项附加。本市各种捐税向无附加，以视其他各省市之名目繁多，重叠征收，自较稍胜一筹。本市仅有此一种附加，似不为苛，拟暂请保留。

以上全市各种捐税费共二十四种，按照上述整理计划，其照旧征收者计：田赋、契税、屠宰税、车捐、铺捐、公益捐、营业税、房捐、广告捐、自治附加捐等十种。拟全部废除者计：牲畜税、牙税、肠骨税、慈善捐、郊路养路费、贫民捐、厕所捐、粪厂捐等八种。拟一部分废除者有：警饷附加捐一种。拟全部归并者计：凭单费、铺底税等二种。拟改征营业税者计：戏艺捐、乐户及妓捐、弹压费等三种。全年收入约计减少如下数：

（甲） 全部废除者

1、牲畜税，每年减收约二万元。

2、牙税，每年减收约十九万元。

3、肠骨税，每年减收约五千元。

4、娱乐场慈善捐，每年减收约一万七千元。

5、郊路养路费，每年减收约二万五千元。

6、贫民捐，每年减收约五千元。

7、粪厂捐，另征营业税收入无损失，故不列。

8、厕所捐，改为售粪及地租收入无损失，故不列。

（乙） 一部废除者

1、警饷附加捐，（取消重行加一捐，其娱乐捐部份改为游艺捐）每年减收约一万五千元。

（丙） 全部归并者

1、凭单费，照原费率归并无损失，故不列。

2、铺底税，照原税率归并无损失，故不列。

（丁） 改征营业税者

1、戏艺捐，（取消原有普通营业税）每年减收约二千五百元。

2、乐户及妓捐，（取消原有普通营业税）每年减收约七千五百元。

3、弹压费，全部改征营业税无损失，故不列。

全年共计减收约二十八万七千元。

三、税制整理后收入减少之抵补办法

查本市收支不敷情形，业如报告书所述，在此财政状况之下，而整饬税制、废除苛细、裁减重复，如无确定抵补办法，则捉襟见肘，财政上将益无法维持。按照上节整理计划，其所裁减之各种捐税，均行之有年，各有正当用途，诚如汪院长俭电所示：各地方捐税之种类，固甚繁多，惟多有一定之用途，且达相当之数额。且本市教育文化经费，每月将近十万元，以前均由中央负担，现归市库支出，而中央补助教育费月仅二万五千元，相差甚巨，故为保障教育经费计，财政尤应力求稳定，本市各项捐税，如照整理计划所拟立即实行，则所有亏短抵补之道，自以恳请中央如数予以补助，以免另行增加市民负担为上策。万一必须地方自筹抵补之法，亦必妥慎筹议，斟酌尽善，以不再涉及苛杂，而易于推行，收数准确为原则，但对于新订抵补方法，应请中央明令特准，庶免窒碍难行，兹拟具抵补方法两种分述如下。

1、举办筵席捐

筵席捐在南京、汉口、杭州、广州各市征收已久，华北各市区尚无仿行者。查此项捐收随菜食附征，取自顾客。顾客开筵设席，本有奢侈性质，就其征税而言，似为奢侈税之一种，且捐率低微，顾客亦决不至吝此少数捐费，而对于宴会有所顾惜，故于采馆业本身并不感受任何影响。可以断言，兹经调查本市菜馆．全年营业额约在三百万元以上，即以三百万元计算，按百分之五征收筵席捐，年收十五万元，此项捐收应增经费年约三万元，实增收约十二万元。

2、改订屠宰税税率

查本市屠宰税税率原为，猪口四角、羊只三角、牛只三元。兹拟改为，猪口六角、羊只四角、牛只四元，此项办法表面上似对于屠宰加重负担，但考其实际，又不尽然。查猪口除屠宰税外，原尚应纳牙税一角二分，又牲税五分至一角二分不等，羊只原尚应纳牙税一角，又牲税一分至四分不等，牛只原尚应纳牙税一元，又牲税四角。兹既废除牲、牙两税，而对于屠宰酌加税率，无非化零为整，并不超过原有之担负，至商民纳税手续便利更无论矣。再查河北省暨天津市之屠宰税税率为猪口六角、羊只四角、牛只四元。此本市改订税率又非毫无根据也。如按新税率征收，以本市二十二年份屠宰税收数比例计算，全年应增收十一万元。

以上两种办法，如中央予以核准，推行无阻，每年可增收二十三万元，以之抵补裁减之各种收入全年尚亏短五万七千余元。牙税废除后，其各行业原无营业税者，自可照章补征营业税；再牲牙各税取消后，行政费亦可减少二部分。此外，车捐、房捐、营业税更严加整顿，弥补上数，或非难事也。

四、本市收支预算不能适合之抵补办法

本市直接收入供应各项支出，全年计不敷一百二十余万元，即令中央补助各款能如预算所列拨给，尚亏短五十余万元，已如报告书中所述。前节所拟抵补方法，仅就税制整理后因现有收入减少，一种消极的维持现状办法，欲积极的谋收支适合，扩充事业费，则势非另辟财源，创办新税不可。按租税原则，以公平负担为第一要议。本市现有各种捐税偏重于消费税，担负税款者既无贫富之分而转嫁又易。本市人口号称一百五十万，但贫民实居多数，此种税制殊背公平原则，故此后举办新税似应力矫此弊，以期公平。查土地政策为本党既定政纲，而征收地价税又为平均地权之有效方法。现沪、杭两市业已开始举办，其他各省市势将次第推行。本市地政落后，设施均极浅陋，最近中央颁发之举办地政程序大纲，条理明晰，指示详尽，本市亟应筹办，以为开征地价税之整备，俾本党政策得以早日推行，地方财政有确定收入。惟地价税开征以前，须经过土地整理之程序，如测量、登记、估价，诸手续颇为繁重，本市区域既极广阔，地政又向未请求举行，上项程序予计非二、三年不能竣事。是地价税须在二、三年后始得开征，且在此时期办理地政需费甚巨，收支将益感不敷，为谋补救，不得不有一种合于公平原则之税收，以为过渡办法。查本市房捐照章应由房主担负，但按诸实际，大多转嫁于房客，故在地价税未实行之前，房主坐享收益，毫无负担，固属不平之甚。但房客居住本市，既享受治安及公益事业之利益，若对此毫无负担，亦非持平之道，是房捐在任何一方独力担负，均不合公平原则。查南京、上海各市之房捐，章程明定，由房主、房客各半负担，立意至当。本市自可仿照施行，更为救济目前本市财政计，按照原额加征半数，合并由房主、房客平均担负，以为过渡办法，俟地价税实行后，即恢复原额，责令房客单独负担，此种办法以视由房主或房客单独负担者，实际上仍有减无增，但此种办法专指住房而言。至本市商铺负担各种捐税原较普通住户为重，则仍照旧章办理，以示公允。

〔国民政府军事委员会委员长南昌行营档案〕

4. 国民政府军委会抄发曾鉴等陈请规定川省兵额及统一财政条陈训令

（1935年2月13日）

国民政府军事委员会训令　秘（训）字第1362号

令本会委员长行营参谋团

案据曾鉴等艳代电，陈请规定川省兵额及统一财政，并请中央特筹巨款，为川民统一财政等情，到会。查所请特筹巨款一节，现当中央财政支拙，碍难照办外，其余规定川省兵额及统一财政之条陈，尚有见地，合行抄发原代电，令交该参谋团参考。此令。

计抄发原代电一件

委员长　蒋中正

中华民国二十四年二月十三日

抄原代电

南京国民政府军事委员会委员长蒋钧鉴：窃川省今日之大患除共匪外，更无有如防区之烈者。查川省防区轫始于民国八、九年，形成于民国十二、三年，嗣后愈演愈烈，竟至各防区之长官俨然视其防区为一国，自由练兵，自由征粮，事事自由，几不复知有国家之纪纲，政府之命令。以往川省养兵之多，征取之重，战争之频繁，与夫年来赤匪之养成，诸军剿匪步调之不能齐一，皆此防区恶习阶之厉也。悉举其害，罄竹难书，国人皆知，此不赘述。顷者报载钧座有为川省规定军额、统一财政，藉以消灭防区之议，全川人民咸相额手，以为将出水火而登袵席矣，但不知钧座已决心否。鉴等年来亦以财政之整理为救川之第一大计，曾经于去年秋冬之间数数向刘湘督办陈说，并曾经官绅会议议决，当时以为如果规定军额统一财政，其利益有十端。(一) 可消减防区也。(二) 可整理民财政也。(三) 可减轻人民痛苦也，以免前方剿匪后方造匪也。(四) 可剔除中饱，如县长团甲之手续费及各军旅团之克扣也。(五) 可发足饷项，以免士兵饥寒，不能作战也。(六) 可使各级军官不因宫室妻妾财产之萦心而堕其杀贼报国之志也。(七) 可使各军不以饷源之关系多屯兵于后方以误戎机也。(八) 可认真选择县长把握民众，不致因饷源关系而受各军牵制也。(九) 可使各军师长无防区内民财政之分心，得以专一研究匪情，计划军事训练队伍也。(十) 可由财政之统一，达到军令、军制、军械、军学等种种之统一也。往时江西剿匪，军座曾标有三分军事七分政治之口号，夫规定军额统一财政，乃川省政治之大者，既有拟议，鉴等亦如钧座，必能决心行之矣。惟说者以统一期间何来经费以作过渡，又以统一之后四川粮税究应如何征取，鉴等则以为川省赤匪既有中央负责派兵剿办，或一年或二年肃清之期，当亦不久，果能剔除中饱公开预算，在此剿匪期间，或加重粮额而征一年，或仍旧额而征两年、三年，川民皆必欣愿，因现时所征者尚二倍三倍于此，且所加又只限于剿匪期间故也。至于过渡经费，鉴等以为川省本中央版图，川民亦中央赤子，值此民生枯竭、匪患披猖之际，中央应为特筹一笔巨款以为川民统一财政。俟将共匪肃清，川省财力稍裕，再行取偿于川，川民亦必欣悦而不能有异说也。抑鉴等近见川民疾苦，赤匪纵横，思为军民兼顾之图，以作长久可持之计，尤觉除统一财政别鲜良策，幸钧座洞鉴及此，鉴等以夙愿将偿，衷情益热，用是，特电敦促，务望钧座毅力主持，早颁明令，以救川民，不胜感激屏营企盼之至。

曾　鉴（印）
方　旭（印）
徐　炯（印）
刘咸荣（印）
尹昌龄（印）
李固基（印）
徐孝刚（印）等叩艳

国民政府军事委员会委员长南昌行营档案〕

5．刘湘陈请整理川省财政办法及统筹发放军饷呈

（1935年3月10日）①

窃查川省财政，久濒绝境，整理爬梳，自非易易。兹谨就目前急务，撮举大要如左。

（一）发行公债，整理金融。川省历年所发证券，计票面额数六千六百余万。未还本金，四千三百余万。又短期欠款，四千六百余万。均以各种税收作抵，各税既经抵完，收款多难动支。平时所赖以腾挪周转者，惟恃地方银行钞票。前次朱毛窜入黔北，川中人心，异常震动。前线士兵，全领地钞，一闻此耗，解体堪虞。万不获已，始议发行公债一万两千万元，以为整理之计。以田赋为债息，以盐税为债本，定期一百二十个月，月息四厘。自一月份起，发息不还本，自七月份起，还本兼付息。举凡以前所发五十个月以上之证券，概照票面余额，换给新债券，计凡八种，未还本金三千五百九十余万。其十二个月以下之证券，及短期欠

① 收文时间。

款，概以公债券照六折还给。此项证券，计凡两种，七百七十余万。

（二）各军饷项，借款垫发。川省防区恶制，相沿近二十年，非予铲除，末由统一。兹定自三月份起，实行统筹发饷。在此过渡期间，戍区既未尽接，赋税尚难遽收，非先垫支肆百万元，则统筹徒托空言。失此良机。已嘱财政厅厅长商同财政特派员，电请财政部，于本年三、四、五三个月内，借给四百万元，为统筹发饷之用。自六月份起，就田赋特征临时军费项下，分六个月平均缴还。一面先向商家负责借贷。

（三）剿匪战费，前次中央准予协济剿匪经费两百四十万元，只以三个月为限。彼时本只为北岸军事而言，朱毛窜近南岸，势须南北兼顾，非三个月内可告肃清，查二十四年度川省全年收入，不过八千万元。支出经常军政费，已逾七千万，还债本息，约计一千一百余万；再加作战之费，又须一千六百余万。入不敷出，计在一千七、八百万元。值此民穷财尽之秋，虽欲竭泽而渔，亦苦无可征敛。职仰荷殊知，畀之重寄，对于军事，责有难辞，敢不尽力防剿，以期仰答高厚。无如战费尚差，深恐难资腾饱，绕室徬徨，无可为计，此不得不沥陈钧听，仰求训示者也。

以上三端，皆川省财政目前切要之图，各陈梗概，伏乞钧座鉴核示遵。谨呈

四川剿匪总司令兼四川省主席　刘湘

委员长蒋

中华民国二十四年三月　日

〔国民政府军事委员会委员长南昌行营档案〕

6、蒋介石孔祥熙等关于整理四川财政往来电文

（1935年1月—9月）

（1）谭光致李傥电　（1月19日）

急。南京李秘书长勋鉴：顷接重庆陈特派员、刘厅长京秘巧

电，文曰：孔部长钧鉴：京密。窃绍妫奉命来川整理财政，抵渝以来，逐日与航琛会商整理办法。查川省国、地两税，除关税、盐税以外，皆系混杂征收，并无分设机关，专理其事。值兹剿匪军事急迫，万难着手划分分设机关，且在此紧张时期，支用浩繁，专以国税供应军费，不免相差过巨。无已仍照旧例，以地方税一并拨作军费，应付剿匪。惟是国、地两税既仍照旧统筹，属于管理职权，由航琛与绍妫会同面谒刘主席商定，暂由绍妫与航琛共同负责办理，所有征收人员，亦暂由职署委任试用，职厅另行加委，全部国、地税款，概行报解国库，并随时呈报钧部，听候钧令支拨。在此时间，虽属仍照旧例征收，而有属于苛杂性质之捐税，自当随时分别□请废除，其余有征收手续过于繁琐者，亦当加以改革。一面互商划分国、地两税办法，俟接收就绪，即可实行。除由绍妫、航琛开始筹备外，理合会电，呈乞俯赐照准，迅电祇遵。职绍妫、航琛叩。巧。等语。弟处无此密本，请饬速译，用部密转下，以便转陈。再，该京密电本请饬照抄一册，本晚专差携沪备用。弟光叩。皓。

(2) 李毓万致李傥电 （3月2日）

南京。财政部李秘书长鉴：顷接陈特派员电一件，因此间未有蜀密本，特照原码拍去，请饬译，另用度密拍来为盼。原码如下：财政部孔部长钧鉴：蜀密。前在申与刘厅长航琛请示并经会议，将川省苛扰税捐次第废除，中央改办产税，地方改办营业税，并蒙允准。返渝后往晤刘主席面告此事，虽未明示反对，但其口气似有不肯放弃旧有税捐之意。顷晤税捐局总办嵇租佑谓，已将该局改称地方税局，化零为整，照旧征收货税，不再举办营业税。似此情形于请示方案前后不符，且与裁厘改办产税亦生窒碍，似应请钧部于令饬改办产税时，同时令饬省方迅将旧有百货税捐裁废，改办营业税，俾易磋商。是否可行，乞鉴核电示。职陈绍妫叩。东。弟万叩。冬。

(3) 谭光致财政部秘二科电　(3月8日)

南京秘二科鉴：顷接陈特派员蜀密电一件，此间无此密本，即希译就电复为荷。谭光。庚。原电如下：蜀密。交还川省财政，各军早有表示，但前因新省政府尚未成立，遽难实现。迨成立后，职又因要么与刘厅长航琛飞沪请示，返渝后迭次商促，因地方税务尚未由军部完全移交财厅，致国税亦受羁连。昨始由善后督办公署将廿一军代管国税一部份卷宗派员交来，闻其中缺漏甚多。据财厅人员非正式表示，谓尚有不必移交及不便移交者，殆由军治时代多不合法，故只能交出一部份卷宗，聊以塞责。此军如此，他军可知。职此次入川　既非查办性质，安敢苛求既往，兹特姑为接收，拟随时密查，一见非法事迹，即逐步和平纠正，如私制印花，已会同省府布告废止，私币、私钞亦请由军事委员长严令禁发。现渝串已实行停止，得寸则寸，徐图匡诱，渐纳正轨，他军财政，亦正会厅催收，谨电密闻。职陈绍妫叩。庚。印。

(4) 蒋介石致孔祥熙密电　(3月7日)

财政部孔部长勋鉴：浚密。亲译。四川财政与金融方案，必须派得力而负责人员前来，俾乘中正在川期间得以解决一切。此时整理川中金融，应以统一币制与统制汇兑为惟一要件，财政犹在其次。对于整理川省金融与财政之公债，只要其币制与汇兑照中央方案，则不妨由中央正式承认发行，如何？中正叩。虞未。机渝。印。

(5) 陈绍妫致徐堪高秉坊密电　(3月16日)

钱币司徐司长、赋税司高司长：利密。整理地钞办法，委员长极为赞许，已与刘主席接洽，按月准照原案拨付五十五万，为清理之用。前次飞京请示部座，急以阮、关两君清理其事，拟恳转呈部座早日发表，但清理事繁，不免有用人开支之处，似应按月酌给经费，以利进行，可否由部规定数目，令饬财政厅设法拨给，伏祈转呈部座，并乞电示为祷。陈绍妫叩。铣。

(6) 谢霖致孔祥熙密电（5月13日）

南京李秘书长：光密。转呈部长钧鉴：奉元电谕，偕关吉玉即日飞沪等因。惟以审查债务报告及整理计划，杨秘书长限本星期完成，待委座回渝核办，因此至少须念一方能飞沪。至地钞整理，财厅应拨补准备金七百万元，须整理债务办法确定方有着落，故草拟整债计划尤不可缓，拟请准延至本月念一偕关君一同飞申。再，今日电陈地行拟以地钞九折押借渝券五百八十五万元，用以收回抵解证，取消划帐贴水一节，默察市情，此事如先准办，则市面稳定，地钞迟至下月实施整理，亦无妨碍，是否有当，统候核示。职谢霖叩。覃。

(7) 李傥致谢霖密电稿（5月15日）

重庆谢特派员霖甫兄勋鉴：光密。覃电已呈阅，奉谕：来沪日期如能提早，尤为企盼。至地钞押借渝券一节，同时接到蒋委员长来电，因此项封存之钞系在中央允于收回二千三百万元数目之外，准备不实，且渝行力有未逮，碍难照办，业已由部座电复委座矣。特此奉达，即祈察照。弟李傥叩。咸。

(8) 谢霖致刘航琛密电（5月23日）

重庆特派员公署：利密。译转刘厅长航琛兄鉴：弟昨到京，当由部座召商整理地钞实施办法。部座询及贵厅应筹补之七百万元如何办法，弟当答以我兄所示于整理办法实施之前，先拨三百万元，其余四百万元，于两个月内每月末日各拨半数，但请对于整理川债办法早日决定，方可周转等语，详为陈述。部座认为可行，并定六月五日为实施之期，应请吾兄将现款三百万元于本月内如数拨交中央渝行，以便届期实施，其余四百万元，分六、七两月拨交。至实施方法，并已议定，届时应由政府公布中央渝券及地行钞票同样行使，同价汇兑，辅币券须同时整理。又，中行借款并照省府原咨以川币计算，其他详情，另有部电，即希察酌电复。至整理债务办法，正在商议。弟谢霖叩。漾。

（9）李傥致谭光密电稿（5月24日）

限即刻到。上海中央银行谭秘书勋鉴：部密。昨致蒋委员长漾电钱电，前段略叙以前往返电商情形，中段将此次拟订办法四条开列：（一）川省旧债，据谢报告，均已换成自发之金融公债，计七千三百万元，平均市价为三折一五左右，实价合二千三百万元。（二）现拟由中央发四川剿匪善后公债五千万元，二千六百万元充整理旧债之用，余充四川剿匪军事及善后建设之用，请由钧座主持分配。（三）此项公债周息六厘，九年还清，由川盐税内月拨七十万，以补助费名义扩充基金。（四）川省收支整理，仍责成财厅会同特派员参照前定整理办法大纲切实进行。末段略云：以上各节统希察核见复，以便拟具条例，提请施行等语。特达。弟傥叩。敬。

（10）谭光致孔祥熙密电（5月28日）

南京。部长钧鉴：部密。顷接川省刘财厅长复谢总秘书电，文曰：有电奉悉，特商于次：（一）三百万于本【月】底交出，各行庄定期地钞存单。（二）封存地钞，顷因贴水高涨，奚经理函请由杨秘书长饬由敝厅设法平复，已于二十二日启封，钞水当即消灭，现实无法使其缴回再行封存。（三）省府早系入不敷出，差数极巨，所有整钞之七百万能否周转，全在债务有无办法，此次指缴之三百万，亦由金债押来，吾兄既已将非债务有法解决及省府不能周转情形呈明部座，仍望转请早日决定公布。（四）弟明日飞蓉，一周内可返。特此奉复，敬希垂【察】。弟航琛叩。感。等语。除由霖甫电刘询问定期地钞存单是何性质外，谨电呈转。光呈。俭三。

（11）孔祥熙致蒋介石密电稿（5月28日）

成都
重庆蒋委员长钧鉴：猷密。发行公债整理川省债务并筹措军事善后费用办法，已于漾钱电详为陈明。现因川省剿匪军事积极进展，规划善后不容稍缓，而整理金融办法既已决定，克期实施，整理债务与整理金融，尤应衔接而行，藉以安定人心，巩固后方。惟公债条例应经立法程序，须有相当时日，方能公布施行。为急赴事机起见，业于本日行政院会议提出通过其条例内容，除偿还年限缩短为八年外，其余均与漾钱电所陈相同。至用途分配，漾钱电亦已详加申叙，谅荷赞许。如预定数字有必须增损之处，仍乞主持支配为祷。弟〇叩。俭。秘。印。

（12）孔祥熙致蒋介石密电稿（5月30日）

成都蒋委员长钧鉴：俭已机蓉电奉悉。浚密。华北形势紧张，川局安危，尤关重要。洵如尊电所云，所有川省经济有关各问题，自应仰承尊旨，从速进行，以安人心，而奠大局。查整理地钞办法，部、行两方于万难之中业已准备就绪，只俟川财厅履行前约，立付实施，发行公债以调换川债，协助军事办法，亦已提经中央核定，移付立法院审议，即可公布施行。两案内容经督同负责人员详慎考虑，先后于梗钱电、漾钱、俭秘各电详陈，想荷鉴及，亟盼鼎力主持，并责成川省当局体念国家之艰难、市况之凋敝，按照中央所定最平允之办法切实办理，毋稍因循，致滋延误。至运现入川一节，事关市面金融、国家大计，当尽力之所及，妥为筹维，藉纾廑注，专此电复，诸希亮察。弟〇叩。卅。秘。印。

(13) 蒋介石致孔祥熙密电（6月2日）

限一小时到。上海、南京孔部长勋鉴：卅秘。世沪各电悉。偕密。对于川债内情已详另电，如此事不于本星期内决定公布，一俟华北多事，则川事更难处理，望速照第一案发行七千万元，以为救川救国一线之生机。此时方针，当重在先定川局，再图大局之挽救。故多费几钱，总在国内民间，不算吃亏，切勿作普通事一律看待也。中正。冬午。机蓉。印。

(14) 蒋介石致孔祥熙密电（6月4日）

限三小时到。上海、南京孔部长庸之兄勋鉴：俭秘电支日始接到。偕密。延迟太甚，中央发行公债五千万，决不足分配，三五折掉换尤办不通。业经迭电详述，计达尊览，请即查照谢特派员所拟之第一案，决定发行七千万元，于本星期内议决公布为妥。弟中正。豪酉。秘。

(15) 谢霖致邹琳密电（6月8日）

次长钧鉴：光密。地钞整理事本应即日宣布，惟现款不多，将来中央渝钞及地钞是否一律只汇不兑一节，关系甚大，似应明白宣布，以免将来办理困难。职现乘机赴蓉，切实商议，再定实施日期，特先电陈。职谢霖叩。庚。

(16) 孔祥熙致蒋介石密电稿（6月11日）

成都蒋委员长钧鉴：浚密。川债案明日立法院开会讨论，本可照案通过。因对于吾兄遇丑秘蓉电指示各点，弟曾于齐、青各电详陈并请示，尚未得复，故请院先作初步审查，并将条文内所定在四川省内自由买卖抵押句中，在四川省内五字删去，以免地域上之限制。至其他各点，关系事实，俟得复后，如有必要，再请修改，特电奉闻，而祈亮察。弟〇叩。真。京秘文。印。

(17) 谢霖致李傥密电（6月13日）

南京。财政部李秘书长倜君兄鉴：利密。弟今返渝，地钞整理事已遵部长鱼钱沪电并照弟上部座蓉佳电、蓉青代电所拟办法宣布，自本月十五日起实行，乞转陈。弟谢霖叩。覃。

(18) 关吉玉致孔祥熙密电（6月14日）

财政部赋税司高司长译呈上海部长钧鉴：赋密。适与刘航琛厅长晤谈在川推行申钞办法，伊亦赞同，惟不晓沪总行方面有何困难。关于川新债禁止在沪交易所挂牌意见，伊亦相当同意。又，举办房捐、整理田赋、举办营业税等等，令补收入不足，伊亦表示愿行。机即起飞，容到蓉详禀。职关吉玉叩。寒。二。

(19) 李傥致李毓万密电稿（6月18日）

上海。部长公馆李参事勋鉴：度密。巧电悉。致蒋委员长真秘京电，系报告川债案立法院初步审查事。又齐电除川债外，并述及川特派员人选问题。又青电有四：一、川债事及盐税库券跌落。二、报告已将川债仅在川省通用字样删去。三、商榷川债基金。四、俟川钞整理就绪，拟将谢霖调回。齐一、青四均系沪处所发，并闻。弟李〇叩。巧。

(20) 蒋介石致孔祥熙密电（6月18日）

孔部长庸之兄勋鉴：感钱沪电敬悉。偕密。兄如确认为有十二年之必要，可即决定为十二年，请即发表，勿再因此延缓为荷。弟中正。啸亥。秘蓉。蓉来沪转。

(21) 孔祥熙致蒋介石密电稿（6月19日）

成都。蒋委员长钧鉴：偕密。四川善后公债一案，遵照迭电所示，已将谢特派员所拟第一案提出本日中政会议修正，大体通过。惟会中意见，以第一年每月所拨基金数目畸零，计算不便，嘱部改算。兹拟第一年月拨四十七万元，第二年起仍照谢案月拨九十三万元，定期九年偿清，另拟还本付息表，即日补送中政会议，并将四川通用银币改为通用国币。特陈鉴核。弟〇叩。皓。钱京。印。

(22) 李傥致关吉玉密电稿（6月21日）

重庆。四川财政特派员署关代特派员佩恒兄勋鉴：京密。四川善后公债，已由部遵照蒋委员长迭次来电，将偿还期限改为九年，昨日提经中央政治会议通过，将来当仍照原案以四千余万元整理旧债。惟川省发行金融公债，原为一万二千万元，中央整理者，为已掉换软硬性各债部份之七千三百万元，其余四千七百万元向充地钞准备，此部份债券是否发行，如已发行，现存何处，亟应查明。又，前准刘督办致部座歌电开：川省府应补地钞准备差额七百余万元，余以整理四川金融公债一千一百万变卖现金等语。此项变卖之一千一百万元是否在七千三百万元以内，抑余由地钞保证准备项下挪动，并希查明见复为荷。弟李〇叩。马。

(23) 关吉玉致李傥密电（6月24日）

南京。财政部李秘书长倜志赐鉴：京密。马电奉悉。查四川地方银行应于地钞实施整理时，缴出原拨准备之川金债四千六百万元及除去债额七千三百万元，尚多出金债一百万元，共计应缴出四千七百万元，已函请川省府一并缴署，并经呈报钧部在案。现尚未准省厅函复。至刘督办歌电所称以金债变价抵补地钞准备差额七百余万元一节，拟即函川省府询催，俟复到一并奉达，谨先电复。吉玉叩。敬。

(24) 孔祥熙致蒋介石密电 (1935年6月)①

成都蒋委员长钧鉴： 密。遇丑秘蓉电敬悉。兹特分复如次：(一) 谢霖携京第一案关于基金数目定为月就盐款提拨九十三万元，系就川省原发金融公债基金一百四十八万元除去整理地钞应拨五十五万元所得之数，实则四川部分盐税迭经询据盐务稽核所称，照最近三年实收额平均计算，年只九百万元，除应摊外债基金一百六十万元外，年仅七百四十万元。现以月拨七十万元为善后公债基金，应摊外债数目尚有短缺，中央发行公债，首须巩固债信，基金自应力求确实。谢霖所拟九年还清，数既不敷，且四川部分盐税余款既只此数，而其他税款均有一定用途，无可指拨为基金，所限公债偿还年限，自不得不酌予延长。(二) 公债基金系以四川部分盐税拨充，此项税收皆系当地通用银币，为求基金确定，自不得不采用四川通用银币字样。且该项公债除还旧债外，其余部份尚须在川募集。查川洋与国币现在每千约差七十元之谱，倘用国币，则承购者必须照市补水，转增川民负担，一俟川币改铸，则此项规定即与国币并无区别。(三) 近来国内金融紧迫万分，上海尤甚，公债市场深感萧条，发行新债必致动摇市场。廿三年度即将终了，国库不敷之数，前曾商拟发行公债以资弥补，迄今尚不敢办。川债如在上海发行，不惟无法发出，深恐影响市场，危及全局。况中央各种公债一律以关税为基金，按月由总税务司拨交国债基金保管委员会，基金收入概在上海，故在上海市面流通。今川债系以四川部分盐税为基金，保管委员会必需在川成立，其发行故定于川省，并指定重庆中央银行为经付本

① 系孔祥熙致汪精卫等函之附件，时间系根据文意判断。

息机关。（四）目下上海银钱各业凡有公债者，均急欲脱售，尚无市场，何有实力消纳新债。川债如在沪发行，即使勉强脱售，价格必甚低下。在沪价既低落，在川更形影响不良。况广东近已提出发行一千五百万公债，山西及其他数省亦有拟发行公债之请求，如在沪发行之例一开，上海公债市场筹码突然大增，将致中央公债价格同受影响，酿成中央财政不可收拾之局势亦未可知。若在川发行，以川省商业金融情形观之，该项公债既可作为银行兑换券、保证金、储蓄存款、保证准备，仅以中央渝行领券而论，即可消纳大部，用途甚多，其价必较在沪发行为高。总之，中央之视四川如同手足，事苟有利于川省，即可分兄之劳，并纾中央西顾之忧，弟无不竭力赴之。数月以来，对于川省财政金融以及剿匪军事兼筹并顾，久已煞费苦心，谅荷明鉴。如川民再有要求，似不如将川省原发金融公债由中央予以追认，以遂所欲；或由兄详审利害，另行开支方案，弟无不如命办理。至中央剿匪军费，自有财部负责，尤盼远释廑念，如何之处，统候裁示。弟〇叩。

（25）蒋介石致孔祥熙宋子文密电（7月1日）

特急。南京孔部长庸之兄并译转宋委员子文兄勋鉴：啜密。顷另致庸之兄手启电计达。刻悉昨日渝市因中、中两行不允押借，川省府金债一切收交立□停搁，市面危险万分，再不解决，势必完全崩溃。此纯属一时之筹码周转问题，决非中央对川加重何种负担，务请两兄另分电重庆中、中两行，照弟之感酉电令准予押借，俾资维持，并盼立复。弟中正手启。东申。秘蓉。沪寓转。

（26）关吉玉等致李傥等密电（7月2日）

李秘书长、高司长、李参事勋鉴：京密。渝市金融界请国、央两行借款四百万元一案，京、蓉两方政见不同，委座已有东电再致部座，一面电令厅、署与两行洽办，并饬通知银钱两会，至不得不遵照宣布，势难请委座收回成命。且闻商人又将飞蓉，请求径电两行遵办，其势将趋僵局。平心而论，银钱业处此困境，实为省方所累。以新公债二五折抵押，尚属可靠，借额既不多，还本一月，为期亦不远，逾期自可由行照市处分。渝央行现集存地钞甚多，似不妨藉委座东电，予以通融，万一委座径令两行遵办，转幸部座慎重综核之意，务乞公等密恳部座与次长相机核办，勿再严持，致或为人所间。至已将渝市实在情形迭电呈部，毓旁观较明，未敢缄默，用是披沥奉陈，统希察照示复为幸。关吉玉、阮毓麒同叩。冬。

（27）蒋介石致孔祥熙密电（7月2日）

急。南京孔部长庸之兄勋鉴：浚密。现在四川财政之实情及今后整理办法，已译弟之手函及附件中，日前交航邮径寄上海尊寓，注明亲启字样，计冬日当可达览。此件关系重要，其中与兄商讨各点，卓见所及，盼即速电复，因七月以后即拟照此办法推进也。弟中正。肖未。秘蓉。印。成都来沪处转。

（28）孔祥熙致奚炎密电稿（7月3日）

重庆。中央银行奚经理览：乾密。冬电悉。渝银钱业以公债抵借款项事，可会同中国酌定最低数目，妥为洽办。但其款只准在川省市面周转，不得汇出。仰仍将办理情形随时电陈备核。除电复蒋委员长外，特电遵照。总裁孔。江。印。

（29）李傥等致关吉玉等密电稿（7月3日）

特急。重庆关特派员佩恒兄、阮委员衡甫兄勋鉴：京密。冬电敬悉。当经转陈，奉谕：渝市银钱业请国、央两行借款一案，若为渝市一时筹码周转之用，不至增加总行方面现金支出，未为不可。惟所虑者，如借出地钞，银钱业持作申汇，则在沪势必付现，总行调度必更困难。现当全国金融紧迫之秋，沪市为金融枢纽，设一出险，则全国经济崩溃，两行同负有统筹全局之责，惟头寸有限，自不得不郑重顾虑。姑准所请押借，但只许其在渝市流通，不得持作申汇，等语。已照此意电复委员长，特达，即希查照，妥慎洽办为盼。弟偿、坊、万叩。江。

（30）孟也义致孔祥熙电（7月4日）

庸翁夫子钧鉴：窃查委座请中、中两行借款四百万元一案，新公债抵押，既属可靠，期限一月亦甚短，且委座一面电商吾师，一面已电令财厅、特署与两行洽办，并已通告商人，成命颇难收回，商民又将于今日飞蓉请愿。睹此情况，似可予以通融，用免弄成僵局，为奸人离间。生孟世义叩。

（31）关吉玉致财政部密电（7月15日）

南京。财政部钧鉴：元沪处电敬悉。利密。关于筹办统税一案，业经川省府函复赞同，由职另电专案呈报。至职灰电所称：杨秘书长及刘厅长商由职偕刘飞沪，面陈川省最近财政情形。奉谕：来沪之行，现可不必。等因。自应遵照。惟职在蓉最后奉委座传谕：职与刘厅长应于赴沪回川时，再行来蓉报告一切。兹又奉委座寒秘蓉电：顷致孔部长一电，文曰：此间金融财政之实际情形，有与兄透切说明之必要，特嘱关吉玉飞京面陈，请加详询，并予采纳，等语。特转达，等因。委座此电计承钧察，此外省府及各方均有意见，嘱职转陈。可否偕刘厅长克日飞沪，并从速返渝之处，敬候电示遵行。职吉玉叩。删。印。

（32）蒋介石致孔祥熙密电（8月11日）

限即刻到。孔部长庸之兄勋鉴：东财电悉。渣密。地钞不兑现、不汇之结果，江日渝市汇价立涨至二百余元，以钞换洋，补水至六十余元，已酿成因挤兑而死伤之惨剧。连日资中、内江各地更风潮迭起，市面恐慌，地钞与现洋比价竟低至九折以下，各军伙食亦即折扣一成，形势紊乱，岌岌不可终日。弟驻节其间实瞠目，无可为计，更不能空言慰藉。所有维持地钞办法，弟已于佳辰机蓉三电详言之，切盼迅予决定采行，立候复示。弟中正叩。真戌。机峨。

（33）徐堪致孔祥熙密电[①]（8月16日）

亨密。顷得刘航琛上钧座电，文曰：返川到峨，本日回渝。在峨陈述在申奉谕各端，行营均认为妥洽，惟对地钞价格能否维持一点，不无顾虑。职亦反复说明钧座意旨，刘主席对派出三百五十万事，认为现在地钞、本钞价格相差将至八折，未可实行，并因收支均属地钞，如合为银元，每兵二名，只得伙饷四元二角之谱，万难维持，影响严重，嘱电请早赐设法，合并呈明。职刘航琛叩。寒。等语。查收兑地钞办法，系该厅长等来京商定，派缴之三百五十万，亦系该厅长提出。兹以地钞汇价问题，以致不能实行，乞钧座与委座将地钞汇价商决后电示，俾便复电饬办。职堪叩。铣二。印。

（34）蒋介石致孔祥熙密电（9月17日）

孔部长庸之兄勋鉴：真公电悉。啜密。行营善后建设应留用之叁千万元，已电令关特派员分别验收，寄渝库暂存矣。弟中正。篠亥。秘蓉。

（35）蒋介石致孔祥熙密电（9月18日）

---

① 此电缺收电人姓名。

孔部长庸之兄勋鉴：真钱电敬悉。啜密。收换川省杂币办法，已于蒸日布告，第六条规定与兄意完全相同。川省重现轻钞之习惯欲图打破，必须先树立钞票之信用。已〔以〕往川省发行重庆或成都地名之钞票，结果多不能收兑，民间受害甚深，即此次地方银行之渝钞，亦须八拆〔折〕收换。种种事实之积累，遂生社会之怀疑，亦不能全责民间歧视。幸通行全国之中央申钞尚有相当之信用，日前蓉市换现虽曾有九五之低折，嗣经设法维持，即回复平兑，无形之中成都及川西一带已变成申钞码头，故地钞必须以上海总行之本钞收换，不特为行誉及财部之信诺所关，即申钞在川已立之基础，尤不宜轻行毁坏，而增加川人对于一般钞票之疑虑也。是以发行以愈单纯、愈通用为愈佳，中央分行所备重庆地名之渝钞实不宜发出，尤不能以之为收换地钞之用，前电已详言之，计达览矣。弟中正。巧子。秘蓉。

（36）关吉玉致徐堪等密电（9月19日）

次长徐并转呈部座钧鉴：利密。皓秘电奉悉。（一）删日下午，民众有集会请愿情事，经职亲往宣布钧座德意，随即三呼感谢而散。（二）皓秘电已在报纸发表。（三）今尚有西药、苏货、匹头、棉纱、五金、山货、药材等七帮作半开门式，表示反对。适与财政厅长刘航琛、市长张必果集议，明早九点召请各该帮代表在市府谈话，晓以大义及钧电意旨，劝令开门。（四）已由监理处函知军、警、宪，明天严密注意，维持总钞银行及市面秩序，并制止聚众游行请愿等行为，以防意外。（五）本日日本领事代表日商为地钞事前来抗议，经详细解释，旋即辞去。（六）手续未完备之地钞，经已商定由地行负责之，临时救急办法另禀详陈。（七）一切俱当应付周到，使地钞可以顺利清理，祈释存念。职吉玉叩。皓戌。秘书处转呈。

（37）蒋介石致孔祥熙密电　（9月20日）

特急。孔部长庸之兄勋鉴：巧秘电敬悉。啜密。各区专员如有利用地方钞折扣名词操纵煽动、聚众生事者，应予拿办惩处矣。弟中正卯。哿戌。秘蓉。印。沪转。

（38）谭光致孔祥熙密电　（9月21日）

南京。财政部长钧鉴：部密。顷接蓉行电称：本日开始掉换地钞，除职行外，并在市商会设临时掉换所及委托银行七家代换，计换入地钞六十六万元，秩序良好，谨纾廑注。等语。谨电转呈。光呈。马二。

（39）谭光致孔祥熙密电　（9月21日）

南京。部长钧鉴：乾密。顷据渝行哿电称：地钞经多日筹备，已于今日开始掉换，本行委托代兑行庄计有廿一处。因开始关系较重，除用全力注意应付外，并随时遵照钧意，向各界及兑换质问者解释：此次规定系因地钞价贱，其钞券十圆只能申合本钞八圆，绝非本行对于地钞加以折扣。故职处对外一切文件，俱避免八折字样，以免误会。本日计兑进地钞贰拾捌万余圆，经过极为平静，今日各晚报所载舆论甚为圆满，罢业商店亦多开门。知关钧注，谨特电陈，谨电转陈。光呈。马。

〔国民政府财政部档案〕

7．孔祥熙等为处理华北财政与各方来往函电选

（1935年12月—1936年3月）

（1）孔祥熙致何应钦密电稿　（1935年12月3日）

北平。何部长敬之吾兄勋鉴：敬密。北方政局已渐安定，吾兄此行斡旋之力甚大，不胜佩仰。冀察政委会既一切秉承中央，关于两省以内之中央财政机关当不至受甚影响。年来中央财政情

形已极感困难，即如关税，收数异常短绌，近且不敷抵还内外债。长芦盐税除偿还外债外，悉数拨充华北军费。统税开办未久，收数无多。当此纷更之际，恐外间不明真相，不免有分割中央财政之企图。业已电饬曾运使仰丰进谒吾兄，将财政情形详细陈述，务恳极力维持，使中央财政系统不至破坏。至为感荷，专电奉达，即希垂察。弟孔〇〇叩。元。秘。印。

（2）孔祥熙致曾仰丰密电稿　（12日13日）

天津。盐务稽核分所曾运使览：民密。查北方政局既有变更，冀察两省之中央财政应极力维持收支现状，以免破坏财政系统。关于中央财政情形，所恃者仅关、盐、统三税。从前关税畅旺，除拨充内外债基金外，每年尚可余二、三千万元，足资挹注。本年七、八月以后，收数骤减，不仅无余，且须另拨库款弥补基金，每月多至五、六百万元，此后短收恐将益巨。盐税亦有外债关系，长芦收款除拨还外债外，悉数拨充华北军费，尚形不足。统税则收数较微，华北一隅所收尤属有限。值此国库短绌，自应力予维持。从前西南财政虽向未归中央统收统支，而关税犹保持统一。华北与中央本属一体，更不应开此恶例。且日人对于关、盐两税知其与外债有关，亦不愿因此惹起欧美各国之反对，曾迭次表示对于华北关、盐各税，绝不干涉我国，华北当局更无自行分割之理。现何部长尚在北平，该运使可即日前往晋谒，将种种情形面陈，请其力为维持。何部长处已另去电矣。部长孔。元。秘。印。

（3）孔祥熙致宋哲元函稿　（12月13日）

致宋哲元函

明轩吾兄委员长勋鉴：迩来气候渐入严冬，南中早已见雪，远念为国勤劳，弥深驰系。此次华北事件，虽经吾兄苦心支撑，幸得告一段落。然国家方当多难之时，吾兄复受中央寄托之重，殚精竭虑，或较昔日有加，尚冀益励初衷，勉任艰巨，力保国土主权之完整，以舒中央北顾之忧，发扬贵军过去之历史，以立民族复兴之【目】的，此则初衷所尤切祷者也。兹因戈卓超兄北上之便，特托代为问候，未尽之意，亦托其代达，诸希鉴照为荷。专泐敬颂

勋祺

弟孔〇〇拜启　十二、十三、发

（4）孔祥熙致肖振瀛函稿　（12月13日）

致肖振瀛函

仙阁吾兄市长勋鉴：近维为国宣勤，至为驰念。此次华北事件，经吾兄苦心支撑，幸得告一段落。然国家方当多难之时。吾兄复受中央寄托之重，折冲应付，艰巨或甚于往时，尚冀益励初衷，别利器于盘错，为国家保主权，为民族争光荣，尤所切祷。兹因戈卓超兄北上之便，特托代为问候，未尽之意，亦托代达，诸希鉴照为荷。专泐祗颂

勋祺

弟孔〇〇拜启

十二、十三、发

（5）孔祥熙转致蒋介石等密电　（12月26日）

限即刻到。南京。邹次长、李秘书主任译呈蒋院长钧鉴，并分送何部长敬之兄、张部长公权兄勋鉴：度密。顷接肖市长振瀛、秦市长德纯电云：关于处理华北财政，何部长在平时曾规定政委会成立后，即由军分会拨还政委会处理，此种办法既不破坏财政系统，又可适应北局情势。近接何部长电，拟在平设立军需局，处理一切。深恐外交方面又生纠葛，拟请钧座毅然主持，仍按何

部长在平所议办理，以昭划一，而免破坏财政统一，实深盼祷。职肖振瀛、秦德纯叩，等语。弟意如果在不破坏财政系统之原则下，仍照向例，拨由政委会按单分发，似亦无不可。特电奉达，即请迅赐核办为祷。弟孔祥熙叩。宥。沪寓。印。

（6）孔祥熙致肖振瀛密电稿　（12月28日）

天津。肖市长仙阁兄勋鉴：兴密。闻日前投机份子对于金融财政复多荒谬建设，幸赖大力主持，均置未理。此辈只知献媚取巧，不惜陷明轩于不义，置国家于不问，设非我兄参赞左右，前途危机，更难设想。兄在华北，弟对于一切实多放心也。弟〇叩。俭二。京秘。印。

（7）张嘉璈致孔祥熙密电　（1936年1月4日）

特急。孔部长庸之先生勋鉴：文密。昨早抵平，与宋委员长及肖、秦两市长连续晤谈两天，彼此无不达之意，亦无不尽之情，倾诚直谈，至为融洽。财政问题虽经吾公详慎规划，而此间当局尚有商榷之处，因此于兼顾中央财政系统及地方情形之两大原则之下，缜密讨论。经过极长时间，酌拟办法，容携京面陈，酌予核办。至法币问题，此间当局略有意见，一并回京面陈。除电呈蒋院长外，特先电达，诸祈鉴察。嘉璈叩。支。平来京转。

（8）严宽致孔祥熙密电　（1月4日）

南京。31284。〇密。（1）江辰张部长到平，此间当局周旋款治。除谈冀察情况外，对于军事机关、部队经费问题，宋等主张按前军分会所有部队一切经费预算之数目，统由中央拨归政治会处理收发，除冀察之军事机关、部队经费由该会遵照旧案转发外，关于前军分会所属开驻豫陕等省之一切部队，每月预定经费，今后亦由该会转发。宋向张提出此项办法后，张允转商孔部长裁决，张并在考虑中。（2）张拟今明日前往平绥路视察。谨闻。职宽叩。支辰。印。

（9）肖振瀛致孔祥熙密电 （1月7日）

特急。南京。财政部孔院长钧鉴：兴密。顷接隆吉弟电述，我公对于华北军费照旧拨付，不足仍由中央协助，交由政委会拨发等语。具仰我公统筹之意，同深敬感。华北财政前经何部长规定办法，亦与钧意相同，极为妥善。返京中变，始致略有纠纷。瀛虽竭力挽回，实已备感困难。今公既以前议为然，此后一切瀛当完全负责，促其遵行，用保财政系统，藉维我公威信。至于详细，已与张部长熟商规定，日内携京，务请我公全力主持，如议实现，以维北局，毋任企仰。职肖振瀛叩。阳。津来沪转。

（10）肖振瀛致孔祥熙密电（1月8日）

财政部孔院长钧鉴：兴密。公权部长今日南旋，所携华北财政办法，煞费苦心，乃有如此结果，务请钧座鼎力主持，俾速确定，以安北局。瀛对国家体统，对自己长官，决本良心，拥护到底，想钧座亦能俯察苦衷，不忍令过于为难。伫盼裁示。职肖振瀛叩。庚亥。印。

（11）孔祥熙致肖振瀛密电稿 （1月9日）

急。天津。肖市长仙阁兄勋鉴：兴密。庚电奉悉。公权兄尚未回京，所携财政办法，内容如何，弟尚未悉。既承尊嘱，俟晤商时自当注意主持，以期速决。知念，先复。弟〇叩。佳。京秘。印。

（12）肖振瀛、秦德纯致孔祥熙密电 （1月9日）

限即刻到。南京。财政部孔副院长钧鉴：巩密。关于华北绥费拨支一案，务乞按照张部长携回在此所商定之办法，转陈蒋公，迅予核准，并请我公迅电华北财政机关，即日按数拨款。因旧历年关在即，且依向例本月十四日即须发款，至迟十一日以前，须请电示到平，否则届期无款，必难应付。环境如此，忧惶万分，临电不胜恳迫企祷之至。肖振瀛、秦德纯叩。佳。印。

(13) 秦德纯、肖振瀛致孔祥熙密电　(1月18日)

孔部长钧鉴：密。奉读何部长致宋委员长寒未秘电，增加二十七军军费二十万元，仰见中央体念下情，曷胜感激。惟二十九军久戍边防，情形特殊，需用浩繁，亏款实巨，仍请维持张部长在平原议按月补助洋卅五万余元。又河北协饷十万元，财部已于上年十二月份批准免解，天津市协饷六万元，亦实无力筹解。加之前军分会收支不敷洋四万余元，共计每月亏洋二十万元有奇，亦请于一月份起按月加拨。再，华北军制向系粮饷划分，每月需提前垫发粮秣费约百五十万元。现政委会成立伊始，无法垫办，上月底汇拨前军分会一百四十万元粮秣款，务请缓扣，藉资周转。现春节在迩，需款至急，请速电冀、察、平、津中央征收各机关及邮务管理局并中央银行，向政委会财务处解款，以济急需。再，何部长电示汇来洋四十万零五千元，尚未收到，亦请电催中央银行速拨，俾免迟误，是所切祷。秦德纯、肖振瀛叩。巧。

(14) 道扬致李毓万密电　(1月18日)

李参事青选兄勋鉴：密。中央对冀察政委会协款，盐税方面，天津稽核所已奉部令，关税方面，津海关税务司尚未奉令。请速令知照解，以免误会，并盼电复为祷。弟道扬叩。巧。

(15) 李毓万致林世则密电稿　(1月20日)

急。北平。财政局林局长叙言兄勋鉴：镜密。巧电奉悉。查中央对冀察政委会协款业经商定，其关税方面，因无余款，另由本部按月拨壹百万元，存中央银行交会，自无令知津关税务司必要，希察照转陈宋、肖两公为荷。弟万叩。智。

(16) 林世则致李镜万密电 (1月21日)

李参事青选兄勘鉴：镜密。巧电谅达。现冀察政委会催拨海关协款益急，经派员接洽，税务司以未奉明令，未予照拨，业经电总税务司转请核示在案。顷冀察政委会派员坐提协款，情势已趋严重。除已电陈关务署外，务请速转陈部座。如海关协款确系核准成案，请即火速电令照拨，以免发生误会，立盼电复。弟则叩。马。印。

(17) 林世则转致郑莱密电抄件 (1月21日)

抄电（原件已译送郑署长）

急。南京。财政部译转关务署署长郑钧鉴：博密。查中央核准冀察政委会之协款，长芦盐务稽核所业奉令照拨，其应由本关税务司拨给之协款，迄尚未奉令示。现冀察政委会需款孔急，迭催拨款，经职与税务司面洽，以未奉明令，未予照拨，案经电奉总税务司转请核示在案。兹冀察政委会派员坐提协款，情势异常迫切，或恐发生误会，应如何办理之处，请电示遵。代理津海关监督林世则叩。马。印。

(18) 谭光致孔祥熙密电 (1月21日)

部长钧鉴：国密。顷接林监督叔言马电，文曰：号电承示海关收入偿债情形，经转陈宋、肖、秦诸公，同深谅感。承部座尽先拨汇五十万元，敬谢。即祈转陈为祷。等语。敬电转呈。光呈。箇。

(19) 陈行致徐堪密电 (2月5日)

急。南京。本部徐次长勋鉴：部密。顷中国银行津电略称，冀察政委会拟不日检查平津中、中、交三行发行准备，请示应付等语。查我国行钞券向由总行发行，不分区域，检查恐生枝节，拒绝虑滋误会，可否由部座私电肖仙阁。解释之处，即请酌夺，就近请示办理，并复为荷。弟行叩。歌。

(20) 秦德纯致孔祥熙函 (2月5日)

副院长钧鉴：违别渠范，思仰无绎。北事始终未脱险境，政费军需，所关至巨，惟恳钧座推频年提携爱护之意，始终成全。至于维护中央财政系统，为宋委员长以次共具之信仰，苟利于国，义不敢懈。兹共托雷局长嗣尚兄入京报告，并请示□。嗣尚同志忠实贞笃，诸事必能详实陈对，至祈训示祗遵。德纯仰荷明知，忝主市政，深愧时艰力薄，无所报称。平市建设工作，无论计划及经费方面，皆须仰赖中央指导补助，尤盼钧座力赐成全，不胜感祷。专肃敬请

钧安

职秦德纯手禀二月五日

(21) 肖振瀛致孔祥熙函 (2月7日)

庸公院长钧鉴：备员津沽，奄逾月余。智短任宏，冰渊恒惕。差幸仰叨德荫，领导多方，艰危之象渐夷，昭苏之端略见，自当益加奋励，图副殷期。尚冀时赐训言，俾资遵率。兹托雷局长嗣尚南来谒候起居，敬乞俯假晏全，俾申悃愫。所有此间一切，统托代陈，伏惟垂照。

恭请钧安。

职肖振瀛谨呈

二月七日

(22) 宋哲元致孔祥熙函 （2月7日）

庸之吾兄部长勋鉴：此间财政困难，迭荷惠助主持，至深铭感。兹遣雷局长季尚晋谒左右，代陈一切，敬祈赐予指示，俾资遵循，是所至祷。敬颂

崇绥

弟宋哲元

二月七日

(23) 孔祥熙致肖振瀛密电稿 （2月7日）

天津。肖市长仙阁兄勋鉴：巩密。顷闻冀察政委会有不日检查平津中、中、交三行发行准备之说，殊深诧异。三行钞券向均由总行发行，不分区域，准备充足，信用素孚。如加检查，不惟于国家银行体制有关，而启外界怀疑之渐，阻法币推进之机，影响市面，所关至巨。吾兄公忠体国，卓识远谋，维护金融，夙具伟抱。尚冀详为疏释，力加劝阻，以释群疑，公私交感，并盼惠复为荷。弟孔〇〇叩。虞。京秘。印。

(24) 李达等致孔祥熙密电 （2月11日）

南京。孔部长钧鉴：乾密。关于冀察政委会调查三行发行一事，昨肖市长约达等面洽，略询三行发行概况，并谓深知三行与社会关系之重要，极愿加以维护，即对于法币信用，亦当随时晓谕商民，以安市面。惟中国、交通两行因发有天津地名钞券，嘱将准备力求充实，并将关于发行准备情形随时密陈接洽，俾便维护。至该会前拟会同平、津两市府调查三行发行情形一节，业经疏解，不再进行，等语。除照办外，用特电陈，敬祈亮察。李达、卞寿孙、严均甫。真子。津来沪转。

（25）孔祥熙复宋哲元函稿　（2月13日）

明轩吾兄委员长勋鉴：雷局长嗣尚来，奉读惠书，祇聆壹是。国难方殷，北氛犹烈，我兄值飘摇之余，奋忠义之怀，坐镇燕云，艰难支柱，苦心伟度，钦佩奚如。尚冀益励忠诚，勉支危局。关于商洽北方事件，力所能及，无不竭其棉薄为助也。不尽之意，统托雷君代达。专此布复，诸希亮照为荷。专此。祇颂
勋绥

弟孔〇〇拜启
二、十三、发

（26）孔祥熙复肖振瀛函稿　（2月13日）

仙阁吾兄市长勋鉴：雷局长嗣尚来，奉读华翰，就谂主政津门，躬荷艰巨，本调维之苦心，树昭苏之新象，宏猷在望，佩慰奚如。吾兄公忠体国，志存匡复，尚冀益励忠诚，为国努力，以挽时艰，曷胜企盼。北事商洽之件，中央方面力所能及，自无不竭力为助也。不尽之意，除托雷君代达外，草此奉复，诸维亮照。祇颂
勋绥

弟孔〇〇拜启
二、十三、发

（27）孔祥熙致秦德纯函稿　（2月14日）

绍文吾兄市长勋鉴：雷局长嗣尚来，奉读手毕，祇盼一是。就谂政祉多绥为颂以慰。北方危局如此，我兄躬主平政，力予筹维，毅力苦心，曷胜佩慰。尚冀益加奋励，勉为其难，庶挽颠危，而图共济。平市建设之需，力所能及，自当竭力为助。不尽之意，除托雷君代达外，草此布复，诸维亮照。祇颂
勋绥

弟孔○○拜启

二、十四

(28) 孔祥熙致宋哲元密电稿 (2月14日)

北平。宋委员长明轩兄勋鉴：巩密。北氛正烈，得兄坐镇，其间苦心维护，毅力伟抱，极所佩慰。兄处境之难，中央极所深知，惟值此阽危之际，吾兄忠勇性成，务乞勉膺艰巨，度此危局。托雷局长代达各节，并祈勉为其难，曷胜企幸。华北地方与中央原属一体，中央财政困难，谅兄所深知。北方各种困难，亦弟所洞晓，只求力所能及。为公为私，断无不竭力为助也。弟孔○○叩。寒。京秘。

(29) 孔祥熙致肖振瀛密电稿 (2月14日)

天津。肖市长仙阁兄勋鉴：巩密。雷嗣尚局长来，承属各节具悉。北方危局虽极困难，而以吾兄体国之忠，任事之勇，大才措置，其间恢恢，游刃有余。务乞勉膺艰巨，益加奋厉，以利国家，曷胜企幸。北方与中央原属一体，休戚相关。而彼此至交，甘苦与共。兄有见委之件，弟力所能及，自无不竭力为助，弟所不及，所仰赖于兄者，亦惟兄深谅其艰苦，而有以助成之也。临电神驰，欲言不尽。弟孔○○叩。寒。京秘。

(30) 孔祥熙致秦德纯密电稿 (2月14日)

北平。秦市长绍文兄勋鉴：○密。雷局长嗣尚来传述尊旨，具悉一是。雷君年少英伟，兼识大体，衔命南来，商洽甚欢。吾兄知人善任，为之欣快。北方危局，得兄与仙阁兄佐明轩兄为理，必能解除一切困难，曷胜佩慰。至华北之需，力所能及，自无不尽力为助，诸希释念为荷。弟孔○○叩。寒。京秘。印。

(31) 宋哲元致孔祥熙密电 (2月15日)

孔副院长钧鉴：寒京秘电奉悉。巩密。猥蒙嘉勉，愧悚无任。雷局长昨由京返平，备述尊意，尤深感激。此间困难情况，既为我公所洞悉，一切仍恳力予维持，并乞时赐指导，曷胜企祷。宋哲元叩。删。会秘。印。平来京转。

（32）秦德纯致孔祥熙密电 （2月15日）

孔部长庸之钧鉴：寒电敬悉。巩密。雷局长返平，转述钧旨，爱护备至，感荷良深，谨电申谢。秦德纯叩。删。印。平来京转。

（33）肖振瀛致孔祥熙密电 （2月15日）

财政部长孔钧鉴：巩密。雷局长嗣尚回平，转述钧旨，训诲既切，关垂尤深。闻命之余，无任感幸。北事危机日迫，成败诚不可知。要当竭其驽骀，忠贞将事，仰报明知于万一。伏祈时赐训示，俾有遵循，无任叩祷。职肖振瀛叩。删。印。平来京转。

（34）雷嗣尚致孔祥熙密电 （2月15日）

财政部长孔钧鉴：巩密。在京备荷宠厚，感奋无已。昨日回平，已将钧座训示各点报告宋公及肖、秦两市长，谨以奉闻。职雷嗣尚呈。删。印。平来京转。

（35）孔祥熙致宋哲元密电稿 （2月17日）

北平。宋委员长明轩兄勋鉴：巩密。由京转到删电奉悉。北事至危，我兄坐镇其间，折冲因应，极佩苦心。尚冀力膺艰巨，勉为其难。如有见委之件，力所能及，无不竭力为助也。风便乞时惠德音为幸。弟孔○○叩。篠。沪处。

（36）孔祥熙致秦德纯密电稿 （2月17日）

危局，得兄佐明轩兄为理，必能因应咸宜，尚望益加努力，为国自奋，曷胜企盼。弟孔〇〇叩。篠。沪处。

(37)孔祥熙致肖振瀛密电稿（2月17日）

天津。肖市长仙阁兄勋鉴：巩密。由京转到删电奉悉。北氛至烈，得兄槃才指置其间，因应咸宜，曷胜佩慰。尚冀益励忠诚，为国努力，至深企盼。北往神驰，欲言不尽。弟孔〇〇叩。篠。沪处。

(38)孔祥熙致雷嗣尚密电稿（2月17日）

北平市政府。雷局长季尚兄勋鉴：巩密。由京转到删电奉悉。南来款接未周，方引为欠，辱谢至惭。该件承转达宋、秦、肖诸公，费神至深，感荷□便，希时惠德音为盼。弟孔〇〇。叩。篠。沪处。

(39)肖振瀛、秦德纯致孔祥熙密（2月17日）

急。南京。财政部部长孔钧鉴：巩密。雷局长嗣尚回平，详述训诲，仰见中央维护北局，无微不至，感戴曷极。关于冀察财政问题，无论日方如何要求，均当力本不破坏中央财政系统之原则，妥慎办理。其详细条款，除划分西北剿匪部队者外，悉系继续前军分会成案。此次由雷局长携京呈核，大体已蒙俞允。其中未定条款：(一) 万、冯两军与廿九军防地毗连，同负国防第一线任务，为安军心、振士气，仍请准予增加万军三万元，冯军二万元。(二) 绥靖公署经费前定之十六万元，系以六万为经常费，十万为特别费，诚以解决冀东问题及加紧河北剿匪军事所需，临时开支实至浩繁，伏乞重赐核夺。(三) 前雷局长携呈预算为二百三十二万五千余元，除青岛市径拨海军十万元，加五十三军开陕各师饷洋三十万元，计共需洋二百五十二万余元。上月收入连财部汇来关款一百万元，共计不足三百万元，除支下余之数拟作下月开支及其他垫款。以上所定办法是否可行，伏乞训示祇遵。职肖振瀛、秦德纯叩呈。篠。印。

(40)肖振瀛致孔祥熙密电（2月18日）

南京。财政部孔部长钧鉴：巩密。寒、删两电均奉悉。诸蒙过奖，愧感无似。北方财政，我公维护，深具苦心。如不仰体中央之困难，其何以对国家，其何以对钧座。此次雷呈办法如何确定，悉听钧裁，瀛当负责遵行，以符合理之解决，断不使稍有差错，致负盛心。谨呈乞查。职肖振瀛叩。巧。印。

(41)孔祥熙致肖振瀛密电稿（2月28日）

秘二字第9898号

天津
北平。肖市长仙阁兄勋鉴：巩密。冀察各项经费，迭与敬之兄接洽，商承介公，分别拟定。对兄篠电办法，大致无甚出入，当即专电详复。关于万、冯两军补助费，介公等本亦极愿酌拨，藉励士气。惟经详加考虑，以现在边区担任国防及剿匪任务，工作艰苦者，尚多其他部队，深恐一经核准，纷起援例，必致无法应付。中央统筹全局，不能不顾虑周到。所幸廿九军补助费既已定为三十五万元，将来万、冯两军如果实系困难，似不妨由兄等察酌情形，即就该项补助费内，量予挹注，亦表甘苦与共之至意，万、冯两军必更感戴。素搁我兄深知中央困难，诸凡体谅，对此不得已之苦衷，当必具有同情。特再搁诚密达，并希转达明轩兄等，一并垂察为荷。弟〇叩。俭。京秘。印。

(42)肖振瀛秦德纯致孔祥熙密电（2月28日）

孔部长庸公钧鉴：宥电敬悉。兴密。关于冀察三项办法，尽北平。秦市长绍文兄勋鉴：巩密。由京转到删电奉悉。北方力维持，至为感动。今接何部长宥电云，五十三军款项目不符。查五十三军开陕步兵三个师，实支十九万余元，系服装费一六二四三元四角八分未在内。又骑兵四师现驻防冀省，月应薪、公粮、服支费八九六零八元零九分。现按摩均月计解四部共一九八，一一一元九分，故有亥电列为三十万元，即希查照为祷。谨此电闻。肖振瀛、秦德纯叩。俭。

(43)肖振瀛致孔祥熙密电（2月29日）

财政部部长孔钧鉴：俭电敬悉。巩密。诸公统筹全局，顾虑周至，诸承维护，同深敬感，所示已陈宋委员长矣。中央意旨，我公所命，无不遵仰，以副垂爱之诚知瀛之深，谨此奉闻。肖振瀛叩。艳。印。

(原批)：查俭电系预告华北军费大致已定，万、冯两军补助费不能增加情形。

(44)肖振瀛致孔祥熙密电（3月3日）

南京。财政部孔院长钧鉴：巩密。俭二电奉悉。金融财政问题，日来虽略有人时持异议，瀛已完全打消。维系中央，即维系华北，分内之事，辱与滋惭。况受委座及我公知遇，瀛之良心，对天可表。惟公深知，已非一日，国事至此，若不思图报称，何以为人，何以对国。所有中央核定预算及财政系统，瀛负全责，决〔绝〕对遵办。不过北局定危，所关甚大，一切措施均须从远大着眼，不必斤斤于细小出入，耽搁大事。务祈钧座俯念此意，使瀛减少内外困难，终当有以对知己也。谨复乞察。职肖振瀛叩。江。印。

(45)孔祥熙致肖振瀛密电稿（3月3日）

天津。肖市长仙阁兄勋鉴：巩密。艳、江两电均奉悉。关于赉察财政三项办法，业于艳国电详复一切，既承体谅，自可就此解决。我兄维持财政苦心，为公为私，俱深感佩。所出减少内外困难一节，彼此均有同感，此后更当益谋互助，以期贯彻。特复。弟孔〇〇叩。江。秘。印。

〔国民政府财政部档案〕

三、财政收支与预决算

1. 国民政府准财政部要求各部门定期将预算送部审查通电

(1929年1月28日)

南京。各院、部、会、处、各省政府、各特别市政府、苏州太湖流域水利工程处、广州督办广东治河事宜处均鉴：据行政院院长谭延闿呈：据财政部部长宋子文代电称：案查整理财政，预算为先，预算之编制、审核及公布，手续繁重，颇费时日。设不预定期间早为编审，及届年度开始之日，恐有阙略不齐之弊。十八年度各机关国家岁入岁出预算书，亟应此时着手编制，以免参差，而期周密。拟请钧院转呈国民政府通电京内外各机关，转饬所属，凡下级机关之预算，应于本年二月十五日以前编造完竣，送达各该主管机关，由各该主管机关审核汇编，于本年三月十五日以前送达财政部，由部依例执行初步审查，等情，转呈到府。合函电仰遵照办理，并转饬所属一体遵照办理。国民政府。勘。印。

〔国民政府行政院档案〕

2. 国民政府案准谭延闿呈为审查国府批定预算训令

(1929年7月10日)

国民政府训令　字第五七八号

令行政院

为令遵事。案据财政委员会委员长谭延闿呈称：窃属会职权在审查国库收支情形暨权宜核定中央各机关十七年度各个预算附具意见呈请鉴核施行事。窃属会职权在审查国库收支情形，随时核定军政各费支出数目，并继承前预算委员会职权，复核各机关各个预算，以为核准支出标准。惟成立以来，事变迭乘，国军编遣议案未能依限实行，军费支出既无凭稽核，而各机关应支政费，虽据先后提出各个预算，经由财政部初审送会复核，又以本会未能如期开会，随时核定，以致数月以来，国库支出仍系侧重军费，以应事实需要。其各机关政费，仅能于初审范围内，由财部分别缓急，酌予拨济。收入部份，亦以军事关系，未能全部整理，不免经征短额，报解逾期。总核三数月来国库情形，每月收不敷支，平均约在六百万元以上，全恃各种库券、公债及以未来税收指抵之借款，勉资挹注，犹不能给。结至五月底止，尚结欠各代理国库之银行四百余万元。国库情形实已万分支绌，现届十七年度告终，各机关政费亟待结束造报。迭准审计院缄催从速决定各机关预算，事实上实不容再缓。而属会各委员仍多数因公他□，一时难于齐集，特由延闿商得在京各委员同意，援照前财政监理委员会及预算委员会成案，督饬秘书处职员，将送会预算逐一审核，从快批定。在各机关长官，同属党国柱石，公忠体国，所提预算，固已审慎再三，且已经财部初审，略有删减，本可照数核准。惟属会鉴于国库支绌情形，深虑长此亏挪，殊难为继。爰就原列较巨数目，酌予再减，计批定中央、府、院、会、部暨所属机关十七年度预算二百余起，分缄审计院暨财政部，作为核准支出标准。惟查此次核定预算数目，在时间已成追认，较之各机关原列书面虽均减少，而比照历月财政部拨济数目实属增多。若于此时全数照核准预算补领，国库实无力担负。默察各该机关历月少领，亦勉可支持，原因大概不外两种，或新成立组织未全，或有收入截留未解。其中虽不无悬款，待付之处究居少数。属会为维持度支起见，拟请钧府通令各机关，所有十七年度内支出虽经批定，经、临预算数目，仍应尽已领款项撙节支配。若在十七年度有主管收入者，应在年度告终时扫数报解，其实在领用不足、悬款待发者，方得补支。其数目过巨者，亦应商准财政部酌量国库情形，分月匀拨，不得催付过急，以维库储，而免困难。除批定各机关预算俟开会追认再行列册呈报外，所有审查国库情形、权宜批定预算及附具意见各缘由，是否有当，理合呈乞鉴核施行。等情。据此，除指令呈悉，查所称各节系为维持度支起见，应予照准，候〔并〕令行各机关一体□照，此令。印发外，合行令仰该院遵照办理。此令。

主　　席　蒋中正
司法院院长　王宠惠
行政院院长　谭延闿
考试院院长　戴传贤
立法院院长　胡汉民
监察院院长　蔡元培

中华民国十八年七月十日

〔国民政府财政部档案〕

3．财政部遵令拟具1930年预算章程草案暨附件呈

（1929年11月5日）

呈。为拟具中华民国编制十九年度预算章程草案暨各项附件恭呈鉴核示遵颁行事。窃奉钧府转奉中央执行委员会函送关于制定预算法及十九年度预算案，必须如期确定等决议案，先后令饬遵办。等因。奉此。伏查确定预算为整理财政之要端，制定法规为办理预算之先着。职部职责所在，且感历年预算办理之困难，关于预算法案奉经悉心考订，拟具草案。顾以全国之广博，事务之纷繁，组织系统互有异同，地方情形不无差别，预算法为财政

上之重要法典，经国制用，关系殊巨，自宜广征博采，斟酌妥善，然后呈请交由立法院议决公布，垂为定典。其间研究审议以迄公布施行，颇需时日。而十九年度预算瞬届着手筹办之期，如待预算法决议颁行然后举办，不免后时，如沿历年成例办理，则参差凌乱，不易稽核，十九年度预算案仍难如期确定。职部熟思审虑，拟一面征集各方意见，将原拟预算法草案，悉心修订，再行呈请钧府交立法院议决公布，著为令典。一面就现行办法酌加整理，另拟编制十九年度预算章程草案五十三条，岁入岁出科目细则各一件，预算书格式一件，说明书六件，提要格式及说明书各一件，并将原定划分国家地方收支标准，重分条目各加诠释一并附于章程之后，先行呈请钧府核准颁行，作为暂行办法，俾十九年度预算较为整齐划一，得以如期办竣，以立基础而付中央决议确定预算之至意。是否有当，理合将所拟编制十九年度预算章程草案暨各项附件具文呈请鉴核，批示颁行。至预算法草案，俟修订完成，续行呈请交议，合并陈明。谨呈

国民政府

附呈编制十九年度预算章程草案一件。

划分国家地方收支标准各一件。

预算书岁入岁出科目细则各一件〔略〕

预算书格式一件〔略〕

说明书六件〔略〕

提要格式及说明书各一件〔略〕

财政部长　宋子文

中华民国编制十九年度预算章程草案

第一章　通则

第一节　纲要

第一条　中华民国各级机关编制十九年度预算，悉依本章程

办理。

第二条　十九年会计年度，以十九年七月一日起至二十年六月三十日止。

第三条　中华民国预算，按照划分国地收支标准，分为国家及地方两部分(划分国地收支标准另附)。

第四条　国家及地方预算，各分普通会计及营业会计两种，各分若干类(分类方法详收支标准)。

第五条　国家及地方预算，各分岁入岁出，再各按其性质，分为经常、临时两门均各别编制。

第六条　属于国家收入机关之支出列入国家岁出预算，属于国家支出机关之收入列入国家岁入预算。其属于地方收支之各机关亦如之。

第二节　编制

第七条　各机关所编本机关(包括附属分机关)岁入岁出预算为第一级预算。中央各主管机关汇合第一级预算编成之，各分类预算及各省财政厅各特别市财政局汇合第一级地方预算编成之。各该省市预算，均为第二级预算，财政部汇合第二级预算编成之。国家总预算及地方总预算，均为第三级预算。

第八条　各机关逐年常有之各项收支，均应列预算经常门，其非逐年常有之各项收支，均应列预算临时门。

第九条　凡一年度内仅有数月或数次，而非按月常有之各项收支，及年度内按月常有，而额数相差较巨之各项收支，应于说明，栏内详细注明。

第十条　第一级岁入岁出预算书内所列科目，应按规定之收支科目细则办理(收支科目细则另附)。

但附属分机关之规模狭小者，其预算科目得酌量减少之，特种机关或特种事业，其收入科目不能适用本章程所附收支科目细则者，得由各主管机关酌量变更或另定之。

第十一条　凡有收入机关，其岁入预算，应与岁出预算同时编送，其有临时收支者，临时预算应与经常预算同时编送。

第十二条　各级预算书之编制，均按规定之格式尺度及各该说明书办理(书式及说明另附)。

第三节　计算

第十三条　岁入岁出预算，均以国币银元为本位。

第十四条　岁入预算之计算方法如左。

一、属于产销性质之税收，如盐税、烟酒税等，以本管区域内之产销额数计算之。

二、属于通过性质之税收，如关税、邮包税等，以本管区域内货物流通之状况估计之。

三、属于固定物之税收，如田赋、房捐等，以本区域内固定物之额数计算之。

四、属于行为税之收入，如印花税等，以本管区域内商市民力荣枯估计之。

五、属于沙田官产屯卫田地之收入，以本管区域内沙田官产屯卫田地之额数及清理之状况估计之。

六、属于行政之收入，如注册、牌照、诉讼、罚金等，以法令之规定及该机关行政之状况估计之。

七、属于事业之收入，如学费及试验场所产物之变价等，以各该事业之状况估计之。

八、属于营业之收入，以营业状况连同成本计算之。

九、各项税收有一定比额者，以比额计算之。

十、各项税收如不能以上列各项之规定计算者，以最近三年间实收状况为根据，其逐年递增或递减者，按增减比率及增减原因估计之，其增减无定者，按三年间平均数，并参酌增减原因估计之。

第十五条　岁出预算之计算方法如左。

一、俸给之计算以各等级中一人为单位，按一人俸额积算之，物件之计算以各品类中一件为单位，按一件之价值积算之。

二、估计一人应给之俸额有规定之数者，以规定之数为标准，无规定之数者比照同等级之有规定者估计之。

三、估计一件应需之价值有规定之价值者，以规定之价格为标准，无规定之价值者，以当时当地之市价估计之。

四、积算俸给有一定之员额者，以定额为限，无定额者，以上年度七月一日原有员额为标准，但因事务之繁简须临时雇用者，得以前年度平均人数为标准。

五、积算物件有规定之件数者，以规定之件数为限，无规定件数者，以前年度实际使用之平均数为标准。

六、算定偿还债款之数，其利息本金及其他各项费用，均根据各该契约之规定估计之。

七、旅费之计算，除有特别原因者外，以前年度实支数为标准。

八、凡计算各项经费，均应满收满支，不得将收支数目互相抵除。

九、根据法律命令契约，应行支出之总数业经确定者，以总数额列入。

十、不能根据以上各项计算方法计算之经费，用比较实在之方法估计，并将计算所根据之理由说明之。

第二章　国家预算

第四节　编审之程序及时期

第十六条　属于国家收支之各机关编制各该机关岁入岁出预算书(第一级)各三份，限十八年十二月三十一日以前送达各该主管机关(主管系统详支出标准)。

本条所称各机关，系指本机关及其附属分机关而言，其附属分机关如各院部会之驻沪驻平办事处、保管处、专门委员会等，税局之分局分所等，海常关之分关分卡分所等，均应先期编制预算，送由各该本机关审核，逐一编列该机关预算之后，或因事实上之便利，由本机关代为编列。

第十七条　各主管机关审核前项第一级预算汇编，各分类岁入岁出预算书(第二级)各三份，连同第一级预算书各二份，限十九年二月二十八日以前，送达财政部。

第十八条　中央党务各机关岁入岁出预算，由中央党部按照前二条之规定审核，汇编中央党务预算书（第二级）各三份，连同第一级预算书各二份，于十九年二月二十八日以前送达财政部。

第十九条　财政部审核第二级预算书（党务预算不加审核）分类签注意见，连同第二级预算书各二份第一级预算书各一份，限十九年四月三十日以前，分批送达财政委员会。

第二十条　财政委员会核定第二级预算书内所列各个单位之概数，于十九年六月三十日以前，分别通知各主管机关及财政部审计部，并以第二级预算书各一份送审计部备查。

第二十一条　各主管机关接到财政委员会核定通知后，分行所属各机关，其核定概数与原报预算不符或其款目变更有重行支配之必要者，并限于一个月内，按照核定范围重编正确预算书各三份，送由主管机关核转财政部及审计部备案。

第二十二条　财政部按照财政委员会核定之数，于两个月内编成国家岁入岁出总预算书各一份，呈报行政院转呈国民政府备案，并公布之。

第五节　预算之执行

第二十三条　岁入预算核定后，各级征收机关应各照案执行负责征足，非有重大事故或特殊变迁，不得短少。

第二十四条　岁入预算核定后，各级征收机关应各照法定税目、税率征收，非经法定程序核准修改，不得有所增减。

第二十五条　岁出预算核定后，各级支付机关应各照案执行核实支用，不得超越。

第二十六条　岁出预算核定后，如因特殊事故或国家政策之变更，以财政委员会之议决，国民政府之命令，得缩减一部分或某项之全部分岁出预算。

第二十七条　岁出预算核定后，如因特殊应急之设施或处置各该预算内之预备金不敷应用，特以国民政府之命令得为预算外之支出。

第二十八条　岁出预算核定总额超过岁入总额或预算内收入短少或有预算外之支出时，以举办新税或加征旧税或募集公债或以缩减预算之余额抵补，均按法定程序，以国民政府之命令行之。

第二十九条　前项预算外之支出，仍须编具预算书，送由财政部核转财政委员会追认之。

第三十条　旧有机关或事业本年度预算依期编送，而年度开始之前，未经核定者，皆照上年度核定案执行之，其上年度预算未经核定者，皆照最近年度核定案执行之。

第三十一条　新旧机关或事业其岁出预算，在年度开始后核定者，均自核定之次月份起照案执行之。

第三十二条　旧有机关或事业其本年度岁出预算未经编送者，新设机关或事业其本年度岁出预算未经核定者，均不得领支经费。

第六节　预备金

第三十三条　第一级岁出预算，于各项必要支出之外，应酌列预备费为第一预备金。各该机关遇有意外事故或新增设施，原列各项经费不敷应用时，得经主管机关(主管院部会)核准动支，报由财政部备案。

第三十四条　第二级岁出预算，于所汇第一级预算岁出额之外，应酌列预备费为第二预备金。本类内如有意外事故或新增设施，由主编各该分类预算之主管机关拟具计划书及预算，送由财政部核转财政委员会核准动支之。

第三十五条　第一二两级预算内之预备金，应按该预算之性质及财政状况，在原预算总额百分之一至百分之五之范围内酌定之。

第三十六条　财政部编制国家岁入岁出总预算时，收支比较如有余额，尽数列为总预备金，本年度内遇有意外事故或新增设施，由国民政府发交财政部核转财政委员会核准动支之。

第三章　地方预算

第七节　编审之程序及时期

第三十七条　属于地方收支之各机关编制各该机关岁入岁出预算书(第一级)各三份，限十八年十二月三十一日以前，送达各该省财政厅或特别市财政局。

第三十八条　地方党务各机关岁入岁出预算，由各该省市党部按照前条之规定，汇编各该省市党务预算书(第一级)各三份，于十八年十二月三十一日以前，送达各该省财政厅或特别市财政局。

第三十九条　各省财政厅各特别市财政局审核前项第一级预算(党务预算不加审核)，汇编各该省市岁入岁出预算书(第二级)各三份，连同第一级预算书各二份，限十九年二月二十八日以前送达各该省市政府。

第四十条　各省市政府议定或审定各该省市岁入岁出预算书，以第二级预算书各二份及第一级预算书各一份，于十九年三月三十一日以前送达财政部。

第四十一条　财政部审核各省市岁入岁出预算书签注意见，于十九年四月三十日以前，将原送第二级预算书各一份，分批送达财政委员会。

第四十二条　财政委员会核定各省市预算，于十九年五月三十日以前行知各该省市政府及财政部。

第四十三条　预算核定后，各机关有重行支配之必要者，应按核定范围重编正确预算，送由各该省财政厅或特别市财政局备案。

第四十四条　财政部按照财政委员会核定各省市预算，于两个月内汇编地方岁入岁出总预算书各一份呈报行政院转呈国民政府备案。

第八节　预算之执行

第四十五条　岁出预算核定后，在本年度内有缩减之必要时，以各该省市政务会议之议决，省市政府之命令行之。

第四十六条　预算外之支出及其抵补办法，应由省市政府咨请财政部核转财政委员会核准行之。

第四十七条　其他关于预算之执行办法，参照本章程第五节各条之规定办理。

第九节　预备金

第四十八条　各省市地方第一第二级岁出预算，得参照本章程第六节各条之规定酌列预备金。

第四十九条　第一预备金得由主管机关核准动支，报请各该省财政厅或特别市财政局备案。

第五十条　第二预备金得由财政厅或财政局，呈请各该省市政府核准动支，转报财政部备案。

第四章　附则

第五十一条　本章程内规定之预算，送达时期为到达各该机关之期限，其距离窎远者，应酌量提前递送。

第五十二条　本章程内未经规定事项，得援照历次编制预算惯例办理。

第五十三条　本章程自公布日施行。

划分国家收入地方收入标准

甲、国家收入：

一、盐税

凡盐类正附税捐等之各项收入均属之。

二、关税

凡海常关正附什税等之各项收入均属之。

三、烟酒税

凡烟酒产销公卖费税、洋酒类税及牌照税等之各项收入均属之。

四、印花税

凡普通印花、特种印花税等之各项收入均属之。

五、卷烟税

凡卷烟税、卷烟统税等之各项收入均属之。

六、各种通过税

凡邮包、铁路货捐及未经裁撤之厘金、统捐、统税、货物税等收入均属之。

七、各种特税

凡现行各种特税及裁厘后改办之各种特税收入均属之。

八、各种消费税

凡现行各种消费税及裁厘后改办之各种消费税收入均属之。

九、沿海渔业税

凡沿海各口岸渔业税之收入均属之。

十、矿税

凡矿区税、矿产税之收入均属之。

十一、交易所税

凡证券商品金银等交易所税之收入均属之。

十二、所得税

凡现行及将来推行之各种所得税收入均属之。

十三、遗产税

凡遗产税施行后规定之各种遗产税收入均属之。

十四、注册费

凡公司商号商标及特种营业之注册费收入均属之。

十五、国有财产收入

凡沙田官产屯卫田地之缴价执照等收入及其他国有财产之收益等均属之。但上列各项税收机关资产上之收益，即列入各该机关税收之内。

十六、国有事业收入

凡国家经营不含营业性质之各事业之各项收益均属之。

十七、国家行政收入

凡国家机关如诉讼、罚金、登录执照护照等费之行政收入均属之。但上列各项税收机关行政上之收入即列入各该机关税收之内。

十八、协款收入

凡各省各特别市在地方收入内报解中央各款均属之。

十九、其他收入

凡不属于上列各项之国家收入均属之。

以上十九项属普通会计即依上列款目分类。

二十、国有营业收入

凡国家经营之路、电、邮、航、农、林、渔、牧、矿厂、银行等营业收入均属之。

上项属营业会计即依营业种别分类。

上列各项国家岁入预算之审核汇编及其主管系统均按支出标准甲项之规定办理。

乙、地方收入

一、田赋

凡地丁漕粮租课及其附加之各项收入均属之。

二、契税

凡不动产典卖之契税及其附加之各项收入均属之。

三、牙税

凡牙行之登录税营业税及其附加之各项收入均属之。

四、当税

凡典当押店之登录税、营业税及其附加之各项收入均属之。

五、屠宰税

凡牲畜之屠宰税及其附加之各项收入均属之。

六、内地渔业税

凡沿江内河之渔业税收入均属之。

七、船捐

凡航行内河之帆船划船等捐之收入均属之。

八、房捐

凡都市城镇之房捐及其附加之各项收入均属之。

九、营业税

凡牙行、典当等设有专税者以外之各种大商业之营业税收入均属之。

十、市地税

凡繁盛都市之宅地税及其附加之各项收入均属之。

十一、地方财产收入

凡地方公有财产之各项收益均属之。但上列各项税收机关资产上之收益，即列入各该机关税收之内。

十二、地方事业收入

凡地方经营不含营业性质之各事业之各项收益均属之。

十三、地方行政收入

凡地方机关之各项行政收入均属之。但上列各项税收机关行政上之收入，即列入各该机关税收之内。

十四、补助款收入

凡中央补助或邻省协助各款之收入均属之。

十五、其他收入

凡不属于上列各项之地方收入均属之。

以上十五项属普通会计即依上列款目分类。

十六、地方营业收入

凡地方经营之各种官营业机关之营业收入均属之。

上项属营业会计即依营业种别分类。

划分国家支出地方支出标准

甲、国家支出

一、党务费

凡全国代表大会、中央执行委员会、监察委员会、政治会议、侨务委员会、中央政治学校等，以及其他关于中央党务机关党务设施之各项经费均属之。以中央党部为审核汇编本类预算之主管机关。

二、国务费

凡国民政府、行政院、立法院、司法院、考试院、监察院、审计部、铨叙部、财政委员会等，以及其他关于国务机关国务设施之各项经费均属之。以财政部为审核汇编本类预算之主管机关。

三、军务费

凡国防会议、军事参议院、参谋本部、训练总监部、军政部、海军部、陆海空国防军兵工厂，军事测量局、军事学校、医院、监狱等以及其他关于中央军事机关军务设施之各项经费均属之。以军政部为审核汇编本类预算之主管机关。

四、内务费

凡内政部、蒙藏委员会、禁烟委员会、赈务处、赈灾委员会、首都公安局、警官学校等，以及其他关于中央内务机关内政设施之各项经费均属之。以内政部为审核汇编本类预算之主管机关。

五、外交费

凡外交部驻外使领馆、国际联盟等，以及其他关于中央外交机关外交设施之各项经费均属之。以外交部为审核汇编本类预算之主管机关。

六、财务费

凡财政部与其所属各财务机关各征收机关等，以及其他关于不含营业性质之中央财务机关财政设施之各项经费均属之。以财政部为审核汇编本类预算之主管机关。

七、教育文化费

凡教育部、中央研究院、各国立学校、各国立图书馆、博物院等，以及其他关于中央文化机关文化设施之各项经费均属之。以教育部为审核汇编本类预算之主管机关。

八、司法费

凡司法行政部、最高法院、行政法院、法官惩戒委员会等，以及其他关于中央司法机关司法设施之各项经费均属之，以司法行政部为审核汇编本类预算之主管机关。

九、农矿费

凡农矿部与其所属及所营不含营业性质之各机关、各事业以及其他关于不含营业性质之中央农矿机关农矿设施之各项经费均属之，以农矿部为审核汇编本类预算之主管机关。

十、工商费

凡工商部与其所属及所营不含营业性质之各机关、各事业以及其他关于不含营业性质之中央工商机关、工商设施之各项经费均属之，以工商部为审核汇编本类预算之主管机关。

十一、交通费

凡交通部、铁道部与其所属及所营不含营业性质之各机关、各事业以及其他关于不含营业性质之中央交通机关、交通设施之各项经费均属之，交通部、铁道部同为审核汇编本类预算之主管机关，各就主管事项办理之。

十二、卫生费

凡卫生部与所属中央防疫处、卫生试验所等以及其他关于中央卫生机关卫生设施之各项经费均属之，以卫生部为审核汇编本类预算之主管机关。

十三、建设费

凡建设委员会与其所属及所营不含营业性质之各机关各事业以及其他关于不含营业性质之中央建设机关与建设事业之各项经费均属之，以建设委员会为审核汇编本类预算之主管机关。

十四、债务费

凡中央所负不属官营业之合法内外债之偿还费均属之，以财政部为审核汇编本类预算之主管机关。

十五、补助费

凡由国库补助各省各特别市及公私团体之各项经费均属之，以财政部为审核汇编本类预算之主管机关。

上列十五项属普通会计即依上列项目分类。

十六、官营业费

凡铁路、汽车路、电报、电汽、电话、邮政、航业、农场、林场、畜牧、采矿、制造厂、银行等，以及其他关于各种国有营业之营业支出、资本支出、债务支出等均属之，以各该营业之主管部会为其审核及汇编预算之主管机关。

上项属营业会计，即依营业种别分类。

乙、地方支出

一、党务费

凡各省省党部或各特别市市党部，与其所属各级党部，以及其他关于省市地方党务机关、党务设施之各项经费均属之。

二、行政费

凡省政府或特别市政府，与其所属关于行政之各厅局处，各县市政府以及其他关于省市地方行政机关、行政设施之各项经费均属之。

三、司法费

凡各省高等法院、地方法院、特别法院、地方监狱，各县承审员以及其他关于省市地方司法机关、司法设施之各项经费均属之。

四、公安费

凡各省各特别市公安局，与其所属水陆公安队、保安队、警备队等，以及其他关于省市地方公安机关、公安设施之各项经费均属之。

五、财务费

凡各省财政厅或特别市财政局，与其所属各财务或征收机关，以及其他关于省市地方财务机关、财务设施之各项经费均属之。

六、教育文化费

凡各省教育厅或特别市教育局，与其所属各省市立学校以及其他关于省市地方文化机关、文化设施之经费均属之。

七、农矿费

凡各省各特别市专管农矿事务之机关，与其所属及所营不含营业性质之各农矿机关、农矿事业之各项经费均属之。

八、工商费

凡各省各特别市专管工商事务之机关，与其所属及所营不含营业性质之各工商机关、工商事业之各项经费均属之。

九、交通费

凡各省各特别市专管交通事务之机关，与其所属及所营不含营业性质之各交通机关、交通事业之各项经费均属之。

十、卫生费

凡各省各特别市专管卫生事务之机关，与其所属及所营不含营业性质之各卫生机关、卫生事业之各项经费均属之。

十一、建设费

凡各省各特别市专管建设事务之机关，与其所属及所营不含营业性质之各建设机关、建设事业之各项经费均属之。

十二、债务费

凡各省、各特别市所负，不属官营业之合法债务之偿还费均属之。

十三、协助费

凡各省、各特别市报解中央或协助其他省市，以及补助地方公私团体之各项经费均属之。

上列十三项属普通会计，即依上列项目分类。

十四、官营业费

凡各省、各特别市经营之各种官营业之营业支出、资本支出、债务支出等均属之。

上项属营业会计，即依营业种别分类。

〔国民政府档案〕

4. 国民党中政会通过1930年度预算章程草案致国民政府咨

（1930年2月15日）

为咨行事。准政府函送财政部呈及所拟中华民国编制十九年度预算章程草案，暨重分条目并加诠释之划分国家、地方收入支出标准，岁入、岁出科目细则，预算书格式及说明书、预算书提要格式及说明书等件，请核定等因。又准先后函送各院部会意见书到会，当经本会议第二百十四次会议议决，交财政、经济两组合并审查，旋据提出审查报告书，略称业已参照各院部会及财政部之意见，逐一讨论，分别取舍。其较重要者，审查会认豫算案之编订，应以国家财政分类为系统，不必太牵虑现时行政上如何隶属。例如，凡属军务，应以军政部为总汇，教育、文化费统宜归教育部审核汇编。又党务费应由中央另为系统规定，不必列入是项预算章程。原草案第十八及第三十八两条主张删去。至编审之程序及时期一节，一因现在距十九年会计年度开始为时仅有五月，草案原列日期不得不酌量缩短，业已商准财政部将日期重行规定，二以最高审定机关原案为财政委员会，而揆诸现时该会情形，似未能充分行使是项职权，故议决改归中央政治会议核定，将来由财政组负细核之责，经政治会议通过后，交由国民政府通知各主管机关。又查财政部提出是项编制预算章程之用意，仅就现行办法酌加整理，请国民政府核准颁行，作为暂时过渡办法。俾十九年度预算较为整齐划一，得以如期办竣，以立预算基础，而副中央确定预算之意。审查会细审事实，认为经此一过渡亦良佳。盖以预算法之制定，其间研究审议，以迄公布施行，须稍宽时日，急则非计，用是赞成财政部意见决议是项章程宜由政治会议核定，核定后应送立法院与否，由大会决定之。综上审查意见，是否有当，理合连同审查会所修正之十九年度预算章程草案及各附件提请公决等语。经提出本会议第二百十六次会议讨论后，议决改称中华民国十九年度试办预算章程条文及其附件通过在案，相应咨送政府查照办理。此咨

国民政府

附中华民国十九年度试办预算章程一件〔略〕

划分国家、地方收入支出标准各一件〔略〕

岁入、岁出科目细则各一件〔略〕

预算书格式及说明书各一件〔略〕

预算书提要格式及说明书各一件〔略〕

中央执行委员会政治会议

十九年二月十五日

〔国民政府档案〕

5．国民政府准中政会议决1930年度预算救济办法训令

（1930年7月7日）

国民政府训令　字第三九七号

令行政院

为令遵事：案准中央政治会议函开：前据财政部呈报十九年度预算，各机关造送未齐，不得已变通办理情形，本会议以十九年会计年度即将开始，察核原呈所称各节，预算恐不及如期成立，经饬该部速拟救济办法呈核，并函达政府查照在案。旋据财政部呈报所拟救济办法，请核夺前来。经交财政组审查后，兹于本会议第二三四次会议议决：（一）各机关预算在十九年度开始时未经核定者，可照十八年度核定案执行之。新事业之预算，由政治会议核定之。（二）财政部仍应催各机关赶造十九年度预算。相应录案，函请政府查照，并转饬遵照办理，等由。查十九年度预算，前准中央政治会议函为恐不及如期成立，经饬财政部速拟救济办法，请查照，等由。前来。当经饬交该院在案。兹准前由，自应照办。除函复外，合行抄发附件，令仰该院转饬财政部遵照办理为要。此令。

计抄发原送油印附呈一件

主　　席　蒋中正
司法院院长　王宠惠
行政院院长　谭延闿
考试院院长　戴传贤
立法院院长　胡汉民
监察院院长　赵戴文

财政部呈复十九年度预算赶办不及之救济办法

呈为遵拟十九年度预算救济办法赍请鉴核事：案奉钧函开：据呈报十九年度预算变通办理情形，附呈所属各财务机关预算书表，请核定等由。经函国民政府转饬如限催造，并交政治报告组、财政组审查在案。兹据报告审查意见称：照十九年度试办预算章程第十九条及第四十条，政治会议所应核定者为第二级预算，现财政部所送，系所属一部份财务机关之第一级预算，本会议似不必为之核定。至十九年度预算如赶办不及，应如何救济之处，似应交财政部速拟办法呈核等语。当经本会议第二二九次会议议决：通过。照审查意见办理，相应录案函达，希查照速拟救济办法，呈候核夺，等因。查经国制用，预算为先。职部感于度支之困难，亟盼预算及早成立。去年七月间，奉国民政府令，录第三届中央执行委员会第二次全体会议决议：民国十九年度预算必须如期确定一案，下部。即拟定章程、标准、细则、格式、说明书等件，呈请国民政府核准颁行。所拟章则，惟求合于事实，不敢骛于高论，以期易于通行，预算得以如期成立。乃章程颁布已在本年二月下旬，以我国幅员之广漠、交通之艰阻，会计技术之幼稚，时间观念之薄弱，欲于一个月之间，使全国各级机关第一级预算完全编送，原为难能之事。而国家不幸，内乱频仍，西南之兵气未销，西北之事变又起，中央政令一时未能达于全国，军事区域内之财政复入于混乱状态。十九年度预算屡经催促，而一再逾期，仍难完全，此为事实所限，初非意料所及。职部默察情形，深恐第二级预算终难如期编成，而岁月不居，转瞬即届年度开始，其已经编送之第一级预算，如以第二级预算不能编成，不为设法补救，则十九年度将陷于无预算之地位。用拟变通办理，在第二级预算不能如期编成之前，请将第一级预算先行逐案核定，以资救济。盖职部拟议此项变通办法时，亦尝熟思审虑，以为其时距十九年度开始不过月余，预算之赶办不及已为显著之事实。如以延长时期为救济，则预算有时间性，一逾时效，便等具文。其第二级预算之性质各有不同，所属机关之偏于一隅，而其经费完全仰给于中央者，尚易为力；其所属机关之普及全国，而其经费可不受中央之支配者，则殊难就范。按照目前情势，究竟延长若干时间方能成就，成就以后能有若干时效，均属难以预料。如由主管机关代拟数目，补苴缺漏，以为救济，则预算贵近事实，相悬过甚，亦属无用，代拟数目亦须相当根据，年来边远及有特殊情形地方之各机关收支状况从未报告中央者不在少数，虽欲代拟，其道何由。他如国家税收、军费支出随地方秩序以生剧烈变化者，虽有以前册报，亦不能恃为确实根据。职部重加考虑，十九年度预算既已不能如期成立，其救济之法，如蒙采取职部前拟变通办法，先就已送第一级预算为之核定，似较易于解决。否则惟有援照以前预算未成立时之办法，以资救济。查国民政府财政委员会组织大纲第一条之规定：在国家预算未成立以前，所有军政各费，悉由本会核定后，交财政部执行之。现在十九年度预算，适如此项大纲所载国家预算未成立之情形，而十七、十八两年度实行此法，尚能合于事实，免除困难，可否暂照此项成法主持办理之处，理合将以前经过情形及管见所及，备文胪陈，伏候核夺施行。谨呈中央政治会议

财政部部长　宋子文

十九年六月廿四日

〔国民政府行政院档案〕

6．中政会议准财政部拟具临时预算施行细目公函①

（1930年8月21日）

径启者：准政府文官处函称：奉政府交下行政院呈，据财政

① 该件系国府文官处致行政院公函的抄件。

部呈为遵照十九年度预算未成立前临时救济办法，拟具施行细目五项：(一)十九年度内所需经费，经主管机关查核，认为比较十八年度核定案可以节减者，即照主管机关减定额支用。(二)十九年度内所需经费，经主管机关查核，认为比较十八年度核定案应行增加，而非急切需用者，暂照十八年度核定数支用，其急切需用无可延缓者，由主管机关声叙理由，专案呈请中央政治会议核准，分令财政部、审计院照案执行之。(三)原文所言可照十八年度核定案执行者，系指十八年度预算曾经核定有案者而言，其十八年度预算未经核定有案者，可依十九年度试办预算章程第二十九条后半段之规定，照最近年度核定案执行之，其最近年度亦无核定案(如军务费之类)，而事实上必须支用经费者，暂照十八年度支付成案办理。(四)所谓新事业者，系指在本年度内新设之机关及新创之事业而言，其原有机关之扩充及原有事业之推广，均不作新事业论。(五)新事业之预算，以编入第二级预算送核为原则，但在第二级预算已经送核以后，或因特殊障碍，其第二级预算一时难于编成，而该项新事业有急于成立或举办之必要时，得专案送核。是否有当，转呈核示，等由。奉批：送中央政治会议核复饬遵。特抄送原件，请核复，等因。当交财政组审核，据复称：财政部所拟十九年度预算未成立前救济办法施行细目五项，按之目前财政状况，自属切要，拟请准如所拟办理，等由。经本会议第二四〇次会议议决：照审查意见办理。相应录案函达，兹查照转饬遵照办理为荷。此致

国民政府

中央执行委员会政治会议

一九、八、二一

〔国民政府行政院档案〕

7. 国民政府准中政会议决试办预算章程补充办法训令

（1930年12月27日）

国民政府训令　字第七二六号

令行政院

为令遵事。案准中央政治会议函开：案据财政组提议，关于办理二十年度预算，业经大会第二五一次会议议决：仍依十九年度试办预算章程编造，函请政府查照办理在案。惟查现在政府组织局部变更，十九年度试办预算章程显有不适用于现制，亟待解释。经本组逐条审议，拟具补充办法四条，以利进行。是否有当，请公决，等语。当经将所拟四条提出本会议第二五四次会议决议：照财政组意见通过，但在主计处未成立以前，不适用此项办法。等因。纪录在卷，相应抄同原条文，录案函达查照，即希通令各机关一体遵办是荷。等由。查中央政治会议议决二十年度预算，应限二十年三月以前造齐，仍依十九年度试办预算章程编造，前准函交到府，业经通令饬遵在案。兹准前由，自应照办。除函复并分行外，合行抄发该项补充办法原条文，令仰遵照办理，并转饬所属，一体遵照。此令。

计抄发试办预算章程补充办法四条

国民政府主席　蒋中正

行政院院长　蒋中正

中华民国十九年十二月廿七日

试办预算章程补充办法四条

（一）十九年度试办预算章程（以下简称试办章程）第七条所定第一、第二各级预算，应依主计处组织法第六条各项规定，改称第一、二级概算，其编送程序，除机关已经裁并、隶属已经

（二）试办章程第十七条、第三十八条规定，送达财政部之二级预算书应改送国民政府主计处，所有试办章程内规定财政对于第二级预算行使之职权，概由主计处执行之。

（三）主计处依组织法第六条第三项：编成之总概算书限于十年四月三十日以前送中央政治会议，核定各类总概数，不适试办章程第十八条、第三十九条之规定。

（四）主计处依组织法第六条第四项：编成之总预算书，限十年六月三十日以前送立法院核定议决，不适用试办章程第二一条、第四十二条之规定。

〔国民政府行政院档案〕

8．中政会通过并抄送1931年度总概算审查报告公函

（1931年12月3日）

径启者：前准政府文官处函送主计处主编之二十年度国家普会计岁入岁出总概算书到会，又陆续接准补送专案多起。当经交财政组审查去后，旋据该组以审查完竣，编成核定总概算书，拟核定二十年度国家普通会计岁入岁出各为捌万玖千叁百叁拾万伍千零柒拾叁元。除将核定理由就书内分别注明外，更提要举，应饬注意。计关于岁入者七点，关于岁出者六点，一并缮审查报告，提出本会议第二九七次会议决议：照审查意见通过。审查报告中关于岁入部份之(一)、(二)、(三)三点，密交财政注意，其余四点暨岁出部份之六点，通令各机关注意（财政部内），各等因。相应录案并检同审查报告暨核定总概算书之油印，一并函达，即希查照决议，分别办理，并希饬交主计处依法行编制总预算案为荷。此致

民政府

计函送审查报告暨核定二十年度国家普通岁入出总概算书油印本二份

中央执行委员会政治会议（印）

二十年十二月三日

审查报告

国民政府主计处编送二十年度国家普通会计岁入岁出总概算案

本总概算书系由国民政府主计处照章编制，呈府转送核定前来。兹经本组审查结果，编成核定总概算书，共拟核定二十年度国家普通会计岁入岁出各为捌万玖千叁百叁拾叁万五千零柒拾叁元，其中各类数目，大都采用主计处初审主张，无多改变。除将核定理由就书内分别注明外，更提要撮举应饬注意各点于次。

（甲）关于岁入者。

（一）盐税收入，因稽核总所编造概算手续欠阙，未能作为定数。查该项机关专司盐税稽征，职务简单，而开支之巨，莫与伦比，何以并此数往知来之收支概算，均不能编制如法。且外间对于稽核制度，疑义滋多，究竟现任稽核人员是否胜任，稽核制度应否存在，应由财政部悉心考核，迅速整饬，务使此项国家重要财源日臻巩固，内容日益明显。

（二）关税一部份改征金本位，除抵偿外债收金付金外，所有关余在此金贵银贱时期，折合率至难计算。本年度所列，比较上年度仅增陆千余万元，以之抵补中央及地方裁厘损失能否相符，尚属疑问。所列是否切合实际，应由财政部切实注意。

（三）统税制度良好，费用轻微，除已办各种外，对于大宗行销国内奢侈品、消耗品、生产制造较为集中者，尽可酌量兴办，以便将苛细烦扰，如印花税等及大宗出口物品税分别减免，以符政体，而厚民生。应由财政部尽速筹拟，以期于下年度概算改正。

（四）国有财产收入，列数甚微，实际当不止此，应即切实清理。除实在公用产业外，凡不能生利之产业，应扫数变价，将价款尽量拨作国营事业基金，毋得长任保管，致滋侵蚀。至从前官民合办事业之股本，尤应认真勾稽，分别处理，由各主管部分别负责遵办，编入下年度概算。

（五）国有事业收入及国家行政收入两类，列数均属有限，主管各机关或预虑收不足额，或预留行政敏活地步，难免不故意少列。而根据法令应行征收费用者，亦尚多阙漏。如国立各医院之诊金、药费，全未列收；国立各学校之学费，仅列数校，其尤属著者也。凡此均应由主计处查明法令，分别指出，责成主管部切实征解。下年度编制概算，应悉数增补，毋任短阙。

（六）本总概算所列各种收入，均应由主管部切实清查整理，各征收机关尤应遵照会计通则，随时将款直接解交国库，或代理国库之银行，但将数目册报主管部，不得仍前自为风气，各自保管支用。非有特别情形，经财政部核准坐支之款，有以支款通知抵解，国库或代理国库之银行应拒绝转账，以厚库储，而齐计政。

（七）国债收入所列，系为弥补普通岁出不敷而设。查普通岁出所列，本年度各种债款还本数约贰万伍千余万元，两相抵除，尚有余款。是本年度并不增加国库将未负担，而此项债款之担保，尽可将偿还旧债之担保财源腾出充用，不致影响债信。至此项债款之募集方法，或以新换旧，或将旧债展缓；此数额内之债券，或以担保品性质命名，或简称某某库券，均由财政部酌量办理，不予限制。惟据立法院一部份立法委员建议，正在计划改良之税收，应不指作公债担保，以免因此妨碍改革计划，极有理由，应予注意。此外，如因对内对外发生意外变故，以及现在超过核定额之军费未能即时裁节，须发行特种公债，以资抵补者，其债名应冠以军需、国防或剿匪字样，以明责任，而昭识别。

（乙）关于岁出者。

（一）本年度支出概算，大都由主计处比照十九年度核定预算数酌拟，多数有增无减。值此国帑空虚，外患日亟之时，各机关在事人员，应即备勉图功，务使国政日跻上理，毋得虚糜俸给，其他办公杂支，尤应撙节支用，须知爱惜一分经费，即增厚国家一分实力。

（二）本年度概算，各机关多有以人员进级为增费理由者，殊不知人员进级为国家经常应有之事，若因此必须增加预算，则继长增高，伊于胡底。是在各机关长官平日慎重名器，不轻给予，遇有高级缺额，新补者先叙初级，平时务使预算有余，庶每届考绩之期，得于预算范围之中，酌予择优奖叙，以期寅僚知勉，国用不匮。

（三）本年度概算核定后，已树有收支适合之规模，所列收入均经各主管机关自行编列，自属可靠，即代列国债收入，亦系新旧相抵有余，并无格外责难财政当局之处。将来据此编定预算，各机关经费应由财政部按时发足，毋得克扣，如有特别事故发生，应须减政，以资弥补之时，亦应由财政部拟具具体方案，提经国民政府会议议决，依法普遍折减，不得意为轻重予夺，庶政府程督事功，各机关无可藉口。

（四）本总概算核定后，在年度内各主管机关对所属认为有可裁节之处，仍得随时执行，不必呈请变更概算。

（五）本总概算核定后，非有异常事变发生，在送概算以后，而其数额又非各级预备费所能应付者，不得率请追加概算。

（六）各机关对主管事务有所改革或兴办，其经费须超过本概算、或为本概算所未列者非，有确实不能稍缓理由，均应列入下年度概算核办，不得于年度中率行变更，以齐计政。以上各点，是否有当，理合检同核定总概算书，一并提请公决。

中央政治会议核定民国二十年度国家普通岁入、出总概算书〔略〕

〔国民政府档案〕

9．立法院审议修订1931年度国家总预算呈

（1932年4月15日）

呈。为呈请事。案准钧府文官处第一〇〇〇四号公函开：奉国民政府交下主计处呈编二十年度国家普通岁入岁出总预算书请鉴核，提交立法院议决公布一案，奉批交立法院，等因，相应抄检原件函达查照，等由。附总预算书表等，计三份。准此。当经令交本院财政委员会审查，去后。旋据报告，遵于本年一月二十八日，三月三十一日，四月一日、五日、六日先后举行本会会议及初步审查会议各三次，详细讨论，并经分别函请国民政府主计处、财政部、海军部指派代表列席说明，当经议决中华民国二十年度国家普通岁入岁出总预算草案修正通过。为使本预算得以切实施行起见，并拟具中华民国二十年度国家普通岁入岁出总预算施行条例十七条，一并呈请鉴核，提交大会公决。又查本年度预算，为国民政府成立以来，初次试办国家正式预算，因种种事实上之困难，编送既不免稽延时日，审议尤缺乏参考资料。主计处编制之总预算书既系依据中央政治会议核定之总概算，故本会审查之时，对于预算内容大体上无多修改。惟查(一)本年度各机关编送之初步经费概算，大都失之过大，致原列经费概算总额几等于国家经常岁入之一倍，嗣后显应切实编造，以免浮滥。(二)本年度军务费因初步概算列数太巨，后经中央政治会议对于军务费中之经常军备费一项，仅核定一总数，军事机关不及编造修正概算，故审议之时殊少根据，嗣后对于此项经常军备费，仍应一律编造详细概算。(三)政费中之财务行政经费，亦失之过巨，计

超过国家普通岁入百分之十以上，且占全体政费三分之二，即大于其他一切中央政费总额之一倍，实为近世各国之所无，而盐税事务费竟占盐税收入百分之十五左右，尤属太不经济，际此国家财政支绌之时，财务行政似应锐意整顿，力图撙节，以重库币而裕国用。(四)沙田系属土地收入性质，按照现今系统，应划归地方，且中央难于监督，管理上弊端百出，使列为中央收入，尤属得不偿失，嗣后似宜划入地方预算。(五)国有财产收入及国有事业收入大都所列太微，实数决不止此，以后应编送更为精确之收入概算，以昭核实。(六)预算所以示国家收支实在情形，故因簿记程序而有重复收支记载者，均应免除，即如庚子赔款之实际数额，仅限于未退还部分，似只应于岁出方面列入净数，另行注明应付及退还之数额，以备参考，不宜以总额列入预算，致使国库收支实数难于明了。以上所陈，均为本会审查本案时之公同意见，拟请一并呈送国民政府，分令各主管机关，以为编造下年度预算时之参考，是否有当，仍候提交大会公决，等情，前来。经于二十一年四月九日本院第一百八十一次会议议决：(一)中华民国二十年度国家普通岁入岁出总预算修正通过。(二)中华民国二十年度国家普通岁入岁出总预算施行条例修正通过。(三)财政委员会审查报告内列举意见通过。兹谨录案，并缮具前项总预算及施行条例各一份，呈请鉴核，公布施行。再本院审议本案之时，所有修正要点约述如下：(甲)关于岁入者，国有事业收入中之交通、铁道两部主管事业，均未将实在收入编入预算，亦未遵照预算章程，另编营业预算，原属不合，虽经中央政治会议将该两部之经常费用总数代为列作交通事业收入，仍不足表明交通收入之真相。故议决于第九款第一项内注明："营业会计除外"，字样，以符定章而昭实在。(乙)关于岁出者：(一)第三款第八项之经常军备费，既经中央政治会议核减为二万六千八百万元，且陆海空军总司令部亦经明令裁撤，故议决将岁出附表经常门第三款中原列各项机密费，概行停止。(二)第六款原列各项财务费及第二预备费,为数过巨,故议决将第二预备费减去一百万元,归入总预备费内。(三)第九款实业费,依据渔业法第三十七条之规定,应于预算内特设渔业奖励金及渔业银行基金,故议决由该部第二预备费内划出十万元,另列一项,以充渔业奖励金及渔业银行基金。(四)查救灾准备金法第一条原有“国民政府每年应由经常预算收入总额内支出百分之一,为中央救灾准备金”之规定,故议决由第十四款总预备费内划出等于经常岁入百分之一数,计七百〇八万三千五百二十九元,另列一项,以充救灾准备金。(五)岁出临时门中之海军部及所属经费,原则一千一百三十一万。五百三十七元,其最大部份虽经指为建设军港、军舰之用,但际此国难当前,扩充海军缓不救急,且充实海防需费至巨,亦决非此区区之数所能有济,不如移作扩充空军收效较速,故议决划出一千一百万元,另列一项,以充扩充空军费用,以上修正各点,并本院财政委员会原审查报告内列举意见。应请钧府一并通令遵照。合并陈明。谨呈

国民政府主席林

计呈中华民国二十年度国家普通岁入岁出总预算及施行条例各一份

立法院代理院长 覃振(印)

中华民国二十一年四月十五日

中华民国二十年度国家普通岁入岁出总预算

岁入经常门

科目	预算	数（以元为单位）
第一款　关　　税		三七四、六八二、〇〇〇
第一项　海关税务司经征	三七四、六八二、〇〇〇	
第二款　盐　　税		一六三、二四七、四一七
第一项　盐务稽核机关经征	一三四、七〇〇、〇〇〇	
第二项　盐务行政机关经征	三、八九一、五四二	
第三项　收回各省附加税捐	二四、六五五、八七五	
第三款　印花烟酒税		四八、八五六、三三七
第一项　印花税	一五、六二三、六三四	
第二项　烟酒税	三三、二三二、七〇三	
第四款　统　　税		七五、七七七、二二八
第一项　卷烟税	五一、五二五、四五〇	
第二项　棉纱税	一五、二四一、六四〇	
第三项　麦粉税	四、四五二、二七〇	
第四项　火柴税	三、二一二、九六九	
第五项　水泥税	一、三四四、八九九	
第五款　矿　　税		一、〇七一、二八八
第一项　矿产税	六六三、七八八	
第二项　矿区税	四〇七、五〇〇	
第六款　交易所税		一〇一、〇〇八

续　表

第一项　交易所税	一〇一、〇〇八	
第七款　注册费		一七二、八一二
第一项　财政部主管	二、四一二	
第二项　实业部主管	一七〇、四〇〇	
第八款　国有财产收入		八八、八四〇
第一项　财政部主管	二五、二四〇	
第二项　军政部主管	二一、一七八	
第三项　外交部主管	一三、三四二	
第四项　教育部主管	二五、九〇〇	
第五项　实业部主管	三、〇〇〇	
第六项　交通部主管	一八〇	
第九款　国有事业收入		一六、一二六、一八四
第一项　交通铁道部主管	三、九九一、二一一	营业会计除外
第二项　军政部主管	一、一二七、〇一八	
第三项　内政部主管	五六、二三二	
第四项　教育部主管	一七五、四一二	
第五项　实业部主管	六一七、九五一	
第六项　建设委员会主管	一五八、三六〇	
第十款　国家行政收入		三、八二三、二三五
第一项　内政部主管	一三、三二〇	
第二项　外交部主管	六八、三九六	
第三项　司法行政部主管	一、一八九、七二五	

第四项　实业部主管	二、三六五、四一〇	
第五项　交通部主管	一八六、三八四	
第十一款　其他收入		三四、四〇六、五一六
第一项　财政部主管	三九六、七八二	
第二项　军政部主管	六四九、〇五三	
第三项　教育部主管	三、一九四、八八一	
第四项　实业部主管	一六五、八〇〇	
第五项　收回庚子赔款	三、〇〇〇、〇〇〇	
合　计		七〇八、三五二、八六五
岁入临时门		
科　目	预　算	数（以元为单位）
		四、九八二、二〇八
第一款　国有财产收入		
第一项　财政部主管沙田官产收入	四、九八二、二〇八	
第二款　国家公债收入		一八〇、〇〇〇、〇〇〇
第一项　内国公债收入	一八〇、〇〇〇、〇〇〇	
合　计		一八四、九八二、二〇八
岁入经常临时总计		八九三、三三五、〇七三
岁出经常门		
科　目	经　费	数（以元为单位）
第一款　党务费		六、二四〇、〇〇〇
第一项　中央执行委员会	六、〇〇〇、〇〇〇	
第二项　中央政治会议	二四〇，〇〇〇	

续　表

第二款　国务费		一〇、八三〇、九七二
第一项　国民政府委员会		
第二项　国民政府文官处	一、五五九、二三二	本项经费一部分由国民政府文官处及参军处项下划拨一部分另选追加预算
第三项　国民政府参军处	一、二〇〇、〇四〇	
第四项　国民政府主计处	八三〇、五〇〇	
第五项　行政院	八七六、三二四	
第六项　立法院	一、一八九、五〇八	
第七项　司法院	三八九、七〇〇	
第八项　考试院	五二六、三四〇	
第九项　监察院	七三五、〇〇〇	
第十项　法官惩戒委员会	五〇、六八〇	
第十一项　最高法院及最高法院检察署	六二〇、七三五	
第十二项　铨叙部	五四八、一七五	
第十三项　考选委员会	七一六、六五四	
第十四项　审计部	七九八、〇〇〇	
第十五项　总理陵园管理委员会	二七九、三八四	
第十六项　第二预备费	五〇八、七〇〇	
第三款　军务费		二七九、九四七、六六六
第一项　军事委员会	本项经费由本款第八项经常	军备费项下划拨
第二项　军政部	二、六六五、五八八	

第三项	海军部	一、一三八、〇八四	
第四项	参谋本部	七五八、九〇九	
第五项	训练总监部	八九〇、〇〇〇	
第六项	军事参议院	八七七、七四三	
第七项	各省硝矿局	一二八、三四二	
第八项	经常军备费	二六八、〇〇〇、〇〇〇	各项机密费概行停止
第九项	第二预备费	五、四八九、〇〇〇	
第四款	内务费		六、九七八、二九六
第一项	内政部及所属机关	五、二三九、一九一	
第二项	蒙藏委员会及各蒙藏机关	一、二五一、四三三	
第三项	振务委员会及分机关	九九、六七二	
第四项	禁烟委员会	二五二、〇〇〇	
第五项	第二预备费	一三六、〇〇〇	
第五款	外交费		九、六三四、七三〇
第一项	外交部及所属机关		一、五一九、五一二
第二项	驻外使领馆	六、六七六、一〇八	
第三项	国际联合会	一、二五一、一一〇	
第四项	第三预备费	一八八、〇〇〇	
第六款	财务费		七七、四二二、四三二
第一项	财务行政费	一、九五八、〇五二	

续　表

第二项　关税事务费	三八、〇四五、六五五	
第三项　盐税事务费	二三、六三一、七九一	
第四项　印花烟酒税事务费	八、一六五、二四三	
第五项　统税事务费	三、八七〇、八六八	
第六项　矿税事务费	七七、九〇四	
第七项　其他财务费	一、一二二、九一九	
第八项　第二预备费	五五〇、〇〇〇	
第七款　教育文化费		一六、七九四、二七九
第一项　教育部及所属机关	一、〇四八、五〇四	
第二项　国立各学校	一三、二二二、七七九	
第三项　国立各研究院	一、六九〇、〇〇〇	
第四项　留学经费	三三、九九六	
第五项　第二预备费	七九九、〇〇〇	
第八款　司法行政费		一、三一六、一五八
第一项　司法行政部及所属机关	一、二六五、八五八	
第二项　第二预备费	五〇、三〇〇	
第九款　实业费		五、三三六、三八〇
第一项　实业部及附属机关	一、二五五、四〇〇	
第二项　农务机关	一、二六二、七八二	
第三项　矿务机关	一八〇、二〇〇	

第四项	工务机关	二六一、二七六	
第五项	商务机关	二、一二二、七二二	
第六项	渔业奖励金及渔业银行基金	一〇〇、〇〇〇	
第七项	第二预备费	一五四、〇〇〇	
第十款	交通费		三、九九一、二一一
第一项	交通部主管	一、九〇〇、九〇七	
第二项	铁道部主管	一、七〇四、九八四	
第三项	交通铁道部会管	二三二、三二〇	
第四项	第二预备费	一五三、〇〇〇	
第十一款	建设费		一、七九二、五三一
第一项	建设委员会	八三四、一二〇	
第二项	首都建设委员会	二〇〇、四〇〇	
第三项	导淮委员会	三五九、一〇〇	
第四项	其他建设机关	三一三，九一一	
第五项	第二预备费	八五、〇〇〇	
第十二款	债务费		三四三、四〇四、六四四
第一项	内债本息金	一六八、一七八、六六九	本项所列债务费应照内债减息延期案自三月份起分别核计减列
第二项	外债本息金	一〇三、二六八、三六〇	
第三项	庚子赔款	六六、五六〇、五二九	
第四项	其 他	五、三九七、〇八六	
第十三款	补助费		七八、八七五、六一五

续　表

第一项　地方政府	五五、三三四、五〇二	
第二项　教育部分	二、三六八、七三二	
第三项　事业部分	四一四、六八八	
第四项　其　他	二〇、七五七、六九三	
第十四款　总预备费		二六、三五四、五七八
第一项　救灾准备金	七、〇八三、五二九	
第二项　其他总预备费	一九、二七一、〇四九	
合　计		八六八、九一九、四九二
岁出临时门		
科　目	经　费　数	（以元为单位）
第一款　国务费		一、四〇四、〇九〇
第一项　考试院	二四、〇〇〇	
第二项　考试费	六八〇、四九〇	
第三项　铨叙部	三〇、〇〇〇	
第四项　铨叙部各省公务员甄别初审委员会	六九、六〇〇	
第五项　总理陵园管理委员会	六〇〇、〇〇〇	
第二款　军务费		一六、六二一、七七三
第一项　军政部所属	四、八〇〇、〇〇〇	
第二项　扩充空军经费	一一、〇〇〇、〇〇〇	
第三项　海军部及所属	三一〇、五三七	
第四项　参谋本部及所属	五一一、二三六	

续　表

第三款　内务费		六八、九八一
第一项　内政部所属机关	六八、九八一	
第四款　外交费		四二八、二二C
第一项　外交部及所属机关	四二八、二二〇	
第五款　财务费		一、三二三、一九一
第一项　清理沙田官产事务费	六二三、三六四	
第二项　关税事务费	五、九四五	
第三项　盐税事务费	三四三、八八二	
第四项　债券事务费	三五〇、〇〇〇	
第六款　教育文化费		一、八六四、二五七
第一项　国立各学校	一、三二五、四一六	
第二项　中央研究院	五〇〇、〇〇〇	
第三项　国术考试费	三八、八四一	
第七款　司法行政费		一九四、九七二
第一项　司法行政部所属机关	一九四、九七二	
第八款　实业费		二、〇九七、九八二
第一项　实业部	二七六、三〇〇	
第二项　农务机关	一、一九七、〇一六	
第三项　矿务机关	二一六、〇〇C	
第四项　工务机关	三一四、三六〇	
第五项　商务机关	九四、三〇六	

续　表

第九款　交通费		七、〇三二
第一项　北方大港筹备处	七、〇三二	
第十款　建设费		四〇五、〇八三
第一项　建设委员会	一〇〇、八〇〇	
第二项　首都建设委员会	四、五三八	
第三项　其他建设机关	二九九、七四五	
合　计		二四、四一五、五八一
岁出经常临时总计		八九三、三三五、〇七三

中华民国二十年度国家普通岁入岁出总预算施行条例

第一条　中华民国二十年度国家普通岁入岁出预算之施行，依本条例之规定。

第二条　本预算年度，自中华民国二十年七月一日开始，至二十一年六月三十日终了。

第三条　中央政府对于人民一切强制之征收，无论其名称为赋税捐费或其他名目，除法律别有规定外，非经列入本预算或经本条例之明白规定，不得增设或变更征收率。

第四条　关税税则中有应行修改税率之各种货物，由财政部拟具修正案，依法定程序审议，公布施行。

第五条　盐税、印花税、烟酒税及各种统税，应本减少征收费用，增加收入实数之原则，由财政部分别整理，遇有变更税率之必要时，应经前条之程序为之。

第六条　国有一切财产，应切实清查妥善管理，所有收入及变价，均应悉数报解国库。

第七条　国有事业之一切收入及国家行政之一切收入，均应悉数报解国库，非经正式支拨国库资金之程序，任何机关不得自行支拨。

第八条　本预算所列公债收入之总额，凡自民国二十年七月一日起，中央政府已发行各公债及国库券之数额，均包括在内。

第九条　任何机关，除法律别有规定外，非经本预算列有经费，并依本条例之明白规定，不得动支国库资金。

第十条　国库收入遇有不敷预算经费之分配时，除对于军警得按必需情形发给外，各机关预算单位之经费，应依本预算内所定之数额，照同一比例平均分配，有收入之机关，不得独异。

第十一条，军务费之分配，由军政部拟定，经行政院会议核定行之。

第十二条　各机关遇有在本年度内裁并或应办事务未经举办者，所余经费均应归入总预备费内，其他经费有剩余者亦同。

第十三条　本年度各机关之追加支出预算，均应由其第二预备费额内拨给，遇第二预备费不敷追加支出时，由总预备费中拨给之。

第十四条　各项债务中有应行整理以减轻国库负担或减少本年度国库支出者，应由财政部拟具整理案，依法定程序审议，公布施行。

第十五条　本年度内遇有非常事变而有大宗支出之必要，并需大宗收入时，得另办非常预算。

第十六条　本条例自公布日施行。

第十七条　本预算及本条例公布后，国民政府主计处应连同主计处原总预算书及总说明、中央政治会议核定总概算书及审查报告、与总预算书各项附表及其他重要关系文书，汇编成册印行之。

〔国民政府档案〕

10、主计处编送1931年度地方岁入岁出预概算表节略

编辑例言

一、本编汇集二十年度各省市地方预算及概算，以便参考。

二、本编所列预算计有山东、安徽、察哈尔等省，上海、南京等市，所列概算计有江苏、浙江、河南、河北、湖南、热河、陕西、宁夏、云南、贵州、山西、湖北、广东、青海、新疆等省，天津、北平、青岛等市及威海卫管理公署，其仅报大数或草案者为广西、福建二省。

三、本编编制顺序以预算居首，概算次之，大数或草案者又次之。

四、本编分为总表、分表、附表三种。

五、总表以岁入额与岁出额相较，藉以明各省市财政之盈亏。

六、分表系分省编列，所列科目至项为止，籍以明各省市收入之来源及其用途。

七、前项分表除广西、福建二省外，各附以审查意见，其有中央政治会议决议案及本处总说明者一并附入。

八、附表计列有田赋表、营业税表、事业费表、债务费表、补助费表、各县政府经费表六种，附加说明以资查考。

九、前项田赋表分列正项收入及附加收入，以觇正附税之法定比额是否超越，又事业费表系汇集建设、实业、交通、教育等项经费而成，每一省市附一百分比率，以觇事业费在预算上所占之地位。

十、本编所列概算类多收不敷支，其科目亦与收支分类标准未尽符合，以未经中央政治会议核定，仍照原书编列。

十一、本编所列天津市概算，以该市编送稽迟未及发交河北

省汇编。

十二、辽宁、吉林、黑龙江、绥远、江西、四川、西康、甘肃等省均因事实上之障碍，未及编送概算，本年度暂付阙如。

各省市二十年度地方岁入岁出预算及概算总表

省市别	岁入	岁出	比较		备考
			盈	亏	
山东省地方预算	二四、五七五、一三〇	二四、五七五、一三〇			
上海市地方预算	八、一九八、二〇四	八、一九八、二〇四			
南京市地方预算	二一、八五七、六七六	二一、八五七、六七六			营业概算未奉中央政治会议核定故未列入
安徽省地方预算	一五、五八五、八五〇	一五、五八五、八五〇			营业概算未奉中央政治会议核定故未列入
察哈尔省地方预算	二、三四八、一五四	二、三四八、一五四			
江苏省地方概算	二六、一七六、一八七	二六、一七六、一八七			
浙江省地方概算	二五、一九五、三九八	二五、一九五、三九八			杭州市未据汇报
河南省地方概算	一七、八四八、七五二	一七、八四八、七五二			该省原列收支都为三三、二二三、四四二元兹因天津市改隶该省为普通市所有收支两方各加入四、九二九、九七一元故列如上数
河北省地方概算	三八、一五三、四一三				
湖南省地方概算	一七、一二三、七一四	一七、一二三、七一四			
热河省地方概算	一、七一三、五一六	二、三五九、四六二			六四五、九四六

续表

陕西省地方概算	一三、九九四、八九七	二〇、七八一、一六四		六、七八六、二六七	
宁夏省地方概算	一、一〇四、七三二	三、二六〇、八〇九		二、一五六、〇七七	
云南省地方概算	三、一二四、八五七	五、四三〇、八一七		二、三〇五、九六二	
贵州省地方概算	二、六二三、〇〇〇	八、九二五、六六九		六、三〇二、六六九	
山西省地方概算	二、三四九、六七一	一七、七六六、一一六		六、四一六、四四五	
湖北省地方概算	二三、六〇〇、一二一	二八、〇〇六、六九四		四、四〇六、五七三	
广东省地方概算	三四、一六九、九四五	四三、〇九五、二四三		八、九二五、二九八	
北平市地方概算	三、四八三、九二二	五、〇六八、五二一		一、五八四、五九九	
青岛市地方概算	四、六〇四、四〇八	四、六〇四、四〇八			
威海卫管理公署地方概算	二〇八、三九八	五一六、九八八		三〇八、五九〇	
青海省地方概算	四〇、〇〇九石 八六四、二三八元	四、七一四石 九一四、〇〇〇元	三五、二九五石	四九、七六二元	
新疆省地方概算	三、二〇五、七五六	八、九四七、三六七		五、七四一、六一一	
广西省地方概算	一三、七四三、八一六	一一、〇一五、九一六	二、七二七、九〇〇		该项概算系报大数
福建省地方概算	二七、五〇九、七三八	三〇、八三八、八二〇		三、三二九、〇八二	该项概算系属草案

摘自国民政府主计处编辑《中华民国二十年度地方岁入岁出预算及概算》

〔国民政府档案〕

11．行政院奉准变更方式编制1933年度预算训令

（1933年3月31日）

行政院训令　字第一三九九号

令财政部

为令遵事。案奉国民政府第一二二号训令内开：准中央政治会议函开据本会议财政组提案内称：预算为制国用之大法，一经决定公布，即应绝对遵守。乃自二十年度国家普通总预算公布以来，各有收入机关仍不悉数报解国库，辄自由坐支，事后亦不向国库转账，遂使预算内已列收入不能统一支配，因而国库应发各机关经费亦不能按预算实支，法案形同虚设，驯至国难发生，明令减政，亦陷于无法执行。同为政府机关，办法纷歧，莫可究诘，殊乘〔乖〕中央整理财政之本旨。兹据国民政府主计处循例，编送廿一年度普通总概算，主张普遍减成，理论自属正当，但经费来源仍不能统于国库，各机关势必自由变更。且自财政部减成发给经费以来，各机关或自动裁并，或遵令折减，其实际所需经费与编送概算时已有出入。值此国难益深之时，政府应集中财力以谋对外，凡可紧缩之组织及不急之设施，原应尽量裁节，而必不可少之机关人员仍应安定其生活，平均其给予，以维政治效能，未可因经费来源之不同，任其苦乐悬殊、缓急倒置。廿一年度已经过半，应如何因案对付，所关尚小。廿二年度行将开始，已届法定核编概算之期，各机关狃于积习，编送固难期及时，而内容尤莫望改善。兹拟变更方式，责成主计处会同审计部、财政部，按照预算分类标准，分期召集各主管汇编机关会议根据最近支出计算书及国库实发经费，逐项对勘并调验历月收支帐册，务将各机

关现实收支状况彻底查明。开会时由本会议财政组派员出席，予以指导，分别缓急，裁节骈冗，划一薪俸，厘定经费，即由主计处负责，按照会查拟定实数，代编二十二年度简明概算，送经本会议予以核定，再照章编造预算，依法公布。如在年度开始以前，预算不及公布，即以核定概数作为假预算，自年度开始起切实执行，务使以前财政上凌乱情形截然终止，以便集中国力安内攘外。等语。经提出本会议第三四九次会议决议通过，相应录案函达，烦请查照，分别令饬主计处及审计、财政两部会同遵办，等由。准此。除分行外，合行令仰该院转饬财政部遵照办理。此令。等因。奉此。合行令仰该部遵照办理。此令。

院长　汪兆铭

中华民国二十二年三月三十一日

〔国民政府财政部档案〕

12．中政会抄送促成1933年度预算案指导标准等函

（1933年4月14日）

径启者：查本会议第三四九次会议，为促成二十二年度概算起见，曾经决议变更方式，责成主计处会同审计部、财政部按照预算分类标准，分期召集各主管汇编机关会议，根据最近支出计算书及国库实发经费，逐项对勘并调验历月收支帐册，务将各机关现实收支状况彻底查明。开会时，由财政组派员出席指导，分别缓急，裁节骈冗，划一薪俸、厘定经费，即由主计处负责按照会查拟定实数，代编二十二年度简明概算，送经本会议予以核定，再照章编送预算，依法公布。如在年度开始以前预算不及公布，即以核定概数作为假预算，自年度开始起，切实执行在案。兹据财政组提议，称奉交促成二十二年度预算办法，内有分别缓急、裁节骈冗、划一薪俸、厘定经费四项，须由本组负责指导。除划一薪俸一项应俟查询实况完毕后，再行通盘筹划外，至缓急如何分

别、骈冗如何裁节、经费如何厘定，不可不有概括之标准作为指导根据。爰于四月五日召集本组会议，拟定指导标准五项，是否有当，请公决等由。复经提出政治会议第三五二次会议讨论，并经决议，交五院院长审查，并邀宋委员子文、陈委员果夫参加，由汪院长召集开会。除分函外，相应录案并检附油印财政组提案原件函达。即希查照，会同审查为荷。此致

宋委员子文

附油印促成二十二年度预算案指导标准及二十一年度国税收入与征收费百分比例表各一件

中央执行委员会政治会议

二十二年四月十四日

财政组提案

查本会议第三四九次决议变更方式，促成二十二年度预算案内有分别缓急、裁节骈冗，划一薪俸、厘定经费四项，须由本组负责指导。除划一薪俸一项，应俟查询实况完毕后，再行通盘筹划外，缓急如何分别、骈冗如何裁节、经费如何厘定，不可不有概括之标准作为指导根据。原于四月五日召集本组会议拟定指导标准五项，是否有当，理合提请公决。

计开促成二十二年度预算指导标准五项

附：二十一年度国税收入与征收费百分比例表。

二十一年度国税收入与征收费百分比例表

税目	盐税	关税	印花烟酒税	统税	矿税	合计
收入额	164,615,204	359,723,74	49 013,247	86,712,775	1,772,930	661,837,897
征收费额	24,392,392	38,131,560	9,[illegible]16,222	4,217,068	243,672	76,154,904
百分率	14.8	10.6	18.8	4.9	14.7	

平均十分一应准支征收费66,183,790元，可减一千万元。

严格十分一应准支征收费61,783,580元，可减一千四百万元。

促成二十二年度预算案指导标准

（一）本年度内除国防军事外，不许新设任何机关。

（二）原有机关，其职权简单或性质重复或因故不能行使职权者，应尽量裁并，无可裁并者，其组织应尽量缩小。

（三）原有机关，其职权繁重者，应依组织法缩小至相当程度。组织法内具有伸缩部份，至多不得超过中数。

（四）各机关官等，除政务官外，每一职名其共支俸给，总数不得超过其应叙官等之平均俸额总数。

（五）国税征收费用内盐税应减至百分之十二，关税应至减百分之九。

〔国民政府财政部档案〕

13. 中政会关于核定1933年度十三类普通岁出预算及执行注意事项公函①

（1933年6月24日）

径启者：案准政府先后编送二十一、二两年度国家普通岁入岁出总概算书，并补送二十一年度补编追加各案，经交财政组审查去后，兹据财政组报告内称，前准政府编送二十一年度国家普通岁入岁出总概算，拟列岁入六万二千一百七十万零七千三百五十元，岁出七万八千八百三十四万六千六百三十七元，两抵不敷一万六千七百余万元之巨。尚有军务临时费九千零七十万零九千

①国民政府1933年6月30日训令遵办。

八百五十元，拟列非常预算。据主计处提供意见拟将岁出分别酌减成数，并发行内债一万万元，勉求收支适合。经本组复核，认为国难期中对已发内债正在展期减息，不能再因普通预算收支不敷而募债，且原编岁出概数与困难期中各机关实际需要已多出入，而所拟折减数目，亦与本会议历次核准政府减政各案标准不合，未便据为核定。但其时年度已经过半，发还改编，势已无及，因为惩前毖后起见，另拟变更方式，促成二十二年度预算办法，提经本会议第三四九次会议决议通过转请政府照办，去后。兹据照案查明编送二十二年度简明概算送核前来，计划岁入六万八千零四十一万五千五百八十九元，岁出八万二千八百九十二万一千九百六十四元，两抵不敷一万四千八百五十万零六千三百七十五元。据说明会查岁出拟列各数以实发数为重要标准，除法定组织扩充，酌加经费及困难期中已自动裁节者，员薪按十成申计外，其有超过二十年度预算及办公费，超过相当比例者，均予酌减。其尚未成立之机关及尚未举办之事业，均未列数，等语。经本组将二十一年度原送概算及续送追加各案，分别纠正错误，删除未经核准各临时费，以所得各类岁出总概数，与此次会查拟列之二十二年度各类总概数逐项比较，所有二十二年度党务、国务、内务、外交、财务、教育、司法、实业、交通、蒙藏、建设补助抚恤各费，均有减少，合计总数二十一年度原只二万一千五百余万元，二十二年度减列为一万六千一百余万元，平均约减百分之二十五，军务费经常总数为二万八千三百六十万元，较二十一年度列数有加，其中经常军备费，计列二万七千一百七十二万元（主计处将军运、军电费一千万元认为转账支出并非实支，强为划出，其实运费、电费为经常应有支出仍应并入），尚与本年度岁入百分之四十限度相近，临时总数为一万三千二百万元，主计处认为应列普通预算者二千四百万元，较二十一年度列数减少，应列非常预算者一万另八百万元，则较二十一年度列数增多。债务费总数二万四千一百八十四万一千八百另四元，亦较上年度为巨。统计军务、债务两项支出实居岁出总额十分之八，而与岁入总额数几相符，故虽其余各类有相当削减，仍无法使收支平衡，依主计处主张仍不外将军费一部分临时费提列非常预算，及以偿还债务腾出财源，另发新债作为抵补两点。而其军务经、临各费说明书内所载，大都系根据军政、财政两部实领、实发、实拨各数拟列，绝未依本会议核定二十年度概算理由栏内所指示办法，将全国军事机关部队分别性质办理，是在经常费内支款者显有不应常设之机关，而临时费内所列华北军事费，即明明有东北军经常费在内，似依此列在同一预算内，经、临分门已有未安，更何足据为普通非常划分标准。且在核定二十年度概算时，所指示非常预算另筹抵补，系知有大宗特种收入未列预算。现据调查该项收入自二十一年二月起，业经划归军事机关直接支配，更在二十一、二两年度实发、实拨数目之外。此外，如河北省地方预算，年列之协饷八百四十万元及湖南省之举办产销税，四川等省之提征田赋等，无一非供军费支出，从可知二十一、二两年度政府编送概数所列军务经、临各费距真相尚远，而依二十年度核定概算内所指示之办法，实有军事当局未尽遵办，能事之处，长此含混划列，殊乖办理预算本旨。债务费所列，系依对外契约及各种条例办理，似无变更余地。惟据本组派往指导员报告，据称，会查时财政部代表尚提出有本年度应偿短期借款本息一千二百余万元，虽以手续欠缺拒绝列入，事实上均经部令指定由关税项下按月照拨，似债务费所列尚有未尽。但据财政部代表提出文件中对各短期借款有以各种库券提供担保字样，是逐年所发行债票、库券尚有国库保留部分，则每年偿还数额，亦应有一部分可由国库收转，其数额究有若干，因国家向未成立决算，无可查考。姑就财政当局对中央所提十八、十九、二十三个年度财政报告计之，三年中发行票券额面共为六万二千四百万元，而收入仅列四万另八百七十八万余元，差额约为三分之一以上。十六、十七两年度发行票券二万五千余万元，尚不在内，依此推算，则二十一、二两年度所列偿还内债本息之数，或有一部分不必支出。综合上述情形，政府编送二十一、二两年度普通总概算既均收不敷支，所拟抵补办法又均有窒碍之处，且岁出概算中居百分之八十之军务、债务两类或非真象或有疑点，似均未便据以核定。二十一年度瞬将终了，各机关支出经费有预算章程、救济办法及本会议三二四次决议案可以遵照，分别办理，其临时支出及新增经费为事实上不可免除者，另经本会议逐案予以提出核定执行，无虞困难。总概算否决之后，似亦不必重行改编送核，二十二年度行将开始，收不敷支既为否决概算原因之一，岁入部分应设法增列税收，另辟财源，岁出部分本会议所以变更方式促成概算，原以旧案不合，实际应加变通。若因总概算不能核定而仍令照旧案执行，未免时间愈长，凿枘愈甚。且此次照案会查，各主管机关均能共体时艰，将所属机关经费作相当之紧缩。各会查机关亦能不辞劳怨秉公查拟，用能将党务以次十三类概算减至百分之七十五以下，实于政治效能，国库负担兼筹并顾，拟即将二十二年度国家普通总概算所列党务、国务、内务、外交、财务、教育、司法、实业、交通、蒙藏、建设、补助、抚恤，十三类岁出一万六千一百四十八万另一百六十元提出照数核定，作为二十二年度抽编假预算。均自二十二年度开始起照案实行，并撮举执行时应行注意事项六款，通知政府，其未拟列数之各单位，另依本会议最近核定案办理。其军务、债务两类应由政府督饬军、财两部按照本会议指驳事理，分别查明签注改编，并会商拟具收支不敷抵补切实办法，再行分别编造普通非常各总概算，依法转送核定，是否有当，仍候公决，等语，并附核定抽编二十二年度国家普通岁出十三类假预算一份，执行注意事项六款，经提出本会议第三六二次会议决议，照审查意见通过。抽编二十二年度国家普通岁出十三类假预算及执行注意事项，并交国民政府饬遵。

等语。记录在卷，相应录案函达。请烦查照，分别转令饬遵。为荷。此致

国民政府

中央执行委员会政治会议

附送核定抽编二十二年度国家普通岁出十三类假预算一份，执行注意事项六款。

二十二年六月二十四日

执行二十二年度抽编国家岁出假预算应行注意事项

（一）此次总概算不能成立，系因收不敷支，各有收入主管机关，均应将收入切实整理，以期增收抵补国库不足，其已列概算之收入虽未核定，既均系根据历年实况会查拟列，尤应逐月扫数报解国库，毋许短少。着由主计处将编送岁入总概算照抄一份，交由财政部照案核收，以凭支配。

（二）此次核定十三类岁出，各单位虽大多数较二十年度预算减少，然已为国库所不胜，各主管机关应各仰体时艰，照案撙节支配。即偶有困难部份，亦应就主管范围内设法挹注，毋得率请追加致于驳斥。

（三）此次核定各类岁出，系经会查实况紧缩拟列，应由财政部照案十足支付，以维政治效能。非有特殊情形，呈经本会议另案核定，不得任意扣减。

（四）此次变更方式编成二十二年度概算，本会议原拟设法划一薪俸。兹因时间迫促，各方面意见尚未汇齐，不及制成方案，故会查拟列概算，仍依各机关现行俸给拟议。本会议亦暂予依议核定，俟定有划一办法，再行饬遵。

（五）据会查报告，此次拟列各机关经费，均经将现有人员薪俸一律以十成计算，故拟列经费多数较最近实支数为高，其有并未增列，或增列数额不足十成支薪者，或则因该机关困难期中

组织并未紧缩，或则办公费比例特大显有浮滥，应由各该机关自行分别裁节，务使俸给不再折减。

（六）各机关普通办公费至多不得超过俸给百分之二十，其有特殊费用（例如外交部之电报等费）数额不能受普通限制者，应列入其他项下。

二十二年度国家普通岁出十三类假预算

岁出经常门	
第一款　党务费	五、四二九、一〇〇元
第一项　中央执行委员会	五、一六〇、〇〇〇
第一目　中央执行委员会	五、一六〇、〇〇〇
第二项　中央政治会议	二〇四、〇〇〇
第一目　中央政治会议	二〇四、〇〇〇
第三项　第一预备费	六五、〇〇〇
第一目　第一预备费	六五、〇〇〇
第二款　国务费	九、五二〇、〇〇〇
第一项　国民政府	三、一四四、〇〇〇
第一目　国民政府委员会	九六〇、〇〇〇
第二目　文官处	一、〇八〇、〇〇〇
第三目　参军处	六〇〇、〇〇〇
第四目　主计处	五〇四、〇〇〇
第二项　五院	三、八二八、〇〇〇
第一目　行政院	八四〇、〇〇〇
第二目　立法院	一、五一二、〇〇〇
第三目　司法院	三二四、〇〇〇
第四目　考试院	二八八、〇〇〇
第五目　监察院	八六四、〇〇〇
第三项　其他机关	二、三五八、〇〇〇

续　表

第一目　侨务委员会	二四〇、〇〇〇	
第二目　中央公务员惩戒委员会	一六八、〇〇〇	
第三目　最高法院	四八〇、〇〇〇	
第四目　铨叙部	三三六、〇〇〇	
第五目　考选委员会	二四〇、〇〇〇	
第六目　审计部	六六〇、〇〇〇	
第七目　总理陵园管理委员会	二一六、〇〇〇	
第八目　中央体育场	一八、〇〇〇	
第四项　第一预备费	一九〇、〇〇〇	
第一目　第一预备费	一九〇、〇〇〇	
第三款　内务费	四、〇六九、〇四二	
第一项　内政部及所属机关	三、八一七、三八二	
第一目　内政部	五五二、〇〇〇	土地法规委员会经费在内
第二目　卫生署	二八八、〇〇〇	中国药物研究所经费在内
第三目　首都警察厅	二、一〇〇、〇〇〇	经费一百八十六万元冬夏季服装费二十四万元
第四目　北平地产清理处	六、〇〇〇	
第五目　北平坛庙管理所	一六、三九二	
第六目　北平警官高等学校	四三、二五〇	
第七目　华北水利委员会	二〇四、〇〇〇	

第八目　太湖流域水利委员会	二四、〇〇〇	
第九目　中央医院	三〇〇、〇〇〇	
第十目　中央防疫处	一一二、八〇〇	
第十一目　中央卫生试验所	二九、九四〇	
第十二目　北平第一助产学校	三〇、〇〇〇	
第十三目　海港检疫处	三六、〇〇〇	
第十四目　永定河河务局既工款保管委员会	七五、〇〇〇	
第二项　赈务委员会	七五、九六〇	
第一目　赈务委员会	七五、九六〇	驻沪驻平两办事处经费在内
第三项　禁烟委员会	九六、〇〇〇	
第一目　禁烟委员会	九六、〇〇〇	
第四项　第一预备费	七九、七〇〇	
第一目　第一预备费	七九、七〇〇	
第四款　外交费	八、九一二、九八九	
第一项　外交部及所属机关	一、〇六八、〇〇〇	
第一目　外交部	七八〇、〇〇〇	条约委员会经费在内
第二目　宣传费	二一六、〇〇〇	
第三目　驻沪办事处	一八、〇〇〇	
第四目　北平档案保管处	一八、〇〇〇	
第五目　外交特派员办事处	二四、〇〇〇	计云南一单位

续　表

第六目　鼓浪屿会审公堂	一二、〇〇〇	
第二项　使领馆经费	四、七六五、〇四四	
第一目　国际联合会代表办事处经费	一四三、八五六	
第二目　大使馆	二一四、九三二	计苏联一单位
第三目　公使馆	二、〇一二、八五六	计英美、德日法意等二十三单位
第四目　总领事馆	九三八、二四四	计奥太瓦新加坡等二十四单位
第五目　领事馆	七五六、九六〇	计清津赤塔等三十单位
第六目　副领事馆	一六二、三一二	计元仙林加利等八单位
第七目　领事分馆	一五二、八四四	计曼哲斯特博都等八单位
第八目　商务随员公署	二三、〇四〇	计海防曼谷西贡等三单位
第九目　另　款	三六〇、〇〇〇	
第三项　国际联合会摊缴会费	一、四六五、二四五	
第一目　国际联合会摊缴会费	一、四六五、二四五	
第四项　国际联合会全权代表出席会议经费	一、四四〇、〇〇〇	
第一目　国际联合会全权代表出席会议经费	一、四四〇、〇〇〇	
第五项　第一预备费	一七四、七〇〇	
第一目　第一预备费	一七四、七〇〇	

第五款　财务费	六四、九六九、一七五	
第一项　财务行政费	一、五五四、六三六	
第一目　财政部	一、二六二、四〇〇	会计委员会税务整理研究委员会经费在内
第二目　北平档案保管处	一九、二〇〇	
第三目　广东财政特派员署	一〇二、五四〇	
第四目　河北财政特派员署	一一五、六八〇	
第五目　陕西财政特派员署	五四、八一六	
第二项　关务费	三二、三八八、二九六	
第一目　关务署	二一六、〇〇〇	倾销货物审查委员会经费在内
第二目　江海关监督署	四八、〇〇〇	
第三目　津海关监督署	三八、四〇〇	
第四目　粤海关监督署	三八、四〇〇	
第五目　江汉关监督署	三三、六〇〇	
第六目　芜湖关监督署	三〇、六〇〇	
第七目　长岳关监督署	二八、八〇〇	
第八目　闽海关监督署	二七、〇〇〇	
第九目　胶海关监督署	二七、〇〇〇	
第十目　东海关监督署	二七、〇〇〇	
第十一目　重庆关监督署	二五、九二〇	
第十二目　夏门关监督署	二四、八四〇	
第十三目　琼海关监督署	二三、四〇〇	

续　表

第十四目　镇江关监督署	二三、三二八
第十五目　九江关监督署	二二、二〇〇
第十六目　潮海关监督署	二一、六〇〇
第十七目　宜昌关监督署	二一、六〇〇
第十八目　浙海关监督署	二一、六〇〇
第十九目　金陵关监督署	二一、六〇〇
第二十目　瓯海关监督署	二一、六〇〇
第二十一目　杭州关监督署	二〇、一六〇
第二十二目　蒙自关监督署	一九、四四〇
第二十三目　梧州关监督署	一八、〇〇〇
第二十四目　南宁关监督署	一八、〇〇〇
第二十五目　苏州关监督署	一八、〇〇〇
第二十六目　荆沙关监督署	一八、〇〇〇
第二十七目　秦皇岛关监督署	一八、〇〇〇
第二十八目　龙州关监督署	八、七九六
第二十九目　腾越关监督署	三、六〇〇
第三十目　海关税务司署	三一、二二六、五四〇
第三十一目　国定税则委员会	一三九、〇二〇
第三十二目　税务专门学校	一三八、二五二
第三项　盐务费	一八、三五九、〇二九
第一目　盐务署	一九二、〇〇〇

续表

第二目　山东运使署	二五、七四三	
第三目　两淮运使署	一四〇、八五四	
第四目　两浙运使署	四六、一一一	
第五目　福建运使署	八三、二四四	
第六目　淮南运副署	七五、七六八	
第七目　松江运副署	二四、八三〇	
第八目　夏门运副署	四二、一〇〇	
第九目　皖岸榷运局	二七、九〇〇	
第十目　西岸榷运局	二五、九六二	
第十一目　鄂岸榷运局	二一、四九二	
第十二目　湘岸榷运局	一九二、三三六	
第十三目　河南督销局	二六、五三二	
第十四目　长芦运使署	一五七、七五八	
第十五目　河东运使署	六七、九七六	
第十六目　两广运使署	七九二、九三七	
第十七目　四川运使署	三七一、七一一	
第十八目　云南运使署	二二八、五五八	
第十九目　川北运副署	一一六、四六四	
第二十目　晋北榷运局	一〇三、七四八	
第二十一目　广西榷运局	二一三、〇八九	
第二十二目　甘肃榷运局	一七七、三五六	
第二十三目　宁夏榷运局	一七〇、六四二	

续　表

第二十四目	青海榷运局	二三、〇一二
第二十五目	口北蒙盐局	八一、七〇八
第二十六目	新疆运销局	二六七、八八二
第二十七目	盐务学校	五七、六〇〇
第二十八目	长芦全区缉务管理委员会	三八二、二九一
第二十九目	河东缉私统领部	九二、一〇二
第三十目	两广盐警缉私队舰	八七六、四四五
第三十一目	四川盐务缉私局	二六七、一六八
第三十二目	川北缉私课队	七一、一六二
第三十三目	云南缉私队	八八、六一四
第三十四目	宁夏缉私巡队	五三、八〇八
第三十五目	青海缉私统领部	三三、一五六
第三十六目	甘肃缉私统领部	七七、六五〇
第三十七目	稽核总所及所属稽核机关	七、三二一、三二〇
第三十八目	稽核总所主管税警	四、八〇〇、〇〇〇
第三十九目	税警特务部队	五四〇、〇〇〇
第四项	印花烟酒税事务费	六、九四〇、七一八
第一目	江苏印花烟酒税局	七二二、五九四

续　表

第二目	浙江印花烟酒税局	七六九、二三九
第三目	安徽印花烟酒税局	二五〇、八一六
第四目	江西印花烟酒税局	一八六、四〇〇
第五目	湖北印花烟酒税局	四〇三、八一三
第六目	湖南印花烟酒税局	二八〇、八〇〇
第七目	山东印花烟酒税局	四四五、五四七
第八目	河北印花烟酒税局	五五六、九三六
第九目	河南印花烟酒税局	二九六、一四〇
第十目	福建印花烟酒税局	二四九、九二〇
第十一目	陕西印花烟酒税局	一六六、四四〇
第十二目	甘肃印花烟酒税局	一四三、七一七
第十三目	察哈尔印花烟酒税局	四七、四八六
第十四目	广东印花烟酒税局	八〇八、六九〇
第十五目	广西烟酒事务局	一六一、一一七
第十六目	四川烟酒事务局	一七二、八〇〇
第十七目	山西烟酒事务局	一六五、八二八
第十八目	广西印花税局	四四、三三〇
第十九目	四川印花税局	七四、一九六
第二十目	山西印花税局	一一九、六四四
第二十一目	贵州印花税局	八、六三一

第二十二目　宁夏财政厅兼办印烟经费	三一、八五八
第二十三目　青海财政厅兼办印烟经费	四、八〇〇
第二十四目　绥远财政厅兼办印烟经费	六五、八一〇
第二十五目　云南财政厅兼办印烟经费	六五、二一二
第二十六目　新疆财政厅兼办印烟经费	一二、九五六
第二十七目　贵州财政厅兼办印烟经费	三、三九七
第二十八目　税务署兼办啤酒税经费	六〇、〇〇〇
第二十九目　印花烟酒票照印刷费	六〇〇、〇〇〇
第三十目　印花烟酒税款汇解费	二一、六〇〇
第五项　统税事务费	四、一一七、二四〇
第一目　税务署	六〇〇、〇〇〇
第二目　苏浙皖区统税局	一、二〇六、三三六
第三目　湘鄂赣区统税局	三四〇、二四八
第四目　鲁豫区统税局	五二三、八三六
第五目　粤桂区统税局	五九七、二八八
第六目　福州区统税局	六八、〇一六
第七目　河北统税处	三二九、一三六
第八目　晋察绥统税局	二二〇、三八〇

第九目 上海查缉处	七二、〇〇〇
第十目 统税票照印刷费	一〇〇、〇〇〇
第十一目 统税税款收解费	六〇、〇〇〇
第六项 矿税事务费	二八四、一三二
第一目 山东中兴矿税处	二五、八〇〇
第二目 山东鲁大矿税处	二〇、一一二
第三目 安徽大通矿税处	一五、二一六
第四目 湖北矿税处	三四、七四〇
第五目 安徽裕繁矿税处	二〇、八八〇
第六目 江西省矿税处	一六、二〇〇
第七目 浙江长兴矿税处	一一、二〇八
第八目 河南福中矿税处	三七、六八〇
第九目 河南六河沟矿税处	二三、八二〇
第十目 广东建设厅所属矿务专员	二一、五二八
第十一目 河北各矿产税局	四四、四四八
第十二目 察哈尔各矿产税局	一二、五〇〇
第七项 其他财务费	六八一、八二四
第一目 武昌造币厂保管处	一〇、八〇〇
第二目 天津造币厂保管处	一二、七九二
第三目 平市官钱局保管处	三一二
第四目 上海交易所监理员	二一、六〇〇

续　表

第五目　湖南国税收支事宜处	一〇、三二〇	
第六目　财政整理会	五二、八〇〇	
第七目　劝募债券委员会	三六、〇〇〇	
第八目　浙江丝业公债基金保管委员会	七、二〇〇	
第九目　国库特种事务费	三〇〇、〇〇〇	
第十目　债券印刷及事务费	二三〇、〇〇〇	
第八项　第一预备费	六四三、三〇〇	
第一目　第一预备费	六四三、三〇〇	
第六款　教育文化费	一六、五四九、四六四	
第一项　教育部及各文化机关	一、〇六一、五〇四	
第一目　教育部	五二八、〇〇〇	专员经费在内
第二目　北平天然博物院	四三、二〇〇	
第三目　南京古物保存所	三、九六〇	
第四目　国语统一筹备委员会	二〇、〇〇〇	
第五目　古物保管委员会	一二、〇〇〇	
第六目　北平档案保管处	六、七四四	
第七目　留学生监督处	二一、六〇〇	
第八目　两广地质调查所	四八、〇〇〇	
第九目　电影检查委员会	二四、〇〇〇	
第十目　故宫博物院	一二六、〇〇〇	
第十一目　国立编译馆	一四四、〇〇〇	

第十二目　童子军总会	八四、〇〇〇	
第二项　国立各学校	一一、五二一、八一八	
第一目　中央大学	一、七二〇、〇〇〇	
第二目　上海商学院	一一五、六九二	
第三目　上海医学院	一七三、八〇四	
第四目　暨南大学	六三〇、六六四	
第五目　同济大学	六四五、八八〇	
第六目　浙江大学	五五八、五七六	
第七目　武汉大学	八五七、一〇〇	
第八目　山东大学	五〇二、七八二	
第九目　中山大学	一、七七六、〇〇〇	
第十目　中法国立工学院	八〇、五〇〇	
第十一目　杭州艺术专科学校	一一六、〇〇〇	
第十二目　音乐专科学校	六六、〇〇〇	
第十三目　建设西北农林专科学校	六〇〇、〇〇〇	系照前劳働大学预算移充
第十四目　北平大学	一、五五七、一〇八	
第十五目　北京大学	九〇〇、〇〇〇	
第十六目　北平师范大学	八九七、七一二	
第十七目　北洋工学院	二七六、〇〇〇	
第十八目　北平蒙藏学校	四八、〇〇〇	
第三项　国立各研究院	一、五六〇、〇〇〇	

续　表

第一目　中央研究院	一、二〇〇、〇〇〇	
第二目　北平研究院	三六〇、〇〇〇	
第四项　退还庚款划拨教育费	二、二三三、五二二	
第一目　北平图书馆	三五九、八一二	
第二目　清华大学	一、〇九五、三九〇	
第三目　清华大学留美监督处	七七八、三二〇	
第五项　第一预备费	一七二、六二〇	
第一目　第一预备费	一七二、六二〇	
第七款　司法费	一、九一九、六〇〇	
第一项　司法行政部及各司法机关	一、八八二、〇〇〇	
第一目　司法行政部	六〇〇、〇〇〇	
第二目　最高法院检察署	一五〇、〇〇〇	
第三目　江苏高等法院第三分院等八机关	一、〇〇〇、〇〇〇	本目包括江苏高等法院第二第三两分院上海第一第二两特区地方法院江苏第二监狱分监既上海第一特区地方法院看守所上海第一特区地方法院民事管收所上海第二特区监狱上海第二特区地方法院看守所兼民事管收所等机关
第四目　法官训练所暨狱务研究所	七二、〇〇〇	
第五目　法医研究所	六〇、〇〇〇	

第二项　第一预备费	三七、六〇〇	
第一目　第一预备费	三七、六〇〇	
第八款　实业费	四、〇三四、九二二	
第一项　实业部	一、〇三二、〇〇〇	
第一目　实业部	一、〇三二、〇〇〇	实业专门委员会劳工新村管理处劳动年鉴编纂委员会实业合理化研究工业标准委员会经济年鉴编纂委员会经费在内
第二项　农务机关	一、〇四二、六〇〇	
第一目　中央农业实验所及附属场厂	六〇〇、〇〇〇	
第二目　中央农业推广委员会	一三、八〇〇	
第三目　正定棉业试验场	一三、八〇〇	
第四目　中央模范林区管理局	六〇、〇〇〇	
第五目　北平林业试验场	一四、〇〇〇	
第六目　山东林业试验场	一四、〇〇〇	
第七目　江浙区海洋渔业管理局	一六八、〇〇〇	
第八目　闽粤区海洋渔业管理局	六六、〇〇〇	
第九目　冀鲁区海洋渔业管理局	六六、〇〇〇	
第十目　中央种畜场	一四、〇〇〇	

续　表

第十一目　北平种畜场	一三、〇〇〇	
第三项　矿务机关	五八、二〇〇	
第一目　裕繁铁矿监督处	一〇、二〇〇	
第二目　地质调查所	四八、〇〇〇	
第四项　工务机关	一六七、六〇〇	
第一目　中央工业试验所	七二、〇〇〇	
第二目　世界动力协会中国分会	三、六〇〇	
第三目　全国度量衡局及度量衡制造所	八〇、〇〇〇	
第四目　度量衡检定人员养成所	一二、〇〇〇	
第五项　商务机关	五五八、五二二	
第一目　国际贸易局	一四四、〇〇〇	
第二目　商标局及专员办公处	一四四、〇〇〇	
第三目　各商品检验局	二一八、五二二	
第四目　首都国货陈列馆	三六、〇〇〇	
第五目　北平国货陈列馆	一六、〇〇〇	
第六项　渔业奖励金及渔业银行基金	一〇〇、〇〇〇	
第七项　第一预备费	七六、〇〇〇	
第九款　交通费	四、九六三、七三八	
第一项　交通部主管	一、八二二、八〇六	

第一目　交通部	九二四、〇〇〇	交通职工事务委员会船员检定委员会经费在内
第二目　交通职工教育费	八一、六〇六	
第三目　扬子江水道整理委员会	一五八、四〇〇	
第四目　吴淞商船学校	一七七、〇〇〇	
第五目　北平保管处	一〇、八〇〇	
第六目　沪汉津三航政局及厦门办事处	四七一、〇〇〇	
第二项　铁道部主管	三、〇一九、九三二	
第一目　铁道部	一、四八七、五三二	年鉴编纂委员会职工教育委员会统一会计统计委员会经费在内
第二目　育才经费	一、五三二、四〇〇	本目包括交通大学沪平唐三校经费及沪校研究实习费交大研究所经费留学经费补助岭大及北平路大经费
第三项　交通铁道两部会管	四八、〇〇〇	
第一目　东方大港筹备处	二六、四〇〇	
第二目　北方大港筹备处	二一、六〇〇	
第四项　第一预备费	七三、〇〇〇	
第一目　第一预备费	七三、〇〇〇	
第十款　蒙藏费	一、三四〇、一九二	
第一项　蒙藏委员会及各蒙藏机关	一、三一四、一九二	

续　表

第一目　蒙藏委员会	三九三、六〇〇	蒙藏旬报社经费在内
第二目　蒙藏委员会驻平办事处	五一、三一二	
第三目　北平喇嘛寺庙整理委员会	六、〇〇〇	
第四目　章嘉俸饷	一四、〇〇〇	
第五目　蒙藏政治训练班	二八、〇〇〇	
第六目　平热台各寺庙喇嘛口粮	一八、〇〇〇	
第七目　章嘉呼图克图驻京办事处	三三、六〇〇	
第八目　西藏驻京办事处	二四、〇〇〇	
第九目　西藏驻平办事处	一五、〇〇〇	
第十目　西藏驻康办事处	一五、〇〇〇	
第十一目　蒙古各盟旗联合驻京办事处	三三、六〇〇	
第十二目　班禅驻京办事处	三〇、〇〇〇	
第十三目　班禅驻平办事处	三六、〇〇〇	
第十四目　诺那呼图克图驻京办事处	一八、〇〇〇	
第十五目　护国宣化广慧大师年俸及办事处	四八〇、〇〇〇	
第十六目　蒙旗宣化使署	一一八、〇八〇	
第二项　第一预备费	二六、〇〇〇	
第一目　第一预备费	二六、〇〇〇	

第十一款　建设费	七一五、〇〇〇	
第一项　建设委员会	三八四、〇〇〇	
第二项　导淮委员会	二四〇、〇〇〇	
第三项　模范灌溉管理局	八一、〇〇〇	
第四项　第一预备费	一〇、〇〇〇	
第十二款　补助费	二九、八七八、四四九	
第一项　地方部分	一八、一〇五、三六八	
第一目　江苏省	一、四六四、〇〇〇	
第二目　浙江省	一、三八九、六〇〇	
第三目　安徽省	二、一八六、〇〇〇	
第四目　江西省	四、五三〇、〇〇〇	
第五目　湖南省	二、〇二四、〇〇〇	
第六目　湖北省	二、四〇〇、〇〇〇	
第七目　河南省	七〇〇、〇〇〇	
第八目　山西省	一、三五二、四〇〇	
第九目　绥远省	四二〇、〇〇〇	
第十目　察哈尔	二八九、三六八	
第十一目　福建省	六〇、〇〇〇	
第十二目　南京市	六〇〇、〇〇〇	
第十三目　青岛市	六〇〇、〇〇〇	
第十四目　威海卫	九〇、〇〇〇	
第二项　教育部分	六、六七六、三七二	

续　表

第一目　安徽省教育费	一、二〇〇、〇〇〇	
第二目　福建省教育费	一、四四〇、〇〇〇	
第三目　河北省教育费	一、二〇〇、〇〇〇	
第四目　天津市教育费	七二〇、〇〇〇	
第五目　北平市教育费	三〇〇、〇〇〇	
第六目　南京市教育费	八九、四〇〇	系照前首都建设委员会领款拨充
第七目　北平中法大学	二四〇、〇〇〇	
第八目　北平中国大学	一二〇、〇〇〇	
第九目　南开大学	二四〇、〇〇〇	
第十目　北平艺文中学	一二、〇〇〇	
第十一目　四川大学	三〇〇、〇〇〇	
第十二目　夏门集美两校	三〇、〇〇〇	
第十三目　中法大学上海部	二一〇、〇〇〇	
第十四目　遗族学校	一四四、〇〇〇	
第十五目　遗族女子学校	七二、〇〇〇	
第十六目　西北公学	一四、四〇〇	
第十七目　香山慈幼院	一二〇、〇〇〇	
第十八目　南京贫儿第一教养院	二二、八〇〇	
第十九目　中央国术馆	六〇、〇〇〇	
第二十目　中央体育传习所	五六、一六〇	
第二十一目　浙西鹾务小学	七、八〇四	

第二十二目	班禅驻京办事处附设补习学校	一七、八〇八	
第二十三目	湖南明德学校	二四、〇〇〇	本目至第二十九目从前统称学术文化机关一单位年列六万元据教育部另案单开作十款分配超过旧额系与部经费统筹其中如第二三、二四、二五、二六、二七、二八等目六款均系根据旧案依本会议第二七三次会议核定同类旧案不能由主管部率拟变更之规定应各予提列作一单位其余四款受补助者性质流动数额当时有出入故此处仍照旧案余额划列作二九目由教部统筹支配
第二十四目	北平大中中学	九、六〇〇	
第二十五目	德国中国学院	五、〇〇〇	
第二十六目	热带病研究所	三、六〇〇	
第二十七目	首都民众教育馆	二、四〇〇	
第二十八目	中华职业教育社	五、〇〇〇	
第二十九目	学术文化机关	一〇、四〇〇	
第三项	事业部分	三八〇、五六八	
第一目	中国合众蚕桑改良社	七四、四〇〇	

续　表

第二目　汉口梅神父医院	三六、〇〇〇
第三目　吴淞救生局	二、〇〇〇
第四目　上海立达学园	六、〇〇〇
第五目　湖南修业棉稻场	六、〇〇〇
第六目　湖南楚怡矿业改进社	一二、〇〇〇
第七目　中央国医馆	三〇、〇〇〇
第八目　联华书报社	三〇、〇〇〇
第九目　湘鄂湖江测量费	八、一〇〇
第十目　三北鸿安两公司	一一八、四六八
第十一目　建昌运商德义祥	五七、六〇〇
第四项　司法部分	三、三五五、七〇三
第一目　江苏省	六七〇、〇〇三
第二目　浙江省	三三一、二四〇
第三目　安徽省	一三七、〇〇〇
第四目　江西省	九〇、〇〇〇
第五目　湖北省	一五七、四〇〇
第六目　湖南省	六五、六〇四
第七目　四川省	一二五、〇〇〇
第八目　福建省	一七六、九九一
第九目　云南省	一六、三五〇
第十目　河北省	一、〇一六、七〇二
第十一目　河南省	九一、四一八

第十二目　山西省	一七一、四九三
第十三目　陕西省	二三、五六一
第十四目　甘肃省	四一、〇九〇
第十五目　山东省	一七二、二二六
第十六目　宁夏省	一、五〇〇
第十七目　察哈尔	二三、九二三
第十八目　绥远省	四一、二五九
第十九目　青海省	二、九四三
第五项　其他部分	一、〇六〇、四三八
第一目　二十年江浙丝业短期公债本息	八七九、三七六
第二目　北平市公安局服装费	八四、〇〇〇
第三目　英美烟工厂及子弟学校	二〇、七一八
第四目　温处各学校及普举	一二、四八四
第五目　上海租界纳税华人会	三〇、〇〇〇
第六目　蒙古各盟旗津帖	二四、〇〇〇
第七目　浙江大榭北渡海灯维持费	五六〇
第八目　浙江石浦海灯维持费	一、五〇〇
第九目　西康民众驻京代表	一、八〇〇
第十目　敏珠尔等七呼图克图联合驻京通讯处	六、〇〇〇

续　表

第六项　第一预备费	三〇〇、〇〇〇	
第一目　第一预备费	三〇〇、〇〇〇	
第十三款　抚恤费	六、〇二九、八一〇	
第一项　应付部分	一、八二〇、八〇四	
第一目　文职官吏	三〇、九九四	
第二目　武职官兵	一、七八九、八一〇	
第二项　备付部分	四、二〇九、〇〇六	
第一目　文职官吏	二〇九、〇〇六	
第二目　武职官兵	四、〇〇〇、〇〇〇	
岁出临时门		
第一款　党务费	六〇、〇〇〇	
第一项　中华海员特别党部筹备委员会	六〇、〇〇〇	因系筹备期间故改列临时
第一目　中华海员特别党部筹备委员会	六〇、〇〇〇	
第二款　国务费	一九三、二〇〇	
第一项　全国经济委员会筹备处	一五七、二〇〇	同前
第一目　本处经费	一〇九、二〇〇	
第二目　招待国联专家费	四八、〇〇〇	
第二项　西京筹备委员会	三六、〇〇〇	同前
第一目　西京筹备委员会	三六、〇〇〇	
第三款　外交费	一、七五〇、〇〇〇	
第一项　拨付苏联垫款	一、七五〇、〇〇〇	计列七个月数

第四款　教育文化费	六八、七二〇	本款第二项系由经常门移列第三项原拟未列兹据教育部请求补入第一项照原列核减四三一二〇元除抵增列之第三项外尚余三一一二〇元悉数加入本类第一预备费
第一项　全国运动大会	五〇、〇〇〇	
第二项　劳动大学学生转学费	六、七二〇	
第三项　暑期体育补习班	一二、〇〇〇	
第五款　司法费	七五六、七五九	
第一项　各省司法建设费	七五六、七五九	
第一目　江苏	八三、八九七	
第二目　浙江	一〇七、二六〇	
第三目　安徽	二五、〇〇〇	
第四目　江西	九五、〇〇〇	
第五目　湖南	七九、八六八	
第六目　云南	五三、〇〇〇	
第七目　河北	三九、〇四〇	
第八目　河南	二八、〇〇〇	
第九目　山东	三四〇、六九四	
第十目　宁夏	三、〇〇〇	
第十一目　绥远	二、〇〇〇	

续　表

第六款　实业费	二〇〇、〇〇〇	会查拟列如上数应由实业部就急切需要事项尽数支配另造分配预算送主计处登记并转报备查
第七款　交通费	一二〇、〇〇〇	
第一项　铁道部主管	一二〇、〇〇〇	
第一目　交通大学及研究所	一二〇、〇〇〇	

〔国民政府档案〕

14．国民政府准中政会否决1933年度军务债务概算密训令

（1933年7月1日）①

国民政府训令　密字第五五号

令行政院

为令遵事。准中央政治会议函开：案准政府先后编送二十一、二两年度国家普通岁入岁出总概算书，并补送二十一年度补编追加各案，经交财政组审查去后。兹据财政组报告内称：前准政府编送二十一年度国家普通岁入岁出总概算，拟列岁入六万二千一百七十万零七千三百五十元，岁出七万八千八百三十四万六千六百三十七元，两抵不敷一万六千七百余万元之巨，尚有军务临时费九千零七十万零九千八百五十元，拟列非常预算。据主计处提供意见，拟将岁出分别酌减成数，并发行内债一万万元，勉求收支适合。经本组复核，认为国难期中，对已发内债正在展期减息，不能再因普通预算收支不敷而募债。且原编岁出概数，与

① 收文时间。

国难期中各机关实际需要已多出入，而所拟折减数目，亦与本会议历次核准政府减政各案标准不合，未便据为核定。但其时年度已经过半，发还改编，势已无及。因为惩前毖后起见，另拟变更方式，促成二十二年度预算办法，提经本会议第三四九次会议，决议通过，转请政府照办去后。兹据照案查明，编送二十二年度简明概算送核前来，计列岁入六万八千零四十一万五千五百八十九元，岁出八万二千八百九十二万一千九百六十四元，两抵不敷一万四千八百五十万零六千三百七十五元。据说明会查岁出拟列各数以实发数为重要标准，除法定组织扩充酌加经费及国难期中已自动裁节者，员薪按十成申计外，其有超过二十年度预算，及办公费超过相当比例者，均予酌减，其尚未成立之机关及尚未举办之事业，均未列数，等语。经本组将二十一年度原送概算及续送追加各案分别纠正错误，删除未经核准各临时费，以所得各类岁出总概数与此次会查拟列之二十二年度各类总概数逐项比较，所有二十二年度党务、国务、内务、外交、财务、教育、司法、实业、交通、蒙藏、建设、补助、抚恤各费，均有减少。合计总数，二十一年度原只二万一千五百余万元，二十二年度减列为一万六千一百余万元，平均约减百分之二十五。军务费经常总数为二万八千三百六十万元，较二十一年度列数有加。其中经常军备费，计列二万七千一百七十二万元（主计处将军运、军电费一千万元认为转帐支出，并非实支，强为划出，其实运费、电费为经常应有支出，仍应并入），尚与本年度岁入百分之四十限度相近。临时总数为一万三千二百万元，主计处认为应列普通预算者二千四百万元，较二十一年度列数减少，应列非常预算者一万零八百万元，则较二十一年度列数增多。债务费总数二万四千一百八十四万一千八百零四元，亦较上年度为巨。统计军务、债务两项支出，实居岁出总额十分之八，而与岁入总额，数几相埒。故虽其余各类有相当削减，仍无法使收支平衡。依主计处主张，仍不外将军费一部份临时费，提列非常预算，及以偿还债务，腾出财源，另发新债，作为抵补两点。而其军务经、临各费，说明书内所载，大都系根据军政、财政两部实领、实发、实拨各数拟列，绝未依本会议核定二十年度概算理由书内所指示办法，将全国军事机关、部队分别性质办理。是在经常费内支款者，显有不应常设之机关，而临时费内所列华北军事费，即明明有东北军经常费在内，似依此列在同一预算内，经、临分门，已有未妥，更何足据为普通、非常划分标准。且在核定二十年度概算时，所指示非常预算，另筹抵补，系知有大宗特种收入未列预算。现据调查，该项收入自二十一年二月起，业经划归军事机关直接支配，更在二十一、二两年度实发、实拨数目之外。此外如河北省地方预算年列之协饷八百四十万元，及湖南省之举办产销税，四川等省之提征田赋等，无一非供军费支出，从【而】可知二十一、二两年度政府编送概数，所列军务经、临各费，距真象尚远。而依二十年度核定概算内所指示之办法，实有军事当局未尽遵办能事之处。长此含混划列，殊乖办理预算本旨。债务费所列，系依对外契约及各种条例办理，似无变更余地。惟据本组派往指导员报告，据称会查时，财政部代表尚提出有本年度应偿短期借款本息一千二百余万元，虽以手续欠缺，拒绝列入，事实上均经部令指定，由关税项下按月照拨，似债务费所列，尚有未尽。但据财政部代表提出文件中，对各短期借款，有以各种库券提供担保字样，是逐年所发行债票、库券，尚有由国库保留部分，则每年偿还数额，亦应有一部份可由国库收转。其数额究有若干，因国家向未成立决算，无可查考，姑就财政当局对中央所提十八、十九、二十三个年度财政报告计之，三年中发行票券额面，共为六万二千四百万元，而收入仅列四万零八百七十八万余元，差额约在三分之一以上。十六、十七两年度，发行票券二万五千余万元，尚不在内。依此推算，则二十一、二两年度所列偿还内债本息之数，或有一部分不必支出。总合上述情形，政府编送二十一、二两年度普通总概算既均收不敷支，所拟抵补办法又均有窒碍之处，且岁出概算中居百分之八十之军务、债务两类，或非真象，或有疑点，似均未便据以核定。二十一年度瞬将终了，各机关支出经费，有预算章程救济办法及本会议三二四次决议案，可以遵照分别办理，其临时支出及新增经费为事实上不可免除者，另经本会议逐案予以提出核定，执行无虞困难，总概算否决之后，似亦不必重行改编送核。二十二年度行将开始，收不敷支既为否决概算原因之一，岁入部分，应设法增列税收，另辟财源；岁出部分，本会议所以变更方式，促成概算，原以旧案不合实际，应加变通。若因总概算不能核定，而仍令照旧案执行，未免时间愈长，凿枘愈甚。且此次照案会查各主管机关，均能共体时艰，将所属机关经费，作相当之紧缩；各会查机关，亦能不辞劳怨，秉公查拟。用能将党务以次十三类概算，减至百分之七十五以下，实于政治效能，国库负担，兼筹并顾。拟即将二十二年度国家普通总概算所列党务、国务、内务、外交、财务、教育、司法、实业、交通、蒙藏、建设、补助、抚恤十三类岁出一万六千一百四十八万零一百六十元，提出照数核定，作为二十二年度抽编假预算，均自二十二年度开始起，照案实行，并撮举执行时应行注意事项六款，通知政府，其未拟列数之各单位，另依本会议最近核定案办理。其军务、债务两类，应由政府督饬军、财两部，按照本会议指驳事理，分别查明，签注改编，并会商拟具收支不敷抵补切实办法，再行分别编造普通、非常各总概算，依法转送核定。是否有当，仍候公决，等语。并附核定抽编二十二年度国家普通岁出十三类假预算一份、执行注意事项六款。经提出本会议第三六二次会议，决议照审查意见通过。抽编二十二年度国家普通岁出十三类假预算及执行注意事项，并交国民政府饬遵，等语。纪录在卷。相应录案函达，请烦查照，分别转令饬遵，等由。准此，除核定抽编二十二年度国家普通岁出十三类假预算及执行注意事项六款另已有令通行饬遵外，合再密令该院分别转饬军政部及财政部遵照办理。此令。

国民政府主席　林　森
行政院院长　汪兆铭
军政部部长　何应钦
财政部部长　宋子文

中华民国廿二年六月

〔国民政府行政院档案〕

15. 宋子文关于财政窘急无法支付预算外款项电

（1933年7月24日）

汪院长钧鉴：顷本部李次长、邹次长来电□奉钧谕：自七月起照新预算办理，且经电饬遵办。惟此项新预算月增五十余万，财政困难，已属窘于筹措。各方面倘有要求预算以外之款项，来源既艰，应付为难，理合预为陈明，敬请鉴察。弟宋子文叩。敬。柏林来沪。有。转。

〔国民政府行政院档案〕

16. 财政部会计司编具1933年度预算情形报告稿①

（1934年1月16日）

二十二年度预算情形　二十三年一月份缮送

民国二十二年度国家预算依照中央政治会议第三四九次会议决议之促成办法，由主计处会同审计部、财政部，在中央政治会议财政组指导之下共同审查各机关收支实况，拟定概算数，再由主计处编成总概算，计列：

① 系向国民党四届四中全会之报告。

国家普通经常岁入六八〇，四一五，五八九元

国家普通经临岁出八二八，九二一，九六四元

收支不敷计一四八，五〇六，三七五元

中央政治会议以主计处所拟举债抵补办法有窒碍之处，而原编军务费及债务费两类概算亦有未尽或可疑之点。经于第三六二次会议，决议将原编岁出总概算内所列党务、国务、内务、外交、财政、教育、司法、实业、交通、蒙藏、建设、补助、抚恤等十三类经费计共一六一，四八〇，一六〇元，先予核定，作为抽编假预算并订定执行注意事项六款公布施行。

二十二年度岁入概算虽未核定，而依照执行假注意事项第一款规定已予照案执行，然原编概算间有误列或编定以后间有追加追减者，兹依截至最近止变更各案重行核计，经□岁入概数共为六九四，四三二，二二三元（各项岁入概数详附表一）。

至于岁出方面，党务、国务、内务、外交、财务、教育、司法、实业、交通、蒙藏、建设、补助、抚恤等十三类经费，除经预算所列之一六一，四八〇，一六〇元外，尚有继续照上年度核定案施行及本年度专案追加之支出截至最近止，令饬拨者计有九，四五〇，八〇〇元，而军务费原编概算依当时国库直管各机关拨付及就地留用国税数目，估计共列四一五，六〇〇，〇〇〇元，乃因剿匪军事迅展，华北军费中央负担，支出略有增加，依最近数月情形，估计全年约需四二六，四〇〇，〇〇〇元。债务费原编概算依当时应付内外债本息、庚子赔款还本付息手续费及整理内外债准备金等各项估计，共列二四一，八四一，八〇四元。此外六项借款本息应在税款收入项下拨还者，计一二，六九八、八六二元，会查意见不能一致，未予列入。新发行之债票及新举短期借款，在本年度内应还本息未及列入原编概算者亦有二九〇，〇六〇，七六一元，债务费支出共需二八三，六〇一，四二七元，岁出总计共为八八〇，九三二，三八七元（各类岁出概数详附表

二）。

依上估计，二十二年度预算：

岁入六九四，四三二，二二三元

岁出八八〇，九三二，三八七元

收支不敷一八六，五〇〇，一六四元

在此内忧外患交迫之际，农村破产、工商凋敝，以言开源，则国民有不胜负担之感，以言节流，则政治、军事、教育等咸有不克作持之惧，年末，国库巨额亏缺，专恃举债弥补，实为财政上之一大危机，此所日夜徬徨、亟愿群策群力，以谋补救者也。

〔国民政府财政部档案〕

17. 中政会关于审查1934年度总概算并拟具五项原则公函

（1934年7月6日）

径启者：案据政府文官处函：以遵照政府批示送达二十三年度国家普通会计岁入岁出总概算一案，并附一、二两级概算到会。当交财政组审查去后。旋据报告称：查二十三年度国家普通会计总概算，久逾法定期限，未准编送，前经本会议第四〇八次会议决议，查照上年度办法，派员指导主计处会同财政、审议两部，督促进行。嗣经常务委员照案派员前往指导，同时，本组以上年度应改编之普通会计总概算，至今未准政府照案编送，经饬该员附带查询原因，旋据报告略谓：二十三年度国家普通会计概算，依章定编审程序，应由各主管机关编送之二级概算，大多数均已送齐。惟以财政部呈准在五月内召集全国财政会议，牵涉过多，关于财政部主管之国家岁入及财务费类岁出二级概算，编送最迟，补助费类岁出，则以尚在部省往返磋商中，迄未能编送二级概算，仅由财政部分别就商定部份或照旧案开单送会，经主计处遵照决议案，召集财政部、审计部代表，自五月二十九日起，逐日开会会同审查，并随时通知主管及有关系机关派员列席说明，逐类核拟。其上年度奉决议指驳应行政编之军务、债务两类概算，经于会查各该类概算时，询据军、财两部代表声述种种困难，由出席各机关代表提供意见，商拟解决途径，旧案决由军、财两部自行备文请示，新概算案则于不背中央决议，及收支适合原则两点范围内，公同酌拟。至六月七日审拟完竣，仍照章交由主计处负责汇编总概算。各等语。兹准政府依法编送二十三年度国家普通岁入岁出总概算，拟列岁入岁出各为七万七千七百三十万零二千二百二十六元。又先后据秘书处转陈主计处函，转准军政部咨，沥陈历年军费未能遵决议案改编缘由，请准军费预算，免分目节，以保相当秘密。历年经常军备费，仍遵中央核定二十年度旧案数额，超支部分，俟清厘完竣，补编非常预算，请求并案追认。等情。财政部函：沥陈历年募债应付军政各费竭蹶情形，请免改编二十二年度债务费概算。并附送宋前部长[去]卸时内债票券收支状况表，经本组并案审查，佥以上年度概算[未]能核定原因，系以军费性质未能划分，债务收支发生疑问，兹[既]据军政部声述各该年度，在内忧外患严重时期，军事机关部队增变靡〔非〕常，划分性质，分配目节，殊感困难，谅系实情，所请在环境未改善以前，军费内容，暂许秘密。逐年经常军备费，继续适用二十年度核定案，免予另编，超支之数，俟清理完竣，会同财部补编非常预算，请求追认各办法，似属可行。债务费收支疑问，亦重在债本未列岁入预算一点，如果在会编军费非[常]预算中将各项债本列作抵补，则疑问当然消失，至债票库券，一经作短期债款之抵押，则最近年度中签之本息，不足偿借款本[息]，亦自可信，所有上年度债务费概算，似亦可免予改编。上年[度]军务、债务两费否决原因，既均经分别解决，则二十三年度总[概]算内岁出部份关于军务、债务两类列数，均有途辙可循，经常[军]备费，据说明系按国家税收百分之四十拟列，随同收入较增，自属正办，债务费增列短期债款，查与上年度请列原因相同，故准照数列支。此外党务、国务等十三类岁出经临合计，大都比上年度假预算及专案核定各数并计为增，本应再从严核减。惟查上年度假预算会查拟列之根据，多在国难减政时期，当时不免过度紧缩，以致核定后各机关纷纷以经费不敷，按月动支第一预算费，遇有预算章程第二十七条事故发生时，无款应付，又专案请求临时费，周折变通，殊失定章本旨，似不如从宽概予依拟核定，以免形成凿枘。惟查国务费有主计处另案拟列之江苏等五省市审计处开办临时费一万八千四百元，未及列入，又正审查间，复奉交下常务委员兼监察院长于右任，提请增列十区监察使办公处经常费四十一万七千九百六十元，十二区开办费三万六千元，核属需要，应予补列，计共增列国务费类经临两费共四十七万二千三百六十元，即拟照数减列第二预备费。岁入部份，烟酒、印花两税照旧案略有减少，其余各款大都增列，其中如关税增则，盐斤改秤，虽有一部份不免加重人民负担，亦有一部份出自改良征收，剔除中饱。又如事业、行政等收入，列数均较旧案有加，尚不失为财政上良好现象，亦拟如数照列，计共拟核定二十三年度国家普通总概算岁入十四款，共为七万七千七百三十万零二千二百二十六元，岁出十五款，共为七万六千四百零三万三千六百六十五元，收支比较，余额一千三百二十六万八千五百六十一元，即照章尽数列为第二预备费，以资平衡。再本年度概算编送后时，不及在年度开始前成立预算，而上年度仅有一部份抽编假预算，在该本年度内，已因执行困难，变动甚多，似有不适用预算章程第七节各条规定之处。本总概算核定后，除由政府依法赶速成立预算外，拟并许由政府照核定总概算内拟列各单位数，自年度开始起，先行执行。等语。复经提出本会议第四一五次会议决议：（一）军费内容暂许秘密，预算内免分目节。（二）历年超过法案之军费，及尚未列入预算之债本收入，准由军政、财政两部迅速合编非常预算送核。(三)二十二年度普通总概算免予改编送核。(四)二十三年度普通总概算，照财政组审查意见通过。(五)在正式预算未成立以前，政府一应收支，准照总概算内支配数，从年度开始执行。相应录案函达并核定总概算书一份。即希查照办理。为荷。

此致

国民政府

计函送二十三年度国家普通会计总概算书一份，计三本(原无)

中央执行委员会政治会议(印)

二十三年七月六日

〔国民政府档案〕

18. 1927—1933年财政收入及银行营业等专项数目比较统计①

(1934年7月25日)

财政

国民政府成立以来中央财政岁入之比较(会计年鉴)

十七年度岁入总数为四三四，四四○，七一三元，

二十二年度岁入总数为六八○，四一五，五八九元。

国民政府成立以来关税收入之比较(申报年鉴)：

十六年收入数为六八。七八一，八七六(海关两)，

二十二年收入为三三九，五二四，四九○元。

国民政府成立以来盐税收入之比较(申报年鉴)：

十六年收入数为五五，二六八，五○八。四二元，

二十一年收入数为一五三，一二一，七一七。三六元。

---

① 此件为财政部秘书处转发中央统计处关于汇编1933年全年政治成绩统计公函之附件，日期为秘书处发函时间。

国民政府成立以来统税收入之比较（申报年鉴）：

十九年收入数为五三，三三〇，七〇五元，

二十二年收入数为九二，九七五，〇九一元。

国债

国民政府成立以来外债之偿还（会计年鉴）：

自国民政府成立以来未举外债，前此吾国中央外债其有确切担保者，原有俄法借款、英德借款、英德续借款、克利斯浦借款、英法借款、善后大借款各种，民国二十一年度以前已将俄法借款、英德借款还清。现在以关税为担保者尚有英德续借款、善后借款两种；以盐税为担保者尚有英法借款、克利斯浦借款两种，此四项借款截至二十二年六月底止，计负本金五六三，六九〇，九七六元。此外庚子赔款结欠数为一十万零七百九十三万一千九百九十六元。

邮政储金

国民政府成立以来邮政储金之比较（邮政储金年报）：

十六年末储户总数为五二，三七五，储金总数为八，二六八，五九五。〇三，

二十一年六月末储户总数为一四九，七八六，储金总数为二七，一九六，五三九。一三。

银行

国民政府成立以来中央银行营业之比较（经济年鉴）：

年度	资　本	公债金	现　　金	存　　款	放　　款
十七年	20,000,000		18,358,010	15,410,468	4,419,714
二十一年	20,000,000	7,405,559	89,332,511	153,981,388	97,741,867

续表

	发行兑换券	现金准备金	保证准备金	纯益
	11,712,923	8,232,923	3,480,000	239,360
	39,995,360	32,686,360	7,309,000	11,961,933

国民政府成立以来中国银行营业之比较（申报年鉴及中国年鉴）：

十六年资产负债总数为五二七，四六〇，〇〇〇；

二十一年资产负债总数为八〇五，二八一，三三六。

国民政府成立以来交通银行营业之比较（申报中国年鉴）：

十六年资产负债总数为一七三，七九〇，〇〇〇；

二十一年资产负债总数为三二三，〇六九，五六〇。

国民政府成立以来银行注册数目之比较：

十六年年底注册数目？

二十二年年底注册数为一百二十八处。

〔国民政府财政部档案〕

19. 国民政府主计处编印1932年度各省市普通预算及概算岁入岁出总表

(1934年8月18日)①

二十一年度各省市普通预算及概算岁入岁出总表

省市别	岁入	岁出	比较		备考
			盈	亏	
山东省普通预算	二四、五三一、三〇一	二四、五三一、三〇一			
安徽省普通预算	九、八三九、一三九	九、八三九、一三九			
河南省普通预算	一〇、一二六、六五八	一〇、一二六、六五八			
湖北省普通预算	一七、〇二三、五二一	一七、〇二三、五二一			
河北省普通预算	二三、二二四、七七八	二三、二二四、七七八			
广西省普通预算	一三、一四三、二九五	一三、一四三、二九五			
南京市普通预算	二、七七四、一二五	二、七七四、一二五			

① 主计处检送国府文官处时间.

续　表

上海市普通预算	九、八一九、〇八四	九、八一九、〇八四		
北平市普通预算	四、五七〇、〇四二	四、五七〇、〇四二		
青岛市普通预算	六、二六五、六一八	六、二六五、六一八		
威海卫管理公署普通预算	四六六、五一二	四六六、五一二		
云南省普通概算	三、三〇一、三七三	四、三一九、三九五		一、〇一八、〇一三
察哈尔省普通概算	三、〇五八、〇四三	三、〇五八、〇四三		
山西省普通概算	一三、六八一、六八六	一三、六八一、六八六		
湖南省普通概算	一五、四一〇、七二六	一五、四一〇、七二六		
热河省普通概算	一、六〇五、一八二	二、〇三九、〇〇五		四三三、八二三
江西省普通概算	一七、六九三、〇三六	一七、六九三、〇三六		
江苏省普通概算	一七、〇七一、二二四	二五、六一七、五九四		八、五四六、三七〇
青海省普通概算	八四三、一八二	九二六、一八九		八三、〇〇七

续　表

宁夏省普通概算	二、二三二、九七三	二、二〇三、六五九	二九、三一四		
贵州省普通概算	二、九〇八、三九七	六、〇〇三、二九		三、〇九四、七二二	
浙江省普通溉算	二四、六九九、四九四	二四、六九九、四九四			该项概算系极大数
福建省普通概算	二六、一八〇、二九九	二六、一八〇、二九九			同上
甘肃省普通概算	五、一七一、六四八	一二、一三〇、三七〇		六、九五八、七二二	同上

〔国民政府档案〕

20．行政院秘书处抄送伪满康德元年岁入预算函

（1934年8月25日）

奉院长谕： 参谋本部函送伪满康德元年岁入预算之内容，以备参考案，应抄送外交、财政两部，等因。除分函外，相应抄同原件，函达查照。此致

财政部

计抄送原件一份

行政院秘书长 褚民谊

中华民国二十三年八月廿五日

抄原件

伪国康德元年度岁入预算之内容

伪康德元年度岁入总预算编成业已告终，其中属于一般会计的预算额为：

经常部：一六三、三二一、〇七．四元

临时部 二五、四〇三、九八四元

合计 一八八、七二五、〇五八元

与上年度原定之预算额比较有如左之增加：

一、上年度的预算额

经常部 一三二、一三四、三〇〇元

临时部 一七、〇三四、八七八元

合 计 一四九、一六九、一七八元

二、本年度的预算增加额

经常部 三一、一八六、七七四元

临时部 八、三六九、一〇六元

合 计 三九、五五五、八八〇元

据伪国财政当局宣称：1．不加重国民实质的负担，惟知极

图征收机关及税制之改进，以确保岁入。2. 极图节省经费，决不为抵补岁入上之缺陷，而由他处借款。本此以上两方针再以大同元年度及二年度的岁入为基础，并熟察本国经济界现状及将来加以缜密考核，以期得到正确之估计，云云。并将其岁入主要款目列左。

租税收入	一四〇、四七五、五八七元
印纸收入	八、一三一、一二〇元
官业收入	八、二〇八、〇〇〇元
公债金	五、〇〇〇、〇〇〇元
前年度岁入剩余金滚入	一六、六二三、八五四元
其他	一〇、二九六、四九七元
合计	一八八、七二五、〇五八元

综上可知，其租税收入【占】总岁入百分之七四，印纸收入及官业收入各占百分之四，其他占百分之一八。兹再就此等主要岁入作进一步报告如左：

一、关税（内含吨税）

关税预算额定为七二、六三八、一〇七元，占租税收入百分之五一，比较上年度预算额二二、八五七、〇八九元增百分之四五。

二、盐税

盐税预算额定为二一、六一六、〇〇〇元，比较上年度则增加八七九、二〇〇元。

三、内国税

内国税预算额定为四六、二二一、四八〇元，比较上年度预算额则增加一一、〇三八、九〇九元。据伪国负责人称：此盖由政治恢复、国民经济发展所得的自然征收。

四、印纸收入

印纸收入预算额定为八、一三一、一二〇元，系指将印花税除外，截止上年度止，由内国税项下所收的一切契税等其他各部杂收入而□□因由本年度起改用收入印纸完纳的结果，故新设此科目。

五、官业收入

官业收入所列的专卖公署利益金，因鉴其事业之实际已自上年度减少五百八十余万元，收入为四百余万元。又吉黑榷运署预算亦减至三百五十万元，比较上年度减少一百五十万元。据伪官吏称此则由于实施帝制之时低落官盐价格所致。

六、公债金

公债金系基于建设国道应募债而未果行的既定计划所编入。

七、前年度岁计剩余金滚入

大同元年度岁计剩余金内滚入、大同二年度之残额一、六一三、八五四元，及大同二年度岁计剩余金估定额一五、〇〇〇、〇〇〇元，一概编入预算充一般政费用途。

要之康德元年度的岁入预算除为建设国道应须有五百万元之借款外，余都按照普通岁入所估计。又伪国自建国以来岁入的状况，大同二年度较大同元年度增加三千五百八十万。康德元年又较大同二年增加三千九百五十万元。

〔国民政府财政部档案〕

21. 国库司等关于筹划1934年度非常军费财源编列非常概算签呈

（1934年9月3日）

案准国府主计处公函，以二十三年度军务费概算，前经遵奉中央政治会议决议，举行会核会议，决定将非常设之机关部队经费，及军事建设费、剿匪费、匪区战区善后费、特别费等项，另列非常概算一万三千三百万元，由财政部另筹妥实财源，与军政部会编非常概算专案，呈请核定，记录在卷。现在年度业经开始，请将该项非常概算汇编送处核转，等因，到部。

查前次会核二十三年度国家岁入岁出总概算，因收成不敷支，编列经常军务费二万九千三百零一万四千六百元，临时军务费一千四百七十三万六千三百一十元，勉维收支适合，俾预算得以成立。其不敷之军费一万三千三百万元，依照中央以前指示办法，编列非常概算，并由本部另筹财源，以为抵补。

二十三年度本部主管收入，尚有海关经征百分之五附加税一千六百七十一万零八百五十元，除开支经费三十一万零四百元外，计余一千六百四十万零四百五十元。因系本年六月间始奉核定继续征收，未列入普通岁入概算，依照上年度成果，可作为非常军费财源之一部分。又截至本年六月底止，库存各种公债库券，可供本年度内周转之用者，计票券面额二千一百一十八万四千三百八十一元，实负金额一千九百九十九万九千四百四十六元七角四分，约依七成估值，可得一千四百万元，亦可列为非常军费之财源。惟以上两项共只三千零四十万零四百五十元，较之本年度非常军费额数，尚不敷一万零二百五十九万九千五百五十元。

预算收支不敷，例以加税或举债为弥补，现值灾歉相继，经济衰落，原列普通总概算内之收入，能否实收及额，尚无把握。整理旧税，既难望巨额之增收。举办新税，亦非一时所能收效。则上项不敷之一万零二百余万元，势非举债不足以谋抵补。

二十三年度债务费概算，核定为二万五千余万元，其中减少以后年度国家之负担者，计为一万七千余万元。如本年度非常概算编列债款收入一万零二百余万元，出入相衡，并未加重国家之担负。可否照此办理，理合签请鉴核批示，以便会商本年度举债

计划呈请核定后，照编概算。谨呈

部
次长

国库司(印)

公债司谨签(印)九·三

会计司(印)

〔国民政府财政部档案〕

22. 军政部抄送1934年度岁出非常军务费概算书咨

(1934年9月15日)

军政部咨　天预字第八五七二号

案准主计处字第五九八号公函，除原文经该处分函贵部有案免叙外，尾开：相应函请查照，速将该项非常概算汇编送处，以便呈转中央政治会议核定，俾得编制非常预算，而完法定程序为荷。等由。查二十二年度贵部直拨、划拨军务费定额（连各省及华北计算）平均每月为三千六百七十二万九千二百四十二元五角，本部以原数减成发给，仍属不敷，乃自本年三月份起，又按二十二年十二月份折发标准，将机关经费再打八折，实费经理部队经费再打九折发给，已属减无可减，而每月尚不敷洋一百六十余万元，加以建筑营房军需品仓库已决标之工程费及各项营缮费，本年度共需洋九百五十万元，按原支付数，月仅洋四十万元，比较月计约不敷洋四十万元。又服装费，本年度必需洋一千六百余万元，按贵部额拨数，月仅洋七十万元，比较月计约不敷洋七十万元，及非常军务费时有增加，共计每月约不敷洋三百万元，全年度共计约不敷洋三千六百万元，均属不可少之支付。此次会核决定本年度军务费各项数目，完全以二十二年度贵部拨数为标准，欲求勉敷支配，势不可能，曾将困难各情及不敷数目，列表声叙，报呈委员长蒋核示在案。兹准前由，除将本年度不敷之军务费三千六百万元，加入前次会核拟定非常军务费一万三千三百万元，合计一万六千九百万元，编制二十三年度岁出非常军务费概算书，函送主计处查照核转外，相应检同该项概算书，咨送贵部，务希按数筹划，编制该项岁入概算书，送主计处办理，以利戎机，至纽公谊。至过去各年度直拨、划拨各项军务费数目，仍希从速清理，分别年度、费别及领款机关，抄具清册过部，以便会同编送各年度非常军务费概算为荷。此咨

财政部

附送二十三年度岁出非常军务费概算书一份

部长　何应钦

常务次长　曹浩森代行

中华民国二十三年九月十五日

军政部改编二十三年度岁出非常军务费概算书

科目		概算数	备考
第一款	非常军务费	169,000,000.00	
第一项	各非常设机关部队经费	62,5□7,869.20	华北运输处经费及各非常设机关部队如军部总指挥部、运输处、新编暂编部队等经费均在此内支配，细数详分配表。
第二项	广东协饷	7,200,000.00	
第三项	广西协饷	2,400,000.00	
第四项	宪兵司令部特务工作费	48,000.00	
第五项	剿匪费	24,072,000.00	每月支付南昌行营一百万元，豫鄂皖三省剿匪总司令部七十万元，本部约三十万零六千，年计共如上数。

续　表

第六项	军事设备费	12,000,000.00	用于机械弹药购置费每月由财部拨付一百万元。
第七项	军事特支费	34,22,130.80	所有军事开支特别费及各机关部队补助费如税警团每月三十万元均在此内支配。
第八项	添建营房工程费	9,500,000.00	本年度添建营房及军需品仓库已决标之工程及修理营缮等费共需如上数。
第九项	服装费	16,800,000.00	本年度必需服装及阵营具费如上数。

说明：

按贵部二十二年度直拨划拨军务费定额计算（连各省及华北在内），平均每月为三千六百七十二万九千二百四十二元五角，本部前以不敷分配，自本年三月份起就贵部每月拨付军务费范围，按二十二年十二月份折拨各机关部队军费数目标准，将机关经费再打八折，实费经理部队经费再打九折发给，已属减无可减，每月不敷一百六十九万余元，加以增建营房及军需品仓库已决标之工程及各项营缮等费，除原定分配数目，仅四十万元外，每月约不敷四十万元。又服装费，本年度必需一千六百余万元，除财部额拨数月仅七十万元外，每月约不敷七十万元。又非常军务费时有增加，每月约共不敷三百万元之谱，全年度计共不敷三千六百万元，是二十三年度统共必需军务费四万七千六百七十五万零九百一十元。除经奉中央政治会议已核定经常军务费二万九千三百零一万四千六百元，又临特费一千四百七十三万六千三百一十元外，尚不敷六千九百万元，合并声明。

〔国民政府财政部档案〕

23. 关于改订1934年度预算及军费开支孔祥熙与蒋介石来往（密）函电选

（1934年9—10月）

（1）孔祥熙致蒋介石密电抄件（9月12日）

抄寄致蒋委员长文戊电

牯岭。蒋委员长钧鉴：融密。文酉电报告非常军费用途分配，谅邀〔邀〕察及。查二十三年度总概算岁出入各列为七万七千七百三十余万元，表面上虽属收支适合，而一部分军费计一万三千三百万元，作为非常支出，另编非常概算，须由财政部另筹财源。现经通盘筹划，除可筹之款加入抵补外，整个收支仍不敷一万万元。当此灾欠频仍，农商凋弊之时，本年度岁入比较上年增列九千余万元，已极尽开源之能事，非从支出方面力谋紧缩收支，万难适合。且查军费一项，包罗万有，数目巨大，易启误会。弟意不如将原列军务费项下之军事教育、建设诸费及各省协饷与边省留用国税等项，另行分别编列，改归其他同类项目之中，俾明用途真相，减少军费数目。顷经提出中央政治会议，请将本年度概算重行编订审议，一面本紧缩原则，减少支出，以期收支接近，一面将军务费依其用途，分别厘订。已由会议通过，交付审查。将来党政各费当可减去一部份，军费为数较巨，尚乞赐予主持，酌量节减，以纾积困。除将军费详数另函详陈外，伏乞亮察为荷。弟〇叩。文戊。

（2）孔祥熙致蒋介石密电抄件（9月12日）

熙抄致蒋委员长文酉电

牯岭。蒋委员长钧鉴：融密。查二十三年度国家岁出总概算九万一千零三十万余元，内分经常费七万四千八百零三万余元，临时费二千九百二十六万余元，非常费一万万三千三百万元。但军费一项即列经常二万九千三百零一万余元，临时一千四百七十三万余元，非常一万三千余万元，共计四万四千零七十五万余元。前在牯岭奉，阅吾兄对于非常军费用途颇为注意，兹经详查，内容分配如左：（一）各非常设机关、部队经费，包括边远省份、杂色队伍、机关化费，华北运输处军费及其他各非常设立之机关、部队、各军部、总指挥部、运输处、新编暂编部队等，年共四千二百八十八万元，此等款项多系各地就中央收入留用。（二）剿匪费，如财部月拨南昌行营之剿匪费一百五十万元，南路总部五十万元，又江西剿匪费六千元〔原文如此〕等，年共二千四百零七万余元。（三）军事设备费，如机械、弹药购置费每月一百万元，年合一千二百万元。（四）军事特别费四千四百四十万元，即每月由财部划拨南昌行营之军费三百万元，又特别费七十万元。（五）广东协饷每月六十万，年合七百二十万元。（六）广西协饷月二十万，年合二百四十万元。（七）宪兵部特务工作费每月四千元，年合四万八千元。此项用途分配，系由军政部拟定，呈经军委会，以吾兄明〔名〕义，于七月二十一日函交本部，知注特达。弟〇叩。文酉。

（3）中政会致财政部函（9月13日）

径启者：本会议第四二五次会议，准委员兼行政院院长汪兆铭、委员兼行政院副院长财政部部长孔祥熙提议称：查本会议核定民国二十三年度国家普通总概算，岁入岁出各列为七万七千七百三十万余元，表面上虽系收支适合，而一部份军费计一万三千三百万元，作为非常支出，另编非常概算，须由财政部另筹财源。现经通盘筹划，可供此项非常支出之财源者，仅有海关百分之五附加税，约一千六百万元，历年余存债券，约一千四百万元，两共三千万元，是国家整个收支仍不敷一万零三百万元。比来灾欠频乘，农村衰落，工商凋敝〔敝〕，益形深刻，国民经济益感枯竭，固有税收已现减退之势，将来能否达到预算定额，殊无把握，举办新税亦非短时期内所能收效。关于二十三年度预算巨额之亏短，如何筹划抵补，实为财政上严重之问题。复查上年度原编概算，共列岁入六万八千零四十余万元，本年度岁入共列七万七千七百三十万余元，计增九千六百八十余万元。是在收入方面已尽开源之能事，而收支不敷仍在一万万元以上者，当为支出随同膨胀所致。兹既无源可开，而欲求收支之渐趋平衡以渡难关计，惟有从节流方面着想。现在年度业已开始，对于概算所定经费既难悉数应付，而各机关亦有未能依照其原定计划进行之虑，似于预算法案之尊严不无影响。为谋根本救济计，拟将二十三年度概算依照紧缩开支原则，重行编订审议，务使收支接近，便于遵行。在未经重行审议决定以前，所有经费之支付，拟照下列办法办理：

一、二十三年度内新拟设置之机关及举办之事业，无论其经费来源如何，均暂从缓办。

二、旧有机关及事业之经费，暂以上年度支付成案为限度。

三、非真正特殊应急所需之经费，概不得提出追加概算案件。

上拟办法是否有当，谨请公决。等由。经决议：交财政组并汪委员兆铭、戴委员传贤、居委员正、朱委员培德审查，下星期三提出报告，由财政组召集人召集，并函财政部长、审计部长、主计长列席，关系院、部、会主管长官亦得列席说明，在案。当由财政组召集人孔委员祥熙指定九月十八日（星期二）下午二时，在政治会议秘书处楼上审查室开会审查。除分函外，相应录案函达，即希查照，准时到会为荷。

此致

财政部长

中央执行委员会政治会议（印）

廿三年九月十三日

（4）孔祥熙致蒋介石密电稿 （9月16日）

海会寺。蒋委员长钧鉴：融密。前奉文酉、文戌两电，报告军务费分配情形及二十三年度总概算拟另改编办法，谅邀察及。顷据财部主管人员电称：关于军费一项，现经详加审核，原列总数四万四千余万元，内有南昌行营临时军费三千六百万元，月计三百万元。上年度并未按月照发，本年度开始后亦尚未发，似可酌减一千二百万元。又军事教育费年约一千三百万元，国防建设费年约一千四百万元，粤、桂两省协饷年计九百六十万元，又各省留用国税五千万元内，除湖南军费一千二百万元外，其余三千八百万元均拟分别移列教育、建设及补助费项下。依此计算，军费总数可减至三万五千四百余万元。可否照此办理，拟请钧座即电蒋委员长核示，以便于中央审查时提议。等语。所陈办法似属可行，兄意如何，祈即电示。弟今晚回京，后天即审查此案，并闻。弟○叩。铣戌。九月十六日。

（5）孔祥熙致蒋介石密电稿抄件 （9月17日）

照抄致蒋委员长篠戌电　九月十七日下午十一时发

限即刻到。牯岭。蒋委员长钧鉴：融密。铣戌电所陈南昌行营临时军费月计三百万元，年合三千六百万元，拟酌减一千二百万元一节，查预算军费项下本列有军需署月领临时费三百万元，又因去年补发行营积欠一千八百万元，复经商定每月拨发三百万元，以六个月为限。部中主管司误将两款混为一谈，且以比来剿匪军事进展，不久可告结束，此后需要或可减少，故有酌减一千二百万元之议。弟回京后重加审核，发现前电错误，盖补发行营积欠一千八百万元早已拨足，在二十三年度预算内自可全数删除。至于剿匪军费，此后虽可减少，而国防建设及购置军械费用所需尚多，军需署临时费似可不予议减，俾资挹注。又查军政部近拟二十三年度军务费预算分配数目表内，机关林立，支出积聚，数目颇巨，似可裁节。应请转函军政部设法裁并，俾以节余之数移充国防建设之需，实于大局不无小补。特电奉陈，谨请察核。弟〇叩。篠戌。

（6）孔祥熙致蒋介石密电抄件 （9月17日）

照抄致蒋委员长篠亥电 九月十七日下午十一时余发

限即刻到。牯岭。蒋委员长钧鉴：子密。昨上铣戌电，内有南昌行营临时军费三千六百万元，月计三百万元，上年度并未按月照发，本年度开始后亦尚未发，似可酌减一千二百万元等语。查该项月拨三百万元之款，原系补发子文任内旧欠，与兄商定，一千八百万元按六个月分拨，早已拨足，自不必继续支付。此次部中主管人员依据军政部所列非常概算，未加细核，与军需署所领临时费每月三百万混为一谈。沪上秘书素不经手，复照原文转去，未免疏忽。除另电详陈外，再陈经过，祈赐谅察。弟〇叩。篠亥。

（7）蒋介石致孔祥熙密电 （9月17日）

南京。孔部长庸之兄：文酉、文戌两电均悉。融密。本年度概算重行编订，甚为赞成。中正。霰。秘牯。印。

（8）孔祥熙致汪精卫密电稿（9月19日）

牯岭。探送汪院长精卫先生勋鉴：密。星期二院议议决各案，已嘱院秘书处电陈，想承察及。本日中政会议应行报告事件，均已代为报告。改编预算一案，星期二审查决定紧缩原则数项，大致党政费均照上年度预算列支，其有特别情形者，由各机关与财部商定，于九月底以前提中政会核定。军费由财部与军事当局切商核减，非军费科目不列入军费。今日已报告中政会议，即日着手进行。弟今晚因公赴沪，如有事见嘱，请径电沪寓示知为祷。

弟祥〇叩。效。

(9) 孔祥熙致蒋介石密电稿抄件（9月19日）

照抄致蒋委员长效电

牯岭。蒋委员长钧鉴：融密。改编二十三年度总概算事，经中政会议审议，决定紧缩原则，由财部会商各机关编订，再行提会核定。除行政费正在接洽酌减外，关于军费一项：(一)拟将上年度按月照拨之二千万元照旧列支。(二)服装费上年本商定全年按八百万元拨发，但事实上恐不足用，拟酌予增加，改为列支一千万元。(三)此外各军费拟将原列数目分别情形斟酌核减。(四)非纯粹军费性质之经费，均拟抽出，分别改列他种经费项下，俾军费数目得以减少，藉昭核实。又铁道、交通两部及经委会各项建设事业经费原未列入预算者，此次亦拟从新编入总概算内，使建设费数目之比例增加，庶全部预算面目一新，得免偏重军费之误解。以上各节，尚祈吾兄力予主持，致电各关系机关，促成为祷。弟〇叩。效。

(10) 蒋介石致孔祥熙密电（9月20日）

南京。财政部孔部长：铣戌电悉。融密。行营经费不足，实难再减，余请照办。中正。号。参海。印。

(11) 孔祥熙致蒋介石密电稿抄件（9月25日）

照抄致蒋委员长有电

牯岭。蒋委员长钧鉴：融密。关于改订廿三年度概算一案，经部依照中政会议所定原则，与各机关协商，将各项支出酌拟缩减，并将各项建设专款收支查明补列，于本日提经行政院会议修正通过，明日提请中政会议审核。计经、临岁入共列八六九，七二五，八三四元，经、临岁出共列九一九，七二五，八三四元，两抵不敷五千万元。党政各费均较原定数量为缩减。教育费一项，以军事教育费一千五百万元移列在内，故增至三千三百八十余万元。建设费一项，以国防建设费一千四百万元移列在内，并将经济委员会本年度经济建设费一千余万元，铁道建设费三千六百余万元,交通建设费一千五百余万元一并补列,故增至八千七百余万元。军务费一项，拟将篠戌电所陈拟删之三千六百万减去，一面将服装费改增为一千万元，并将华北军费按各省市短拨数减去六百三十六万元，以符实际。归军务费内计算之军事教育费一千五百万元，国防建设费一千四百万元,各省留用国税三千八百万元，分别移列他项，军费总数减为三三二，九九〇，九一〇元。据军政部代表报告情形，对于此数认为事实上尚不敷支配，此中困难弟所深知，只以此次紧缩预算，事非得已，各项支出既均减少，军费一项似不能较上年度再为增列，拟暂以上列三万三千二百余万元作为定案，其事实上确有为难之处，容后另行设法。专此电陈，谨祈鉴察为荷。弟〇〇叩。有亥。

(12) 蒋介石致孔祥熙密电 （9月26日）

南京。孔部长庸之兄：效电悉。融密。本年度军费概算，服装费只列一千万元，确有不足，其余各款，弟正在评审中。至铁道、交通两部之建设费应列入预算案内，自属正办。中正。宥。秘牯。印。

(13) 邹琳致孔祥熙密电稿 （10月3日）

上海。中央银行。孔部长钧鉴：部密。关于概算事，昨午与秦次长、李秘书长约黄秘书商洽，结果计有三点：一、国务费类，各机关经费总数已经中政会通过，仍照通过数支配，不另增加。二、岁入不敷之五千万元，注明由财政部筹借，承谕本系筹补字样，因须列入借款科目中，故改一借字。三、原列借款科目之棉麦借款收入等项，改列其他收入科目中，免与不敷之数混淆。四、行政院所增九六，〇〇〇元，依各院、部减列办法，应减去半数，惟行政院自动拟减一八，〇〇〇元外，不允再减，因是总数每年差三万元，应由审查会决定。今早审查时，与秦次长同往列席出席者为邵元冲、诸民谊、唐有壬三人。除将行政院减数改注不再减，并在总预备费项下多减三万元外，余照通过，送请常务委员批定，其分配表俟印出后续呈，谨闻。邹琳叩。江。

（14）蒋介石致孔祥熙密电　（10月5日）

南京。上海。财政部孔部长勋鉴：融密。铣戌、篠电均奉悉。二十三年度军务费总预算如以三万三千二百九十九万元为定案，应将湖南协饷一千二百万元剔出，列入补助项下，粤、桂协饷仍照铣戌电，列在补助项下。又军运、军电费一千万元，每望发交军需署具领，其余可照办。经此次核定之后，务请每月照数实拨。又军事教育费、国防建设费既已另列预算，亦请另案每月照拨。除电军政部及周署长、熊处长商洽外，敬复。但临时购械费不在其内。中正。征。机汉。印。

（15）孔祥熙致蒋介石密电稿抄件　（10月7日）

照抄致蒋委员长阳电

蒋委员长钧鉴：融密。微机汉电敬悉。查此次改定军费概算数及经移列之军事教育费、国防建设费，合共三万六千一百九十九万余元，核与现在实际支拨情形相合，并未减少，湘、桂、粤三省协饷剔出与否，于支拨数目上原无关系，惟国家军队由中央发给军费，于军权统制上颇有影响。如改称补助费，则恐误认为补助地方，流作别用，引起其他要求。各该省协饷，似以仍作军费为宜。又军运、军电费一千万元，系铁路、电局记帐款项，由铁道、交通两部依据记帐数目，向国库转帐，并无现款收支。又军事教育费一千五百万元，国防建设费一千四百万元，原在所拨各项军费内划出另列，自可仍旧照拨。又购械费一项，在规定军费内列有一千二百万元，如有临时大宗购置超过该项定额时，可另案办理。现在二十二年度修正概算已经中政会议通过，似不便再行变更。又值此剿匪紧张时期，支用浩繁，现定数目支配为难，自所深知。将来如有临时特别费用，国库力能负担，当另行勉为筹拨，以期预算不再扩大，而事实需要，得以兼顾。区区之意，谨祈谅察为幸。弟孔○○。阳。

〔国民政府财政部档案〕

24. 孔祥熙关于缩减1934年度国家概算书并拟具说明书之提案

(1934年9月)①

财政部长孔祥熙提案

谨拟二十三年度国家总概算紧缩意见，提请公决案。

查二十三年度国家普通总概算岁入岁出，各列为七万七千七百三十万余元，表面上虽系收支适合，而作为非常支出之一万三千三百万元，须另编概算，由财政部另筹财源，当经通盘筹划，可供此项非常支出之财源者，仅有三千万元，此外一万零三百万元，难谋抵补。曾向中央政治会议提议紧缩开支意见，经财政组审查会议定办法六条，报告大会在案。兹经与各机关分别接洽，依据议定各条原则，将各项支出酌拟缩减，并将原概算未列各项收支，查明公决。

关于行政院汪院长兆铭、孔副院长兼财政部长祥熙提议拟将二十三年度概算依照紧缩原则重行编订案审查报告

甲、关于党政各费者：

一、各机关经费，其新预算所列数额小于旧预算（二十二年

① 原件系油印件，无形成日期，据文意当在1934年9月前形成。

度）或同额者，照新预算列支。

二、各机关经费，其新预算所列数额大于旧预算（二十二年度）者，照旧预算列支，其有特殊情形者，应由主管机关商同财政部，于九月底以前，提请中政会议核定之。

三、各机关如有必须兴革事项，应就本年度最后核定之预算内，自行支配。

乙、关于军费者：

一、军费，由财政部与军事当局，切商核办。

二、军费内容，审核事实，分别改列相当科目。

三、凡非军费科目提出，不列入军费。

民国二十三年度国家总概算增减情形说明书

甲、关于岁入者：

一、原列数：	七七七、三〇二、二二六元
经常门	七六五、〇六四、九四四元
临时门	一二、二三七、二八二元
二、增加数：	九二、七七三、六〇八元
经常门	三六〇、三八〇元
冀晋察绥区统税局统税处收入	三六〇、三八〇元
临时门	九二、四一三、二二八元
海关附加税	一六、四〇〇、四五〇元
财政部历年余存债票	一四、〇〇〇、〇〇〇元
美棉麦借款拨充经济建设专款	一〇、一九四、〇六二元
英金庚款公债拨充粤汉路建设专款	一九、二一七、〇四九元
玉萍铁路公债拨充玉萍路建设	八、〇〇〇、〇〇〇元

专款

大潼潼西路工料借款	九、五〇〇、〇〇〇元
电政建设专款	九、九六四、九六七元
邮政建设专款	二、七八四、六〇〇元
航政建设专款	二、三五二、一〇〇元
三、减少数：	六、三六〇、〇〇〇元
经常门	六、三六〇、〇〇〇元
河北省协拨华北军费款	三、六〇〇、〇〇〇元
察哈尔省协拨华北军费款	二、一六〇、〇〇〇元
北平市协拨华北军费款	六〇〇、〇〇〇元
四、拟列数：	八六九、七二五、八三四元
经常门	七六五、〇六五、三二四元
临时门	一〇四、六六〇、五一〇元

以拟列岁入八六九、七二五、八三四元相抵计尚不敷五〇、〇〇〇、〇〇〇元

乙、关于岁出者：

一、党务费类拟减六四、七六四元

原列经常费五、七二五、四六四元，临时费六〇、〇〇〇元，共计五、七八五、四六四元，其经常费中央执行委员会单位内所增之六四、七六四元，系边疆三政治分校新增经费，拟予减除，如经进行筹办，可在本年六月起，中执会所加经费每月二万元内，统筹挹注，临时费原列数，与上年度相同，仍予照列，本类经费，共拟减列六四、七六四元。

二、国务费类拟减一、三二四、〇〇〇元

原列经常费一三、五九七、五八〇元，临时费五一四、七〇

二十三年度概算总表

经临岁出	原列数	拟增数	拟减数	拟列数
一、党务费	五、七八五、四六四元		六四、七六四元	五、七二〇、七〇〇
二、国务费	一四、一一二、二八〇		一、三二四、〇〇〇	一二、七八八、二八〇
三、军务费	四四〇、七五〇、九一〇		一〇七、七六〇、〇〇〇	三三二、九九〇、九一〇
四、内务费	五、四七五、八六九		九六四、〇〇〇	四、五一一、八六九
五、外交费	九、〇二六、八八六		二九九、〇四二	八、七二七、八四四
六、财务费	六九、一九二、八一四		一、〇〇〇、〇〇〇	六八、一九二、八一四
七、教育文化费	一九、〇三四、四八一	一四、四七三、八八四		三三、五〇八、三六五
八、司法费	三、〇五七、九一〇		九四、〇〇〇	二、九六三、九一〇
九、实业费	四、二九四、三九〇		一六〇、〇〇〇	四、一三四、三九〇
十、交通费	五、二〇四、二五二		五四、五〇〇	五、一四九、七五二
十一、蒙藏费	一、四五一、六〇四		一六、〇八四	一、四三五、五二〇
十二、建设费	一一、七九四、九七四	七五、九七三、三四〇		八七、七六八、三一四

续　表

十三、补助费	四四、五五九、九三五	三八、〇〇〇、〇〇〇		八二、五五九、九三五
十四、抚恤费	五、七六一、六六五		二、〇〇〇、〇〇〇	三、七六一、六六五
十五、债务费	二五七、五三〇、二三一			二五七、五三〇、二三一
十六、总预备费	一三、二六八、五六一		五、二八七、二二六	七、九八一、三三五
总　　计	九一〇、三〇二、二二六	一二八、四四七、二二四	一一九、〇二三、六一六	九一九、七二五、八三四

〇元，共计一四、一一二、二八〇元，经常费内容单位，较上年度增加一、九〇九、八八八元，临时费增加一八六、九〇八元，其间新增机关事业及上年度虽列预算未经发款之经临费，如各区监察使办公处，各审计处及办事处，侨务局等，约一、七〇〇、〇〇〇元，拟酌减三分之二，计一、一〇〇、〇〇〇元，再就各该机关事业之缓急，先后由中央统筹支配，其余各旧有单位所增经临费约四十万元，除主计处所增三六、〇〇〇元，已自动拟减，行政院所增九六、〇〇〇元，自动拟减一八、〇〇〇元外，余再酌减二分之一，计一七〇、〇〇〇元，由中央另行支配。

三、军务费类拟减一〇七、七六〇、〇〇〇元

原列经常费二九三、〇一四、六〇〇元，临时费一四、七三六、三一〇元，非常军费一三三、〇〇〇、〇〇〇元，共为四四〇、七五〇、九一〇元，兹拟按照现在发款情形，于中央军费内酌减三六、〇〇〇、〇〇〇元，并加服装费一、六〇〇、〇〇〇元，华北军费减去各省市短拨数六、三六〇、〇〇〇元，原归军务费内计算之军事教育费约一五、〇〇〇、〇〇〇元，移列教育文化费类，国防建设费约一四、〇〇〇、〇〇〇元，移作建设费类，边省留用国家收入款约三八、〇〇〇、〇〇〇元，移列补助费款类，依此核计，军务费总数列为三三二、九九〇、九一〇元。

四、内务费类拟减九六四、〇〇〇元

原列经常费五、〇一四、八六九元，临时费四六一、〇〇〇元，共计五、四七五、八六九元，经常各单位，较上年度增加七七四、一五〇元，临时费系完全新增 其间首都警察所增六〇、〇〇〇元，系为扩充警额，且有添设分局之议，助产学校所增一一、〇〇〇元，系为罗氏补助费停付之抵补。海港检疫处所增八四、〇〇〇元，系照旧案补列。警官学校所增二八、七五〇元，系为南迁扩充上年度内尚有追加案未加核定。坛庙管理所及地产清理处所增二三、四〇〇元，系以清理地产收入抵充。远东热带

医学会四〇、〇〇〇元，上年度核定饬列本年度概算，似均有特殊情形，难于议减，关于大三角测量队经临费共九四〇、〇〇〇元，内政部曾自动拟减二二一、四〇〇元，此项事业，似可暂缓举办。拟将原列九四〇、〇〇〇元全删。此外内政部新增经费四八、〇〇〇元，拟□□□□□□□。

五、外交费类拟减二九九、〇四二元

原列经常费八、八二五、八八六元，临时费二〇一、〇〇〇元，共计九、〇二六、八八六元，经常费内各单位，较上年度增加五六八、四二八元，其间外交部所增七二、〇〇〇元，系为电报费付现之用，宣传费所增一四四、〇〇〇元，系试行密探制度所需，似有特殊情形，使领馆经费各单位互有增减以前本相挹注，拟将增减互抵后实增之五九、〇四二元删除，其原减之一一三、三八六元，留为挹注地步。另款一项，本年增加一八〇、〇〇〇元外，拟酌减八〇、〇〇〇元，国联代表出席会议经费，原列三六〇、〇〇〇元，实际支付不及此数，似可酌减一二〇、〇〇〇元，共拟减去二九九、〇四二元。

六、财务费类拟减一、〇〇〇、〇〇〇元

原列经常费六八、九四四、一三四元，临时费二四八、六八〇元，共为六九、一九二、八一四元，其增加之各单位累计，较上年度虽增四、四一八、〇七七元，而其间上年度列报概算有案尚未核定者，本年度补列概算者，专款收支同时加列概算者，以及本年度概算内原经削减者，计共有二、四三六、五二六元，实际增加之数，仅为一、九八一、五五一元，大部分为盐、关两税防杜漏私之必要费用，前拟就财务费总数减去二、六〇七、三六〇元，兹因对于国税征收事务，因尚拟积极整顿，以裕收入，暂时未能减至此数，拟就财务费概算原列总数内酌减一、〇〇〇、〇〇〇元，由本部统筹支配。

七、教育文化费类拟加一四、四七三、八八四元原列经常费一七、六五八、二三三元，临时费一、三七六、二四八元，共为一九、〇三四、四八一元，增加之各单位累计，较上年度共增一、〇三三、四八二元。其间上海医学院所增之五六、〇〇〇元，系为罗氏补助费期满停付之抵补；清华大学所增之经临费一四七、二五〇元，系为美退庚款内拨付；浙江大学建筑费一二〇、〇〇〇元，建筑业已开始，似均具有特殊情形，蒙藏教育费一二〇、〇〇〇元，蒙藏委员会曾有可以缓办之表示，上海商学院艺术专校音乐专校等建筑费二二二、〇〇〇元，似可缓办。此外各单位所增之三六八、二三二元，拟酌减半数，共拟减五二六、一一六元，又原归军务费概算内计算之属于教育用费约一五、〇〇〇、〇〇〇元，拟以军事教育费名义，移教育文化费类，其细目由军事机关另行分配。

八、司法费类拟减九四、〇〇〇元

原列经常费二、一〇一、五二〇元，临时费九五六、三九〇元，共计三、〇五七、九一〇元，增加各单位累计，较上年度共增三四八、六〇〇元，其间经常各单位所增之六三、四六九元，大多为监狱经费，临时费内所增各省司法建设费一七七、五〇五元，系以各省留院法收充用。又监狱建筑费一一三、六二六元，似属需要，均具有特殊情形，难于核减，惟首都反省院尚未举办，法医研究所建设，亦可缓办，两者共拟删除九四、〇〇〇元。

九、实业费类拟减一六〇、〇〇〇元

原列经常费三、九三四、三九〇元，临时费三六〇、〇〇〇元，共为四、二九四、三九〇元，经常费各单位所增之一二八、八八〇元，大多为事业费，其总数尚较上年度为减，似可不予议减，其临时费所增之一六〇、〇〇〇元，实业部曾自动拟减五万九千余元，此项临时费内所拟举办事务一部份，或可缓办，所增之一六〇、〇〇〇元，拟全数减除。

十、交通费类拟减五四、五〇〇元

原列经常费四、九七二、四四二元，临时费二三一、八一〇元，共为五、二〇四、二五二元，经常各单位所增之职工教育费三、五〇四元，交通大学研究所四、五〇〇元，有关职工教育及学术研究，临时费内之交通部迁移设备费，及扬子江水道整理委员会修理购置费，事实需要，不予拟减，其留学费所增之四、五〇〇元，可在原有数内挹注。吴淞商船学校建筑设备费五〇、〇〇〇元，似可缓办，共拟减五四、五〇〇元。

十一、蒙藏费类拟减一六、〇八四元

原列经常费一、四五一、六〇四元，无临时费增加，各单位累计较上年度增八〇、八八四元，其间蒙藏委员费所增五二、八〇〇元，系为依据新组织法增加委员、参事所，致西康民众代表办事处所增之六〇〇元，系由诺那办事处经费内照案移列，敏珠尔七呼图克图办事处所增六、〇〇〇元，系以原定经费月仅五百元，为数过少，在本年度内酌增，均难于议减，惟三台站管理局经费一六、〇八四元，近年系由察、绥两省担负，似可仍旧办理，将原列数删除。

十二、建设费类拟增七五、九七三、三四〇元

原列经常费一、八一二、一八〇元，临时费九、九八二、七九四元，共为一一、七九四、九七四元。经常费内所增之广东治河委员会经费二六一、七四四元，系补列预算，临时费内所列之导淮工程费九、九八二、七九四元，系以自行筹指之款充用，似均未便减列，其导淮委员会所增之一五、〇〇〇元，似可减去，土地整理处所增之四八、八七六元，似可酌减半数，共拟减三九、四三八元。

又原归军务费概算内计算之建设费约一四、〇〇〇、〇〇〇元，拟以国防建设费名义移列本类概算。

又经济委员会二十三年分经济建设费一五、〇〇〇、〇〇〇元内属于二十三年度支出之一〇、一九四、〇六二元，拟以经济

建设费名义补列本类概算。

又铁道部以英金庚款公债款一九、二一七、〇四九元建设粤汉路，以玉萍路公债款八、〇〇〇、〇〇〇元建设玉萍路，以大潼西工料借款九、五〇〇、〇〇〇元建设大潼路，共计三六、七一七、〇四九元，拟以铁道建设费名义补列本类概算。

又交通部电政建设费九、九六四、九六七元，邮政建设费二、七八四、六〇〇元，航政建设费二、三五二、一〇〇元，共计一五、一〇一、六六七元，拟以交通建设费名义补列本类概算。

以上各项共拟列为八七、七六八、三一四元，较原列数计增七五、九七三、三四〇元。

十三、补助费类拟增三八、〇〇〇、〇〇〇元

原列经常费四四、四二五、七三五元，临时费一三四、二〇〇元，共为四四、五五九、九三五元。各项补助费大多与地方及公私团体固有事业有关，且有陆续要求增加者，原列概算数拟暂不核减，其各单位内事实上如有减支之可能者，尽数保留，备以后发生新要求时酌拟挹注地步。

又原归军务费概算内计算之边省留用国家收入约三八、〇〇〇、〇〇〇元，用途未易分析，拟以各省留用款名义，暂附列本类概算。

十四、抚恤费类拟减二、〇〇〇、〇〇〇元

原列应付部份三、一二三、八七四元，备付部份二、六三七、七九一元，共为五、七六一、六六五元，其间应付部份列数，虽以已发恤令为依据，而历年实际支领者，恒较应付数目为少，其备付部份备续发恤令时支用，原系约计之预备费性质，事实上未必需巨数。兹拟于备付部份内减去二、〇〇〇、〇〇〇元，将来如有不敷再就应付部份统筹挹注。

十五、债务费类维持原案

原列内外债庚款等各项支出，共二五七、五三〇、二三一

元，均系照应付数目核计，事关债信，未便减列，拟维持原案。

十六、总预备费拟减五、二八七、二二六元

原列总预备费一三、二六八、五六一元，兹以收支总计不敷尚巨，以后追加案件，须从严限制，拟就收支大数核计，假定不敷数目之另筹抵补者，为五〇、〇〇〇、〇〇〇元，以其余额七、九八一、三三五元，列为总预备费，计较原列数减五、二八七、二二六元。

〔国民政府暨行政院全国经济委员会档案〕

25．中政会关于制定并通过修正1934年度国家概算请依法核定公布函

（1934年10月5日）

径启者：据行政院函开：查本院第一七九次会议据财政部孔部长提案称：查二十三年度国家普通总概算岁入岁出，各列为七万七千七百三十万余元，表面上虽系收支适合，而作为非常支出之一万三千三百万元，须另编概算由财政部另筹财源，当经通盘筹划，可供此项非常支出之财源者，仅有三千万元，此外一万零三百万元难谋抵补，曾向中央政治会议提议紧缩开支意见，经财政组审查会议定办法六条，报告大会在案。兹经与各机关分别接洽，依据议定各条原则，将各项支出酌拟缩减，并将原概算未列各项收支查明补列，编具说明书，提请公决。等情。经决定于本日下午四时举行临时会议专案讨论，决议修正通过，送中央政治会议秘书处转陈核定。惟因原说明书业于上午印就不及改印。兹特将修正案另单开列，连同原说明书，函请查照转陈，提会核定，为荷。等情，并附送财政部原送说明书及院会修正案前来，经提出本会议第四二七次会议决议：修正通过。兹经照案制成修正二十三年度国家普通总概算书，相应函达，请烦查照，改编预

算，依法核定公布。为荷。此致

国民政府

附送修正二十三年度国家普通总概算书一份

中央执行委员会政治会议

二十三年十月五日

修正二十三年度国家普通岁入总概算书

科目	原列数	修正数	修正内容
经常门	七六五、〇六四、九四四	七七三、四七〇、〇九一	
第一款　盐税	一九〇、三五三、八五一	一九〇、三五三、八五一	
第二款　关税	三六〇、四二三、七九一	三六六、四一三、七九一	增列六、〇〇〇、〇〇〇元
第三款　烟酒税	二三、一〇四、八七三	二三、一〇四、八七三	
第四款　印花税	一二、八八四、二八六	一二、八八四、二八六	
第五款　统税	一一六、五九九、二九九	一一六、九五九、六七九	增列晋冀察绥区统税三六〇、三八〇元
第六款　矿税	二、七二四、九七九	二、七二四、九七九	
第七款　交易所税	一〇〇、〇〇〇	一〇〇、〇〇〇	
第八款　银行税	一、六〇〇、〇〇〇	一、六〇〇、〇〇〇	
第九款　国有财产收入	三、九〇一、三七五	三、九〇一、三七五	
第十款　国有事业收入	二〇、九〇九、八五〇	二〇、九六五、〇五〇	增列故宫博物院收入五五、二〇〇元

续 表

第十一款 国家行政收入	一二、二六六、二八〇	一二、二六六、二八〇	
第十二款 国家营业纯益		八、三四九、五六七	增列电政收益五、五六四、九六七元邮政收益二、七八四、六〇〇元
第十三款 协款收入	一二、九四八、〇〇〇	六、五八八、〇〇〇	减列河北省三、六〇〇、〇〇〇元察哈尔省二、一六〇、〇〇〇元北平市六〇〇、〇〇〇元
第十四款 其他收入	七、二五八、三六〇	七、二五八、三六〇	
临时门	一二、二三七、二八二	一四四、六四〇、九四三	
第一款 关税		一六、四〇〇、四五〇	百分之五附加税延长一年作为临时军费抵补
第二款 国有财产收入	一、八〇三、五〇三	一、六四三、五〇三	内政部原拟建筑部署将内部变卖列收价一六〇、〇〇〇元兹因建筑费未准列不能变卖请减列
第三款 国有事业收入	三三九、〇一〇	三三九、〇一〇	
第四款 国家行政收入	二五〇、八〇六	二五〇、八〇六	

续　表

第五款　借款收入	九、七八四、二九四	五〇、〇〇〇、〇〇〇	原列数移列其他收入本总概算修正后收支两抵不敷五〇、〇〇〇、〇〇〇元查各种内债本年度及以后各年度均有偿还满期债款即由财政部以此项腾出财源担保筹借五〇、〇〇〇、〇〇〇元作为抵补
第六款　其他收入	五九、六六九	七六、〇〇七、一七四	移入导淮委员会主管借用英庚款九、七八四、二九四元增列财政部主管历年存余票券押款一四、〇〇〇、〇〇〇元经济委员会主管美棉麦借款一〇、一九四、〇六二元铁道部主管英庚款担保公债一九、二一七、〇四九元玉萍铁路公债抵借一六、〇〇〇、〇〇〇元交通部主管借用邮政储金一、二〇〇、〇〇〇元借用英庚款五、五五二、一〇〇元。
经临合计	七七七、三〇二、二二六	九一八、一一一、〇三四	

修正二十三年度国家普通岁出总概算书

科目	原列数	修正数	修正内容
经常门	七四八、〇三九、〇九四	七五一、六八七、一二四	
第一款 党务费	五、七二五、四六四	五、六六〇、七〇〇	西宁庚定包头政治分校经费六四、七六四元在中央执行委员会经费内统筹挹注
第二款 国务费	一三、五九七、五八〇	一二、二九五、五八〇	主计处减三六、〇〇〇元行政院减一八、〇〇〇元立法院减三六、四五〇元司法院减二四、〇〇〇元监察院减四〇、〇〇〇元两侨务局经费只列八个月共减九、六〇〇元最高法院减一五、〇〇〇元审计部减三六、〇〇〇元监察使办公处改为八区经费只列半年共减三三四、三六八元审计处河北缓设审计办事处平汉及京沪杭甬两处缓设其余经费均只列半年共减六八一、四六六元第二预备费减七一、一一六元。
第三款 军务费	二九三、〇一四、六〇〇	二九三、〇一四、六〇〇	
第四款 内务费	五、〇一四、八六九	四、四七四、八六九	大三角测量缓办高等警官学校经费不敷准予酌量另案追加

续表

第五款 外交费	八、八二五、八八六	八、六二五、八八六	使领馆经费内另款减八〇、〇〇〇元国联代表出席会议经费减一二〇、〇〇〇元
第六款 财务费	六八、九四四、一三四	六七、九四四、一三四	共减一、〇〇〇、〇〇〇元由财政部统筹支配
第七款 教育文化费	一七、六五八、二三三	三二、四四三、一一七	四川大学减五〇、九七六元蒙藏教育费一二〇、〇〇〇元删除第一预备费减四四、一四〇元又原由军务费内统筹支配之军事教育费移入本类以军事教育费名义列数一五、〇〇〇、〇〇〇元其细目由主管机关另行分配并应就数内照章划列第一预备费
第八款 司法费	二、一〇一、五二〇	二、〇一七、五二〇	首都反省院缓办
第九款 实业费	三、九三四、三九〇	三、九三四、三九〇	
第十款 交通费	四、九七二、四四二	四、九六七、九四二	铁道部留学经费减四、五〇〇元
第十一款 蒙藏费	一、四五一、六〇四	一、四三五、五二〇	张家口等台站两局一站经费一六、〇八四元仍应由地方负担
第十二款 建设费	一、八一二、一八〇	一、八一二、一八〇	
第十三款 补助费	四四、四二五、七三五	四四、四二五、七三五	

续　表

第十四款　抚恤费	五、七六一、六六五	三、七六一、六六五	备付部份减列二、〇〇〇、〇〇〇元
第十五款　债务费	二五七、五三〇、二三一	二五七、五三〇、二三一	
第十六款　第二预备费	一三、二六八、五六一	七、三四三、〇五五	
临时门	二九、二六三、一三二	一六六、四二三、九一〇	
第一款　党务费	六〇、〇〇〇	六〇、〇〇〇	
第二款　国务费	五一四、七〇〇	四九二、七〇〇	监察使办公处开办费少列四处计一二、〇〇〇元审计处开办费少列河北一处审计办事处少列平汉及京沪杭甬二处计一〇、〇〇〇元
第三款　军务费	一四、七三六、三一〇	三九、九七六、三一〇	据财政部提案称军务费除核定经临各费外原拟另列非常军费一三三、〇〇〇、〇〇〇元实共为四四〇、七五〇、九一〇元兹拟按照现在发款情形于中央军费内酌减三四、四〇〇、〇〇〇元华北军费减去各省市短拨数六、三六〇、〇〇〇元又以军事教育费一五、〇〇〇、〇〇〇元移列教育、文化费国防建设费一四、〇〇〇、〇〇〇元移列建设费边省留用国税三八、〇〇〇、〇〇〇元移列补助费净余军务费三三二、九九〇、九一〇元全数照列入普通预算经行政院议决通过准照办

续表

			除经常门已列二九三、〇一四、六〇〇元外仅列如上数由主管机关统筹支配
第四款 内务费	四六一、〇〇〇	六一、〇〇〇	大三角测量缓办
第五款 外交费	二〇一、〇〇〇	二〇一、〇〇〇	
第六款 财务费	二四八、六八〇	二四八、六八〇	
第七款 教育文化费	一、三七六、二四八	一、三七六、二四八	
第八款 司法费	九五六、三九〇	九四六、三九〇	法医研究所建设缓办
第九款 实业费	三六〇、〇〇〇	二〇〇、〇〇〇	由主管机关分别缓急酌量支配
第十款 交通费	二三一、八一〇	二三一、八一〇	
第十一款 建设费	九、九八二、七九四	三四、一七六、八五六	原由军务费内统筹支配之军事建设费移入本类以军事建设费名义列数一四、〇〇〇、〇〇〇元又增列经济建设费一〇、一九四、〇六二元其细目均由主管机关另行分配

续　表

第十二款	国营事业资本		五〇、三一八、七一六	计列粤汉铁路建设费一九、二一七、〇四九元玉萍铁路建设及购料费一六、〇〇〇、〇〇〇元电政建设费九、九六四、九六七元邮政建设费二、七八四、六〇〇元航政建设费二、三五二、一〇〇元
第十三款	补助费	一三四、二〇〇	三八、一三四、二〇〇	原列军务费之边省留用国税内有三八、〇〇〇、〇〇〇元用途不明暂改附列本类
经临合计		七七七、三〇二、二二六	九一八、一一一、〇三四	

〔国民政府档案〕

26．立法院关于议决通过1934年度国家普通岁入岁出总预算请鉴核公布呈

（1934年12月31日）

为呈请事。案准行政院第二五三号咨开：案奉国民政府二十三年十一月五日第八一一号训令内开：为令行事，案据本府主计处二十三年十一月一日岁字第四四零号呈称：奉钧府第七一六号训令内开：为令饬事，案准中央政治会议函开：据行政院函开：查本院第一七九次会议据财政部孔部长提案称：查二十三年度国家普通总概算岁入岁出各列为七万七千七百三十万余元，表面上虽系收支适合，而作为非常支出之一万三千三百万元，须另编概算，由财政部另筹财源，当经通盘筹划，可供此项非常支出之财源者，仅有三千万元。此外一万零三百万元难谋抵补，曾向中央政治会议提议紧缩开支意见，经财政组审查会议定办法六条，报告大会在案。兹经与各机关分别接洽，依据议定各条原则，将各项支出酌拟缩减，并将原概算未列各项收支，查明补列，编具说明书，提请公决等情。经决定于本日下午四时举行临时会议专案讨论，决议修正通过，送中央政治会议秘书处转陈核定。惟因原说明书业于上午印就，不及改印，兹特将修正案另单开列，连同原说明书，函请查照，转陈提会核定为荷。等情。并附送财政部原送说明书及院会修正案前来。经提出本会议第四二七次会议决议修正通过，兹经照案制成修正二十三年度国家普通总概算书，相应函达查照改编预算，依法核定公布。等由。准此，自应照办。除函复并通饬遵照外，合行抄发原附修正总概算书，令仰该处遵照，并迅速查照前案改编总预算呈府核办，依法公布，此令。等因。奉此。查二十三年度总概算前奉中央政治会议核定，业经本处编成拟定总预算书，连同附件，呈奉钧府核交行政院提出立法院审议在案。兹奉前因，自应遵照赶办。惟该项修正概算只列总数，

其各种细数，尚须分别查询，经已函请各主管机关查照答复。兹由本处依照修正案，改编二十三年度国家普通岁入岁出拟定总预算书及各种附表，理合将该项拟定总预算书，并各种附件，暨中央政治会议修正二十三年度国家普通总概算，一并呈请鉴核，发交行政院提出立法院核议，依法公布施行，等情。据此。除指令呈及附件均悉。候令行政院查照办理可也。此令。印发外，合行检发原附各件，令仰该院查照办理。此令。等因。奉此。经依照预算章程第二十五条及国民政府组织法第二十七条之规定，提出本院第一八五次会议决议，咨送立法院核议，相应检同原附件，咨请核议，等由。当提经二十三年十一月二十三日本院第三届第八十二次会议议决，付财政委员会审查。嗣该会复准主计处函送重编导淮委员会二十三年度岁出经常概算书一份，径请查照办理，均经该会审查完毕，呈报到院。当经一并提出二十三年十二月二十一日本院第三届第八十六次会议议决，二十三年度国家普通岁入岁出总预算，除导淮委员会岁出经常概算另行议决外，余照案通过。惟查二十三年度总预算内财务经费一项，在中央岁出总预算中，除债务经费、军务经费、党务经费及补助经费外，占中央各项政事经费总额百分之四十五之巨，实为世界各国所罕见。细查财务经费所以如此庞大之由，实缘关务、盐务两项经费过于浮滥，查关务经费内，海关税务司经费总额，在民国十八年，不过二千六百万余元，十九年增至三千四百余万元，二十年竟增至三千九百余万元，本年度除东北四省各关经费均未列入外，仍有三千二百余万元之多，现在关税税收虽经增加，而税目实较前简单。又自裁厘以后，海关税务司从前兼办之五十里内常关事务，已不复存在，事务确较以前简单，故征收经费，理应随之减少，乃反大为增加，实无理由。闻自十八年以来，海关税务人员，屡次普遍加薪，在当时或因生活费用高涨，外汇下跌，洋员部分增加津帖，或不无可原理由。但目前各国物价惨跌，生活低廉，同时国际汇兑已经回涨，此种津帖，理应取销。而本年度并未取销，此海关税务司经费之过于浮滥者一。又查自外交事务集中及厘金裁撤以来，海关监督旧日所掌事务已十去八九，正不妨与税务司合署办公，以便监督，而节糜费。而本年度仍未裁并，依然将各公署经费各列入预算，此海关监督经费之过于浮滥者二。复查现行盐务机关，除稽核总分支各所及收税局、秤放局外，尚有一部分运使公署、运副公署、榷运局、督销局、掣验局等机关未经裁撤。今征税放盐既有稽核所、秤放局等专司其事，自不应仍留重床叠架之盐务行政机关，虚糜国币，而且已经实行裁并机关之各盐区，已有良好成绩，乃本年度仍将应裁机关之经费列入预算，为数竟达三百四、五十万元之多，此盐务经费之过于浮滥者三。以上各种浮滥经费总额，为数颇巨。本应于本年度总预算中实行核减。惟查本预算年度已过一半，而各机关之切实整理或需相当时期。故本年度预算姑予通过，以免事实上发生困难。但应请令饬主管机关于下年度编造预算时，切实分别整理缩减，以苏国家财力，并经议决，各在案。理合录案，连同原附二十三年度国家普通岁入岁出总预算书暨附表，呈请钧府鉴核公布施行。并转饬遵照。谨呈

国民政策主席林

计缴呈原附件共十七册如左。

二十三年度国家普通岁入岁出拟定总预算书

一、甲　修正岁入拟定总预算书（经常、临时合计）

乙　岁入拟定总预算书（经常门）总表一份、分表一份

丙　岁入拟定总预算书（临时门）总表一份，分表一份

二、甲　修正岁出拟定总预算书（经常、临时合计）

乙　岁出拟定总预算书（经常门）总表一份、分表十五

份

丙　岁出拟定总预算书（临时门）总表一份、分表十三份

三、总说明

附件一　中央政治会议修正二十三年度国家普通岁入岁出总概算书

二　岁入概算与原核定概算比较表（经常门）总表一份、分表一份

三　岁入概算与原核定概算比较表（临时门）总表一份、分表一份

四　岁出概算与原核定概算比较表（经常门）总表一份、分表十五份

五　岁出概算与原核定概算比较表（临时门）总表一份、分表十三份

六　岁入各款百分比率表（经常、临时合计）

七　岁出各款百分比率表（经常、临时合计）

八　岁入各款百分比率表（经常门）

九　岁入各款百分比率表（临时门）

十　岁出各款百分比率表（经常门）

十一　岁出各款百分比率表（临时门）

十二　岁入各单位每月平均数目表（经常门）

十三　岁出各单位每月平均数目表（经常门）

立法院院长　孙科（印）

中华民国二十三年十二月三十一日

〔国民政府档案〕

27. 中政会秘书处关于编制1935年度预算基本原则致财政部函

（1935年2月28日）

径启者：关于编制廿四年度预算，本会议常务委员业于本日上午召集政治会议出席委员、列席各员暨各部会长官在中央党部举行谈话会，听取财政部最近财政收支报告，并商定编制二十四年度预算基本原则数项。兹奉常务委员谕，将应请各机关注意事项开列如下。

各机关长官按照下列原则，提出二十四年度岁出概算提要，限三月九日前送达本会议秘书处。

（一）应注意国家财力，负责减低行政费用。

（二）各主管范围内事业必须举办者，按最低限度预拟提出之。

（三）已办事业勉可收束者，可能收束。相应函达，请烦迅即查照办理。此致

财政部

中央政治会议秘书处（印）

二十四年二月二十八日

行政院临时会议

日期：二十四年四月二十四日下午三时至五时

地点：本院

出席：汪兆铭　孔祥熙　陈公博　王世杰
陈绍宽　黄慕松　陈树人　刘瑞恒

列席：陶履谦　唐有壬　曹浩森　邹　琳
刘维炽　段锡朋　俞飞鹏　曾仲鸣
褚民谊　彭学沛　秦　汾

主席：院长汪兆铭

记录：许静芝　刘泳闿　胡　迈　徐象枢

腾　固　张平群　端木恺　赵家杰

主席恭读总理遗嘱——全体肃立

讨论事项

一决议：（一）关于工作重复部份，由行政院函请经济委员会、建设委员会派出重要职员，开联席会议讨论解决。（二）行政院关系各部、会参加讨论，如实业部、内政部、卫生署、铁道部、交通部、农村复兴委员会等。（三）会所在行政院，日期时间为星期六上午九时。

二决议：（一）预算中关于各部会主管之经费，由各部会切实拟具核减办法及数目。（二）其关系两机关以上者，另开会议解决之。

〔国民政府财政部档案〕

28. 财政部拟具1935年度岁入概算提要及说明

（1935年3月9日）

民国二十四年度财政部主管岁入概算提要说明书

经常门

一、关税　二十三年度预算海关进出口转口税及船钞四项，共列三万六千六百余万元，二十四年度概算海关总税务司所报仍列三万六千万余元，但就上年度实收状况及现在经济衰落情形推测，难于及额。兹依二十三年分实收状况，酌列海关进出口转口税及船钞收入为三万二千万元，并加张多关收入二十九万余元，合如上数。

二、盐税　二十三年度预算盐税收入共列一万九千零三十余万元，其间稽核所经征者为一万八千七百十余万元，二十四年度概算据稽核所所报列一万八千七百七十万余元，但依上年税收状况推测，恐难及额。兹将稽核所经征盐税酌列一万七千七百万元，并加广西、甘肃、宁夏、青海、新疆等省盐务机关收数约三百二十万余元，合如上数。

三、烟酒税　二十三年度预算共列二千三百七十余万元，此项税收历年未能及额，而滞纳税款亦为数甚巨。兹将年来短比各省酌拟减列，以期实在，总计各省局收数共为二千一百五十余万元。

四、印花税　二十三年度预算共列一千二百九十余万元，此项税收历年亦多短绌，现归邮局售票，为时未久，虽有增加趋势，而确数尚难预测。兹就经过月份实收状况酌列为一千二百万元。

五、统税　二十三年度预算卷烟、棉纱、麦粉、火柴、水泥、熏烟等六项，统税收入共列一万一千六百九十余万元，二十四年度概算依据各机关所报，连同新办之火酒税在内，共为一万一千四百九十余万元，统税历年收数与预算相去不远，但二十四年度内有卷烟印花税票一千二百五十万元，已在上年度趸售于中国建设银公司之三千万元内预先征缴，须将比数在二十四年度预算内减除，方符实际，故共列为一万零二百四十余万元。

六、矿产税　二十三年度预算共列三百二十余万元。此项税收各处互有盈绌，通盘核计与预算尚无甚出入。兹依各处所报数酌拟增减共列为三百三十万余元。

七、交易所税　二十三年度预算列十万元，兹以上年收数颇有增加，依据原报数列为十五万元，至交易税一项俟税法公布实施时，再行估计，另案编列。

八、银行税　本项所列者系银行兑换券发行税，二十三年度预算列一百六十万元，此项收入历年无甚出入，二十四年度仍照一百六十万元编列。

九、财产收入　二十三年度预算共列三百七十余万元，二十四年度以中央银行资本增加，官股利息酌予比例加列，其余租课利息及其收益等，均照各机关所报数核计编列共为八百六十万余元。

十、事业收入　此系本部所属税务学校收入，二十四年度以盐务学校拟予停办，税务学校亦拟停招新生，故收数减少。

十一、行政收入　二十三年度预算共列一百四十万余元，二十四年度各机关所报此项收入较为核实，汇总核计共为八十四万余元。

十二、营业纯益　此系本部所属开封炼硝厂营业余利之可报解国库者，依例为营业纯益。

十三、协款收入　二十三年度预算共列六百五十八万八千元，兹以察哈尔每月协饷十二万元及河北省一部份协饷每月十万元，改归中央担负，而浙江锡箔税项下应解中央教育费三十万元，事实上仅指拨浙江大学经费十二万元，二十四年度以实数计共为三百七十六万八千元。

十四、其他收入　二十三年度预算共列四百四十万余元，二十四年度各机关所报数目硝磺余利略有增加，而汇兑盈余须与亏耗相抵，收数不能预期酌予剔除，汇总核计共列为四百零一万余元。

临时门

一、关税　此系海关百分之五附加税，二十三年度预算列一千六百四十万余元，照案征至二十四年六月底为止，现在中央财政极感困难，此项附税拟请继续征收，二十四年度酌予估列一千五百万元。

二、财产、行政、其他等三项收入　二十三年度预算，此三项收入共列一千五百八十三万五千余元，其间有历年余剩债票抵款一千四百万元，河北官产总处清理官产收入一百六十余万元，均为二十四年度所无，察哈尔官产收入亦逐渐减少，现所列之三项收入四万零五百四十元，仅为察哈尔清理官产所得，故为数甚微。

以上本部主管之二十四年度岁入经临合计共为六七三、九四一、一八一元，比较二十三年度预算数七六三、七一三、四〇六元，计减少八九、七七二、二二五元。至二十三年度预算数之增减情形，业于提要备考栏内注明。二十四年度各机关经征细数，详具附属表。

民国二十四年度财政部主管岁入概算提要

科目	本年度概数	上年度预算数	比较		备考
			增数	减数	
经常门	六五八、九〇〇、六四一	七三一、四七六、九五八		七二、五七六、三一七	
一、关税	三二〇、二九六、四二〇	三六六、四一三、七九一		四六、一一七、三七一	
二、盐税	一八〇、二一九、〇四四	一九〇、三五二、八五一		一〇、一三四、八〇七	
三、烟酒税	二一、五三九、一八九	二三、七二一、三三六		二、一八二、一四七	上年度预算原列二三、一〇四、八七三元嗣苏局增三七四、七二六元鄂局增一二一、七三七元川局增一二〇、〇〇〇元故为二三、七二一、三三六元
四、印花税	一二、〇〇〇、〇〇〇	一二、九二九、二八六		九二九、二八六	上年度预算原列一二、八八四、二八六元嗣川局增四五、〇〇〇元故为一二、九二九、二八六元

续 表

矿产税	三、三〇二、九四〇	三、二五九、三三九	四三、六〇一		上年度预算原列二、二五九、三三九元嗣开滦矿税增一、〇〇〇、〇〇〇元故为三、二五九、三三九元
交易所税	一五〇、〇〇〇	一〇〇、〇〇〇	五〇、〇〇〇		
银行税	一、六〇〇、〇〇〇	一、六〇〇、〇〇〇			此系银行兑换券发行税
国有财产收入	八、六〇八、九〇八	三、七三二、九五七	四、八七五、九五一		
国有事业收入	二、〇〇〇	四、三九六		二、三九六	上年度预算原列五、一六四元嗣盐务学校减七六八元故为四、三九六元
国家行政收入	八四八、一八五	一、四〇九、八六五		五六一、六八〇	上年度预算原列一、四一三、六五二元嗣津海关监督增一、四三二元四川印烟税局增八四〇元西岸榷运局减六、〇五九元故为一、四〇九、八六五元
国有营业纯益	五五、四六九		五五、四六九		
协款收入	三、七六八、〇〇〇	六、五八八、〇〇〇		二、八二〇、〇〇〇	

续　表

其他收入	四、〇一二、三〇九	四、四〇四、四五八		三九二、一四九	上年度预算原列四、三九九、七一四元嗣厦门运副署增二五元江苏硝磺局增四、八九五元河北硝磺局增四、二〇〇元西岸榷运局减四、三七六元改为四、四〇四、四五八元
临时门	一五、〇四〇、五四〇	三二、二三六、四四八		一七、一九五、九〇八	
一、关税	一五、〇〇〇、〇〇〇	一六、四〇〇、四五〇		一、四〇〇、四五〇	
二、国有财产收入	三六、四〇〇	一、六七三、五〇三		一、五八七、一〇三	
三、国家行政收入	三、六四〇	一五六、三〇六		一五二、六六六	
四、其他收入	五〇〇	一四、〇五六、一八九		一四、〇五五、六八九	
合计	六七三、九四一、一八一	七六三、七一三、四〇六		八九、七七二、二二五	上年度预算原列七六二、〇五一、七五四元共追加一、六七二、八五五元追减一一、二〇三元改为七六三、七一三、四〇六元

〔国民政府财政部档案〕

29．财政部关于编制1935年度财政预算节略

（1935年3月9日）①

节略

一、关于岁入者

二十三年度预算本部主管岁入共列七六三、七一三、四〇六元。现编二十四年度概算共列六七三、九四一、一八一元。两年度比较计减八九、七七二、二二五元。比较前次报告中央政治会议之估计收数计增二、七七三、一八一元，系因将各机关经收细数及续行报到之数加入之故。

二、关于财务费者

二十三年度预算经、临各费，按原预算及追加追减各数，与中途追加者伸足全年核计，共为六八、八四六、六七一元。现编二十四年度概算，经常门前五项按上年度总数各减一成，其各单位细数俟裁并紧缩计划决定后，再行支配预备费，照百分之一核列，临时门仅列察哈尔清理官产经费一单位。经、临费总数共列六一、八六八、〇五二元，两年度比较计减六、九七八、六一九元。

三、关于补助费者

二十三年度预算，按原列及追加各案核计，经、临共八五、三四四、二三〇元。

现编概算核列标准：（一）按预算拨足者照列。（二）中央核准有案者照列。（三）指定收入尽收尽拨者照收入数列。（四）司法补助费自有来源者照原报数列。（五）在二十三年度内定期停拨者不列。（六）按预算减拨者照实拨数列。（七）上年度中途追加者照全年度数列。（八）印花税拨补地方以应分拨省市收数及其成数核

① 系孔祥熙批阅签发日期。

列。(九)边省留用国税以现尚留用之十二省各项收数除去坐拨经费及摊提外债数额后之余额核列。(十)蒙藏委员会请增蒙藏回教育费及李委员石曾请恢复合众蚕桑改良会经费旧额,均未予加列。依据上项标准,拟编概算,共列经、临费七六、三五二、一八九元。两年度比较计减八、九九二、〇四一元。

四、关于债务费者

二十三年度预算原列二五七、五三〇、二三一元。现编概算各项内债、外债、庚款、借款经手费均照应付数目核列,准备金照案列,预备费照百分之二列。本年二月所发统税担保之国库证,在二十四年度应还本息,业经列入。二十四年度债务费总数共为二七八、三九四、五二九元,较上年度增二〇、八六四、二九八元。

五、关于抚恤费者

二十三年度预算共列三、七六一、六六五元,现编概算应付部份照铨叙、军政两部原报数列入,备付部份照原报数酌予减列,并照教育部原册加列国立学校教职员抚恤费三万元,二十四年度共列五、八三六、六九九元。两年度比较,计增二、〇七五、〇三四元。

〔国民政府财政部档案〕

30. 蒋介石与孔祥熙为编制1935年度岁出概算来往电报①

(1935年3月)

(1) 蒋介石致孔祥熙电(3月10日)

孔部长庸〇见勋鉴:浚密。前接汪院长俭电,以财部所拟核减岁出经费之基本原则,一律核减百分之十。虽曰平均,但各种

① 附编订二十四年度岁出概算原则。

政务之性质，有缓急轻重之别，核减与否，当以此为准。若徒平均，转失政务本义。等语。特以转达。中正。灰亥。秘渝。印。巴县来京转。

(2) 孔祥熙致蒋介石电稿(3月11日)

蒋委员长钧鉴：浚密。灰转季兄俭电奉悉。近以市面恐慌，急待妥筹救济，偶一不慎，恐有全局崩溃之虞。故对廿四年度总概算之编订，不得不谋支出之紧缩，俾免牵动人心，或致影响国际对我之信用，遂有核减岁出经费之议。弟原拟依事务分别加以核减，并不主张一律核减百分之十，后因有人主张均匀核减，故有一律减百分之十之议。日前所拟编订岁出概算原则四项，系依事务性质，为缓急轻重之区别，正与季兄俭电所见相同。现已提出中政会议，原文另邮寄奉。除径电季兄外，谨电谅陈。弟〇叩。真二。沪处。

附件

编订二十四年度岁出概算原则

一、各类经常费，除债务费、抚恤费本于法令契约无可减省者外，按照二十三年度预算所列各该类经费总数核减百分之十，其办法如左：

甲、机关与事务有下列情事之一者厉行裁并。

1、机关或事业无特别需要，或为一时需要而现无继续之必要者。

2、所办事务或事业归并他机关办理不致减低效率者。

3、所办事业直接间接于生产上无甚效用者。

4、为举办事业而设之机关，其事业现尚无力举办者。

5、为局部利益而举办之事业可归地方办理者。

乙、机关及事业费用，依下列办法厉行紧缩：

1、限制人员额数，于可能范围内裁减之。

2、停止不急要之设备。

3、改善物品材料之采办与管理。

丙、前二项规定事项，由各主管机关各就本管范围计划实施之。

二、各类临时费，除关于国防建设费用及国营事业投资与建设费用之自筹来源者外，应以急切需要无可延缓者编列概算，其限制如左：

甲、有继续性之机关，经费照二十三年度预算核减百分之十。

乙、有继续之事业，经费至多不得超过二十三年度预算原额。

三、各项新增设施之经临费，依左列条件编列概算。

甲、由各机关自筹来源者，须将收支同时编列概算。

乙、由普通财源内担负者，以中央核准备案者为限。

四、关于国防建设费用，由财政部与军事委员会商定必要数额，编列概算。

〔国民政府财政部档案〕

31．孔祥熙关于预算收支不敷拟削减军费等致蒋介石密电稿

（1935年4月3日）

贵阳。蒋委员长钧鉴：浚密。昨日中央预算委员会岁入组会议，将各机关已报未报二十四年度收入尽量搜罗，复由本部酌就旧税计划改进，并拟举办交易税及所得税汇总核计，收入总数仅为七万四千八百余万元。此外，别无财源可开。而支出方面各机关原提概算总计在十万万元以上，收支数目相去悬殊。日前预算委员会再三斟酌，议就支出方面量为缩减，拟定二十四年度军费

连同军事教育费、国防建设费，并计共为三万五千万元。政费包括党务、国务、内务、外交、财务、教育、实业、司法、交通、蒙藏、建设、抚恤等项共为一万五千万元，债务费共为二万八千万元，补助费及预备费共为六千万元，岁出总数计为八万四千万元，然与岁入总数相较，不敷之数仍有九千二百万元之巨。如何筹谋抵补，尚费踌躇。政费一项内国税征收费约占六千余万，其余党、政、教育、建设等行政及事业费仅为八千余万，似已极度紧缩，无可再减。至军费预算因对内对外关系不宜列数过大。二十三年度预算所列军务费及军事教育费、国防建设费三项并计，共为三万六千一百九十余万元。此次拟定二十四年度军务费及军事教育费、国防建设费共计三万五千万元，计减一千一百九十余万元。各方意见，希望能照此办理，万一实有困难，至多只能维持二十三年度原数。其二十三年度军费预算内所包括之湖南军费，两广协饷军运、军电费，税警团经费仍须包括在内，不便再有增加，特电奉商。谨祈裁夺电示为荷。弟孔○○叩。○江。秘印。

已译发四月三日

〔国民政府财政部档案〕

32. 蒋介石要求在预算内列入工业保息费电

（1935年4月23日）

急。南京。孔部长勋鉴：浚密。今年财部预算案，务请列入工业保息费三百至五百万元，以示政府保护工业之意，万勿等闲视之。如何，盼复。中正叩。漾酉。机黔。沪寓转。

〔国民政府财政部档案〕

33. 财政部会计司拟具1935年度财务费裁并紧缩办法签呈

(1935年5月4日)

奉发行政院令，以本院临时会议讨论紧缩二十四年度预算一案，经决议：预算中关于各部会主管之经费，由各部会切实拟具核减方法及数目，其关系两机关以上者，另开会议解决之。并以中央政治会议审查预算计划委员会定于下星期二开会，饬将核减方法及数目，于下星期一以前，径函中央政治会议秘书处，并呈院核办，等因。遵经与有关署、司分别接洽，拟具二十四年度财务费裁并紧缩办法，并核计裁并紧缩数目，制成比较表两种，总计二十四年度财务费经、临合计，共拟列六七、五五九、一二三元，较原编概算减五、二一〇、〇九七元，较上年度预算数（总预算原列数及先后追加与动支第一预备费之有继续性者并计伸算），减一、三五五、一九八元，较上年度总预算原列财务费总数（开封炼硝厂经费二四、三七八元于二十四年度内划列营业概算剔除计算），亦减六〇九、三一三元，是否有当，理合将所拟办法及比较表，并检同原编概算书，签请鉴核，批示祗遵，谨呈

部、次长

财政部核拟二十四年度财务费裁并紧缩办法　附比较表

会计司谨呈(印)

五月四日

财政部核拟二十四年度财务费裁并紧缩办法

案查本部原编二十四年度国家财务费岁出概算，经依实际需要情形，分别核列，计为经常费七二、七四七、四〇〇元，临时费二一、八二〇元，总共七二、七六九、二二〇元，比较二十三年度法定预算及追加与先后动支预备费之有继续性者，并计伸算

其数六八、九一四、三二一元，实增三、八五四、八九九元，财务费中大部份为征收费，如概算所列之关、盐、烟酒、印花、统税，矿税、硝磺等征收查缉机关经费是也。一部份为事业费，如概算所列之税务学校、盐务学校、税务人员养成所及包括税警单位内之官佐教练所、士兵训练所与历归海关办理之海务等经费是也。一部份为特种事务费，如概算所列之票照、债券等印刷费、税款汇解费、国库事务费，以及包括于征收机关经费内之银行手续费、汇水及汇兑亏耗等费是也。其纯粹属于行政费者，实占极小部份，征收费中大部份属于查缉及直接办理征收事务之下级机关经费，而上所举之事业费、特种事务费，亦直接或间接与税收有关，自当随事实上之需要，量为丰啬，未可与普通行政机关经费并论。兹依本年四月三日中央审查预算计划委员会决定办法第一项，本年度党政军费不得超过上年度数额及本年四月二十四日中央政治会议通过之裁并机关原则，将原概算内所列各单位，重加考核，尽量裁并紧缩，分别拟具办法及删减数目如左（数目简明表附后）〔略〕

〔国民政府财政部档案〕

34．行政院奉令颁布1935年度预算案原则训令

（1935年7月6日）

行政院训令　字第三七三四号

令财政部

案奉国民政府二十四年六月三十日特字第五号训令，内开：为令遵事。据立法院二十四年六月二十八日第二八一号呈，为准行政院咨，以奉国民政府令发主计处遵照中央政治会议核定二十四年度国家普通岁入、岁出总概算案所编拟定之总预算书到院，经提出院会决议通过，咨请审议，并准行政院先后咨达，总概算岁出经常门禁烟委员会由卫生处兼办一节，业已变更，又中央核

定岁出总概算第二预备费内，划出二百万元，列为救灾准备金，请查照各等由，经并案交据财政、法制、经济、外交、军事五委员会审查呈报，本会等遵于本月十九日举行本届第一次联席会议提出审查，并先期分别函达主计处暨财政部派代表列席说明内容，详晰讨论，经即议决，一、照案通过。二、财政、法制、外交、经济、军事五委员会委员长会同财政委员会讨论二十四年度国家普通总预算附带意见或施行条例，由马委员长召集。即于二十日召集会议，佥以二十四年度国家普通岁入岁出总预算书，有订定施行条例之必要，经即拟具二十四年度国家岁入岁出总预算施行条例七条，决议通过。再同月十八日奉第九七五号院令，以禁烟委员会经第四五九次中央政治会议决议裁撤，设置禁烟总监，办理全国禁烟事宜。同日又奉院令，以拟仿二十年度成例，于第二预备费款内，划出二百万元，列为救灾准备金，令仰查照各等因，自应遵照办理。惟此项总预算案，既照案通过，拟俟院会议决后，于呈报国民政府时，即请径交主计处查照上项办法编列，再行公布施行。是否有当，理合缮具二十四年度国家岁入岁出总预算施行条例，备文呈请核提院会公决等情前来，于二十四年六月二十一日，本院第四届第二十二次会议议决，民国二十四年度国家普通岁入岁出总预算照案通过。其施行条例，修正通过，并议决下年之国家岁入岁出总预算，及国营事业各机关之营业预算，均应依预算法分别编造之。理合录案并检同原案，缮具条文，呈请钧府鉴核，将该预算交下主计处查照改编，连同施行条例一并公布施行等情。正照案办理间。又准中央政治会议二十四年六月二十九日函开：查二十四年度国家普通岁入岁出总概算，业经本会议第四五八次会议决议通过，并函请政府编成预算送立法院审议在案。本月二十六日本会议第四六三次会议，复准委员兼行政院长汪兆铭，委员兼行政院副院长孔祥熙提议略称，二十四年度总预算立法院现已照数通过。但另定施行条例，其中规定实施上不无困难，拟请将立法院所定二十四年度国家总预算施行条例暂缓实行等语。本会议细加讨论，当经决议，关于公债库券之发行及公债之收支，财政部应遵照公债法原则办理。关于平减盐税，由财政部切实注意。总预算施行条例，可无庸公布。相应录案函达，即希查照并分别饬遵等由。准此，自应照办。除分令立法院及主计处知照，并已将民国二十四年度国家普通岁入岁出总预算交据主计处查照改编，呈由本府公布施行外，合行令仰该院遵照，并转饬财政部遵照。此令。等因。奉此。合行令仰该部遵照。此令。

院长　汪兆铭

中华民国二十四年七月六日

〔国民政府财政部档案〕

35．财政部会计司拟编制与通过预算之政策及方法书稿（南京国民政府部分）①

（1935年7月）②

国民政府成立之后，财政部拟定编制预算例言及预算书式，由政府颁行。关于会计年度之划分、中央与地方各机关预算之编制方法及其标准，以及编审预算之程序，在原订例言中各有规定。当时国家、地方收支之编列，以颁行之划分国、地收支标准案为根据，此项收支标准，系本中央地方均权之旨而订定，其间如田赋、契税，牙税、当税、营业税等项收入及各级地方行政机关、省防公安司法等项支出之划归地方，实与以前所定国家税与地方税草案及国家、地方政费标准案各异其趣者也。至预算之审定，在十六至十八各年度均以财政部为初步审核机关。财政监理委员会预算委员会及财政委员会递嬗而为复审核定机关。迨至十

① 该件系财政部编《中国之财政》中一部分。

② 原件无日期。据前文判断应为1935年7月以后形成。

九年度，由政府颁行试办预算章程，凡四章五十一条，第一章通则，内分纲要、编制、计算三节，第二章国家预算，第三章地方预算，分编审之程序及时期预算之执行、预备金三节，第四章附则。该年度预算由财政部签注意见，送请中央政治会议核定。此又与以上各年度不同之点也。

二十年四月国民政府主计处组织成立，中央总会计之职权以前原属于财政部者，至是完全移转于超然主计机关。二十年度预算虽仍依十九年度试办预算章程编造，但订有补充办法四条，将该章程内规定财政部对于第二级预算行使之职权，概归主计处执行。二十年十一月，政府颁行预算章程及办理预算收支分类标准。章程凡四章六十四条，第一章通则，内分纲要、编制、计算三节，第二章国家预算，第三章地方预算，各分编审之程序及时期、预算费、预算之执行、预算未成立时之救济四节，第四章附则。其办理预算收支分类标准，实质上与以前颁行之划分国地收支标准案无大差别。自二十一年度以来，所有国家预算及地方预算均依此项预算章程及收支分类标准办理。其国家预算编审之程序，系由各机关编造第一级概算，各该主管机关审核汇编各分类第二级概算，主计处审核汇编总概算，呈请国民政府送经中央政治会议核定概数后，由主计处编成总预算，呈请国民政府交行政院提经立法院议决后，呈请国民政府公布。地方预算编审之程序，系由各机关编造第一级概算，省财政厅或市财政局审核汇编各该省市概算案，经省市政府议定后，由厅局编成第二级概算，送由主计处审核签注意见，呈请国民政府送经中央政治会议核定后，由主计处编成各该省市总预算，呈请国民政府交行政院提经立法院议决后呈请国民政府公布。并由主计处将公布各该省市总预算，汇编全国地方总预算，呈报国民政府。二十三年八月，曾经修正预算章程，就地方预算编审之程序有所修改，各省市财政厅或财政局编成第二级概算，除送主计处外，应分送行政院及财政部，由行政院召集各主管部会开审查会议，作成审查意见书，提经院议通过后，转送主计处审核签注意见，呈由国民政府送请中央政治会议核定。其编成各该省市总预算以后各程序，仍无变更。二十一年九月，曾由政府公布预算法，凡九章九十六条，并附件十一，系经立法院议定。虽施行日期尚未见之明令，而近年以来已为实施之准备矣。

国民政府成立后，编制与通过预算之方法，已如上述。至于各年度国家预算编制情形，则十六年度尚在军事时期，册报不齐。十七年度开始，北伐甫告完成，各机关应送预算，仍多缺略，未能搜集全国岁入岁出数目，以资考证。十八年度预算，各机关仍多编送后时，且大部分未由各主管机关汇总核编，致总预算未能成立。但该年度册报已较以前齐备，统计数目岁入达四九六，六六五，九七五元，岁出达五九三，九二七，五六七元。十九年度预算，因章程公布略迟，规定编审时间较为迫促。事实上多未能依限转送核定，因之总预【算】亦未成立。但该年度第二级预算，由各主管机关审核汇编，实已立以后年度成立总预算之基础，统计该年度预算数目，岁入为五九一、九六九、〇九五元，岁出为七〇六，二一九，八六五元。

二十年度总预算经政府制定公布，列岁入、岁出各为八九三，三三五，〇七三元。岁出数内，以军务费，债务费两项为大宗。岁入数内，列有国债收入一万八千万元，系属岁计亏短之数。但该年度债务费预算所列偿还各种债款本金，达二万五千余万元，可使国家负债减少，是国债收入列数尚不至增加国家以后之负担也。二十一年度总预算未经成立，其时以国难生，进行不无困难。该年度各机关原报岁入共为六九二，五〇三，四六三元，其岁出总额，主计处原签拟列为七八八，三四六，六三七元，不敷之数，达九千余万元。而上项岁入数中，经主计处核签，尚有应行减列者，且岁出数中，未计有第三预备费，是该年度预算上之收支不敷，盖犹不止此数也。二十二年度预算，曾经变更程序，由主计处会同审计部、财政部召集各主管机关会议，查明当时收支实况，按照会查拟定实数，编成总概算，计列岁入六八〇，四一五，五八九元，岁出八二八，九二一，九六四元，收支两抵不敷一四八，五〇六，三七五元。此项总概算经中央政治会议将党务等十三类岁出共一万六千余万元提出照数核定，作为抽编假预算，其军务费、债务费及第二预备费，未经核定，因之该年度总预算，亦未成立。而自会查收支实况以后，内容益臻正确，且于年度开始前颁行十三类岁出假预算，执行时亦减去不少困难矣。

二十三年度总预算，经政府制定公布，列岁入、岁出各为九一八，一一一，〇三四元。总该年度预算，亦曾经过会查收支实况程序，加列新增财源，缩减各类支出，并搜集各项建设费及国营事业资本支出与其原有财源一并编列，方之以前各年度预算，内容较为充实。二十四年度总预算，则系于年度开始前公布施行，计列岁入、岁出各为九五七，一五四，〇〇六元。中央政治会议审议该年度总概算时，特设审查预算计划委员会，裁并机关，厘正系统，实质上益有进步。至各省、市地方预算，于岁入则力求切实，并汰除苛捐杂税，以轻民累。于岁出则限制不急要之支出，并竭力减少举债，以确保岁计之均衡。比年以来逐渐改进，大体上已入正轨矣。兹分述民十八以后各年度预算各类细数如左。

民国十八年度预算

（甲）岁入	四九六，六六五，九七五元
关税	二二一，九二五，六四六元
盐税	一三〇，一三五，四六九元
烟酒税	二五，六〇〇，六〇一元
印花税	九，六四七，八〇〇元
卷烟税	三七，八〇〇，二〇〇元
麦粉特税	六，三〇六，九〇一元

通过税	三九，五二三，八六八元
消费税	一一，六九三，一二〇元
沿海渔业税	一五一，七〇〇元
矿税	五八二，〇〇〇元
注册费	二七一，六二〇元
国有财产收入	一〇，九〇一，二八〇元
国有事业收入	一，四四七，〇三二元
国家行政收入	六七八，七三八元
(乙)岁出	五九三，九二七，五六七元
党务费	四，八〇〇，〇〇〇元
国务费	七，二二七，二八〇元
军务费	二五六，三二二，七九二元
内务费	四，七六七，六九四元
外交费	六，五八四，二九〇元
财务费	六七，九四六，一九六元
教育文化费	一四，二四七，二五二元
司法费	一，二〇七，八六四元
农矿费	一，二一七，七六四元
工商费	二，七三七，〇九六元
交通费	二，一九七，三〇〇元
卫生费	七八四，三二四元
建设费	三，三〇一，三四二元
债务费	二〇六，七八九，五七二元
补助费	一三，七九六，八〇一元
民国十九年度预算	
(甲)岁入	五九一，九六九，〇九五元
关税	三一三，四三四，二六七元
盐税	一四五，〇五一，六〇二元

烟酒税	二三，一八八，三二七元
印花税	一〇，二八八，五二〇元
卷烟税	三六，二一六，三五〇元
麦粉特税	五，五九五，八六四元
统税	三四，七一七，三九七元
通过税	三，一九七，八九〇元
消费税	八，八八七，二九七元
沿海渔业税	一一八，八四六元
矿税	五八六，一一九元
交易所税	一〇一，〇〇八元
注册费	三四二，一五二元
国有财产收入	五，四七〇，〇五六元
国有事业收入	三，〇七一，一一五元
国家行政收入	一，〇六八，〇一三元
其他收入	六三四，二七二元
(乙)岁出	七〇六，二一九，八六五元
党务费	五，〇四〇，〇〇〇元
国务费	一〇，一四一，八五二元
军务费	三〇三，九七三，七六九元
内务费	六，〇二〇，一七六元
外交费	六，八〇八，五一一元
财务费	七〇，三三九，三三三元
教育文化费	一四，四〇四，〇六七元
司法费	一，一四八，九四七元
实业费	三，二一五，五四四元
交通费	四，八六一，一〇七元
建设费	一，三五四，八〇〇元
债务费	二七七，九二五，〇六三元

补助费	九八六，六九六元
民国二十年度预算	
(甲)岁入	八九三，三三五，〇七三元
关税	三七四，六八二，〇〇〇元
盐税	一六三，二四七，四一七元
印花烟酒税	四八，八五六，三三七元
统税	七五，七七七，二二八元
矿税	一，〇七一，二八八元
交易所税	一〇一，〇〇八元
注册费	一七二，八一二元
国有财产收入	五，〇七一，〇四八元
国有事业收入	六，一二六，一八四元
国家行政收入	三，八二三，二三五元
其他收入	三四，四〇六，五一六元
国家公债收入	一八〇，〇〇〇，〇〇〇元
(乙)岁出	八九三，三三五，〇七三元
党务费	六，二四〇，〇〇〇元
国务费	一二，二三五，〇六二元
军务费	二九六，五六九，四三九元
内务费	七，〇四七，二七七元
外交费	一〇，〇六二，九五〇元
财务费	七八，七四五，六二三元
教育文化费	一八，六五八，五三六元
司法费	一，五一一，一三〇元
实业费	七，四三四，三六二元
交通费	三，九九八，二四三元
建设费	二，一九七，六一四元
债务费	三四三，四〇四，六四四元

补助费	七八，八七五，六一五元
总预算费	二六，三五四，五七八元
民国二十一年度预算	
(甲)岁入	六九二，五〇三，四六三元
关税	三五九，七二三，七四一元
盐税	一六四，六一五，二〇四元
烟酒税	三三，二一六，三三五元
印花税	一五，八九六，九一八元
统税	八六，七一二，七七五元
矿税	二，一四四，四六〇元
交易所税	一二〇，〇〇〇元
国有财产收入	五，九七二，四五六元
国有事业收入	一，三七一，二一八元
国家行政收入	一〇，八八〇，三〇五元
其他收入	一一，八五〇，〇五七元
(乙)岁出	七八八，三四六，六三七元
党务费	六，二四〇，〇〇〇元
国务费	一三，六四二，〇五一元
军务费	三三五，一一〇，一六一元
内务费	六，二〇七，四二二元
外交费	一一，〇六〇，一六六元
财务费	七六，六八八，一八〇元
教育文化费	一九，〇三六，四七〇元
司法费	二，四九三，二二八元
实业费	六，一六七，三二三元
交通费	五，八九五，五一四元
蒙藏费	一，八一五，六三九元
建设费	七，〇八六，一九五元

补助费　七二，九四三，〇四一元
债务费　二二三，九六一，二四七元
民国二十二年预算
(甲)岁入　六八〇，四一五，五八九元
关税　三五四，六五六，八八〇元
盐税　一四六，七四八，一四八元
烟酒税　二三，五四五，〇五五元
印花税　一二，九三九，八五三元
统税　九二，九七五，〇九一元
矿税　二，六八三，一六〇元
交易所税　一四〇，〇六八元
银行税　一，六〇〇，〇〇〇元
国有财产收入　三，六一七，一五八元
国有事业收入　一，六七四，二六二元
国家行政收入　一二，一五一，一六七元
协款收入　一，八三六，〇〇〇元
其他收入　二四，七一〇，四〇九元
(乙)岁出　八二八，九二一，九六四元
党务费　五，四八九，一〇〇元
国务费　九，七一三，二〇〇元
军务费　四一五，六〇〇，〇〇〇元
内务费　四，〇六九，〇四二元
外交费　一〇，六六二，九八九元
财务费　六四，九六九，一七五元
教育文化费　一六，六一八，一八四元
司法费　二，六七六，三五九元
实业费　四，二三四，九二二元
交通费　五，〇八三，七三八元

蒙藏费	一，三四〇，一九二元
建设费	七一五，〇〇〇元
补助费	二九，八七八，四四九元
抚恤费	六，〇二九，八一〇元
债务费	二四一，八四一，八〇四元
第二预备费	一〇，〇〇〇，〇〇〇元
民国二十三年度预算	
(甲)岁入	九一八，一一一，〇三四元
盐税	一九〇，三五三，八五一元
关税	三八二，八一四，二四一元
烟酒税	二三，一〇四，八七三元
印花税	一二，八八四，二八六元
统税	一一六，九五九，六七九元
矿税	二，七二四，九七九元
交易所税	一〇〇，〇〇〇元
银行税	一，六〇〇，〇〇〇元
国有财产收入	五，五四四，八七八元
国有事业收入	二一，三〇四，〇六〇元
国家行政收入	一二，五一七，〇八六元
国有营业纯益	八，三四九，五六七元
协款收入	六，五八八，〇〇〇元
借款收入	五〇，〇〇〇，〇〇〇元
其他收入	八三，二六五，五三四元
(乙)岁出	九一八，一一一，〇三四元
党务费	五，七二〇，七〇〇元
国务费	一二，七八八，二八〇元
军务费	三三二，九九〇，九一〇元
内务费	四，五三五，八六九元

外交费	八，八二六，八八六元
财务费	六八，一九二，八一四元
教育文化费	三三，八九一，三六五元
司法费	二，九六三，九一〇元
实业费	四，一三四，三九〇元
交通费	五，一九九，七五二元
蒙藏费	一，四三五，五二〇元
建设费	三五，九八九，〇三六元
国营事业资本	五〇，三一八，七一六元
补助费	八二，五五九，九三五元
抚恤费	三，七六一，六六五元
债务费	二五七，五三〇，二三一元
第二预算费	七，三四三，〇五五元
民国二十四年度预算	
(甲)岁入	九五七，一五四，〇〇六元
关税	三四一，三六一，四〇〇元
盐税	一八四，二一九，〇四四元
烟酒税	二二，三四九，一八六元
印花税	一二，〇〇〇，〇〇〇元
统　税	一一三，二九八，一七七元
矿　税	三，八七三，一二四元
交易所税及交易税	一，九五〇，〇〇〇元
所得税	五，〇〇〇，〇〇〇元
银行税	一，六〇〇，〇〇〇元
国有财产收入	八，八四六，八五〇元
国有事业收入	二〇，八五五，〇二二元
国家行政收入	一〇，九三一，九八九元
国有营业纯益	四〇，二六八，八五一元

协款收入	三，七六八，〇〇〇元
其他收入	一一六，八三二，三六三元
债款收入	七〇，〇〇〇，〇〇〇元
（乙）岁出	九五七，一五四，〇〇六元
党务费	五，八七〇，八〇〇元
国务费	一二，五七八，六七二元
军务费	三二一，〇〇〇，〇〇〇元
内务费	四，三七一，三〇八元
外交费	九，四〇一，二九五元
财务费	六六，〇一一，三四三元
教育费	三七，二一一，六二一元
司法费	二，八三四，八〇五元
实业费	四，三八九，七八〇元
交通费	四，九二九，一二二元
蒙藏费	一，七二二，八四四元
建设费	三六，三七四，八九〇元
营业资本	六〇，九七一，一六六元
补助费	一〇一，九八〇，〇八九元
抚恤费	四，九三六，六九九元
债务费	二七四，八〇三，二七九元
预备费	七，七六六，二九三元

〔国民政府财政部档案〕

36．行政院转陈财政部报告1934年度国家收支概况及印发库证弥补亏短情形呈

（1935年8月15日）

案据财政部二十四年八月十三日沪字第五号呈称：案查本年六月间，本部呈拟发行二十三年关税公债以为抵补预算收支不敷

五千万元案内，陈明二十三年度全年因收入短少及支出超过，实际收支不敷之总数，俟年度终了，结算清楚后，再为专案呈报在案。现在二十三年会计年度终了已逾一月，虽未届总决算编成期限，然就经过状况及已具之大部分收支报告加以稽核，是年度收支及亏短情况，已可得其梗概。二十三年度国家总预算，收支不敷，列为债款收入，以期预算之平衡者计为五千万元，其后因总预算所列第二预备费支用罄尽，而水利事业费之必要支出，财源无着，另由本部以借款收入追加预算者，计四百万元，故就预算言，是年度亏短数为五千四百万元。二十三年度各项税收，外受经济侵略银价高涨之打击，内感天灾匪患民生憔悴之影响，颇多减色。关税一项，原以进口税为大宗，而进口税又以金单位计算，于银价之高涨，损失尤巨，现计关税短收约四千四百六十万元，盐税短收约一千四百八十万元，烟酒税短收约三百六十万元。协款收入一项，以冀察两省协拨华北军费，一再请求减免，曾将一部分改归国库负担，而浙江箔税，协拨教育费之一部分，事实上亦未能照解，故亦短收一百九十四万元，其余各项，亦略有短绌，总计是年度各项收入，比照原预算所列，约须短少六千六百二十万元。二十三年度军务费支出，原核定总概算内所列，连同非常军费，合共四万四千零七十五万余元，嗣于修订概算时，经本部与蒋委员长往返电商，酌拟减列，最后商定减为三万九千九百九十余万元，并以军事教育费一千五百万元，移列教育文化费类，国防建设费一千四百万元，移列建设费类，边省留用国税三千八百万元，移列补助费类，其军务费一项，列为三万三千二百九十九万余元，实际上较原核定概算，减列四千零七十六万元，当时蒋委员长以所减过多，事实上确有困难，曾一再声明，如有临时特支之款，仍须另行筹拨，以资济助。二十三年度军务费一项，即照此编定，列为三万三千二百九十九万余元，其间三千四百五十四万余元，系由各机关拨付，其余二万九千八百四十四万余元，应由国库直发，现计各机关拨付军费尚未完全报部转帐，有无超越，未能确定，而国库直发，属于二十三年度之军务费总数，共达三万二千一百零四万余元，约超过原预算二千二百六十万元。又债务费预算，原列二万五千七百五十三万余元，除在年度进行中，国库周转上临时借垫各款所应负担之利息及零星借款本息之未经列入预算者，约一千二百五十余万元，大致与原预算所列第一预备费及外债庚款项下余额，约可相抵外，其因一次清偿以前年度积欠中央银行垫款一万零二百万元及发行俄退庚款凭证，统税国库证，应付本息，与增加中央银行资本时，暂发之国库证一次利息等款支出，约须与原预算以外，另行筹划，核计债务费支出，约须超过原预算一万一千一百三十七万余元，至于党政、教育、建设补助等费，一部份由各机关自有收入抵支，一部份由国库直发，大多依照预算，扣算足额，并无若何余裕，可资挹注。再是年度内以白银问题发生，各地金融，颇感紧急，不得不增厚银行资金力量，俾得安定市面。查中央银行资本，遵令扩充为一万万元案，除以该行原有资本及公债积金各二千万元抵拨外，应由国库补拨六千万元，经于上年底，以该行盈余及国库另拨现金共三千万元，交由该行，作为应拨资本之一部份，其余三千万元，以二十四年金融公债照数抵付，又增加中国银行官股股本一千五百万元，交通银行官股股本一千一百万元，中国农民银行官股股本二百五十万元。以上中国等三银行增加资本，共计二千八百五十万元，亦均以二十四年金融公债拨充，总计增加银行股本，以现金拨充者，计三千万元，以二十四年金融公债拨充者，计五千八百五十万元。本年五月底，上海钱业周转不灵，整个金融被其牵动，为挽救危机，先其所急起见，由库拨给二十四年金融公债二千五百万元，交由上海市钱业监理委员会具领，以资救济。上述银行增股及救济钱业，均为特殊性质之支款，而现在关于国内工商业之救济，尚在进行中，此项收支，拟俟救济钱业与工商业事宜告一段落后，另行结算，俾与普通预算收支划清界限。基于上述情形，二十三年度预算收支不敷，原为五千四百万元，一方因预算所列收入短少六千六百二十万元，一方因军务费支出增加二千二百六十万元，债务费支出，以拨还以前年度旧欠垫款及拨付本年度内发行之凭证公债基金，未经列入预算者，计增加一万一千一百三十七万元，其收支不敷之总数，遂达二万五千四百十七万元之巨，除以二十三年关税公债五千万元，俄退庚款凭证一万二千万元抵补外，计尚不敷八千四百十七万元，爰于本年二月间，复印发月息六厘，以统税为担保之国库证，票面一万二千万元。并为周转起见，商准中央银行，此项国库证归由该行承购，所得价款，再向该行购回俄退凭证票面一万二千万元本息票，自第二期起，即以俄退凭证分向银行抵借，以资补助。总计二十三年度，由政府先后发行二十四年金融公债一万万元，俄退庚款凭证一万二千万元，统税担保国库证一万二千万元，二十三年关税公债一万万元，骤观之，固属甚巨，然加细按二十四年金融公债一万万元，系用于中央、中国、交通、农民等银行增加股本及救济钱业、工商业，其资金仍复存在，是为增加资产，俄退庚款凭证内之一万零二百万元用于归还以前年度结欠中央银行之垫款，是为减轻负债，并可减少以后利息之负担。二十三年关税公债一万万元之一部分，用于收回二十三年关税库券票面五千万元，以腾出财源，其实际用以弥补是年度岁计亏短者，仅凭证票面一万三千八百万元及二十三年关税公债之一部份耳，慨自世界经济恐慌，日趋严重，去岁复受美国提高银价影响，白银巨量流出，金融紧迫，前所未有，绸缪补苴，幸度难关。兹值年度告终，除关于二十四年金融公债，二十三年关税公债及俄退庚款凭证之发行，曾先后呈奉核准在案外，理合将二十三年度国家收支概况，及印发统税担保国库证一万二千万元弥补岁计亏短情形，并检同还本付息表二份，备文呈请鉴核转呈备案，指令只遵，实

为公便。等情。据此。除函请中央政治会议秘书处转陈备案，并指令外，理合检同原赍还本付息表，具文转呈钧府鉴核备案。谨呈
国民政府

计检同原赍统税国库证还本付息表一份〔略〕

代理行政院院长　孔祥熙

中华民国二十四年八月十五日

〔国民政府档案〕

37．立法院关于通过1934年度国家普通岁入岁出两次追加预算案请鉴核公布施行呈

（1935年12月18日）

为呈请事。案准行政院第三一三号咨开：案奉国民政府二十四年十月二十九日第八三四号训令开：为令饬事。据本府主计处二十四年十月二十六日岁字第三九四号呈称：案查迭奉钧府二十三年十一月三日第八〇五号、二十四年九月五日密字第六七号、同日第六六一号、二十四年九月六日第六六五号训令，以先后复准中央政治会议函，为核定各机关追加二十三年度国家普通岁入岁出概算各案，检同核定追加概算书，函请照章办理，各等由，令仰照章办理，等因。计检核定二十三年度国家普通岁入岁出追加概算书一份。奉此。查此次核定二十三年度追加概算各案，约分三类：（一）依预算章程第三十三条之规定，由本处专案核转者。（二）依二十二年度以前未能依限办结之收支处理办法及结束二十二年度收支办法，由本处汇案核转者。（三）奉中央政治会议径予追认，函由钧府令处知照者。以上三类，共计核定追加岁入岁出各为一千七百二十四万一千四百三十五元零五分，遵已依据核定各数分别费类，编具二十三年度国家普通岁入岁出拟定追加预算书，呈送鉴核，发交行政院提出立法院核议，依法公

布，等情。据此。除指令呈件均悉，候令行政院查照办理可也。此令印发外，合行检发原附件，令仰该院查照办理。此令。等因。奉此。经提出本院第二三七次会议，决议通过，咨送立法院。相应录案并检同原附件，函请查照审议。

又准第三二二号咨开：案奉国民政府二十四年十一月九日第八九一号训令开：为令饬事。据本府主计处二十四年十一月五日岁字第四二二号呈称：案奉钧府二十四年十月二十一日第七八九号训令内开：为令饬事。案准中央政治会议二十四年十月十七日函开：案准政府继续核转各机关追加二十三年度国家普通岁入岁出概算各案到会，经交财政组汇案审查去后。兹据报告称，前准政府提出各机关二十三年度追加预算案多起，经汇案审查，提由第四七二次政治会议核定通过在案。现在二十三年度终了已久，瞬届十月三十一日，即为各机关编送一级决算限期，本不应再有支出法案提出，惟前因结束二十二年度及以前各年度收支核定两办法案，为政府截清年度结束收支之创举，其中特许将以前年度未结各案，移作二十三年度收支，长期积累，一旦清厘，在二十三年度自不免倍形拥挤，加以该本年度第二预备费，早经支尽，所有发生较迟之费用概须筹定财源，方能呈请追加，因此至今尚有陆续提出之案。本组鉴于当前事实，未便遽予严格截止，爰经逐案审查，拟再予核定第二次追加岁入岁出各为一百二十七万一千零六十七元零一分，编具追加概算书请审核，等语。复经本会议第四七九次会议决议，照审查意见通过，相应录案，并检同核定追加概算书一本，函请照章办理，等由。准此，自应照办。除函复外，合行检发原附核定追加概算书，令仰该处迅即照章办理。此令。等因。计检发原附核定二十三年度国家普通岁入岁出第二次追加概算书一本。奉此。查前奉核定二十三年度追加概算各案，曾经本处按照核定数目，编具拟定追加预算书，呈送钧府鉴核，发交核议在案。兹复奉核定二十三年度第二次追加概算，其岁入岁出各为一百二十七万一千零六十七元零一分，遵即依据核定各数，分别费类，编具二十三年度国家普通岁入岁出第二次拟定追加预算书，呈请鉴核，发交行政院提出立法院核议，依法公布。等情。据此。除指令呈件均悉。仰候令行政院查照办理可也。此令印发外，合行检发原附件，令仰该院查照办理。此令。等因。奉此。经提出本院第二三八次会议决议通过，咨送立法院。相应检同原附件，咨送查照审议，各等由。准此。当经先后令交本院财政、法制、外交、经济、军事五委员会审查去后。兹据呈称：遵经提出财政、法制、外交、经济、军事委员会第四届第二次联席会议讨论，并先期函请国民政府主计长或指派代表列席说明。当以主计处岁字第三九四号原呈（见行政院第三一三号原咨），对于核定二十三年度追加预备案，声明约分三类如下：（一）依预算章程第三十三条之规定，由本处专案核转者。（二）依二十二年度以前未能依限办结之收支处理办法，及结束二十二年度收支办法，由本处汇案核转者。（三）奉中央政治会议径予追认，函由钧府令处知照者。又称，以上三类共计核定追加岁入岁出各为一千七百二十四万一千四百三十五元零五分。遵已依据核定各数，分别费类，编具预算等语。复加查核，所有奉发核定二十三年度国家普通岁入岁出追加概算书内所列岁入岁出各为一千七百一十八万一千六百三十五元零五分，两数未能适合。询据主计处代表岁计局长汝梅声称，此项差数，即系抄发附件国民政府训令第八〇五号内所指淮南盐地整理案内各款。经即比对复核，将各该款列入，即与主计处所编上项岁入岁出各为一千七百二十四万一千四百三十五元零五分，适相符合，尚无歧异。至第二次追加预算岁入岁出各为一百二十七万一千零六十七元零一分，并经复核相符。当即议决，照案通过。是否有当，理合备文，呈请鉴核，提交大会公决。等情。前来。于二十四年十二月十三日本院第四届第三十九次会议议决，照审查报告通过。理合录案，并检同原

件，呈请鉴核公布施行。谨呈

国民政府主席林

计呈二十三年度国家普通岁入岁出追加预算案及第二次追加预算案各一件。〔略〕

立法院院长　孙科（印）

中华民国二十四年十二月十八日

〔国民政府档案〕

38．国民政府准中政会核定1936年度国家普通预算训令

（1936年6月6日）

国民政府训令　第四六七号

令国民政府政务官惩戒委员会

为令饬事。案准中央政治委员会二十五年六月五日函开：本年五月十一日接据政府文官处函：以遵照政府批示，转送主计处所拟二十五年度国家普通岁入岁出总概算一案，并续转各专案到会，当交财政专门委员会汇案审查去后。旋据报告称，本案原列岁入岁出各十万万零一千五百六十五万八千四百五十元，表面上虽若收支适合，而岁入部分由主计处酌拟增列者，计有债款收入一万八千万元，国有营业纯益收入一千万元，统税一千二百万元，收支相差，实际在二万万元以上。依目前国家财政及社会经济状况，应力谋收支平衡，以巩固法币之信用，自应依照行政院提送中央备案之二十五年度预算标准十一条，以为审查岁出之根据。爰经议决审查原则，（一）经常费照上年度核定预算数，一律不加。（二）新增机关非必要者缓设。（三）临时费非必要者不列，等三项。嗣乃连续开会，进行审查。将原编岁出各款，分别削减，而预算标准内所指明各项建设经费，仍予照列，综拟核

定经、临岁出为九万九千零六十五万八千四百五十元。其岁入部份，原列各种税款收入，虽不免为数过高，现财政部正谋厉行缉私及整顿旧税，举办新税，或不难达到相当之数目，均拟照列。至原拟弥补收支不敷之债款收入，列数较多，而国有营业纯益收入，则列数较少，似均未当。兹拟核列国有营业纯益收入酌加三千万元，债款收入为一万二千五百万元，共拟核定经、临岁入亦为九万九千零六十五万八千四百五十元，以谋收支之平衡，等语，并附所拟二十五年度国家普通岁入岁出总概算书及岁出分类表全份。

经于本会第十四次会议推定孔委员祥熙等开会商讨，旋据报告商讨结果，认为目前财政上惟一要旨，厥在巩固法币信用，维持收支平衡两点。财政专门委员会本此原则，同时参酌行政院所订标准，于建设方面力谋增加，于消费方面力谋节约，而于中央党政各机关所需最低限度之经费，悉以往年旧额为准，间亦稍有增加，俾留行政上敏活地步。综稽全体数字配列，似尚允当，拟请照案核定岁入岁出各为九万九千零六十五万八千四百五十元，送请政府依法编制总预算议定公布。惟时间过促，并拟请由政府通令先予执行，等语。复经提出本会第十五次会议决议，二十五年度国家普通总概算通过，送国民政府。相应检同核定二十五年度国家普通岁入岁出总概算及岁出分类表，录案函达查照办理。等由。准此。自应令交主计处遵照，从速编制总预算，并通令先予执行。除函复并分行外，合行抄发原附件，令仰遵照，并饬属遵照。此令。

计抄发原附核定二十五年度国家普通岁入岁出总概算书及分类表一件。〔略〕

主　　　席　林　森
司法院院长　居　正
行政院院长　蒋介石

考试院院长　戴传贤

副院长　钮永建代

立法院院长　孙　科

监察院院长　于右任

中华民国二十五年六月六日

〔国民政府档案〕

39.国民政府颁布1936年度国家普通岁入岁出总预算训令

（1936年7月1日）

国民政府训令　特字第一号

令国民政府政务官惩戒委员会

为令遵事。查中华民国二十五年度国家普通岁入岁出总预算，现经制定，明令公布，应即通饬施行。除分令外，合行抄发总预算，令仰遵照，并转饬所属一体遵照。此令。

计抄发中华民国二十五年度国家普通岁入岁出总预算一份。

国民政府主席　林　森

立法院院长　孙　科

中华民国二十五年七月一日

中华民国二十五年度国家普通岁入岁出总预算

二十五年七月··日公布

岁入经常临时合计		
科　　目	预算数	备　　考
关　税	三一七、九七三、五一四	
监　税	一八九、一八七、二二五	
烟　税	一六、九八七、三九五	
印花税	一一、三〇〇、〇〇〇	
统　税	一三二、七九六、一一七	
矿　税	三、六三一、八六二	
交易所税及交易税	一、三五〇、〇〇〇	
所得税	五、〇〇〇、〇〇〇	
银行税	一、六〇〇、〇〇〇	
国有财产收入	五、七九一、七六七	
国有事业收入	二一、二〇一、五三一	
国家行政收入	一〇、九〇一、二三二	
国有营业纯益	四一、三九七、五八三	
协款收入	三、一九八、〇〇〇	
债款收入	一二五、〇〇〇、〇〇〇	
其他收入	一〇三、三四二、二二四	
总　计	九九〇、六五八、四五〇	
岁出经常临时合计		

续　表

科　　　目	预算数	备　　考
党务费	五、四一九、〇八〇	
国务费	一五、五三五、一三〇	
军务费	三二二、〇一九、二〇〇	
内务费	八、八三六、五二〇	
外交费	九、六九〇、二三四	
财务费	六四、五一五、五六六	
教育文化费	四四、三三九、九六二	
司法费	三、二四〇、八九八	
实业费	四、二二六、四四七	
交通费	四、八三五、七三四	
蒙藏费	二、三二〇、七六六	
建设费	五三、一一〇、二二一	
补助费	一〇五、八一六、〇〇〇	
抚恤费	五、六六四、七〇四	
债务费	二三九、〇三七、九〇八	
国有营业资本支出	九六、三三七、七二〇	
第二预备费	五、七一二、三六〇	
总　　计	九九〇、六五八、四五〇	

中华民国二十五年度国家普通岁入岁出总预算

岁入经常门

科目	预算数	备考
第一款　关税	三〇三、六七六、〇七三元	
第一项　进口税	二六九、二四〇、九四六	
第二项　出口税	一七、〇六九、二八一	
第三项　转口税	一三、二七三、〇〇〇	
第四项　船钞	四、〇九二、八四六	
第二款　盐税	一八八、一八七、二二五	
第一项　粗盐税	一七四、五九二、三五六	
第二项　精盐税	一三、〇〇八、五二六	
第三项　其他盐类税	一、五八六、三四三	
第三款　烟酒税	一六、九八七、三九五	
第一项　烟酒公卖费	五、七六五、九八六	
第二项　烟酒税捐	一一、三二一、四〇九	
第四款　印花税	一一、三〇〇、〇〇〇	
第一项　印花税	一一、三〇〇、〇〇〇	
第五款　统税	一三二、七九六、一一七	主管部原送概算列一二〇、七九六、一一七元经核定增列一二、〇〇〇、〇〇〇元
第一项　卷烟税	八三、六三八、四〇五	
第二项　棉纱税	二三、一一〇、七三八	

续　表

第三项　麦粉税	六、五三六、一三九	
第四项　火柴税	一〇、〇四七、三一九	
第五项　水泥税	三、五〇四、六九九	
第六项　熏烟税	四、二三五、八九二	
第七项　火酒税	八六七、一六〇	
第八项　啤酒洋酒税	七六九、九三四	
第九项　汽水税	八五、八三一	
第六款　矿税	三、六三一、八六二	
第一项　矿产税	三、一六一、七二二	
第二项　矿区税	四七〇、一四〇	
第七款　交易所税及交易税	一、三五〇、〇〇〇	
第一项　交易所税	一五〇、〇〇〇	
第二项　交易税	一、二〇〇、〇〇〇	
第八款　所得税	五、〇〇〇、〇〇〇	
第一项　所得税	五、〇〇〇、〇〇〇	
第九款　银行税	一、六〇〇、〇〇〇	
第一项　银行兑换券发行税	一、六〇〇、〇〇〇	
第十款　国有财产收入	五、七三三、一二九	
第一项　国民政府主管	一〇、二〇〇	
第二项　军政部主管	五一、八五一	
第三项　海军部主管	四二、三〇〇	
第四项　内政部主管	八、二二八	

第五项　外交部主管	一三、三四二	
第六项　财政部主管	五、五三一、八一四	
第七项　教育部主管	四六、五一二	
第八项　司法行政部主管	三、三九二	
第九项　实业部主管	一〇、五〇〇	
第十项　铁道部主管	一三、五五〇	
第十一项　建设委员会主管	一、四四〇	
第十一款　国有事业收入	二〇、六一一、三八九	
第一项　国民政府主管	三六、二二〇	
第二项　内政部主管	二二〇、八四八	
第三项　财政部主管	一、〇〇〇	
第四项　教育部主管	四二八、六三二	
第五项　司法行政部主管	一六九、二〇一	
第六项　实业部主管	一九、三三四	
第七项　交通部主管	五、四〇八、〇〇〇	本项预算数内包括邮电航三项解款一、四〇八、〇〇〇元其余四、〇〇〇、〇〇〇元为军电转帐款系照历年成案列入

续　表

第八项	铁道部主管	一四、〇七四、〇七四	本项预算数内包括各路解款二、九五八、一九七元交通大学各部分收入九二、七二五元又各路拨充军费五、〇二三、一五二元及军运收入六、〇〇〇、〇〇〇元为转帐款系照历年成案列入
第九项	建设委员会主管	二五四、〇八〇	各营业机关解款一四一、二八〇元模范灌溉管理局一一二、八〇〇元
第十二款	国家行政收入	一〇、八八八、二六九	
第一项	国民政府主管	一六八、二〇〇	
第二项	内政部主管	一五三、八八三	
第三项	外交部主管	一、四四五、一九六	
第四项	财政部主管	八二〇、五九一	
第五项	教育部主管	三、九〇〇	
第六项	司法行政部主管	六、三八八、二一二	
第七项	实业部主管	一、五〇七、〇〇七	
第八项	交通部主管	三九九、四八〇	
第九项	建设委员会主管	一、八〇〇	
第十三款	国有营业纯益	四一、三九七、五八三	
第一项	财政部主管	七二、五八三	
第二项	建设委员会主管	一、三二五、〇〇〇	

续表

第三项　未经摊定之营业纯益	四〇、〇〇〇、〇〇〇	原编总概算计列一〇、〇〇〇、〇〇〇元经核定增列如上数
第十四款　协款收入	二、九九八、〇〇〇	
第一项　财政部主管	二、九九八、〇〇〇	
第十五款　其他收入	六、六六六、一一三	
第一项　国民政府主管	二一、四四〇	
第二项　内政部主管	二一、六五七	
第三项　外交部主管	一、六八〇	
第四项　财政部主管	三、八一五、八三九	
第五项　教育部主管	二、一九四、九六二	
第六项　司法行政部主管	三四四、〇四三	
第七项　实业部主管	九九、九九〇	
第八项　交通部主管	一四一、三六〇	
第九项　铁道部主管	二四、五四二	
第十项　建设委员会主管	六〇〇	

岁入临时门

科　　目	预算数	备　　考
第一款　关税	一四、二九七、四四一元	
第一项　附加税	一四、二九七、四四一	
第二款　国有财产收入	五八、六三八	

续　表

第一项　财政部主管	三八、六三八	
第二项　全国经济委员会主管	二〇、〇〇〇	
第三款　国有事业收入	五九〇、一四二	
第一项　交通部主管	一〇、〇〇〇	难民运费
第二项　铁道部主管	二九二、八五〇	各路解款二六二、八五〇元及各路运送难民运费三〇、〇〇〇元
第三项　建设委员会主管	一二、七二〇	各营业机关解报
第四项　全国经济委员会主管	二七四、五七二	
第四款　国家行政收入	一二、九六三	
第一项　财政部主管	七、九六三	
第二项　全国经济委员会主管	五、〇〇〇	
第五款　协款收入	二〇〇、〇〇〇	
第一项　财政部主管	二〇〇、〇〇〇	四川省协拨四川大学建筑费
第六款　债款收入	一二五、〇〇〇、〇〇〇	
第一项　财政部主管	一二五、〇〇〇、〇〇〇	原编总概算计列一八〇、〇〇〇、〇〇〇元经核定减列如上数
第七款　其他收入	九六、六七六、一一一	
第一项　外交部主管	一〇、八〇〇	
第二项　财政部主管	一〇、〇〇一、一四〇	

续　表

第三项　司法行政部主管	三一七、四八二	
第四项　实业部主管	八〇〇、〇〇〇	
第五项　铁道部主管	七八、〇〇〇、〇〇〇	铁路建设公债抵借款
第六项　全国经济委员会主管	七、五四六、六八九	
合　计	二三六、八三五、二九五	

岁出经常门

科　目	预算数	备　考
第一款　党务费	五、〇二九、〇八〇	
第一项　中央执监委员会	四、六〇一、〇四〇	上年度预算中央执行委员会经费五、七六〇、〇〇〇元中央通讯社一四四、〇〇〇元哈瓦斯通讯社三六、〇〇〇元中央新闻检查所八七、一二〇元共六、〇二七、一二〇元兹以九三九、一二〇元列为新闻事业费又以四八六、九六〇元列为新闻事业补助费分别移列教育文化及补助费类故本项列如上数
第二项　中央政治委员会	三七八、二四〇	
第三项　第一预备费	四九、八〇〇	

续　表

第二款　国务费	一四、八四二、九七六	
第一项　国民政府	二、七一四、〇〇〇	
第一目　国民政府委员会	八八八、〇〇〇	
第二目　文官处	八四〇、〇〇〇	
第三目　参军处	四八〇、〇〇〇	
第四目　主计处	五〇六、〇〇〇	
第二项　五院	四、〇九八、〇〇〇	
第一目　行政院	一、〇四八、〇〇〇	
第二目　立法院	一、五〇〇、〇〇〇	
第三目　司法院	三六〇、〇〇〇	
第四目　考试院	三〇〇、〇〇〇	
第五目　监察院	八九〇、〇〇〇	
第三项　其他机关	七、八八三、九七六	
第一目　侨务委员会	二八八、〇〇〇	
第二目　各侨务局	三六、〇〇〇	本目系上海厦门广州三局经费各为一二、〇〇〇元
第三目　中央公务员惩戒委员会	一九二、三六〇	
第四目　最高法院	八八三、八〇〇	
第五目　行政法院	一六六、九二〇	
第六目　法官训练所	八四、〇〇〇	
第七目　铨叙部	三四八、〇〇〇	

第八目 考选委员会	二八八、〇〇〇	
第九目 审计部	六〇〇、〇〇〇	
第十目 各区监察使署	五〇〇、四四八	本目系八区署经费每区署各为六二、五五六元
第十一目 鄂苏浙沪各省市审计处及津浦路审计办事处	六六八、七六四	上海湖北两处因增加业务所增经费由审计部就其他三处撙节挹注
第十二目 增设各省审计处	二四〇、〇〇〇	本目系增设两处之经费
第十三目 总理陵园管理委员会	三一一、〇五四	
第十四目 总理陵园管理委员会基金	五〇、四六〇	本目系以该会收入拨充又该会植物园事业费在此项基金内开支
第十五目 冀察政务委员会及所属机关	三、一六六、一七〇	
第四项 第一预备费	一四七、〇〇〇	
第三款 军务费	二九三、〇一四、六〇〇	
第四款 内务费	五、一五八、九一四	
第一项 内政部及所属机关	三、八九五、一三四	
第一目 内政部	六四二、一七〇	
第二目 首都警察厅	二、三四〇、〇〇〇	
第三目 警官高等学校	一八〇、〇〇〇	

续　表

第四目　北平古物陈列所	三八、二二〇	
第五目　中央大三角测量队	六六七、〇八四	全国航空测量案正在参谋本部审核此项经费应俟测量计划确定后支用
第六目　至圣及四配奉祀官俸给费	二二、五〇〇	
第七目　至圣南宗奉祀官俸给费	五、一六〇	
第二项　卫生署既所属机关	一、一一三、〇〇八	
第一目　卫生署	二八八、〇〇〇	
第二目　中央医院	四二〇、〇〇〇	
第三目　中央助产学校	四二、〇〇〇	
第四目　北平第一助产学校	五五、〇〇八	
第五目　上海海港检疫所	一〇八、〇〇〇	
第六目　夏门海港检疫所	四〇、八〇〇	
第七目　武汉检疫所	一二、〇〇〇	
第八目　津塘秦海港检疫所	二六、四〇〇	
第九目　西北防疫处	五〇、〇〇〇	
第十目　蒙绥防疫处	二八、八〇〇	
第十一目　蒙古卫生院	四二、〇〇〇	

续　表

第三项　振务委员会及两办事处	九九、六七二	
第四项　第一预备费	五一、一〇〇	
第五款　外交费	九、二二九、二一二	
第一项　外交部暨所属机关	一、五六六、七九二	
第一目　外交部	九八二、二〇〇	
第二目　宣传费	三二四、〇〇〇	
第三目　驻沪办事处	一八、〇〇〇	
第四目　鼓浪屿会审公堂	一二、〇〇〇	
第五目　视察专员	八八、九九二	
第六目　特派员办事处	一四一、六〇〇	
第二项　使领馆	五、八六九、八五五	
第一目　国际联合会代表办事处	一二六、一二〇	
第二目　大使馆	一、四〇四、六九一	
第三目　公使馆	一、三〇六、一四三	
第四目　总领事馆	一、二四二、二二三	
第五目　领事馆	一、〇一四、九三九	
第六目　副领事馆	一九四、二〇三	
第七目　领事分馆	七四、七三六	
第八目　领事签证货单办事处	四六、八〇〇	
第九目　另款	四六〇、〇〇〇	

第三项　国际联合会摊缴会费	一、四五〇、三六五	
第四项　国联会代表出席经费	二四〇、〇〇〇	
第五项　海牙公断院国际事务局摊费	一〇、八〇〇	
第六项　第一预备费	九一、四〇〇	
第六款　财务费	六四、一四一、八四四	
第一项　财务行政费	一、五六七、〇四七	
第一目　财政部	一、二七三、五〇〇	会计委员会经费在内
第二目　广东财政特派员署	一一二、九四七	
第三目　四川财政特派员署	一六八、〇〇〇	
第四目　湖南国税收支事宜处	一二、六〇〇	
第二项　关务费	三一、二三〇、四二四	
第一目　关务署	二一六、〇〇〇	倾销货物审查委员会经费在内
第二目　江海关监督署	四七、〇三〇	
第三目　津海关监督署	三六、〇九六	
第四目　粤海关监督署	三六、〇九六	
第五目　江汉关监督署	三一、五八四	
第六目　胶海关监督署	二三、七六〇	
第七目　东海关监督署	二三、七六〇	

续　表

第八目　闽海关监督署	二三、七六〇
第九目　厦门关监督署	二一、八五九
第十目　芜湖关监督署	二一、四二〇
第十一目　琼海关监督署	二〇、五九二
第十二目　镇江关监督署	二〇、五二八
第十三目　浙海关监督署	二〇、四四八
第十四目　长岳关监督署	二〇、一六〇
第十五目　金陵关监督署	一九、〇〇八
第十六目　瓯海关监督署	一九、〇〇八
第十七目　潮海关监督署	一九、〇〇八
第十八目　蒙自关监督署	一八、七二七
第十九目　重庆关监督署	一八、一四四
第二十目　秦皇岛关监督署	一八、〇〇〇
第二十一目　梧州关监督署	一八、〇〇〇
第二十二目　杭州关监督署	一五、五五二
第二十三目　九江关监督署	一五、五四〇
第二十四目　宜昌关监督署	一五、一二〇
第二十五目　苏州关监督署	一二、六〇〇
第二十六目　荆沙关监督署	一二、六〇〇
第二十七目　南宁关监督署	一二、六〇〇
第二十八目　龙州关监督署	八、七九六
第二十九目　腾越关监督署	三、六〇〇

续　表

第三十目　张多关监督署	五一、六〇〇
第三十一目　海关总税司署及所属机关	二九、九二四、九八〇
第三十二目　国定税则委员会	一四一、四二〇
第三十三目　税务专门学校	九六、〇〇〇
第三十四目　税务专门学校第一分校	九六、〇九六
第三十五目　税务专门学校第二分校	一三〇、九三二
第三项　盐务费	一九、七七三、〇六五
第一目　盐务署	一二三、八四〇
第二目　河东盐运使署	六七、一九七
第三目　两广盐运使署	九〇四、〇六一
第四目　云南盐运使署	一八三、一九九
第五目　晋北榷运局	一〇五、三八〇
第六目　两广盐警缉私队舰	九〇五、一〇一
第七目　河东缉私统领部	九一、九二二
第八目　盐务稽核总所及所属机关	八、九〇二、五一五
第九目　盐务稽核总所主管税警及缉私队	八、三三九、八五〇
第十目　盐税税款汇解费	一五〇、〇〇〇
第四项　印花烟酒事务费	五、二〇六、一二七
第一目　江苏印花烟酒税局	四六七、二八〇

续表

第二目	浙江印花烟酒税局	五二〇、八七二
第三目	安徽印花烟酒税局	一七一、二〇〇
第四目	江西印花烟酒税局	一六八、八七二
第五目	河南印花烟酒税局	一八〇、四〇四
第六目	福建印花烟酒税局	二〇一、三〇〇
第七目	湖北印花烟酒税局	二二六、七二〇
第八目	湖南印花烟酒税局	一五四、四二〇
第九目	山东印花烟酒税局	二九〇、四五七
第十目	河北印花烟酒税局	三二一、五六四
第十一目	四川印花烟酒税局	五五二、四六五
第十二目	陕西印花烟酒税局	一一四、三〇二
第十三目	甘肃印花烟酒税局	一〇三、五五二
第十四目	山西印花烟酒税局	一六二、四六八
第十五目	察哈尔印花烟酒税局	七三、九二〇
第十六目	云南财政厅兼办烟酒税事务	一〇三、四六七
第十七目	贵州财政厅兼办烟酒税事务	七、六〇〇
第十八目	绥远财政厅兼办烟酒税事务	五四、四六六
第十九目	宁夏财政厅兼办烟酒税事务	九、三九八

续 表

第二十日　青海财政厅兼办烟酒税事务	二、四〇〇	
第二十一目　印花烟酒票照印刷费	四〇〇、〇〇〇	
第二十二目　烟酒税款汇解费	一五、〇〇〇	
第二十三目　印花税征收督察经费	九〇四、〇〇〇	
第五项　统税事务费	四、〇三二、二五六	
第一目　税务署	六〇〇、〇〇〇	
第二目　苏浙皖区统税局	一、二四二、七三六	
第三目　湘鄂赣区统税局	三七四、七八四	
第四目　鲁豫区统税局	五六七、九七六	
第五目　冀晋察绥区统税局	六二九、六七二	
第六目　福州分区统税管理所	六八、〇一六	
第七目　四川财政特派员署附设统税管理处	九八、〇五二	
第八目　上海租界卷烟查缉办事处	七二、〇〇〇	
第九目　税务查缉队	一二八、〇二〇	
第十目　税务署经征啤酒洋酒税既兼管火酒统税经费	六六、〇〇〇	
第十一目　统税票照印刷费	一〇〇、〇〇〇	
第十二目　统税税款收解费	八五、〇〇〇	
第六项　矿税事务费	二八七、五〇〇	

第一目　山东中兴矿税处	三一、〇六八
第二目　山东鲁大矿税处	二四、〇〇〇
第三目　河南中福矿税处	三七、六八〇
第四目　河南六河沟矿税处	二七、四二〇
第五目　安徽裕繁矿税处	二二、八八〇
第六目　安徽大通矿税处	一五、二一六
第七目　浙江长兴矿税处	一一、二〇八
第八目　湖北省矿税处	三五、九四〇
第九目　江西省矿税处	一九、八〇〇
第十目　河北省矿税处	四九、七八八
第十一目　察哈尔财政厅兼管矿产税局	一二、五〇〇
第七项　硝磺事务费	二四一、〇一四
第一目　江苏硝磺局	六、五〇〇
第二目　浙江硝磺局	四、〇四〇
第三目　安徽硝磺局	八、四〇〇
第四目　江西硝磺局	一一、一〇〇
第五目　河南硝磺局	四九、七四四
第六目　福建硝磺局	一二、一六八
第七目　湖北硝磺局	一七、三〇四
第八目　湖南硝磺局	九、六〇〇
第九目　山东硝磺局	五、二八〇
第十目　河北硝磺局	三〇、四六八

续　表

第十一目　广东财政特派员署附设爆烈品专煤卖处	八六、四一〇
第八项　其他财务费	、〇四、四一一
第一目　中央造币厂审查委员会	九二、八八〇
第二目　币制研究委员会	四三、八八〇
第三目　武昌造币厂保管处	一〇、八〇〇
第四目　杭州造币厂保管处	一一、六四〇
第五目　天津造币厂保管处	一二、七九二
第六目　上海交易所监理员办事处	二一、六〇〇
第七目　财政整理会	三六、〇〇〇
第八目　疏浚河北省海河工程短期公债基金保管委员会	一〇、二〇〇
第九目　华北救济战区短期公债基金保管委员会	五、〇四〇
第十目　储蓄存款保证准备保管委员会	一、七六〇
第十一目　整理内外债委员会	六〇、〇〇〇
第十二目　整理地方捐税委员会	七九、五六〇
第十三目　债券印刷费及事务费	一五〇、〇〇〇
第十四目　国库特种事务费	二六七、二五九

第九项　第一预备费	一、〇〇〇、〇〇〇	
第七款　教育文化费	三五、四七八、五五三	
第一项　教育部暨所属机关	一、九五五、八三二	
第一目　教育部	五四八、〇〇〇	
第二目　东北青年教育救济处	三三〇、〇〇〇	
第三目　北平图书馆	三五五、四三二	
第四目　国立编译馆	一二〇、〇〇〇	
第五目　中央图书馆筹备处	四八、〇〇〇	
第六目　国立中央博物院筹备处	二四、〇〇〇	
第七目　留日学生监督处	一四、四〇〇	
第八目　中国童子军总会	八四、〇〇〇	
第九目　故宫博物院	三六〇、〇〇〇	
第十目　两广地质调查所	四八、〇〇〇	
第十一目　全国学术工作咨询处	二四、〇〇〇	
第二项　国立各学校	一四、九九六、七八五	
第一目　中央大学	一、七二〇、〇〇〇	
第二目　中央政治学校	七九六、六〇八	该校附设蒙藏学校及边疆四分校经费在内
第三目　上海商学院	一一五、六九二	
第四目　上海医学院	二九八、〇〇〇	添办牙医专科及高级药剂职业学校经费在内

续　表

第五目　暨南大学	六三〇、六六四	
第六目　同济大学	七三四、〇〇〇	与上海市政府合办医院经费在内
第七目　浙江大学	七六九、〇九五	
第八目　武汉大学	九四七、一〇〇	添设研究所及国防学科并完成农学院各新增经费均在内
第九目　山东大学	五三二、七八二	
第十目　中山大学	一、九〇〇、〇〇〇	
第十一目　杭州艺术专科学校	一二〇、〇〇〇	
第十二目　音乐专科学校	八二、〇〇〇	本年度增设学额经费在内
第十三目　北京大学	九〇〇、〇〇〇	
第十四目　北平大学	四三七、一〇八	
第十五目　北平师范大学	八九七、七一二	
第十六目　北洋工学院	三二一、〇〇〇	
第十七目　北平艺术专科学校	一二〇、〇〇〇	
第十八目　北平蒙藏学校	七二、〇〇〇	
第十九目　清华大学	一、二〇〇、〇〇〇	
第二十目　四川大学	六六九、〇二四	
第二十一目　牙医专科学校	八四、〇〇〇	
第二十二目　国立戏剧学校	二四、〇〇〇	
第二十三目　西北农林专科学校	六〇〇、〇〇〇	该校本年度添招新生十三班经费在内

第二十四目　筹设国立药学专科学校	二六、〇〇〇	
第三项　国立各研究院	一、五六〇、〇〇〇	
第一目　中央研究院	一、二〇〇、〇〇〇	
第二目　北平研究院	三六〇、〇〇〇	
第四项　留学经费	七一四、〇一六	
第一目　清华大学留美经费	六八八、六五六	
第二目　革命功勋子女留学经费	二五、三六〇	
第五项　特种教育费	一四、八〇〇、〇〇〇	
第一目　各特种学校及各训练班等	一四、八〇〇、〇〇〇	
第六项　其他	九六四、一二〇	
第一目　提倡国产科学仪器摊费	二五、〇〇〇	
第二目　新闻事业费	九三九、一二〇	
第七项　第一预备费	四八七、八〇〇	内有特种教育费之第一预备费二〇〇、〇〇〇元应由军政部统筹支配
第八款　司法费	二、一三三、〇一五	
第一项　司法行政部及所属机关	二、一一二、〇一五	
第一目　司法行政部	六〇六、〇〇〇	
第二目　最高法院检察署	一五三、〇六〇	
第三目　首都高等法院	六〇、〇〇〇	

续　表

第四目　江苏高等法院第二分院	一四六、七九六
第五目　江苏上海第一特区地方法院	三四三、二〇〇
第六目　江苏第七监狱	一〇八、〇〇〇
第七目　江苏上海第一特区地方法院看守所及民事管收所	二六、四〇〇
第八目　江苏高等法院第三分院	一一七、三二四
第九目　江苏上海第二特区地方法院	二〇六、六五五
第十目　江苏上海第二特区监狱附看守所及民事管收所	一九四、五八〇
第十一目　首都反省院	八四、〇〇〇
第十二目　法医研究所	六六、〇〇〇
第三项　第一预备费	二一、〇〇〇
第九款　实业费	三、九五六、八四四
第一项　实业部	一、〇〇五、〇〇〇
第一目　实业部	一、〇〇五、〇〇〇
第二项　农务机关	一、一六一、一五〇
第一目　中央农业实验所	五〇〇、〇〇〇
第二目　全国稻麦改进所	四八〇、〇〇〇
第三目　中央农业推广委员会	一三、八〇〇
第四目　正定棉业试验场	一〇、三五〇

第五目　中央模范林区管理局	一〇〇、〇〇〇	
第六目　北平模范林场	一五、〇〇〇	
第七目　山东模范林场	一五、〇〇〇	
第八目　中央种畜场	二七、〇〇〇	
第三项　矿务机关	八二、二〇〇	
第一目　裕繁铁矿监督处	一〇、二〇〇	
第二目　地质调查所	七二、〇〇〇	
第四项　工务机关	三一七、六一二	
第一目　世界动力协会中国分会	一、五〇〇	
第二目　中央工业试验所	一〇八、〇〇〇	
第三目　全国度量衡局及附属两所	一六〇、一一二	
第四目　中央工厂检查处	四八、〇〇〇	
第五项　商务机关	一、三一六、二八二	
第一目　国际贸易局	一四五、三六六	
第二目　商标局	一三九、四四〇	
第三目　上海商品检验局	三五五、六七二	宁波南京两分处及上海开办生丝检验新增经费均在内
第四目　汉口商品检验局	二一四、〇四四	沙市万县武穴三分处经费在内
第五目　青岛商品检验局	一六〇、九二〇	济南分处经费在内
第六目　天津商品检验局	一七四、八四〇	

第七目　国产检验委员会	六〇、〇〇〇
第八目　驻日商务官	六六、〇〇〇
第六项　其他	三五、四〇〇
第一目　出席国际劳工组织理事院理事	三五、四〇〇
第七项　第一预备费	三九、二〇〇
第十款　交通费	四、七〇三、九三四
第一项　交通部主管	一、七六二、二七〇
第一目　交通部	一、〇一四、四〇〇
第二目　交通职工教育费	七一、一九〇
第三目　吴淞商船专科学校	一九二、〇〇〇
第四目　上海航政局及所属办事处	一九五、一二〇
第五目　汉口航政局及所属办事处	一二八、五二〇
第六目　天津航政局及所属办事处	一二四、五六〇
第七目　直辖厦门航政办事处	一八、八四〇
第八目　直辖福州航政办事处	一七、六四〇
第二项　铁道部主管	二、八九五、〇六四
第一目　铁道部	一、四一四、六九四
第二目　交通大学上海本部	八七七、五〇一
第三目　交通大学唐山工程学院	二三一、三八〇

第四目　交通大学北平铁道管理学院	一五一、四五二	
第五目　交通大学研究所	六四、五〇〇	
第六目　铁道部主管留学经费	一五五、五三七	
第三项　第一预备费	四六、六〇〇	
第十一款　蒙藏费	二、二六五、六二四	
第一项　蒙藏委员会及所属机关	六二〇、三四八	
第一目　蒙藏委员会	四五二、五八〇	
第二目　蒙藏委员会外差人员经费	二四、〇〇〇	
第三目　蒙藏委员会驻平办事处	四八、七四六	
第四目　蒙藏政治训练班	二六、六〇〇	
第五目　北平喇嘛寺庙整理委员会	五、七〇〇	
第六目　平热台各寺庙喇嘛口粮	一九、八八二	
第七目　张家口牧场	三、九六〇	
第八目　杀虎口牧场	二、八八〇	
第九目　留藏办事人员经费	三六、〇〇〇	
第二项　蒙古部份	一、〇〇八、九八六	
第一目　蒙古地方自治政务委员会	三四二、〇〇〇	
第二目　蒙旗宣化使署	一五〇、五七六	增设五台山行署经费在内

续　表

第三目	蒙古各盟旗联合驻京办事处	三九、九〇〇	
第四目	章嘉呼图克图驻京办事处	三一、九二〇	
第五目	章嘉年俸	一二、〇〇〇	
第六目	甘珠尔瓦呼图克图年俸	九五〇	
第七目	绥远省境内蒙古各盟旗地方自治政务委员会	三一一、六四〇	
第八目	绥远省境内蒙古各盟旗地方自治指导长官公署	一二〇、〇〇〇	
第三项　西藏部份		五八三、六八〇	
第一目	护国宣化广慧大师年俸及办公费	四五六、〇〇〇	
第二目	西藏驻京办事处	三六、四八〇	
第三目	西藏驻平办事处	一四、二五〇	
第四目	西藏驻康办事处	一四、二五〇	
第五目	班禅驻京办事处	二八、五〇〇	
第六目	班禅驻平办事处	三四、二〇〇	
第四项　其他		三〇、二一〇	
第一目	西康诺那呼图克图驻京办事处	一一、四〇〇	
第二目	西康民众代表驻京办事处	七、四一〇	
第三目	青海七呼图克图联合驻京办事处	一一、四〇〇	

第五项　第一预备费	二二、四〇〇	
第十二款　建设费	二、二一二、一三〇	
第一项　建设委员会及所属	四九七、八〇〇	
第一目　建设委员会	三六四、八〇〇	
第二目　模范灌溉管理局	一三三、〇〇〇	
第二项　全国经济委员会及所属	一、四〇〇、六八六	
第一目　全国经济委员会	三一二、〇〇〇	
第二目　导淮委员会	二六一、〇〇〇	
第三目　中央防疫处	一一二、八〇〇	
第四目　棉花搀水搀杂取缔所	一八〇、〇〇〇	
第五目　华北水利委员会	八〇、九七六	
第六目　扬子江水利委员会	一五四、五一〇	
第七目　黄河水利委员会	二九九、四〇〇	
第三项　其他	二九一、七四四	
第一目　广东治河委员会	二六一、七四四	
第二目　全国航空建设会	三〇、〇〇〇	
第四项　第一预备费	二一、九〇〇	
第十三款　补助费	六一、四八一、五〇〇	
第一项　地方部份	四六、五九二、一二三	
第一目　江苏省	一、六四四、〇〇〇	
第二目　浙江省	一、六九一、六五三	照财政部与该省府商定拨补办法办理

续　表

第三目　安徽省	二、三五六、〇〇〇	
第四目　江西省	四、〇三〇、〇〇〇	庐山管理局补助费一〇〇、〇〇〇元在内
第五目　湖北省	二、四〇〇、〇〇〇	
第六目　湖南省	二、二〇五、〇三〇	内有公路捐振捐系尽收尽拨
第七目　河南省	一、〇四二、三六〇	五角盐税附加尽收尽拨
第八目　福建省	六〇〇、〇〇〇	
第九目　山西省	二、四七二、一八〇	内卷烟统税补助费照定额拨付其余棉纱麦粉火柴水泥火酒等项统税均尽收尽拨
第十目　绥远省	六七四、四〇〇	
第十一目　甘肃省	八〇〇、〇〇〇	内盐税补助费六〇〇、〇〇〇元卷烟统税补助费二〇〇、〇〇〇元
第十二目　宁夏省	八二〇、〇〇〇	内盐税补助费七二〇、〇〇〇元卷烟统税补助费一〇〇、〇〇〇元
第十三目　西康建省委员会	一二〇、〇〇〇	
第十四目　南京市	六〇〇、〇〇〇	
第十五目　青岛市	六〇〇、〇〇〇	
第十六目　北平市	八四、〇〇〇	拨补公安局服装费由其他部份移入
第十七目　威海卫行政区	九〇、〇〇〇	

第十八目	印花税拨补各级地方政府款	二、七六二、五〇〇	
第十九目	湘粤桂三省特种事业费	二一、六〇〇、〇〇〇	内湘省一二、〇〇〇、〇〇〇元粤省七、二〇〇、〇〇〇元桂省二、四〇〇、〇〇〇元
第二项	教育文化部份	一〇、六〇〇、〇八八	
第一目	安徽省教育费	一、二〇〇、〇〇〇	
第二目	福建省教育费	一、四四〇、〇〇〇	
第三目	河北省教育费	一、二〇〇、〇〇〇	
第四目	陕西省教育费	四四四、〇〇〇	
第五目	南京市教育费	八九、四〇〇	
第六目	北平市教育费	六〇〇、〇〇〇	
第七目	天津市教育费	七二〇、〇〇〇	
第八目	边远省教育文化补助费	五〇〇、〇〇〇	
第九目	蒙藏回教育补助费	四〇、四〇〇	
第十目	侨民教育补助费	二〇〇、〇〇〇	
第十一目	北平中法大学	二四〇、〇〇〇	
第十二目	中法大学上海部	二一〇、〇〇〇	
第十三目	天津南开大学	二四〇、〇〇〇	
第十四目	东北大学	三〇〇、〇〇〇	
第十五目	厦门集美两校	八〇、〇〇〇	内厦门大学五〇、〇〇〇元集美学校三〇、〇〇〇元

续　表

第十六目　北平中国学院	一二〇、〇〇〇	
第十七目　北平民国学院	一二〇、〇〇〇	
第十八目　中法工学院	七二、〇〇〇	
第十九目　德国中国学院	五、〇〇〇	
第二十目　补助私立专科以上学校	七二〇、〇〇〇	
第二十一目　总理故乡纪念学校	六〇、〇〇〇	
第二十二目　遗族学校	一九四、七六〇	
第二十三目　遗族女子学校	一一七、六〇〇	
第二十四目　湖南明德学校	二四、〇〇〇	
第二十五目　西北公学	二八、八〇〇	
第二十六目　北平艺文中学	一二、〇〇〇	
第二十七目　北平大中中学	九、六〇〇	
第二十八目　上海肇和中学	二〇、〇〇〇	
第二十九目　东北中学	九六、〇〇〇	
第三十目　南渝中学	二〇、〇〇〇	
第三十一目　香山慈幼院	一二〇、〇〇〇	
第三十二目　南京贫儿第一教养院	二二、八〇〇	
第三十三目　中央国术馆体育学校	五六、一六〇	
第三十四目　拉萨清真小学	二、〇〇〇	
第三十五目　首都民众教育馆	二、四〇〇	

续表

第三十六目　中华职业教育社	六、二〇〇	
第三十七目　热带病研究所	四、二〇〇	
第三十八目　学术文化机关	一八、〇〇〇	
第三十九目　班禅驻京办事处设补习学校	一七、八〇八	
第四十目　中山文化教育馆	三六〇、〇〇〇	
第四十一目　蒙古文化馆	二〇、〇〇〇	
第四十二目　日内瓦中国国际图书馆	四八、〇〇〇	
第四十三目　世界文化合作中国协会	七二、〇〇〇	
第四十四目　上海立达学园	三〇、〇〇〇	
第四十五目　孙逸仙博士医学院补助费	一〇〇、〇〇〇	
第四十六目　中华慈幼协会	八〇、〇〇〇	
第四十七目　联华书报社	三〇、〇〇〇	由事业部分移入
第四十八目　新闻事业补助费	四八六、九六〇	由党务费移列
第三项　司法部份	三、五一三、八四九	
第一目　江苏省	四一四、四四二	
第二目　浙江省	二〇七、〇〇〇	
第三目　安徽省	一一一、四〇〇	
第四目　江西省	二一二、〇〇〇	
第五目　湖北省	三六五、六四〇	

续　表

第六目　湖南省	一四〇、一一五	
第七目　河南省	一四五、六一九	
第八目　福建省	一一六、五五六	
第九目　山东省	三九七、八五七	
第十目　河北省	七〇〇、〇〇〇	
第十一目　山西省	二四三、七三二	
第十二目　陕西省	七五、二〇〇	
第十三目　甘肃省	一三六、〇三八	
第十四目　四川省	一三七、五〇〇	
第十五目　云南省	一六、三五〇	
第十六目　贵州省	二四、八〇〇	
第十七目　察哈尔省	二四、五二六	
第十八目　绥远省	三七、二〇〇	
第十九目　宁夏省	五、八二四	
第二十目　青海省	二、〇五〇	
第四项　其他部份	七七五、四四〇	蚕桑改良事业已由经济委员会统筹办理中国合众蚕桑改良会补助费应予停止
第一目　二十一年江浙丝业短期公债本息	一九〇、三一三	
第二目　上海公共租界纳税华人会	三〇、〇〇〇	
第三目　上海法租界纳税华人会	一五、〇〇〇	

第四目	外交研究会	三〇、〇〇〇	
第五目	古乐传习所	二、〇〇〇	
第六目	蒙古各盟旗津帖	一九、〇五〇	
第七目	中央国术馆	六〇、〇〇〇	由教育部份移入
第八目	中央国医馆	六〇、〇〇〇	由事业部份移入
第九目	中国红十字会	三六、〇〇〇	由事业部份移入
第十目	新嘉坡拒毒会戒烟医院	三、〇〇〇	由事业部份移入
第十一目	湖南修业棉稻场	六、〇〇〇	由事业部份移入
第十二目	湖南楚怡矿业改进社	一二、〇〇〇	由事业部份移入
第十三目	长沙台田瓷业讲习所	四、〇〇〇	
第十四目	河北改善河道补助费	九三、四八〇	由事业部份移入
第十五目	西岸湘岸贴边费	一二四、三六二	内湘岸淮商公会益阳贴边费三、六九六元湘岸中西南三路转运帖费六七、〇〇〇元建昌运商德义祥贴边费五三、六六六元
第十六目	税务机关拨付各种事业补助费	九〇、二三五	本目系将教育事业其他三部分之零星各自合并改称内含教育部分之福建小鼓楼两民众学校一、〇八〇元浙西盐务小学七、八〇四元山海关小学二、七六〇元事业部分之汉口梅神父

		医院补助费三六、〇〇〇元江西育婴所一、二〇〇元吴淞救生局二、〇〇〇元追加蔚县救济院五〇〇元闽江濬河局二、〇〇〇元其他部分之英美烟厂公会及子弟学校二〇、七一八元温处各学校及善举经费一二、四八四元浙江大榭北渡海灯维持费五六〇元浙江石浦海灯维持费一、五〇〇元新增湘安湘子广济两桥修理费四〇〇元西岸盐商后裔抚恤金四五〇元河东堰户补助费二二四元河东池工养病所五五五元等十六目合计如上数又湘安湘子广济两桥修理费系由财务费类移入
第十四款　抚恤费	五、六六四、七〇四	
第一项　文职公务员	二三九、二七二	
第一目　应付部分	九二、二七二	
第二目　备付部分	一四七、〇〇〇	
第二项　武职官兵	五、二九二、三九〇	
第一目　应付部分	四、七九二、三九〇	
第二目　备付部分	五〇〇、〇〇〇	
第三项　国立学校教职员	三三、〇四二	
第一目　应付部分	三、〇四二	

第二目　备付部分	三〇、〇〇〇
第四项　治丧费	一〇〇、〇〇〇
第十五款　债务费	二三九、〇三七、九〇八
第一项　内债本息基金	一三二、八三二、一〇〇
第一目　十七年金融长期公债	三、二〇六、二五〇
第二目　河北海河工程公债	五〇五、六〇〇
第三目　二十二年华北救济战区公债	九〇二、〇〇〇
第四目　二十五年统一公债	一〇二、一三七、二五〇
第五目　二十五年复兴公债	二三、六八一、〇〇〇
第六目　第三期铁路建设公债	二、四〇〇、〇〇〇
第二项　外债本息基金	五四、三一九、〇八〇
第一目　英德续借款	一四、一九八、九四四
第二目　善后借款	二五、四三二、六四六
第三目　克利斯浦借款	七、五六三、六九一
第四目　英法借款	四、七二八、一二五
第五目　湖广铁路借款	二、三九五、六七四
第三项　庚子赔款	三九、六五〇、四六七
第一目　英国	一〇、一四〇、一八二
第二目　美国	六、七一九、八八五
第三目　日本	六、六九六、二五〇

续 表

第四目 法国	一四、一〇〇、七八六	
第五目 比国	一、六八七、九〇八	
第六目 葡萄牙	一八、四八〇	
第七目 西班牙	九、五六七	
第八目 荷兰	二六四、八二五	
第九目 瑞典挪威	一二、五八四	
第四项 借款	二、二九五、九〇九	
第一目 中法储蓄会等借款本息	一、二〇〇、〇〇〇	
第二目 中法实业借款保息	一六八、〇〇〇	
第三目 中法教育基金会美金借款利息	五五、六五〇	
第四目 中法大学加息	一五〇、〇〇〇	
第五目 东方汇理银行借款本息	二八〇、五五九	
第六目 中英庚款董事会黄灾借款本息	四五、七〇〇	
第七目 拨还总理陵园管理委员会借垫款	三九六、〇〇〇	
第五项 内外债还本付息经手费	二七〇、三五二	内债部分九六、一二四元 外债部分一七四、二二八元
第六项 整理内外债准备金	五、〇〇〇、〇〇〇	
第七项 第一预备费	四、六七〇、〇〇〇	
第十六款 第二预备费	五、七一二、三六〇	
第一项 救灾准备金	二、〇〇〇、〇〇〇	

第二项　第二预备费	三、七一二、二六〇	本年度第二预备费列数较少非有特殊需要不得声请动支
合　　计	七五四、〇六三、一九八	

岁出临时门

科　　目	预算数	备　　考
第一款　党务费	三九〇、〇〇〇元	中央短波电台一、三三四、〇〇〇元移列建设费内
第一项　中央监察委员会建筑费	三〇〇、〇〇〇	
第二项　国际劳工大会代表出席费	三〇、〇〇〇	
第三项　海员特别党部筹备委员会	六〇、〇〇〇	
第二款　国务费	六九二、一五四	
第一项　行政院机密费	一二〇、〇〇〇	
第二项　西京筹备委员会经费及事业费	七二、〇〇〇	经费及事业费各三六、〇〇〇元
第三项　西京市政建设委员会经费及事业费	三六〇、〇〇〇	经费一八、〇〇〇元事业费三四二、〇〇〇元
第四项　考选委员会考试经费	四八、一五四	首都普通考试经费系由上年度转列计二九、六八四元司法官再试经费二、四七〇元各省县长考试补助费一六、〇〇〇元

续　表

第五项　全国主计会议经费	二〇、〇〇〇	本目系由上年度转列
第六项　救济失业华侨费	二四、〇〇〇	侨乐村管理处裁撤管理事务交地方政府办理资助费照列
第七项　新增各省审计处开办费	七、二〇〇	两处开办费
第八项　广州侨务局开办费	八〇〇	
第九项　国民政府续聘宝道顾问薪	四〇、〇〇〇	
第三款　军务费	二九、〇〇四、六〇〇	
第四款　内务费	三、六六七、六〇六	
第一项　内政部主管	三、五六二、九六四	
第一目　内政部	九七、〇〇〇	内政会议费三〇、〇〇〇元内政年鉴印刷费七、〇〇〇元运送难民费四、〇〇〇元统计处临时费二〇、〇〇〇元
第二目　整理各省市警政经费	三、〇〇〇、〇〇〇	由内政部统筹支配
第三目　中央大三角测量队	四〇〇、〇〇〇	购置费二三〇、〇〇〇元建筑费一七〇、〇〇〇元
第四目　北平古物陈列所	七、五〇〇	晾晒费
第五目　内政部县市行政讲习所	五八、四六四	本目系六个月经费
第二项　卫生署主管	一一四、六四二	

续　表

第一目　中央医院	九四、六四二	建筑新楼扩充设备第三期事业费
第二目　蒙古卫生院开办费	二〇、〇〇〇	
第五款　外交费	四六一、〇二二	
第一项　特别宣传费	一八〇、〇〇〇	
第二项　特别费	一二〇、〇〇〇	
第三项　外国顾问经费	四、〇〇〇	系爱斯加拉顾问四个月薪俸
第四项　摊还国际联合会旧欠会费	一五五、三四三	
第五项　共同委员会中国委员办事处	一、六七九	
第六款　财务费	三七三、七二二	
第一项　财务行政费	二〇〇、〇〇〇	
第一目　财政部顾问经费	二〇〇、〇〇〇	
第二项　关务费	三五、五〇〇	
第一目　海关税务司署	三五、五〇〇	征收附加税所需汇费及银行手续费
第三项　盐务费	一〇五、六一八	
第一目　整理淮南盐地经费	一〇五、一九六	
第二目　北蒙盐局	四三二	收买硝底余盐经费
第四项　统税事务费	一〇、八三四	
第一目　税务查缉队开办费	一〇、八三四	
第五项　硝磺事务费	五、〇四〇	
第一目　河北硝磺局	五、〇四〇	

续　表

第六项　清理官产事务费	一六、七二〇	
第一目　察哈尔财政厅兼管官产事务	一六、七二〇	
第七款　教育文化费	八、八六一、四〇九	
第一项　教育部所属机关	三二五、九五二	
第一目　故宫博物院	三二三、三一二	内驻沪办事处经费一二三、三一二元完成仓库经费二〇〇、〇〇〇元
第二目　全国儿童实施委员会	二、六四〇	三个月经费
第二项　国立各学校	二、六八五、四五七	
第一目　中央大学	三六〇、〇〇〇	照核定成案减列半数
第二目　中央政治学校	四〇、二二八	该校所属边疆四分校临时费
第三目　浙江大学	八〇、〇〇〇	建筑理工部分校舍
第四目　武汉大学	一二〇、〇〇〇	完成农学院等部分建筑
第五目　四川大学	四〇〇、〇〇〇	中央与四川省各拨二〇〇、〇〇〇元
第六目　中山大学	一、二〇〇、〇〇〇	
第七目　清华大学	六七、一七六	
第八目　北平大学	二七、七九二	
第九目　上海商学院	三〇、〇〇〇	补拨该校建筑校舍不敷之款以一次为限

第十目　上海医学院	六〇、〇〇〇	补拨该校建筑校舍不敷之款以一次为限
第十一目　音乐专科学校	四〇、〇〇〇	
第十二目　西北农林专科学校	二六〇、二六一	依照该校所请将核准之临时费余额分年度匀列
第三项　生产教育费	八五〇、〇〇〇	
第一目　生产教育费	八五〇、〇〇〇	筹设国立中等模范职业学校经费五五〇、〇〇〇元补助中等优良职业学校经费三〇〇、〇〇〇元
第四项　教育建设费	五、〇〇〇、〇〇〇	
第一目　教育建设费	五、〇〇〇、〇〇〇	义务教育民众教育电影播音教育等经费
第八款　司法费	一、一〇七、八八三	
第一项　司法行政部所属	一五六、八八八	
第一目　江苏第七监狱建设费	一五六、八八八	
第二项　各省司法建设费	九五〇、九九五	
第一目　江苏省	一六九、八一二	
第二目　浙江省	四〇、〇〇〇	
第三目　安徽省	五〇、〇〇〇	
第四目　江西省	六〇、〇〇〇	
第五目　福建省	六八、二〇七	

续　　表

第六目　湖南省	二四、四七三	
第七目　四川省	三一.〇〇〇	
第八目　云南省	五三、〇〇〇	
第九目　河北省	五〇、〇〇〇	
第十目　河南省	四〇、〇〇〇	
第十一目　陕西省	三一、二〇〇	
第十二目　甘肃省	六、〇〇〇	
第十三目　山东省	三二六、六九七	
第十四目　宁夏省	六〇六	
第九款　实业费	二六九、六〇三	温溪纸厂借款利息应俟借款成立后专案办理
第一项　实业部主管	二〇九、四一〇	
第一目　实业各种调查费	一五三、三八〇	
第二目　出席二十一届国际劳工大会	四、〇〇〇	政府代表出席费
第三目　出席二十一届国际劳工大会	二四、〇〇〇	政府代表及劳资代表出席费
第四目　财政、实业部青岛渔盐实验区委员会	二〇、五三〇	
第五目　世界动力协会中国代表出席会	七、五〇〇	
第二项　农务机关	五、〇〇〇	
第一目　中央模范林区管理局	五、〇〇〇	春季造林费

续　表

第三项　商务机关	五五、一九三	
第一目　上海商品检验局	二八、七八〇	
第二目　汉口商品检验局	一〇、四〇〇	武穴分处四〇〇元在内
第三目　青岛商品检验局	六、〇一三	
第四目　天津商品检验局	一〇、〇〇〇	
第十款　交通费	一三一、八〇〇	
第一项　交通部主管	三一、八〇〇	
第一目　交通职工教育费	一、八〇〇	
第二目　吴淞商船学校	三〇、〇〇〇	图书仪器机件等购置费
第二项　铁道部主管	一〇〇、〇〇〇	
第一目　交通大学上海本部	一〇〇、〇〇〇	购置营造等扩充设备费
第十一款　蒙藏费	五五、一四二	蒙藏招待所建筑费缓列
第一项　蒙藏委员会主管	五五、一四二	
第一目　蒙藏政教领袖展观费	四〇、〇〇〇	
第二目　蒙藏委员会外差人员旅杂费	六、一四二	
第三目　张家口牧场羊种购置费	五、四〇〇	
第四目　杀虎口牧场羊种购置费	三、六〇〇	
第十二款　建设费	五〇、八九八、〇九一	

续　表

第一项　建设委员会	四〇、〇〇〇	
第二项　经济建设费	五、九三三、〇〇〇	江西建设费及补助费如有必要在本项原定经费内统筹支配
第一目　公路事业费	三、七四〇、〇〇〇	全国经济委员会自营之西北公路运输事业费另案办理
第二目　农业事业费	二〇〇、〇〇〇	
第三目　卫生事业费	三六〇、〇〇〇	西北及云南卫生事业费在原定经费内统筹分配
第四目　棉业事业费	六〇〇、〇〇〇	
第五目　蚕业事业费	四〇〇、〇〇〇	
第六目　经济调查研究费	一二〇、〇〇〇	
第七目　专家经费	一五〇、〇〇〇	
第八目　普通管理费	二二六、〇〇〇	
第九目　其他事业费	一三七、〇〇〇	
第三项　水利事业费	五、二八〇、〇〇〇	
第一目　灌溉工程	一、〇八七、六六〇	
第二目　航运整理	八〇〇、〇〇〇	
第三目　疏导河流	六〇〇、〇〇〇	
第四目　修筑堤堰	一、一四〇、〇〇〇	
第五目　测量水道	三五〇、〇〇〇	
第六目　水文气象测量	一〇〇、四三三	
第七目　水工试验	一八七、五〇〇	

第八目 其他事业	二二一、五七九
第九目 管理费	二七〇、〇〇〇
第十目 永定河修防补助费	八七、四〇八
第十一目 各水利机关固定事业费	四三五、四二〇
第四项 导淮事业费	四、八四八、三七五
第一目 高宝湖区土地清丈费	二三二、〇〇〇
第二目 一部分借款本息	三一〇、一〇四
第三目 导淮二年施工计划经费	三、八八九、二二五
第四目 借用庚款息金	四一七、〇四六
第五项 湖北堤工事业基金	二、〇四〇、〇〇〇
第六项 整理海河及永定河事业费	一、一〇〇、〇〇〇
第一目 永定河中游增固工程经费	一八五、〇〇〇
第二目 金门闸放淤工程经费	一五〇、〇〇〇
第三目 官厅水库工程经费	七六五、〇〇〇
第七项 特种卫生事业费	二七四、七一六
第一目 中央防疫处事业费	一四八、七一六
第二目 卫生实验处制造药品事业费	一二六、〇〇〇
第八项 国联专家招待费	四八、〇〇〇

续　表

第九项　中央短波电台	一、三三四、〇〇〇	中央执行委员会主管由党务费移列
第十项　国防建设费	三〇、〇〇〇、〇〇〇	
第十三款　补助费	四四、三三四、五〇〇	
第一项　地方部份	四〇、六四二、〇〇〇	
第一目　福建省筑路补助费	一八〇、〇〇〇	
第二目　福建省保安队护盐补助费	二四〇、〇〇〇	
第三目　湖北省振灾筑路补助费	六〇〇、〇〇〇	
第四目　江西省筑路基金	六〇〇、〇〇〇	
第五目　河南省筑路开河补助费	三六〇、〇〇〇	
第六目　山东省补助费	六〇〇、〇〇〇	盐附税项下月拨五〇、〇〇〇元
第七目　山西绥远两省补助费	三、六〇〇、〇〇〇	
第八目　河南省补助费	六〇〇、〇〇〇	
第九目　南京市首都建设补助费	一九二、〇〇〇	
第十目　威海卫行政区补助费	二〇、〇〇〇	拨还积欠补助费
第十一目　边省留用国税	三三、六五〇、〇〇〇	粤桂两省烟酒税统税矿产税留用部分均不在内
第二项　教育部份	四六〇、〇〇〇	
第一目　东北大学设备补助费	二〇、〇〇〇	

第二目　上海肇和中学	五〇、〇〇〇	该校扩充设备费分年拨付
第三目　孙逸仙博士医院建筑费	二五〇、〇〇〇	
第四目　参加第十一届世界运动会补助费	一四〇、〇〇〇	原核定为一七〇、〇〇〇元另有三三〇、〇〇〇元在上年度追加案内
第三项　其他部份	三、二三二、五〇〇	
第一目　工业保息费	三、〇〇〇、〇〇〇	
第二目　国际商会中国分会基金及会费	一二、五〇〇	
第三目　南京市首都贫民住宅区建筑费	一五〇、〇〇〇	
第四目　南京市救济难民散兵灾农乞丐等补助费	五〇、〇〇〇	
第五目　首都地方法院	二〇、〇〇〇	
第十四款　国有营业资本支出	九六、三三七、七二〇	
第一项　铁道	七八、〇〇〇、〇〇〇	
第二项　工业	一〇、八〇〇、〇〇〇	
第一目　重工业	一〇、〇〇〇、〇〇〇	
第二目　中央机器厂	八〇〇、〇〇〇	专案请列之机料进口关税一四五、〇〇〇元在内
第三项　农业	六、〇〇〇、〇〇〇	农本局资本
第四项　渔业	二〇〇、〇〇〇	渔业银团基金

续 表

第五项 电气等业	一、三三七、七二〇	建设委员会主管
合 计	二三六、五九五、二五二	

〔国民政府档案〕

40. 国民政府准由主计处拟具1935年度国库收支结束办法令

（1936年11月24日）

国民政府训令　第八八五号

令国民政府政务官惩戒委员会

为令饬事。案准中央政治委员会二十五年十一月十九日函开：准政府核转主计处呈请酌定二十四年度第二级决算编送期限，并拟具二十四年度收支结束办法六条，请鉴核一案，到会。经交财政专门委员会审查，据报告称：查二十四年度现届编送决算法定期间，而各机关收支，至今尚有追加概算案陆续提出，则国库收支之不能如期结束，各级决算之不能依限编送，仍与过去各年度情况略同。主计处援照成案，拟具二十四年度收支结束办法六条，将法定各种期限酌量延展，尚属切合事理。除将第三条稍加修正外，拟请照案核定，以利进行。等语，附拟定二十四年度国库收支结束办法一份，提经本会第二十六次会议决议，照审查意见通过。相应录案，并检同核定办法函达，请烦查照转饬遵行。等由。准此。自应照办。除函复并分行外，合行抄发原附办法，令仰遵照，并转饬所属一体遵照。

此令。

计抄发原附核定二十四年度国库收支结束办法六条一份

中华民国二十五年十一月二十四日

主　　席林　森　　　　　　　　司法院院长居　正
行政院院长蒋中正　　　　　　　考试院院长戴传贤
立法院院长孙　科　　　　　　　监察院院长于右任

拟定二十四年度国库收支结束办法六条

一、各机关声请补备二十四年度支出法案之件，经主管机关核明，其支出数目尚堪在该主管机关所管部份各单位法定预算总额内统筹支配者，应比照动支第一预备费手续办理，其无法统筹支配者，方得提请专案核定。

二、统筹支配案件，统限于二十五年十二月底以前办竣，其到期尚未办竣者，应作为现年度支出案办理。

动支第一预备费案件，限于二十五年十二月底以前办竣。

三、专案提请核定案件，各主管机关限于二十五年十一月底以前提出，以十二月底为最后核定期限，其到期尚未经核定者，应作为现年度收支案办理。

四、二十四年度国库收支，限二十六年一月底整理完结。

五、各主管机关编送二十四年度第二级决算期限，展至二十六年二月底止。

六、本办法由主计处呈请国民政府核准中央政治委员会核定施行。

〔国民政府档案〕

41．行政院奉准核定财政部追加1936年度债务费岁出经常概算训令

（1937年2月20日）

行政院训令　字第九五四号

令财政部

案奉国民政府二十六年二月十三日第一零五号训令内开：为

令饬事。案准中央政治委员会二十六年二月六日函开：案准政府核转财政部追加二十五年度债务费岁出经常概算一案，经交财政专门委员会审查去后，兹据报告称：本案系缘财政部以二十五年度债务费内，尚有第三期铁路建设公债基金四十万元，中国建设银公司承购卷烟统税税票垫款本金四千八百万元，统一及复兴公债还本付息经手费三万一千四百五十五元，三共四千八百四十三万一千四百五十五元，应补备法案，特编具此项岁出经常追加概算，附具说明，循序转请核定前来。兹经本会审查，拟准照数先行核列，仍由财政部筹定财源，交主计处汇办追加预算。等语。复经本会第三十五次会议决议，照审查意见通过。相应录案函达查照，分别饬遵。等由。准此。自应照办。除函复并分行外，合行令仰该院转饬财政部遵照。此令。等因。奉此。合行令仰该部遵照。此令。

院长　蒋中正　假

孔祥熙　代

中华民国二十六年二月廿日

〔国民政府财政部档案〕

42. 行政院奉准核转1931—1933年各年度非常军费概算训令

（1937年4月14日）

行政院训令　字第二〇二七号

令财政部

案奉国民政府二十六年四月三日密字第四一号训令内开："为令饬事。案准中央政治委员会二十六年三月二十五日密函开，准政府核转二十、二十一、二十二各年度非常军费概算，及各项军费清册，请予核议备案，一案到会，内附主计处原呈略称，查军政部所列二十至二十二各年度非常军费概算，计二十年度二千八百九十四万六千三百四十一元二角五分，二十一年度三千五百三十五万三千七百四十五元九角九分，二十二年度一万零三百七十一万零五百十三元二角三分。均系按照财政部各该年年度支付军费超越预算之总数编列，当系实在情形，理合抄录原函，检同原编概算及原附清册等件，备文呈请钧府核转中央政治委员会准予备案，俾资结束。再在二十至二十二年各年度内业奉前中央政治会议专案核定之军务费类各案，经询据财政部承办人员声称，概已包括在上列超支数内，并未分别剔除。又各项军费清册军政部只送一份到处，不敷存转，拟俟审查完竣，仍请发还以备查考。等语，当经饬由财政专门委员会逐一审核，应准备案，除报告本会第三十九次会议外，相应函达查照，分别密令知照，又随函检送军费清册三本，并请送还主计处，等由。准此，自应照办。除函复并分行外，合行令仰该院转饬军政部、财政部知照。此令。等因。奉此。除分行军政部外，合行令仰该部知照。此令。

院长　蒋中正

外交部部长　王宠惠代

中华民国二十六年四月十四日

〔国民政府财政部档案〕

43. 财政部奉转摘录建设事业专款预算办法函

（1937年6月28日）

案奉行政院二十六年四月八日第一八八五号训令转奉国民政府令，以中央政治委员会核定审订二十六年度国家普通预算及设立建设专款预算等办法，送转饬遵到部。查原核定设立建设事业专款预算办法八条，其中与处理国库事务有关者，摘录六条送请贵行查照办理，并转饬国库局遵办为荷。此致

中央银行

摘录建设事业专款预算办法六条

一、国民政府为国防经济文化交通水利实业等一切建设事业，所需资金经费及补助费于国家普通总预算外，另立建设事业专款预算，由行政院编制，提请中央政治委员会核定施行，并交立法院查照。

二、国库应另立建设事业专款帐，处理建设事业专款之收支。

三、建设事业专款收支之审核，由中央政治委员会主席、副主席、行政院院长、监察院院长、立法院院长、军事委员会委员长、财政部部长、主计长、审计部部长、中央政治委员会财政专门委员会主任委员，组织建设事业专款审核委员会行之。

四、每会计年度终了后，所有建设事业专款之收支，由财政部长编具报告，送由行政院长，提请审核委员会核转中央政治委员会查核备案。

五、各主管机关照核定预算，向国库领用专款，每六个月编具收支报告一次，送由财政部核送行政院，提请审核委员会核销。

六、审核委员会对于国库建设事业专款之收支帐目及主管机关领用建设事业专款之收支帐目，得随时派员检查。

〔国民政府财政部档案〕

四、财政施政报告

1. 财政部向国民党三全大会提出之财政部工作报告

(1929年3月17日)

财政部政治报告

第一章　绪言

理财之道不外开源节流，近世之治财政者，要在一方发展国家之经济，一方发展国民之经济，二者相衡不可偏废。子文受任财政部长以来，即抱此方针，以策进行，只以频年军书旁午，事变纷乘，要在应付环境，相机处置，与承平时代之财政不同，致所预定之计划未必能一一见诸实行。然吾党自广州大本营成立财政部以迄于今日，处危险困难需款万急之时，均赖政府与人民通力合作，克奏肤功，绝未丧失主权，借入外债，故积极方面，对于发展国家及国民之经济，虽不能如预定计划见诸实行，而消极方面，国家固未丧主权，人民亦少受压迫也。政治报告云者，意在鉴往以知来，取昔以证今，俾见其难而知所慎。综计财政部过去之工作，可分为三大时期，以言其梗概：自国民政府财政部成立至十六年年底止，为筹备军事及进行北伐时期，自十七年一月至六月底止，为应付军事及完成北伐时期，自北伐完成以迄于今，为收束军事规划训政时期。历时既久，事绩亦繁，缕缕陈述，似过琐屑，爰依上列时期，揭其荦荦大者而已。

现在军事告终，训政实行，财政一端与国计民生尤为极密切之关系，取之不得其道，用之不得其宜，皆有背民生主义之真谛，不足以餍民众之希望。故财政部于北伐完成之日，惟确定财政方针是图，默察社会之情况，尚待推行者，归之于拟定计划，既不敢侈言高远，亦无取空事铺张。兹编所载纪其事实，以供代表大会诸同志之参阅，而加以批评焉。

第二章　工作概况

第一节　筹备军事及进行北伐时期

（甲）广东时期

查广州自民国十一年六月陈炯明叛变，总理蒙尘，政局混乱，广东省立银行倒闭，经济顿成恐慌。是年十二月陈炯明败退，总理重莅广州，建大本营，以肃清余孽。斯时滇军总司令杨希闵盘踞广州，军长蒋光亮踞江西一带，桂军总司令刘震寰踞北江及广州之一部，恃恢复广州功，借口欠饷，悉将各项国税厘捐及禁烟筹饷、铁路收入据为己有，并私铸辅币，暗中运销，致金融益形紊乱，而陈炯明又窃据于东江，邓本殷且久据于钦廉、琼崖等处，均未收复。全省皆为军阀把持，已无一片干净土，致大本营各部及行政各机关，徒有其名，不能行使职权，政费几至无着，财政上等于一筹莫展。我总理为建设财政根本计，乃毅然于十三年八月，创立中央银行，任子文为行长。又鉴于省立银行纸币四千万停兑之后，商民痛苦万分，未敢急求速效更定现兑政策，于推行纸币之中，仍寓注重准备之意。子文面承遗训，迄今未敢稍忽者也。迨杨、刘既被解散，国民政府成立于十四年七月，廖仲恺同志担任财政，不幸中道崩殂，邓泽如同志继其后，亦为时未久，适政府有统一粤省之决议及东征南征之策划，军饷无所自出，且于商团煽变之后，继以国际罢工，贸易停滞，税源枯竭，死中求生，全恃奋斗。在子文既任中央银行行长之职，势尤不能独存，乃受命于危难之际，由商务厅长转任粤省政府财政厅厅长，乃国民政府财政部部长与广属行政委员之职。惟只此范围收入有限，因时制宜，不得不从中央集权厉行统一财政入手，以期有所挹注，幸各军深明大义，于战胜之余，旋将国地税收悉数交由财政部全盘计划，分设盐务、税务、禁烟、筹饷、烟酒、印花、沙田等处，逐项整理，各专责成，一切职员，每多兼任，故收入仍有国库、金库之分，办事并无财政厅之别。所恃者仍在增加收入，节省开支，只就原有税收次第整理，故推行易，而见效速，其道维何，亦不外严定考成，剔除中饱而已。所堪自幸者，虽收入激增，而到任以后，并未创办新税，以增人民之苦痛也。其间自东征南征以至进行北伐，不无有宽筹军费之时，为免除摇动银行基础起见，宁用短期库券，决不滥发纸币。继又先后发行有奖公债两次，总额为一千五百万元，厥后以师行所至银行未能遍设，乃推行三省通用券，另设兑换处。盖吾党全民革命亦应由各省酌分负担，俾不至妨碍粤省纸币信用，故终子文之任。粤行因军事屡经挤兑，而信用更增，盖凛遵总理只食鸡卵毋食鸡鹎之遗训，迄今粤省屡经变故，而恢复较易者，亦未始不由于此，谅可为粤省同志公认者也。

（乙）武汉时期

国民革命军出师北伐以来，不两月而克复湘汉，惟刘玉春、陈嘉谟等负固武昌，相持月余，始克底定。十六年一月政府移设武汉，组织粗备，时东南尚未克复，军事正在进行，前方后备需饷孔殷，而湘省叠遭兵灾，湖北又以官钱局滥发台票充斥市面，本已等于不兑换纸币，历年军阀拥兵自肥，皆取给于是，自吴佩孚败走，遂致倒闭，而台票亦遂失其通用之效，金融紊乱，达于极点，非急谋根本办法不足以资整理，而策进行。因筹发整理金融公债二千万元，作为收回官钱局台票，偿还政府所借新债及筹设中央银行之用，不三阅月，即将中央银行基金筹足，开幕营业，财政始略有系统。故即先从收回湘、鄂、赣三省通用大洋券入手，信用既著，金融骤见活泼。对于收回官钱票及偿还新债，正在次第进行，并拟加发整理湖北财政公债一千五百万元，专作清偿鄂省旧债之用，逐步整理，渐有头绪。其时东南之苏、浙业已底定，前方饷糈有就地筹措之必要。子文又转赴上海主持，当组织财政委员会，并筹发二五税库券，向银行借垫已有成议，乃同志中发生意见，宁、汉遂致分裂，长江上下游既有隔阂，而金融遂致阻滞。时张肇元代理武汉财政部，以军政费困难，遂有集中现金提用中交钞票之举，而预备调剂政费之定期库券，更复滥印加发，致使中央银行无可支持，故中央钞票与中、交两行汉钞同归磋跌，政府既丧信用，人民亦蒙损失。子文于上年复职后，夙夜筹措，力图挽救，爰于十一月间，呈准以关税余款作抵，发行整理金融长期公债四千五百万元，即作收回该行钞券之用。

（丙）南京时期

不幸宁汉分裂以后，中央威信失坠，省自为政、毋庸讳言，虽继子文之任者，如古应芬与孙哲生两同志，在东南既经底定以后，国民革命军已奄有中国大半之领域，财政反日见困难。自十六年四月十八日奠都南京，一面组织政府，一面筹备北伐，其应付之苦，筹划之难，实远过于曩昔。财政部系于五月二十六日成立，当未成立之时，司财政者为江苏兼上海财政委员会，以需款紧急，遂于五月一日发行江海关二五国库券三千万元，以充临时军需之用。此项库券十足发行，月息七厘，以江海关二五附税全部作抵(二五附税取销后，即改由关税项下拨付)，至十八年十二月本息清偿，并由政府与人民共组基金保管委员会，所有前项二五附税，即由征收机关直接拨交该保管委员会，备付本息，以示大信。迨本部成立后，继续办理。综计本时期中，本部专注重于应付军费，收入之款，以库券为大宗，税收次之，其较可纪述者，创为划分国地收支及改铸钱币二事：（一）本部以吾党政策，宜有内外相维之道，因于七月间召集江浙皖闽赣等省财政会议，制定划分国家地方收支标准，其中最要之点，即将田赋划归地方，以为整理土地之预备，将厘金划归中央，以为裁厘加税之张本，虽呈经国民政府公布，以孙传芳南犯，军事愈益吃紧，此项计划一时未及施行。（二）吾国币制向极紊乱，市面通用银币多为袁世凯像，国民政府既经成立，势不能任其再铸袁像银币。经提请政治会议议决，停铸袁币改铸先总理像币，并以绘像铸模，大需时日，准暂用民元之总理遗像开国纪念币旧型先行开铸，成色重量均照旧章办理。比经本部令行宁、杭两厂遵办，一面征集新币图案，范制新模。

依以上三时期而论，在开始北伐以后，国民革命军转战湘、鄂、赣、汴、皖、闽、浙、苏各省，以粤省一省收入供给七军之众，每月经常军饷四百八十万，战费二百五十万。广东政府财政部曾负担至一年有余，虽有一部分三省通用券之运用，而临时筹拨闽、浙、沪、宁及其他等处大宗特别军费之现款，亦差足相抵。

至本省军政费与桂省补助之军费，尚不在内，直至南京定都时为止，尚有时由粤省拨济者，此广东政府时期，负担北伐军费之大概也。子文以不欲粤省担负独重之故，自克复武汉，即遄赴前方整理财政，而后方革命根据地之广东，仍共同维持。故子文尔时虽在政府移设汉口后，另行组织财政部，而前方与后方之财政，仍属统一。盖军政时代军费浩繁，万不得已，乃推行中央集权之制也。乃苏、浙克复，子文赴沪筹饷。而宁、汉忽竟分裂，财政亦即自此纷乱，同时广东财部虽属南京财部兼管，而筹款已偏于苏、浙，既失统筹支酌之常轨，复成省自为政之现象。古应芬同志尊重吾党政策，召集财政会议，实行划分国地税收，其用意只在统一国税。虽宁汉旋即合作，而各省就地截留国税如故，江、浙固为财赋之区，奈承军阀搜枯之后，故古、孙两任，势不得不恃此二五库券以应付。盖集权既已破坏，分权亦未实行，即中央对于各省国税，既等于无权过问，而北伐军费仍须照筹，从此中央财政部入于枯窘之域，已非复往日之情形矣。故在苏、沪财政委员会时，统计苏、浙两省，原有国税每月只二百余万，以之支配军饷，其何能济！昔日区域之小需款之巨，今范围既广，宜乎财政充裕，不知北伐进展战线既较扩大，而所需作战与准备，同时改编与投诚，其军队与饷糈自亦与时俱增，只恃划分国税已虞不足支付，而况截留者无可稽考，推行者限于地域，政府感于统筹之无方，商民亦苦于政令之歧出，整理亦遂难于着手。后因饷项不足，库空如洗，同时孙、张复有反攻首都之尝试，其临时所需军费皆赖地方人民之合作，得在各地方就近零星支借，其窘况概可想见，迄今痛定思痛，何堪回首，此南京时期经过之事实也。故南京政府时期筹款之困难更甚，只求国税之统一，已尤尤乎其难，昔之中央集权者，固属当时一种临时之变通办法，已如前述，今一变而为各省区之集权，欲求中央与地方分权或均权，已不可得。天下事破坏易，而建设难。子文视大势所趋，已非复往日中央集权之主张，乃根据吾党政策划分国地税之议决，只求国家财政之统一，而统一国家税收与国家支出，虽屡于财政会议、五中会议、编遣会议提议统一财政之案，而限度最低、范围最狭，虽经议决通过，而事实上，尚待疏通。迄今未能完全见诸实行，此尤希望吾党同志共谅者也。

第二节　应付军事及完成北伐时期

孙张败北，宁汉合作，驻军之饷糈既有待于筹措，北伐之大计又复断然实行，而中央税收所恃仅有江、浙、皖三省，以有限之收入供北伐之巨费，短绌日甚，应付尤艰。子文复长财政，适在十七年一月，时际旧历年关，驻军饷需已多积欠，同时给养且将不继，而直鲁军阀余孽犹顽梗苏、鲁边境抵死抗拒，我军士气愤慨，徒以饷源告竭，坐失进展之机。外则羽书络绎，内则府藏空虚，凛千钧一发之重，抒功亏一篑之忧。因就原有税收分别整理，一面严定所属考成责令报解，一面筹发各项债券分别劝销，遂有为军事委员会总司部每五日预筹一百六十万元之责任，收入虽有时不足，军费则万难延期。爰商各银行陆续垫借，遂得六千余万之巨款，始能不误接济。当时之目的政策，惟一希望在北伐之完成，后方勿起纠纷，故于应付军事之中，为徐谋建设之计，举其大者有如下列。

（甲）　关于税收事项。(1)关税。向为收入大宗，而担保内外债，关系国信尤巨，整理自不容缓。因订定章程划一各关组织，并因海常关已办内地税，乃订定各项表式，通令填造，用资稽核。所有一切公文，概以中文为主以维主权。至上海引水工会尤为收回海政之准备，并先后免征土布税厘及丝茶夏布出口附税，以维民生。又组织国定税则委员会，将进出口税则详加研究，准备实行。(2)盐税。历年盈余甚多，足供军政各费之挹注，现为筹措北伐军需，不得不从大宗收入着想。如两淮盐税，年收一千数百万元，时因垫缴税款已多，私盐充斥，运销困难，商人裹足，税源几绝，乃经若干周折，始定每月预缴一百五十万元之议，其各岸盐斤及浙、松引商换照，均酌加费用，以济军需。又以旧有稽核制度具有成绩，操之有方，主权自不致旁落，爰将各稽核分所先行恢复，畀以稽核帐目及秤放盐斤之任务，并取缔军人运盐，以裕税收。（3）卷烟税。自划为国税后，始收归部辖，乃奢侈品税之一种。外商向以条约为借口，征收甚感困难。因设专处管理，改征统税，其办法就厂就关征收，华商外商一律待遇，贴足印花，统征一次，即可运销各省，不再重征，是为加税之实行自主之先声。（4）田赋。吾国赋税向以土地生产为原则，而整理土地尤非从旧有之田地契据着手清理不办。比年战事迭更，民间税契多未清查，观望隐匿，势所难免，因制定验契条例，举办验契，为办土地等登记之初步。（5）烟酒税。则为保持土烟、土酒计，对于洋烟、洋酒增加税率，以维国货。（6）印花税。则除推行国境外，并图推行于租界，盖纳税以平均负担为原则，华洋各商均须一致，方昭公允。若整理收入而专注于国内，既为本党政策所不许，亦非吾人整理之本旨也。

（乙）关于金融事项。金融与财政关系之密切，近世稍治，财政学者类能言之，而于战时之关系尤巨。本部有鉴于此，特设专管机关，使金融与财政息息相通，并订定银行补行注册简章后，于是外国银行中首由远东银行遵照章程请求注册，此为外国银行之嚆矢。中国银行组织发行准备检查委员会，亦经银行金融监理局加入检查。据有报告，此又为本国银行就范之初步。此外，举办交易所税，取缔储蓄会、储蓄公司营业，厘定一切金融法规，均待通盘规划，详加讨论，而后施行者也。

（丙）关于公债事项。本时期内发行库券公债，计有四项：（1）续发江海关二五附税国库券。此项库券发行于民国十六年十月一日，原定票额为二千四百万元，早经劝销足额。嗣子文复任，又加发一千六百万元，合成四千万元，九八实收，月息八厘，以充国民政府本年军需、政费预算不敷及归还短期债款之用，其应付本息，分别以江海关二五附税、邮包税，及关税增加收入项下为担保，二十二年九月底全数偿清。（2） 卷烟库券。此项库券发行于民国十七年四月一日，定额一千六百万元，九八实收，月息八厘，以充国民政府预算不敷之用，其应付本息系以卷烟统税收入全部为担保，至民国十九年十一月全数偿清。（3） 军需公债。此项公债分两期发行，定额为一千万元。第一期发行六百万元，以十七年五月一日为发行期，其第二期四百万元，另行订期发行，均九八实收，周息八厘，以补充军需不足之用，其应付本息系以印花税收入为担保，至二十七年十二月底全数偿清。（4） 善后短期公债。此项公债发行于十七年六月一日，定额为四千万元，折扣以交款之先后定之，以充完成统一全国军政各费之需，其应付本息，系分别以煤油特税、关税增收项下之款为担保，至二十二年六月底全数还清。总而言之，本时期中之财政，惟冀现状得以维持，筹款即有把握，无论如何以不多更法不发生变化为原则。故第一次之二五库券价值已与票面相等，续发二五库券及卷烟库券已值九成以上，即善后公债亦增至八六以上，盖基础巩固，信用自增。本部于此尤不得不格外慎重者也。惟以国税未能统一，故基金未能集中，只就各项税收在可能范围内整理，稍有把握而收数渐有定额者，如二五税及卷烟、煤油、印花各税，分别指定以作债券本息基金之担保，而为北伐饷糈得寸进寸之计，明知迹近枝节，而为政府信用起见，不得不以确有之收入而作预借之支配，此固子文当时不能得各省之同情，而通盘筹划，尤觉自深愧怍者也。（现二五库券、善后公债已归关税担保）至其他原因已见历次报告，兹作附件以备参考不再赘述。

第三节　收束军事规划训政时期

国军既克北平，军事已告一段落。然战事甫平，各省状态极其纷乱，中央税款既未能照解税收机关，复各自派委，而金融停迫，市场停滞，供求不应，用转不灵，尤为财政上重大之难关，若不谋解决之方，必将陷于危难之境。子文为预备实行训政时期之财政方案起见，经于上海集合全国金融界、实业界及经济学者举行经济会议，复于南京招集各省财政长官，各军代表及财政专家举行全国财政会议，分定财政政策及经济政策二种，其最要者如划分国家地方之收支及统一财务行政，裁厘加税、关税自主，整理国债、划一币制、维持贸易及金融、审订银行制度、确定国家银行基础，并拟发行公债，筹备裁兵建设等费，均期始终贯彻，势在必行。中央执行委员会第五次全体会议时，子文即本此建议，当奉议决，交国府详细规划，妥慎实行。本年编遣会议，子文又提确定军费总额，实行统一财政办法议案，亦经会议将原则通过，计本此方案见诸实行者，厥为下列之数事。

甲、关于关务事项

(1) 改订进口税则之颁行

我国原订进口税则，原为值百抽五均一税率，不为不合科学原则，即为财政收入计，亦难得巨款之挹注，经饬关务署另设国定税则委员会，切实修正。于十七年十二月将新订进口税则呈奉国府明令公布，各关均已于二月一日遵照实行。二五附税亦即于是时裁撤，此项税则已改用差等税率，系按照货质分别增高，由七五至二七五不等，较之旧行税则增加甚巨。在关税甫行收回自主之时，施行此项新订差等税率，仍系以一年为限，一面仍令国定税则委员会从速调查货价，准备第二次之改订，俾臻完善。

(2) 取消国境减税办法

查我陆路边境减税办法，原以从前中俄陆路交通不便，商货运输困难，特设此例，以兴贸易，厥后英法日三国以缅甸、越南、朝鲜等属地关系，亦次第援例照办。惟此项减税办法，按诸现时情形，已失其存在之理由，经会同外交部，将中俄、中英、中日减税办法于本年二月一日新税则实行之日起，同时取消。其法国方面为便利议订中法商务新约起见，延至三月三十一日以后一律废止。此后凡由我国边境进出口之货物税，应按照进出口税则分别十足纳税，以免偏畸。

(3) 关政之改革

我国关税向由外人主持，颇有尾大不掉之势。自本部成立而后，对于海关一切行政决拟彻底改革，除对芜湖关税务司贾士之渎职以已予撤换外，近又改任梅乐和为总税务司，并经宣誓就职，嗣后海关用人，应尽华员升充，所有各海关及总税务司呈报之收支表册，均由部切实稽核。海关应用之经费，均令遵照部颁预算书正式按期造报查核，其海关新增税款，并已令饬总务司交存中央银行保管，以重公款。

乙、关于盐务事项

(1) 改革盐务稽核制度

查盐务稽核制度，系民国二年善后借款成立后所创设，十余年来，对于稽征盐税秤放盐斤颇着成效。惟原订章程，一方面对政府负责，一方面对外国债权人负责，是以引起外人干涉本国盐务行政，侵越职权，流弊滋多。本部成立以来，鉴于已往利弊所在，对于稽核制度虽仍行旧，而职权已大为消减，除外债另有办法外，兹特另订稽核总、分所章程，期其根本改造，俾完全为我国政府机关，特由本部拟具章程提请行政院令准，以部令公布，并派刘宗翼为总办，斐利克为会办。

(2) 订期查验湘、鄂、西、皖四岸盐票

查湘、鄂、西、皖四省淮盐引票，虽自前清中叶改革以还因袭沿用，迄未加以整理，历年既久，流弊丛生，若不从速清厘殊乖循名核实之旨。在民国十六年六月间，古前部长曾订查验盐票另颁新票章程，提呈中央政治会议通过，未及实行。现值全国统一，所有各该岸盐票，综计湘、鄂、西三岸大票，共一千零九十三张，皖岸小票共八百四十八张，拟参照古前部长原订章程，酌拟查验办法，饬商将所执引票送由两淮运使验明盖印登记，并酌收验费，计每票盐一担，收验费一元。自部令颁发之日起，限两个月内一律验竣，其从前各该岸商办运之轮次应行作废，即以此次各该岸商缴验引票之先后，为将来循环办运之次序，如逾期两月未将引票缴验者，即行查明花名，公布废止，由部另颁新票，招商承领，当经提经行政院第十四次会议议决照准，令部遵行。

（3）召集盐务讨论会

盐务积弊相承，欲求整理有方，非先详细研求，不能推行尽利。经盐务署拟具盐务讨论会简章，就办理盐务人员，既富有盐务学识经验者，分别延充会员，订期召集，于十二月十二日开会，二十一日闭会，计开大会七次，所有议案一百〇八件，除议决保留或从缓与交常务会各案外，其经审查会及大会通过之件，如严定各销盐机关比较考成案、建筑官坨各案，煎晒并存区域分别废煎改晒及试办晒盐各案，无用盐区分别停废，移作垦务及改革场产与整顿淮南垦地升科各案，工业用盐与农工用盐免税各案，改良盐质与取缔盐质及改良煎盐盐色各案，拟请于盐河各处分别修闸案，筹设苛性疏打漂粉精盐工厂案及关于缉私如取缔江轮夹运私盐，并令长江各关协助及请设立缉私士兵教练所各案，及关于税率各案，皆为近今整理盐务急要之图，而又切实可行者。其中有经当日全国财政会议时提出，而益加补充者，有本于全国财政会议提出大纲，而详订办法者。其他或因时因地以图整理，亦均不尚高论，一一可见诸实行者也。

（4）整顿缉私

整顿缉务必须地方长官之协助，经向行政院请明令各省行政官协助盐务，并将从前颁行之地方官协助盐务奖惩修正案一并提请讨论决定公布案，由行政院于一月二十九日提出第十三次会议议决修正通过，呈请国民政府公布。又为划一事权起见，将各属缉私局务改归该地运使、运副、榷运局管辖，业由部通令遵照。

(5) 改良盐质

盐为养生必需之品，较之米麦尤为重要，其品质优劣，如毫不措意，关系人生健康，实非浅鲜。业经令行各盐务机关取缔盐斤搀杂，并拟具详细查检章则准备施行。

(6) 归并无用盐场

各盐场间有不产卤或产盐过少及零星之盐场设官专理，虚靡国帑亟应分别裁并，化散为整，业经通令查复，斟酌分别归并。

丙、关于其他税收事项

(1) 制定监督地方财政条例

本部为求明了各地财政统计全部收支，实行内外合作，解决国家、地方纠纷起见，特根据国民政府组织法第二条之规定，制定监督地方财政条例，呈请国民政府公布，已交立法院审查中。

(2) 设置财政特派员举办特种消费税

各省财政厅向为代管中央国税机关，自财政厅长法定为省政府委员后，国家税与地方税不易厘然划分，常多牵混，觉有改善之必要，遂就各省另设财政特派员，接收财政厅向所代管之国税，以专责成，现已修正章程，以部令公布。并以海关新税则既经施行，裁撤厘金自不容缓，惟新税则增收之税，指充整国债及建设要政费用，未必即有盈余，而厘金被裁，每一年间国库须亏短七千六百万元，不能不力谋抵补。爰上年组织裁厘委员会，议决举办特种消费税，指定品目十九种，日用品征百分之二。五至五。五，奢侈品征百分之十二。五至十七。五，亦经制定条例，即由财政特派员负责办理，并令江、浙、皖、闽、赣五省先行试办，以后逐渐推行。

(3) 裁撤厘金及苛捐杂税

厘金旧制，遇物课税，逢卡抽厘，原系物物课税主义，立法不良，又为中外所诟病，且以关系自主一案，动遭牵涉。本部为便利关税自主之进行及改革秕政起见，已通令各省尽十八年六月三十日以前一律裁撤。福建、江西等省业经遵办。至苛捐杂税，如浙江之香烛税、福建之鸡鸭税、江西之内地商捐，各省之土布捐、火柴捐等，皆事涉苛细，有碍民生，均已明令裁撤。

（4）订定限制增加田赋办法条规

田赋一项虽划入地方收支，本部仍负监督之责。现在各省政府举办地方事业，如教育、建设、警备、自治水利、筑路等经费，皆取给于田赋，附税任意加征，漫无限制，每上下忙银一两高至八元，每漕米一石高至十二元，较之正税已增一倍，乃至四五倍，实系有背本党第一次全国代表大会宣言田赋地税禁止一切额外征收之规定。本部因于十七年十月订定限制增加田赋办法八条，并以在本办法发布后，新增田赋或亩捐必须由财政厅呈请省政府咨行本部核准，方得照办，等语，通饬照办。

（5）卷烟煤油税之整理与裁并

从前军需万急，筹款多从治标入手。卷烟统税、煤油特税，皆因大局未定，不能不迁就事实，先使其办法统一，收入确定，乃足以取信中外，巩固库券公债之基金，现在军事收束，关税进口税则业已修订施行，爰将卷烟统税税率定为值百抽三二。五至四十，呈准通饬施行，煤油特税则归并海关征收，以免一物重征之弊。

丁、关于银行事项

（1）设立中央银行

中央银行创立于广州，推行全省，嗣在武汉分设，又经种种变故，厥后又拟在上海成立而未果，其间所经艰难挫折纸不胜书。盖该行为国家银行，当兹大局粗定，不得不急谋发展，俾负调剂全国金融之责，而树银行统系之基，爰制定条例，由国府明令颁布，并特订中央银行兑换券章程，呈准施行。举凡国家银行应有之特权，如发行兑换券、经理国库，并代政府各机关收解款项类畀予之，业于上年十一月一日改在上海设立总行，正式开业，并筹足资本金二千万元，并于南京、徐州、蚌埠、芜湖、杭州等处设立分行。广东中央银行亦恢复，汉口中央银行正拟整理。其他省、市商埠地方，亦正在分别进行筹设中，务期普设全国，调剂金融。

（2）修正中国银行条例

世界交通日繁，国际贸易亦日期发达，而国际汇兑遂居金融上重要之地位。英之汇丰、日之正金、法之汇理、美之花旗等银行，其业务皆注重于此。我国对于此项银行迄未注意设立，遂致国际金融之权完全落于外人之手，今欲挽回此权，非亟谋筹设不可。但此项银行性质，非有极雄厚之资金，决难尽其职责，爰将中国银行改为国际汇兑银行，并由本部加认官股五百万元，以示提倡奖励之意，当修改该行条例，于上年十一月间，呈准国府公布施行。

（3）修正交通银行条例

辅助国内实业金融机关，亦与国际汇兑银行并重，非有雄厚之资本，政府之援助，仍不能发挥其业务上之本能，如欲从新组织，亦非易事。故就原有之交通银行由政府加认官股二百万元，修改该行条例，为完全发展实业之金融机关，业于上年十一月间，呈经国府公布施行，并由部分别函令各机关一体知照。

（4）实行监督商业银行

吾国近年以来，商业银行林立，表面似甚发达，然股本多未收足，每遇金融紧急之际，资本周转不灵，即发生停业恐慌，笺考其实，一由于设立之初，验资不实，即准注册，二由于开业以后，应造营业报告，银行既不照章办理，政府亦未随时检查。故本部特订定银行通行条例，以资遵守，前项各条例草案，现正在详密讨论中，俟研究完善，即当公布施行。兹为暂时备用计，业已订定银行注册单行章程共十二条施行在案。自该项章程施行后，凡新设银行，自应遵照来部注册，即旧有各银行亦须呈部补行注册，藉资检查，而贻害实。

戊、关于币制事项

（1）整理硬币

吾国币制之紊乱，近年已达极点，各省之银铜辅币滥铸滥发，尽人皆知，固无待赘述。即以一元银币而论，尚有站人洋、龙洋流行市面，形式既未能统一，成色、重量自未必一致，因是货币之法价不能维持，市价之涨缩随之而生，自应亟图整理，故厘定币制法规实为最要，惟有两大问题亟待先决：一为本位问题，二为单位问题。兹就第一项言之，世界各国几无不采用金本位制者，惟按之吾国现在情况，似有未能一蹴而几之势。至第二项之单位问题，在逊清末叶，即有用两与用圆之争议，迨民国三年颁布之条例，乃定单位为圆，重七钱二分。历年照此重量所铸之币，其数当在三百兆元以上，为数既巨，流通亦广，自难改弦更张，易于他项新币是以。对于国币条例之订定，现在根据法理，参酌国情，草拟方案，详加研究，一时尚难公布施行。惟为目前治标计，先拟统一铸造机关，查向有之造币厂为天津、南京、武昌、成都、广州、云南、奉天、长沙、重庆、杭州、安庆、口北、上海等处，以天津为总厂，余为分厂，实则分厂之用人行政，皆处于独立地位，天津徒拥总厂虚名，已失立法者统一铸币之良意，且各该分厂有久经停铸及筹备未竣者，尤有整理之必要。兹为统一铸币机关起见，以向有总分各厂权限既不分明，监督自难周密，并厂数过多，铸发必滥，自当酌加裁并，经部再三斟酌，将前上海造币厂改为中央造币厂最为适当，于上年十月间，决定实行在案。现在正积极筹备开铸事宜，一面商同银行债款团将前抵押之厂屋机件一律收回，一面装置机器，一俟布置就绪，即可开工鼓铸。至其他向有各厂，容俟中央总厂开铸以后，再行酌量存废，划分职责，确定名称，以收整理之效。此为整理铸币机关之大概情形也。又以改革币政头绪纷繁，一时自难骤臻完善，而变更币模，亦系刷新币政之一端。前经本部遵照中央政治会议议决，令行南京、浙、赣、皖、粤各造币厂一律停铸袁币，改铸先总理像币在案。迨平津收复后，又饬天津造币厂停止铸造袁像币，改铸先总理像币，并令将旧有袁像币悉数缴部，以昭慎重。现计所有南京、杭州、天津开铸各厂均已遵照办理，此为整理铸币模型之大概情形也。

（2）整理纸币

纸币发行之原则，系为代替现币之用，而现币之铸造权系专属于政府，则纸币之发行权，自应限于国家银行，其余各银行均不得印发纸币。惟查现时内有发行纸币权之银行，几至不胜枚举，欲如一律停止其发行权，自有事实上之困难，经部一再斟酌，惟有先将中央银行之发行权，呈请明令确定。对于各银行之原有发行权者，为徐图整理之策，一面调查其发行额数及准备实况，一面订定兑换券印制及运送规则共八条公布施行，以示限制。至新设之银行，则采绝对不许再持发行主义，俟稍假时日，中央银行普及全国以后，中央纸币即可到处通行，而各银行之纸币，自当渐次减少，然后，再限令各发行银行分期自行收回撤消其发行权。现所着手整理者厥为二端：一为中央辅币券，在北伐期内国民革命军总司令部为筹备军饷所发行，业已上年十月十六日由部接管，总司令部所设之南京等处临时兑换所照旧兑现，继以该券与市面金融有关，适值中央银行亦已开业，遂筹足兑换基金，商由中央银行委托各地中国、交通两银行，并原有各处之兑换所，同于上年十二月七日起一律无限制兑现，并通行京内外各机关对于该项辅币券，均应一律无限制收受。一为汉口中央、中国、交通三银行停兑钞币。查该项钞票亦系在北伐期内军费亟待筹拨，遂商借汉口中、交两银行之兑换券暂时发行，俾充军费，现将该项停兑钞票亟谋解决，以昭国信。爰以上年十月间，呈准发行十七年金融长期公债四千五百万元，专为掉换汉钞之用，所有掉换办法已于本年一月间刊登京、沪各报，并通令京内外各机关查照，并委托上海、江苏银行办理掉换事宜，复由部令派专员前往沪、汉两处监视收回数目，截角销毁事宜，此为整理纸币之大概情形也。

己、关于公债事项

(1) 发行津海关二五附税国库券

此项库券发于民国十七年七月一日，定额为九百万元，九八实收，月息八厘，充国民政府本年度预算不足及筹付临时要需之用，其本息担保品以津海关二五附税全部收入作抵，并由天津北平银行公会及商会等共同组织基金保管委员会经理保管，二五附税取销以后，即改由关税增收项下拨付，至民国二十年三月底全数还清。

(2) 发行民国十七年金融长期公债

此项公债发行于民国十七年十一月，定额为四千五百万元，按照票面十足发行，周息二厘半。为整理汉口中央、中国、交通三银行停兑钞票之用，其本息担保品，由本部指定关税余款内照拨，特命令总税务司按月拨出基金，交基金委员会保管，备付本息，至民国四十二年九月底全数还清。

(3) 发行民国十八年裁兵公债

此项公债发行于民国十八年二月，定额为五千万元，九八实收，周息八厘，以二千万元充实行裁兵之费，三千万于编遣时期内充预算不敷之用，其本息之担保品，由本部指定在关税增收项下照拨，特命令总税务司依照还本付息表所载数目拨出基金，交基金保管委员会备付到期本息，至民国二十八年一月底全数还清。

(4) 民国十七年金融短期公债

此项公债发行于民国十七年十月，定额为三千万元，九二实收，周息八厘，以充建设金融事业及整理辅币券之用，其应付本息之担保品，由本部指定以关税内德国退赔款，除应付十四年公债及治安债券外之余款项下拨付，特命令总税务司将上项赔款按月拨存基金委员会保管，备付本息，至民国二十四年九月底全数还清。

（5）民国十八年赈灾公债

此项公债发行于民国十八年一月，定额为一千万元，九八实收，周息八厘，以充拯救各省灾黎之用。其应付本息之担保品，由本部指定在关税增加收入项下拨付，特命令总税务司，按月拨付基金，交基金委员会保管，备付到期本息，至民国二十七年十二月底本息全数还清。

军事甫经收束，微独各省财政须谋统一，即东南诸省之税收亦亟待釐理，以为训政时期长治久安之计。子文夙夜筹维，力图挽救，如关税则改订进口税则与关税自主同时并进，年可增收巨额之关税，于挽回我国主权尤深致意。盐务则改革稽核制度，一洗外人把持之习，剔除盐务积弊，增益国家应得之税收。于划分各省之国地税收，则设财政特派员，以综理其事。于裁撤厘金后之亏短税额，则举办特种消费税，以力谋抵补。田赋附税名目繁多，久为人民诟病，则严定办法，加以限制，以期减轻人民之负担。设立中央银行，树国家银行之基础，并酌设各埠分行，以调剂全国之金融，发行公债，规划确实之担保，并设基金委员会保管，以增公债之信用。余如修正中国、交通两银行条例，监督商业银行、整理硬币、纸币，或为发展国内外之贸易，或为稳固社会之金融。凡此荦荦诸端，非敢即谓规划久远，但期力所能及，无不设法推行，此为子文所堪自信者也。

第三章　拟定之计划

我国财政纷如乱丝，以前在北伐进行时期，筹划既艰，应付孔亟，只顾筹此急如星火之军费，势难专恃整理需时之税收，环境深感困难，且不遑宁处，故当时计划皆从急则治标入手，巩固后方，以资接济，仅为临时的、局部的设施而已。现在军事完成，训政开始，对于财政之整理根本之设施，实为刻不容缓之图，亦子文夙所主张，亟愿于最短期间从速施行者也。但各省或久经兵燹或迭告灾荒，元气凋残，金融枯竭。子文拟定之计划，不敢好高骛远，强事实以难能，只求通盘筹划得挹彼而注兹。综其大要，不外核定预算、确定军费、统一行政、整理债务四项而已。就学理言之，虽非完全根本之计划，就现势观之，实为一定必要之办法也。兹分述如下。

第一节　核定预算

查预算制度所以支配国家之财政，范围全国之政治，而又在在关系于国家与国民经济，按诸欧美诸邦，须经立法机关审核，方始确立。预算既经确立，政府视若圭臬，奉行惟谨，财政上之收支乃得平衡，而一国之政事易趋轨道。惟我国素无确立之预算，间虽有之，亦不遵行，视若具文而已，故民国十余年来，财政之混乱如是，是为最大之原因。溯国民政府在广东成立时，即有预算委员会之设立，军政各费皆归其支配，迨后军事紧迫，遂告停顿。上年五中全会时，子文提议设立预算委员会，业经国民政府照办，虽成立未久，职权业已实行，现正通令各机关赶编预算，一俟造成，即当提请预算委员会审核办理。

第二节　确定军费

确定预算为整理财政根本政策之一，已详言之矣。惟在确定预算之先，有当前必须首先解决之问题，即确定军费。是以军费不能首先解决，而预算依然未能确定也。我国军队之多，军费之巨，无论民力上财政上，欲求支办如此巨额军费，均属绝对不可能之事，自非重行厘定军制，大加裁汰，实无以苏民困，而杜隐患。更考世界各国每年军费之支出，对于总支出之比例。

日：约占百分之九。

英：约占百分之五。

美：约占百分之八。

法：约占百分之十四。

更观我国国民政府财政部十六年六月一日至十七年五月三十一日支出图表，不特支出超过税收半数，而总支出方面军费约占百分之九十二，党政各费仅占百分之八。虽因正在进行北伐于特殊情况之下，然按照十八年收入预计四万五千七百万元而论，除偿还国内外债及党政各费支出外，倘根据全国经济会议、全国财政会议议定每月军费一千六百万元，以陆军五十师及海空各军暨学校、兵工厂、中央军政费、陆军预备金七千二百万等，合并规定一万九千二百万元之支出，犹每年不敷五千余万元，若以后军费未能缩减至此限度，则财政不敷之数当较尤巨。今编遣会议业已竣事，对于缩减军费已着手进行，惟军费一日不能确定，则精确之预算即一日未能成立。所愿坐言起行，财政从兹得臻统一，此则子文愿随吾党先进努力以图者也。

第三节　统一行政

财政之要一在收支上之均衡，一在行政上之运用，二者相为表里，不可或缺。收支上之均衡，有精确之预算，始能遵守。行政上之运用，能统一行政用人权，方可推行。若使财政能完全统一于中央，各项税收毫无障碍，则通盘计算挹彼注兹，不特使财政有纵容回旋之余地，亦威信所攸关。如行政不能统一，则朝令夕改，彼此易有抵触，再三解释，难免延误时期，不独政务停滞进行，且微露其团结上分裂之痕迹，尤表示其政治上能力之薄弱。况财务行政与庶政息息相关，如果进行迟滞，则庶政即无由进行，建设上便生阻力，更何以昭示国际，领导人民，此行政之亟宜统一者也。至如用人，子文以为当以人才为前提，原无分乎省界，但求事得其人，于公有裨，更无成见于其间，惟用人若非统一，则既乏任免之权，更无考核之实，指挥未能听受，命令视同具文，充其弊，则推诿责任，侵蚀中饱，有不可胜言者。前此军队之侵权越俎，各省之政出多门，迭经交涉，渐趋正轨，现仍惟秉此宗旨，毅力进行，庶于行政上之运用，得以推行无阻也。

第四节　整理债务

整顿收入，谋辟利源，使庶政得渐次设施，此为积极之办法。清理债款，俾巩固国信，使金融得有活动余地，此为消极之办法。是故欲求财政裕如，既当从积极方面锐意进行，尤须于消极方面力加清理，此固不可偏废者也。查历年北政府以及各省积欠内外各债，种类纷繁，性质复杂，亟应从事整理，以期逐渐清偿。惟其间关于无确实担保之各项债款，必须详加审核，方明真相，债款额数究有若干，亦须细加研究，始得明确，如理棼丝，非一朝一夕所能竟功，亦非一手一足所能集事。爰拟组织整理内外债委员会，并拟具章程，呈请行政院提出第十三次会议决议，呈请国民政府公布其章程内容，凡有关系之各院长、各部长咸加入为当然委员，并延聘中外经济专家为专门委员。其整理之款，拟请在新关税增加收入内年拨五百万专作此项整理国债之用，庶几款经指定，职有专司，宿逋既有清了之时期，新债更见增高之信用，于全国财政前途，裨益良非浅鲜。

核定预算、确定军费、统一行政三者，实相缘而生，同条共贯。欲财政之有轨范，非核定预算无以植其基，欲预算之副名实，非确定军费无以程其功，苟预算及军费皆能确定，而财务上之行政不能统一，亦犹却行而求前，掘井而不及泉也。行政之不能统一，由于军费之不能确定，故各省对于财政之收入，每致腾挪支配，各自为政，即有预算，等诸具文。子文以为欲国家日臻巩固，财政日有起色，希望诸同志互信互谅，先将军费确实核定，而行政权尤须统一，然后预算可期确立，庶财部得以酌盈剂虚，统筹全局，更以余力经营整理国债，俾国际信用不致失坠，国家地位赖以增高，尤子文之素志，愿诸同志加以赞助者也。

〔国民政府行政院档案〕

2. 国民政府财政部1932及1933年两会计年度财政报告

（1935年2月）

财政报告目录

中华民国二十一年及二十二年两会计年度财政报告

（附二十三年度开始以后至现在之财政状况）

一、绪言

二十一年度以前之中央财政报告，已由宋前部长编订提出。二十二年十月，祥熙奉命继长财部，其时二十一年度方始告终，各项报告材料，尚未搜集齐全，适值交替，未及赶办。二十三年一月，举行第四届四中全会，十二月，举行五中全会，祥熙曾先后编制财政报告，送请察阅。兹特综合前两次报告，加以整理，汇成二十一年及二十二年两会计年度之详细报告，并附陈二十三年度开始以来之财政概况如左。

二十一年度上半期，适当一二八事变之后，国难严重，政府同人，尤勤惕厉，汲汲不遑，军政各费，力求撙节，同时国民爱国之忱，亦非常热烈，政府得以改订内债偿还办法，减轻国库负担，收支勉可平衡。迄二十二年春夏之交，赣省剿匪工作方殷，而榆热告急，平津戒严，饷糈支出，为数益巨。及军事略定，战区救济，需款复多，入秋以后，黄河巨浸成灾，闽省叛变，复继之而起，赈款之筹措，军饷之支给，几于应接不暇，故在二十一年度下半期，与二十二年度上半期中，实为两会计年度内财政最困难之时代。

财政收入，向恃关税为大宗，自二十年后，世界经济恐慌，波及我国，物价低落，银价增高，影响国际贸易，关税收入，因之短绌，加以东北四省，关盐两税，全部丧失，而外债之由各该省税收指抵之一部分，更须另筹弥补，政府债务之负担，遂益加重。

所幸关税改用金单位，增加进口税率，以及财务行政之改善，故税款收入，尚未至大量缩减，然上项设施，其所增加之收入，远不及前项损失之多。

基于上述种种原因，政府财政不敷之数，仍不得不恃债款收入以为抵补，计二十一年度借债额为八千六百万元，二十二年度借债额为一万四千七百万元，惟同时偿还债款，二十一年度约一万万元，二十二年度约一万一千五百万元，两相比较，借入之数与偿还之数，尚能相抵。

回溯二十二年度之初期，政府弥补财政之不足，尚可借销售旧存债券及挪借临时款项，勉资应付。及二十二年十月，因需要愈迫，罗掘具穷，遂发行二十二年关税库券一万万元，以资周转。

祥熙履任之始，适值财政万分竭蹶之时，综计每月收支相抵，不敷之数，常达一千五六百万元，际此军事方殷，灾黎待赈，既不能裁减大宗支出，贻削足适履之讥，惟有整顿税收，以裕岁计。爰就卷烟、火柴、水泥三种统税税率，酌予增加，并将麦粉、煤油、汽油及其他少数舶来品关税税则，酌为改订，复开征洋米，洋麦进口税，一面规划改革盐税，以图增加收入。惟是出入不敷，为数过巨，而税收增进，又非旦夕可期，况当变乱初平，金融奇紧，安定市面，亟待筹谋，又以中央银行垫款过多，亦应设法偿还，因是复发行二十三年关税库券一万万元，以充偿还垫款及安定金融之用。

考全部岁出之中，军务费虽仍占第一位，计二十一年度军费支出，为三二一、〇〇〇、〇〇〇元，二十二年度为三七三、〇〇〇、〇〇〇元。然其数字增益之原因，则由于此二年度之收支报告中，军务费所包含之范围较广，如各部会间之开支，属于军务费范围者，多于此时期中报由本部转帐，以及历年军务费，在此两年度内次第转帐者，亦均经列入报告，此项补列之款，二十一年度，为五千九百万元，二十二年度，为四千六百万元，此外一部分建设费用，如剿匪区域公路之兴筑，农村之救济，亦有由军务费项下支付者，从实际上考之，两年度之军务费，尚未超过以前各年度，此盖由于军事当局，体恤民艰，力崇俭约，含辛茹苦，不肯多所取求，故讨逆剿共之事，前后相乘，而军费之增加，为数尚复有限。现在赣省匪巢，业已摧陷廓清，流窜川黔之一部分，剿办亦极顺利，如匪患能早日荡平，则军费之减低，固意中事也。

公债市场之涨落，足以觇政府之信用与社会之安危，两年以来，内外债价格，均有起色。自二十一年十二月十五日起，至二十四年二月二十五日止，一九一三年之善后借款债票，在伦敦市场，已由七七涨至九九。七五，又一八九八年借款债票，由九七。五涨至一〇五，又一九〇八年英法借款债票，由七三涨至九九。七五。所有内债情势，虽经两次发行库券，而市价反见增高，盖因政府整理旧债，严密保管公债基金，能使国内外人民信任政府之心，日趋于坚定也。

惟本时期中，全世界经济恐慌，我国亦不能独免，通货之收缩，物价之跌落，工商业之衰颓在在皆予财政上以重大之打击，加以国外购买力异常薄弱，英美各国，复厉行货币政策，如金镑日圆美金等币值，均行贬损，致我国银元之金比价，日益增高，而国际贸易，遂更形不振。

二十三年秋间，国内金融情形，紧迫日甚，美国国会复于其时通过购银法令，我国国内存银，源源外流，出口数目之巨，为历年来所仅见。政府为维护国内存银及遏制国币价格上涨计，乃不得已，加增银出口税及开征平衡税，藉谋节制，数月以来，白银出口，逐渐减少，市面已略形稳定。然货币金融，仍为我国当前严重问题，政府对于整顿金融，救济市面，奖励生产，提倡国货，种种措施，正在竭力筹划，以图度过难关，而全世界方在惊涛骇浪之中，犹不能不栗栗危惧也。

二、收支

二十一年度所有支出，均以二十年度预算为准，二十二年度总概算，由主计处核编，但收支实数，仍以财政部帐册为凭。下表所列，即依据两年度内接到之各项收支报告，为编订之材料，并非将应收应支之款，一并计入，故表内数字，含有属于以前年度之收支，而在本年度内报告者，至本年度未据报告之收支，亦当递列于次年度表内。

又本部前以中央各机关经营收支款项，应由国库统一处理，曾经拟定办法，提请核准施行，自二十二年一月实施后，中央各机关之收支款项一部分，已并入下列表内，比较以前各年度收支表，较为详尽。

二十一年度中央收支报告表

（收入之部）

I、税项收入

1、关税 ………………………………… $ 325,534,850.63

2、盐税 ………………………………… 158,073,565.54

3、统税

a、卷烟统税……………………………$53,680,781.62
b、麦粉统税…………………………… 5,529,135.46
c、棉纱统税……………………………15,415,838.98
d、火柴统税…………………………… 4,069,275.94
e、水泥统税…………………………… 901,967.40
合计…………………………… 79,596,999.40
4、烟酒税…………………………… 9,506,988.69
5、印花税…………………………… 5,118,580.50
6、各省及财政特派员征解税款………… 5,174,632.71
7、银行兑换券发行税………………… 3,085,562.43
8、银行官股利息…………………… 2,410,000.00
9、国有铁路收入……………………20,249,995.08
10、其他……………………………5,090,156.39
总计……………………………613,841,331.37
减：坐拨征收费及退税
a、坐拨征收费……………………… 54,512,248.66
b、退税…………………………………21,869.02
合计…………………………… 54,534,117.68
净计……………………………559,307,213.69
I、债券借款收入
1、公债及库券……………………………26,195,594.31
2、借款
借入总额……………………………225,820,036.56
减：归还额……………………………138,056,436.61
未还额…………………………… 87,763,599.95
总计……………………………113,959,194.26
减：归还上年度终银行透支……………1,341,652.04
净计……………………………112,617,542.22

收入总计……………………………$671,924,755.91

•坐拨征收费内计关务类$28,212,406.70盐务类$23,922,336.73及其他各项$2,377,505.23。

二十一年度中央收支报告表

(支出之部)

Ⅰ、党务费……………………………………$4,756,172.31

Ⅱ、政务费

1、国民政府……………………………… $2,007,000.00

2、行政院及所属……………………………35,680,003.61

3、立法院及所属……………………………… 951,906.97

4、考试院及所属……………………………… 793,729.45

5、监察院及所属……………………………… 948,200.00

6、其他各机关……………………………… 2,977,295.55

7、赈灾费……………………………………… 1,820,563.96

8、补助费

a、补助各省……………………$29,230,321.08

b、其他………………………… 1,622,925.32

合计…………………………… 30,853,246.40

9、其他各项………………………… 2,025,278.24

总计………………………………… 78,057,224.18

减：缴回经费余款……………………… 86,266.44

净计……………………………………… 77,970,957.74

Ⅲ、军务费……………………………… 320,672,116.88•

Ⅳ、稽核所拨当地长官款……………… 37,254,869.24

Ⅴ、稽核所拨各项基金款…………………574,459.06

Ⅵ、债务费　净额……………………169,541,348.64

Ⅶ、赔款　　净额……………………… 40,507,533.19

Ⅷ、暂记各款…………………………………2,148,029.74

支出总计……………………………………………653,425,486.80

减：以前年度暂记各款之冲转净额……………8,594,129.75

支出净计……………………………………………644,831,357.05

本年度结存

1、国库…………………………………………… 1,505,689.95

2、海关总税务司…………………………………21,997,659.40

3、盐务稽核所…………………………………… 3,590,049.51

总计……………………………………………… 27,093,398.86

支出净计及结存………………………………$671,924,755.91

*军务费内有$58,805,349.41系以前各年度款项在本年内转帐者。

二十二年度中央收支报告表

（收入之部）

I、税项收入

1、关税…………………………………………… $352,398,559.32

2、盐税……………………………………………… 177,357,273.57

3、统税

a、卷烟统税……………………………$70,910,039.50

b、棉纱统税……………………………17,986,916.23

c、麦粉统税…………………………… 5,784,548.82

d、火柴统税…………………………… 4,884,564.69

e、水泥统税…………………………… 1,853,823.23

f、薰烟统税…………………………… 3,558,072.27

合计……………………………………………$104,977,964.74

4、烟酒税……………………………………………13,073,584.79

5、印花税…………………………………………… 8,378,911.82

6、矿税……………………………………………… 1,619,958.93

7、交易所税……………………………………………25,200.00

8、银行税……………………………………………… 1,526,940.79

9、国有财产收入……………………………………… 2,541,291.80

10、国有事业收入

a、国有铁路收入……………………16,781,162.17

b、其他……………………………… 957,273.33

合计…………………………………………… 17,738,435.50

11、国家行政收入…………………………………3,186,972.25

12、营业纯益收入

a、中央银行………………………… 2,000,000.00

b、其他……………………………… 452,446.79

合计……………………………………………2,452,446.79

13、协款收入……………………………………………252,888.87

14、其他收入……………………………………………3,939,907.98

税项收入总计………………………………689,488,337.15

减：坐拨征收费及退税

a、坐拨征收费……………………67,048,909.51

b、退税……………………………… 780,470.50

合计……………………………… $67,829,380.01

税项收入净计……………………… $621,658,957.14

Ⅱ债券借款收入

1、公债库券………………………………… $80,220,444.62

2、银行借垫款

借垫总额……………………… $395,099,185.51

减：归还额……………………303,660,297.97

未还额……………………………… 91,438,887.54

3、美棉麦借款………………………………… 8,300,000.00

债券借款收入总计……………………………179,959,332.16

收入总计……………………………………801,618,289.30

上年度结存

国库……………………………$1,505,689.95

海关总税务司…………………… 21,997,659.40

盐务稽核所…………………………3,590,049.51

合计………………………………………… 27,093,398.86

收入总计及上年度结存………………………$828,711,688.16

•坐拨征收费内计关务类$32,161,285.51盐务类$19,994,863.09及其他各项$14,892,760.91。

二十二年度中央收支报告表

（支出之部）

Ⅰ、党务费………………………………………$5,589,584.93

Ⅱ、政务费

1、国务费

a、国民政府……………………… $3,290,270.68

b、行政院及其他直属机关………… 2,094,990.45

c、立法院………………………… 1,589,500.00

d、司法院………………………… 936,760.00

e、考试院………………………… 1,145,371.27

f、监察院………………………… 1,571,500.00

g、其他各机关…………………… 4,844,720.28

合计……………………………… $15,473,112.68

2、内务费………………………………………… 4,190,780.09

3、外交费………………………………………… 9,920,548.82

4、财务费………………………………………… 4,917,385.73

5、教育文化费……………………………………13,338,008.28

6、实业费………………………………………… 1,578,072.12

7、交通费………………………………………… 4,909,033.96

8、蒙藏费……………………………………………… 1,576,823.90

9、建设费……………………………………………… 6,812,363.67

10、补助费

a、补助各省市……………………………26,038,121.94

b、其他…………………………… $5,963,210.87

合计………………………………… $32,001,332.81

11、抚恤费………………………………………………1,191,183.10

12、救济费……………………………………………3,923,865.54

政务费总计……………………………… 99,832,510.70

减：缴回经费余款……………………………939,015.11

政务费净计………………………………………… 98,893,495.59

Ⅲ、军务费…………………………………………………372,895,202.52

Ⅳ、稽核所拨当地长官款……………………………23,0003,728.78

Ⅴ、稽核所拨各项基金款………………………………………942,222.58

Ⅵ、债务费净额………………………………………………202,601,983.65

Ⅶ、赔款净额…………………………………………… 41,676,254.99

Ⅷ、暂记各项净额…………………………………… 23,519,882.43

支出总计…………………………………………………769,122,355.47

本年度结存

国库……………………………………………… 19,307,154.80

海关总税务司……………………………… 33,880,544.44

盐务稽核所……………………………………6,401,633.45

合计…………………………………………………… 59,589,332.69

支出总计及结存……………………………… $828,711,688.16

•军务费内有$46,376,864.80系以前各年度款项在本年内转帐者。

三、关税

关税税率之高下，与国计民生息息相关，政府于此自不能不统筹兼顾。二十二年五月，修订进口税则，将织品、纸张及鱼介海产品等税率略予增加。是年冬，开征米麦进口税，并提高麦粉进口税率，以维护国内农民之利益，旋为增益税收计，对于煤油汽油税率亦略予提高，至二十二年度将届终了时，复将全部进口税则，斟酌损益，重行修订，此项新税则，已于二十三年七月施行。

水灾附加税，原定按照进出口税则，附征百分之十。至二十一年八月一日，乃改征百分之五，复为弥补岁计起见，另附征百分之五海关附加税，施行期间，初定为一年，现已展长至二十四年六月底止。

二十二年四月六日，开始征收银锭、银条、银块等出口税，从价百分之二·二五，但中央造币厂所铸厂条及银币之出口，则概予免征。查此项百分之二·二五出口税率，适与中央造币厂铸造厂条、银币所取铸造费相等，意在利用税率，使全国银价得其平衡，嗣于二十三年十月，以白银流出过多，遂自十五日起，开征厂条及银币出口税百分之七·七五，加征大条宝银及其他银类出口税至百分之十，又规定如伦敦银价，折合上海汇兑之比价，与当日核定汇价相差之数，除缴纳上述出口税，而仍有不足时，则按其不足之数，并行加征平衡税。关于以上两点，其详细情形，具载于钱币一节中。

政府原定计划，拟将阻碍国内贸易各种关税，一律废除，如复进口税、子口税，及内地常关税等，自二十年起，均已次第裁撤。至转口税一项，拟与上述各税，同时废除，但因财政上骤减巨量收入，不能不先筹抵补之法，故暂时保留，仍拟在最短期间内，毅然裁撤。一年以来，政府对于运输国外及国内之出口转口各税，已经分别减免，如花生、花生仁、花生油、鸡蛋及蛋制品等项，于二十二、二十三两年间，先后减征出口税。至米麦等粮食，向为转口征税出洋禁止之物品，近以价格低落，销路停滞，自二十二年二月起，弛其禁令，免征出口、转口两税。迨至二十三年六月，复将全部出口税则，重行修订，大都改用较低税率，其余完全蠲免者，达六十余种之多，本年内拟仍继续酌量为多数之减免。凡此种种，实深鉴于近年出口贸易，一落千丈，国内农村，濒于破产，故不惜牺牲巨额之税收以图挽救也。

税则提高，偷漏更所难免，故对于缉私设备，亦经加意整理，以期防范严密，如添造巡舰，增设巡队，创置无线电等项，无不力事扩张，一面颁布海关缉私条例，并于海陆空入口各处，增设关卡，以遏私运之来源，两年以来，偷运之风，虽未尽戢，然缉私成绩，确已大著，据海关调查，从前有若干种物品，多系偷运进口者，今均照章缴税矣。

二十二年春，废两改元实行后，出口税、转口税所用之关平银两，同时废止，一律改用银本位币，海关从量税所用之度量衡，亦于二十三年二月间，采用新标准制。

兹将民国元年至二十三年份，逐年海关税收总数，（包括进口正税出口正税复进口税内地子口税及船钞，惟附征赈灾附加税及海关附加税在外）列表如左。

年　份		税收总数（连船钞在内）
民国元年	国币	六六、七四三、〇〇〇元
二年		七三、〇六九、〇〇〇元
三年		六五、九一四、〇〇〇元
四年		六三、一四九、〇〇〇元
五年		六四、六七四、〇〇〇元
六年		六五、三八一、〇〇〇元
七年		六二、八一七、〇〇〇元
八年		七八、六八四、〇〇〇元
九年		八四、四五一、〇〇〇元
十年		九一、八九九、〇〇〇元
十一年		九八、〇七九、〇〇〇元

十二年	一〇五、九三五、〇〇〇元
十三年	一一五、〇五二、〇〇〇元
十四年	一一六、二二四、〇〇〇元
十五年	一二八、七三三、〇〇〇元
十六年	一一二、九八五、〇〇〇元
十七年	一三三、九四〇、〇〇〇元
十八年	二四五、二二六、〇〇〇元
十九年	二九一、六九七、〇〇〇元
二十年	三八六、九一二、〇〇〇元
二十一年	二八七、八八八、〇〇〇元
二十二年	三一一、二六〇、〇〇〇元
二十三年	三〇六、一八六、〇〇〇元

(附注)本表系以关平银一两折合银元一．五五八元计算，故与以前年度报告列数用关平银一两合一．五五元计算者，微有出入。

上表各数内，未将带征各附加税列入。兹再将最近三年份关税各项收入，连同各附加税，一并例表如左。

民国二十一年（一九三二）

进口税	二三六、二九一、〇〇〇元
出口税	二六、七七八、〇〇〇元
转口税	二〇、五五二、〇〇〇元
船钞	四、二六七、〇〇〇元
小计	二八七、八八八、〇〇〇元
赈灾附加税	一九、〇二二、〇〇〇元
附加税	五、〇六五、〇〇〇元
总数	三一一、九七五、〇〇〇元

民国二十二年（一九三三）

进口税	二六五、六一〇、〇〇〇元

出口税	二三、二四五、〇〇〇元
转口税	一八、〇〇三、〇〇〇元
船钞	四、四〇二、〇〇〇元
小计	三一一、二六〇、〇〇〇元
赈灾附加税	一四、一三六、〇〇〇元
附加税	一四、一二七、〇〇〇元
总数	三三九、五二三、〇〇〇元
	民国二十三年（一九三四）
进口税	二六〇、二一五、〇〇〇元
出口税	二四、七〇一、〇〇〇元
转口税	一六、九六八、〇〇〇元
船钞	四、三〇二、〇〇〇元
小计	二〇六、一八六、〇〇〇元
赈灾附加税	一四、二四二、〇〇〇元
附加税	一四、二一七、〇〇〇元
总数	三三四、六四五、〇〇〇元

海关税收，自二十年以后，比较下降，泰半由于进口货物总值之递减，二十二年进出口总值，除东北四省不计外，仅及二十年三分之二，至二十三年之进出口总值，则比较二十二年，复跌落百分之二十。此外，因华南、华北走私之盛行，对于关税之减收，自亦不无影响。

关税减低之另一原因，为东北四省关税之丧失，四省关税收入，包括大连关在内，照二十年度计算，几达四千万元，此项税收，既全数丧失，而旧日指定担保外债之部份，亦同归无着，致政府于减少收入外，复增加担负。

四、盐务

本时期内，盐税收数，颇见增益，而盐务行政亦力求改进，综其兴革之要点，分列如下。

(一)裁并机关。我国盐务机关，承袭历代遗制，又因各地情形不同，组织各别，政府为集中权力节省经费起见，先后酌予裁并，现在各地盐务行政，已多并归稽核所兼管。

(二)革除陋规。各区员司需索陋规，积习相沿，由来已久，尤以杨子各岸为甚，现已极力革除，务期盐商成本，得以减轻。

(三)整理税率。各区税率，轻重不同，负担既不平均，偷运之风更盛，政府为均税起见，二十一年七月，曾就各产盐区域施以初步之整理。二十二年十月，复就销岸各区酌量增减，为第二步之整理。又于二十三年一月一日通令，凡食盐正附税总额，原为每担十元至十三元者，一律限制为十元，另加外债附税三角，盐坨建筑附税一角，其在十元以下者，则俟将来察酌各地情形，徐图改善。

(四)改用标准衡制。本部于二十三年一月一日，通令改用新衡制，(每一市担等于五〇基罗格兰姆——一一〇·二三磅)以代替习惯各异之本位。

(五)建筑仓坨。就产地建筑盐坨，以备储藏，并修筑道路，开辟沟港，以便运输，俾所产之盐，得迅达储藏之所，且易于缉私。此项建筑工程，淮北长芦盐区，已次第完竣，现渐推行于山东、淮南、两浙、福建、广东等区。

(六)建筑堆栈。拟逐步建筑仓库于销盐中心区域，使各处运来盐斤，胥储藏其中，庶于集收运销及征收盐税，各得其便。

(七)改编税警。对于税警改编，首先裁汰老弱，招募精锐，整顿纪律，兼创立税警官佐训练所，施行以来，颇具成绩。

全国各区盐税，对于外债本息基金之摊额，除东三省及口北区，因受特殊影响外，余均按期汇解，而对于湖广铁路借款所拨盐税，且超过原有合同规定应摊之数，并敷每年该借款全部付息之用。

兹将民国二年至二十二年份盐务税款收数，列表如左。

年份	税收总数
民国二年	国币　一九、〇四四、二〇〇元
三年	六八、四八三、三〇〇元
四年	八〇、五〇三、四〇〇元
五年	八一、〇六四、八〇〇元
六年	八二、二四五、八〇〇元
七年	八八、三九三、七〇〇元
八年	八七、八二二、五〇〇元
九年	九〇、〇五二、四〇〇元
十年	九四、八八三、一〇〇元
十一年	九八、一〇六、七〇〇元
十二年	九一、四〇六、七〇〇元
十三年	八七、九〇八、六〇〇元
十四年	九一、九三一、六〇〇元
十五年	八六、三一七、二〇〇元
十六年	五九、七五三、三〇〇元
十七年	五四、二七六、六〇〇元
十八年	八五、三七〇、五〇〇元
十九年	一二九、六九三、〇〇〇元
二十年	一五五、一一二、六〇〇元
二十一年	一四五、二九二、二〇〇元
二十二年	一五九、二四七、一〇〇元
二十三年	一七五、九五〇、〇〇〇元

上表所列二十一年份税收短少原因，系由东北税收全数丧失之故。若将以前年份东北数省收数剔除不计。则近年盐税之增收，愈为显著。(注)

(注)沈阳事变之前两年，东北四省盐税收数，每年平均为二四、六五五、〇〇〇元。若将民国十八年至二十三年该四省收数剔除不计，则逐年之税收数目如下。

十八年　　六一、〇七〇、七〇〇元
十九年　　一〇四、五八一、一〇〇元
二十年　　一三四、二二七、六〇〇元
二十一年　一四二、一八四、八〇〇元
二十二年　一五九、二四七、一〇〇元
二十三年　一七五、九五〇、〇〇〇元

五、税务

本期内税务制度，渐趋统一，即矿产税、烟酒税等，亦拟划入统税范围之内，以期易于管理，一面遵照第二次财政会议议决案，自二十三年度起，酌提一部分印花税收入，补助各省市县经费。关于检查事务，即责成各省市县政府办理，而各省印花烟酒税局，仍负随时抽查之责，复由财政部派员分往督察，以促进行。至烟酒牌照税，则完全移归各省政府，以抵补废除苛捐杂税之不足。

关于卷烟、棉纱、麦粉、水泥、火柴等五种统税，在本期内，均经积极整理，并酌量增加税率，成绩渐有可观，统计五种统税收入总数，二十二年分，为八五、〇〇〇、〇〇〇元，二十三年分，为一一〇、〇〇〇、〇〇〇元，若将印花税、烟酒税收数并入计算，二十二年分，合计为一〇〇、〇〇〇、〇〇〇元。至征收费用，则统税开支较少，印花烟酒税，因分机关甚多，比较略大。兹将统税及印花烟酒税征收情形，分述如左。

卷烟统税　卷烟统税推行之始，仿照海关税率，定为七级制，十九年十月，改为三级制，二十年初，因改订海关进口税则，卷烟税率，亦略有修正，二十一年，因舶来烟品改归海关征收，复将国制卷烟，改为二级制，税率略增，二十二年十二月，再行改订较高之税率，税收更有增进。兹将历年卷烟税收数列左。

十七年(十一个月)国币	一二、〇〇〇、〇〇〇元
十八年	三三、〇〇〇、〇〇〇元
十九年	三五、〇〇〇、〇〇〇元
二十年	五〇、〇〇〇、〇〇〇元
二十一年	五五、〇〇〇、〇〇〇元
二十二年	五八、〇〇〇、〇〇〇元
二十三年	七一、〇〇〇、〇〇〇元

麦粉统税　麦粉税收，二十一年，因受沪变影响，颇为减色，嗣就稽征方面，竭力整顿，二十二年，每月平均税收，已超过二十一年百分之十五，至二十三年，税收更有增进。

棉纱统税　棉纱统税收数，二十一年份超过一千八百万元，二十三年份已达二千三百万元。惟棉纱市场，极感衰落，财政部及全国经济委员会之棉业统制委员会，正在筹议救济方案，藉谋国内产棉及纺织业之复兴，棉纱税率，亦正在审议修改中。

火柴水泥统税　火柴及水泥统税，自推行以来，收入已逐渐增加，二十二年，税务署为明了商情，以便厘定税率及等级，不至隔阂起见，关于火柴市场及各地火柴质地，曾作一次详细之调查。是年十二月，遂将该两项税率，同时提高，盖调查之结果，察知国内火柴与水泥两业，就现在情形观之，尚能抵抗舶来品之竞争，且税率所增甚微，于商情并无妨碍，而税收则可增益至一倍以上。

烟酒税　数年以来，烟酒税制度，迭经改善，其较著者，为各省土酒定额税之厘定，以及各局卡管理事权之集中。此种改革施行未久，故尚未能得相当之比较，但因管理较严，税收额数，业见增加，而征收费用，亦有减少之希望，此项设施，其主旨为去繁就简，划一税制，俾得渐进于统税制度。

啤酒税　亦仿照统税制度，就厂征税，并由从价征收，改为从量征收，以谋稽征检查之便利，改革以后，收数已见增加。

洋酒税　于二十一年八月改定，由征收海关进口税时，一次征收，比较以前税收，较为确定，且能避免种种纠纷，国内机制酒税，亦经逐步整顿，力求达到普遍公允之目的。

烟叶税　原分土烟叶、薰烟叶两种。品质各殊，税率亦异，嗣因烟商常将薰烟冒充土烟报税，征收甚感困难，遂将两种烟叶，改征同一税率，并将海关转口税免除，税收数目，按年均有增加。

印花税　印花税票，已于二十三年十一月，改由各省邮局代售，以图节省征收费用，便利商民购贴，并剔除从前包销摊派之烦苛，同时将原有印花税暂行条例，详加修订，拟就印花税法草案，业已经过立法程序，由国府公布，但尚未定期施行。

六、第二次全国财政会议

近年以来，农村破产，百业凋敝，财政部为解除人民痛苦，复兴农村经济计，曾经拟订减轻田赋附加，废除苛捐杂税办法，呈准通令各省，次第施行。旋以上项办法，与地方预算，具有连带关系，不能不统筹兼顾，以期通行无阻，因于二十三年五月，召集第二次全国财政会议，聚各省市财政当局，各关系部会代表及经济财政专家于一堂，经缜密之研讨，议决要案多件，兹举其最要者如下。

(一)减轻田赋附加，以前所有田赋附加，订定原则，分期减除，以后则著为明令，永不再加，并议定土地陈报纲要，以为清丈与清赋之入手办法。

(二)废除苛捐杂税，议定自二十三年七月起，至二十三年十二月底止，由地方斟酌情形，分别先后，次第废除。

（三）改善税则，关于地方大宗收入之营业税、牙税、契税、参酌地方实际情形，议定各种章则，以期改革积弊，增进税收，并及其他税制之改进，经征制度之划一，均经分别拟具方案，藉利推行。

（四）确定地方预算办法，议定划分省县地方收入支出之标准及统收统支办法，以期维持省县收支之平衡，而促进地方事业之发展。

（五）发展国民经济，议定提倡生产，奖励贸易，遍设农工银行各案，以图国民经济之渐次发展。

（六）补助地方支出，自下年度起，将烟酒牌照税，划归地方征收，并将中央印花税收入，提拨四成，以补助地方废除苛捐杂税后之不足。

中央财政与地方财政，休戚相关，必通力合作，方能收指臂之效，自此次会议之后，中央与地方之连锁关系，愈增紧密，并赖各地方长官，一致努力，对于议决各案，次第进行，据最近统计，各省报告废除之苛捐杂税，均有三千余种，减少人民负担，年约二八、〇〇〇、〇〇〇元，其成绩已略可睹矣。

七、债务

自国难发生，各项内国债券，改订偿还办法以后，政府厉行紧缩，力谋收支适合。二十一年度内，并未发行公债，以充经常费用，然其间因收入短绌，益以华北军事，供亿浩繁，需款益迫，除由中央银行陆续借垫外，仍于二十二年二月，发行二十二年爱国库券二千万元，藉供临时军费之用。至二十二年度，则因御侮及剿匪工作，需费綦巨，不得已，续行举债，以资周转，计截止最近止，共发行下列各项债券。

下列二十三年关税库券，系指定专充偿还中央银行积垫之用，此外于二十二年十月，另发行华北战区救济短期公债四百万元，指定以长芦盐税附加及他种税收为基金，专供救济华北战区灾民

发行日期	名　　称	数额（国币）
二十二年十月	二十二年关税库券	一〇〇、〇〇〇、〇〇〇元
二十三年一月	二十三年关税库券	一〇〇、〇〇〇、〇〇〇元
二十三年一月	上海银行团意退庚款借款	四四、〇〇〇、〇〇〇元
合　　计		二四四、〇〇〇、〇〇〇元

之用。

二十三年内，财政部复会同铁道部，发行两种债券，专充铁道建设资金，其一为玉萍铁路公债一千二百万元，充完成杭州至南昌及萍乡铁路之用。又其一为二十三年六厘英金公债一百五十万磅，充完成粤汉铁路之用。

本时期内，对于愆期债款之整理，亦经循序渐进，一九〇八年英法借款之愆期本息，业由盐税项下，分期拨付，截止去年十月止，已经全部清偿。本年一月，复颁布清理克利斯浦借款愆期本金办法，预计该项借款之愆期本金，至民国二十九年，可以一律清理完竣。最近交通部已着手清理旧债，铁道部亦有整理旧债之计划，至其他无确实担保之内外债，尚待整理者，均在政府筹虑之中，一俟经济状况渐趋安定，自当继续进行整理。

棉麦借款，二十年，政府因救济水灾，曾与美国订立四十五万吨美麦贷款，是为棉麦借款之动机，逮二十二年五月，宋前部长莅美，与彼邦金融复兴公司订定借款，备充购买美国棉麦之用，借款总额，原定为美金五千万元，至二十三年二月，复与金融复兴公司商定，削减总额为美金二千万元，其中以一千万元购美棉，六百万元购美麦，四百万元购美粉。

截止本年二月十四日止，此项棉麦借款，已如数购买完竣。惟美粉项下，只借用美金一百余万元。所有购进之美麦（约三二

五、〇〇〇短吨)、美棉(约一六〇、〇〇〇包)及大部分美粉(共约三三五、〇〇〇桶),均已先后售罄。关于棉粉两部分所得之售价,可以抵偿原购入价款及运费保险费等,至于美粉部分,虽微有亏损,然亦不过全部百分之六而已。

上项全部借款,除减去一切费用,及二十四年三月一日到期已偿之本金外,净数约为三八、〇〇〇、〇〇〇元,内有三、八四四、〇〇〇元,为缴纳海关进口税及附加税之用。综计此次借款,连同费用,平均估摊,约合年息百分之八。五左右。

至于借款用途之分配,悉依照政府决议原则,完全用于生产事业,截止二十四年二月二十五日止,已经分配者,计复兴江西匪区农村费三百八十万元,救济四川灾荒费三十万元,整理金融款项一千五百万元,拨充全国经济委员会建设事业费一千二百六十万元,其用途系依照上年三月二十六日该会全体会议决议,以公路开拓、卫生设施及江西与西北之建设为标的,并力图改进全国丝、茶、棉、蚕、燃料等各项重要物品,以期国内交通实业与国外贸易,得以同时推进。

八、中央银行

过去一、二年内,中央银行业务,日有进步,其比较增长情形,列于下表。

中央银行资产负债表

资产之部

	十七年十二月三十一日	二十二年十二月三十一日	二十三年十二月三十一日
现金结存	$ 7,963,242.24	64,609,558.93	52,618,411.34
同业存款	10,394,767.67	57,098,775.28	56,473,188.28
发行钞券准备金			

续　表

现金准备	8,232,923.00	58,213,301.26	67,610,616.93
保证准备	3,480,000.00	12,850,000.00	18,138,000.00
放款贴现及透支	4,419,714.54	142,843,709.23	86,168,824.79
政府债券	9,990,000.00	226,865.40	155,414,118.60
营业用房地产	2,004,305.28	5,309,774.89	13,193,400.27
家具生财	32,910.29	187,822.33	299,175.79
应收未收及外欠	703,308.46	20,821,847.30	24,987,639.10
其　他	249,627.87	1,399,524.52	4,041,870.43
总　计	47,470,796.35	363,561,179.14	478,240,245.53

负债之部

	十七年十二月三十一日	二十二年十二月三十一日	二十三年十二月三十一日
资　本	$ 20,000,000.00	20,000,000.00	100,000,000.00
公积金		15,847,222.76	3,698,534.90
钞券发行	11,712,923.00	71,063,301.26	86,048,616.93
存　款	15,410,467.77	227,154,807.71	249,485,830.36
应付未付及欠人	108,045.45	17,524,056.55	23,106,995.39
其　他		1,237,546.02	1,078,762.49
纯　利	239,360.13	10,734,244.84	14,821,505.46
总　计	$ 47,470,796.35	363,561,179.14	478,240,245.53

中央银行基础，既臻稳固，因之辅助政府计政之设施及调剂社会金融之流通，成绩亦甚卓著，该行资本，原为二千万元，二十三年终，扩充至一万万元，其增加之资本，一部分由原有公积金及积存纯利项下划付，其余则由政府筹拨，现已如数拨足矣。

数月以前，国内金融，异常紧张，殆有岌岌不可终日之势，该行曾竭尽全力协助各业，而市面赖以稳定，其后复会同各大银行，集合巨量基金，以维持现有之金融组织。自二十三年十月十五日，政府开征白银出口平衡税后，该行复尽力安定汇市，收效颇宏，其裨益工商业，为力实非浅鲜也。

该行于国内各埠，多已设有分支行，或办事处，最近复在江西福建匪区收复各地，以及川黔等省，先后筹设分支各行，藉以协助复兴及剿匪等工作。

以该行现有实力观之，虽尚未能与各先进国之中央银行并驾齐驱，然过去六年中进步之速，殊出望外，则其能完全负担国家银行之职责，为时当亦不远。

九、钱币

废两改元，为我国币制上一大改革，虽从前银两早成虚位，而社会积习相沿，弊端百出，自中央造币厂成立，政府认为统一法币之时机已至，遂于二十二年三月，颁布银本位币铸造条例，规定银本位币，总重二六·六九七公分，银八八，铜一二，即合纯银二三·四九三四四八公分，旋复颁发废两改元之布告如下。……四月六日起，所有公私款项之收付与订立契约票据及一切交易，须一律改用银币，不得再用银两。其在是日以前，原订以银两为收付者，在上海应以规元银七钱一分五厘折合银币一元为标准，概以银币收付，如在上海以外各地方，应按四月五日申汇行市，先行折合规元，再以规元七钱一分五厘折合银币一元为标准，概以银币收付。其在是日以后，新立契约票据与公私款项之收付及一切交易，而仍用银两者，在法律上为无效。至持有银两者，得依照银本位币铸造条例之规定，请求中央造币厂代铸银币，或送交就地中央、中国、交通三银行兑换银币行使，以资便利。

上列布告颁布后，一切进行，甚为顺利，市上所存宝银，已经逐渐吸收，改铸新币及厂条，（注一）二十二年四月，废两改元开始时，上海市所存宝银及大条，约一七三、〇〇〇、〇〇〇两，（内包括美国大条九七〇四）（注二）约折合本位币二四二、〇〇〇、〇〇〇元，是年十二月十五日，经本部订定分期兑换办法后，各中外行商前往中央银行登记之宝银，共计为一四六、二〇二、〇三六·九七两，此项宝银，由中央银行按月比例摊兑，以本位币一百元，折合规元七十一两五钱计算。及二十三年十二月二十七日，宝银总数，已减至二七、四〇〇、〇〇〇两，（内包括九八〇美国大条）约折合本位币三八、〇〇〇、〇〇〇元，惟是项低减之数，有一部份由于行商运银出口，而不全由于兑换改铸也。

截至二十三年十二月三十一日止，中央造币厂所铸成之新币总数，为九九、〇一七、三八二元，所铸厂条，总值为五一、八七五、〇〇〇元，最近该厂每月铸量，新币约八百万元，厂条约值四百万元，依此比例计算，则经过数目之后，市上之宝银及美国大条，均可次第改铸完竣，现在各省市均已禁止熔铸宝银，除中央造币厂外，各处造币厂，亦已通饬停铸，宝银及杂币之来源，既经杜绝，货币之统一，当可预期。

各省从前滥铸辅币，其成色重量及形式，庞杂异常，自应亟图整理，以杜流弊。现已由部设置币制研究委员会，广集专家，详密规划，拟俟具体方案完成，经部核定后，呈准实行。又取缔私发纸币办法，已于上年第二次全国财政会议时，提出讨论，各省财政负责人员，均能明悉利害，深表赞同，循此以往，当可徐收廓清之效。

二十二年夏，伦敦世界经济会议期内，我国代表与奥大利亚、加拿大、印度、墨西哥、秘鲁、西班牙及美国等国代表，签定白银协定，其主要条文规定，自二十三年一月一日起，限期四年，印度政府，售银数量，平均每年以三五、〇〇〇、〇〇〇纯盎斯为限，每一年以五〇、〇〇〇、〇〇〇纯盎斯为限，西班牙政府售银量，平均每年以五、〇〇〇、〇〇〇纯盎斯为限，每一年以七、〇〇〇、〇〇〇为限，奥大利亚、加拿大、墨西哥、秘鲁及美国，在此时期内，不得出售生银，并依照商定之比例，每年在其矿产之生银以内，统合购买，或设法在市面收回三五、〇〇〇、〇〇〇纯盎斯。至中国政府，在此期内，不将其由熔毁银币所得之生银出售，此项协定，现已经各签约国之政府一致批准。

上述伦敦协定，于其序言内，曾声明协定主旨，为求银价之稳定，去年二月，我国政府考虑批准银协定时，祥熙曾非正式照会美国政府，提请注意波及我国之任何银价计划，若银价高至脱离世界物价水准，则我国国内通货，势将收缩，出口贸易及对外购买力，亦将更形低落，同时并提及，若银价过高，将使大量银货外溢，而于我国国际收付影响益巨。故祥熙甚愿美国政府为兼顾两国利害计，对于任何设施，足以影响银价，涉及我国币制及汇市者，预为彼此之洽商。

二十三年三月二十一日，我国政府正式批准白银协定，惟声明保留如下。

中国政府批准此约声明，因银币现为中国本位币，倘遇金银比价发生变动，至中国政府认为足以防害中国国民经济，而与本协定安定银价之精神不合时，得自由采取适当之行动。去年八月，国内银货外流，形势颇为严重，政府复向美方抗议，以为美国一九三四年六月十日之购银法令，足以影响银价及我国之利益，其情形与从前大量售银国促成之流弊相同。九月，国内金融情形，更趋紧迫，我国驻美公使，复照会美方，认为我国目前所受通货收缩之影响，经济上之损失，以及国际收付平准之失调，其原因实由于自一九三一年起，外币下跌，银价上升，而尤以最近数月，国外银价更高之故，该次照会，并请美方保证不再有吸引中国白银过量流出之行动，并与我政府合作，依照伦敦银协定之原旨，维持银价之坚定，勿令高涨。

美国政府于去年十月十二日复文，略称，美国购银法令，系国会议定，命令行政机关，依照执行，惟于执行时所取方法，行政机关有便宜之权，故甚愿于实行该项计划时，除仍依照原定之目标进行外，尽量避免对于中国之经济及财政发生扰乱等语。

世界金融风潮之紧急，既如上述，本部为限制币材外流计，迭与金融界领袖缜密讨论，始决定征收银出口税及平衡税，于十月十五日实行，更设立外汇平市委员会，其任务为核定每日应征平衡税之标准，阻止外汇极度涨落，该会由中央、中国、交通等三行代表会同组织之。

限制银出口办法施行后，币材外溢之忧，当可稍舒，计二十三年份，我国银货出口，净数为二五七、〇〇〇、〇〇〇元，其中六分之五，系在美国购银法令实施后，（至十月十四日止）四个月内输出之数。又查上海存银数量，二十三年六月底止，本为五四四、〇〇〇、〇〇〇元，迨至十二月二十七日，则已减至三一七、〇〇〇、〇〇〇元。

国外市场银价之上涨，恒速于我国银元汇价之变动，如去年十月十四日以前，国外银块之值，超越国内汇价颇多，甚至可抵付一切运输费用而有余，由七月至十月间，沪市挂牌银元汇价，比较伦敦银市平价，其相差短绌之数，由百分之四强，至百分之九·八强，我国币制，几为全部动摇，是以政府当机立断，实行开征平衡税，以资控制。

更有进者，征收银出口税，不独防止存银外流，且可抑制汇价上升，盖汇价如过度高涨，至脱离世界物价水准之时，则我国之国外贸易，势必极端降落，而通货收缩之恶果，更将漫无底止，即就现在情形观之，大量存银出口，已足使国内银根奇紧，二十三年下半期内，一般行庄拆息，原为六厘者，涨至二分六厘，至有出卖远期外汇，以求现金暂时之周转者，而市面短期借款利息，仍有超过年息三分之趋势。

国外贸易情形，同时亦呈险象，二十三年下半年比同年上半年，减少百分之十三，比上年下半年，减少百分之十八，斯时国内债券及一般房地产业价值，均下跌百分之十至十五左右，工商业则倒闭时闻，失业人数，亦随之增加。

政府鉴于上述种种困难情形，迭经令饬中央、中国、交通等行，随时按照市上需要情形，酌量放款救济，一面并设法奖励生银入口，藉以稍舒金融市场之疲敝，此外凡有裨益工商各界之有效方案，政府仍将继续采用之。

注一、中央造币厂所铸之厂条，每条总重及成色，适合银本位币一千元，原为便利银钱业同业间收解之用，以前曾另铸有甲种厂条一种，成色千分之九九九，合银币一千元，共计铸成约三、六二一、〇〇〇元，现已停铸，统计截止二十三年十二月三十一日止，所铸成厂条之总值，为四八、三五四、〇〇〇元。

注二、美国大条总重为一、〇〇〇至一、一〇〇两，约值规元一、〇〇〇两。

十、预算决算

近年税收净数，逐年增加，然收支相抵，不敷之数仍巨，兹将十七年度以来收支情形，表列如左。

附注（一）十七年度支出数内，借款拨充中央银行资本金二、〇〇〇、〇〇〇元及退还庚子赔款，均未并入计算。

上列一表，有应加以说明者，即二十年度内所列之短绌数目，全属于上半年度之收支不敷，至下半年度及二十一年度之上半年度内，因军政费之极度紧缩，收支差可平衡，并无短绌，其后事变繁兴，军政费再事膨涨，故表列二十一年度及二十二年度内之

年度	支出净数年度终了结存现金除外	税收净数借款数目除外	短绌数目	短绌数目占支出数之百分比
十七年度(一)	四一二、〇〇〇、〇〇〇元	三三二、〇〇〇、〇〇〇元	(一)八〇、〇〇〇、〇〇〇元	一九·四
十八年度	五三九、〇〇〇、〇〇〇元	四三八、〇〇〇、〇〇〇元	一〇一、〇〇〇、〇〇〇元	一八·七
十九年度	七一四、〇〇〇、〇〇〇元	四九七、〇〇〇、〇〇〇元	二一七、〇〇〇、〇〇〇元	三〇·三
二十年度	六八三、〇〇〇、〇〇〇元	五五三、〇〇〇、〇〇〇元	一三〇、〇〇〇、〇〇〇元	一九·〇
二十一年度	六四五、〇〇〇、〇〇〇元	五五九、〇〇〇、〇〇〇元	八六、〇〇〇、〇〇〇元	一三·三
二十二年度	七六九、〇〇〇、〇〇〇元	六二二、〇〇〇、〇〇〇元	一四七、〇〇〇、〇〇〇元	一九·二

收支，仍属不敷。

然两年度内还债之数目，尚能抵付借款之数目，计二十一年度内还债总数为一万万元，二十二年度为一万一千五百万元。

各年度内重要之开支，仍为军务费及债务费两项，可于下列一表见之。

附注（一）二十年度内，有四九、〇〇〇、〇〇〇元，二十一年度内，有五九、〇〇〇、〇〇〇元。二十二年度内，有四六、〇〇〇、〇〇〇元，均系以前各年度支出之款。

上列军务费之增加，其原因已于上文分别略述，至债务费及赔款减少之原因，一由于二十一年二月内整理内债之结果，一由于英镑及美金元跌价，偿付本债时，需款较少之故，但二十三年度内，因曾发行数种债券，债务费仍有增加。

以前各年度国家预算，仅二十年度整个成立，而尚有未尽完备之处，至二十三年度编造国家总概算，为力求完备计，凡属中央收支，罗列无遗，即向归各省留用者，亦经查明数目，分别编入，款目分析，亦较精详，计收支总额，各为九万一千八百余万元，而收入方面，各项主要税收，均较前略增，其所列弥补岁计不足之借款，仅为五千万元，支出方面，经临军费减至三万三千二百余万元，教育文化费，增至三千三百余万元，各项经济建设费及营业投资，增至八千六百余万元，质量两方，均有显著之进步，兹将二十三年度国家普通总概算，列表如下。

甲、岁入之部

一、盐税	一九〇、三五三、八五一元
二、关税	三八二、八一四、二四一元
三、烟酒税	二三、一〇四、八七三元
四、印花税	一二、八八四、二八六元
五、统税	一一六、九五九、六七九元
六、矿税	二、七二四、九七九元

年　度	军　务 数　目	费占支出 净数百分比	债务费与 数　目	赔款占支出 净数百分比
十七年度	二一〇、〇〇〇、〇〇〇元	五〇·八	一五八、〇〇〇、〇〇〇元	三八·三
十八年度	二四五、〇〇〇、〇〇〇元	四五·五	二〇〇、〇〇〇、〇〇〇元	三七·二
十九年度	三一二、〇〇〇、〇〇〇元	四三·六	二九〇、〇〇〇、〇〇〇元	四〇·五
二十年度(一)	三〇四、〇〇〇、〇〇〇元	四四·五	二七〇、〇〇〇、〇〇〇元	三九·五
二十一年度(一)	三二一、〇〇〇、〇〇〇元	四九·七	二一〇、〇〇〇、〇〇〇元	三二·六
二十二年度(一)	三七三、〇〇〇、〇〇〇元	四八·五	二四四、〇〇〇、〇〇〇元	三一·八

七、交易所税	一〇〇、〇〇〇元
八、银行税	一、六〇〇、〇〇〇元
九、国有财产收入	五、五四四、八七八元
十、国有事业收入	二一、三〇四、〇六〇元
十一、国家行政收入	一二、五一七、〇八六元
十二、国家营业纯益	八、三四九、五六七元
十三、协款收入	六、五八八、〇〇〇元
十四、借款收入	五〇、〇〇〇、〇〇〇元
十五、其他收入	八三、二六五、五三四元
总计	九一八、一一一、〇三四元
乙、岁出之部	
一、党务费	五、七二〇、七〇〇元
二、国务费	一二、七八八、二八〇元
三、军务费	三三二、九九〇、九一〇元
四、内务费	四、五三五、八六九元
五、外交费	八、八二六、八八六元
六、财政费	六八、一九二、八一四元
七、教育文化费	三三、八一九、三六五元
八、司法费	二、九六三、九一〇元
九、实业费	四、一三四、三九〇元
十、交通费	五、一九九、七五二元
十一、蒙藏费	一、四三五、五二〇元
十二、建设费	三五、九八九、〇三六元
十三、国营事业资本	五〇、三一八、七一六元
十四、补助费	八二、五五九、九三五元
十五、抚恤费	三、七六一、六六五元
十六、债务费	二五七、五三〇、二三一元
十七、第二预备费	七、三四三、〇五五元

总计　　　　　　　　　　　　　九一八、一一一、〇三四元

十一、总结

祥熙受任之始，深知财政与经济之关系，至为密切，故一面节省浮费，整顿税收，以济国用，一面培养民生，增进税源，以固国本。适值世界金融风潮，远来侵袭，国内天灾人祸，叠起交乘，勉力支拄，渡过难关，实属万幸。以目前情形观之，就支出言，则年来剿匪军事顺利，内乱渐平，军费之缩小，固可预期，行政经费，亦可再谋撙节，就收入言，如各省秩序安定，经济状况恢复常态，财务行政继续改善，岁入当可渐增，国库收支之平衡，尚非甚难之事。以后之眼光，应注意于社会经济之发展，政府信用之巩固，以完成国民经济建设，为最后之目标，故今后财政上之要务，有下列各端。

（一）励行更有效力之预算制度以控制支出。

（二）清理愆期债务。

（三）整理盐税，施行划一税率，撤销附税，改良盐质，对于生产运输，加以严密之管理。

（四）整理关税税则，务求税收增加而不影响于工业用品及一般民众日用品，对于特种出口物产，在可能范围内，减轻或全免出口税，以资鼓励。

（五）继续设法调整并减轻省市地方税，使与中央税制，收内外相维之效。

（六）奖励并统制国内重要实业，如棉纱、棉布、生丝等类。

（七）稳定货币并统一辅币，以铲除工商业之障碍。

（八）改进交通，尤以发展铁路及公路为最要。

（九）救济立国根本之农业，并谋农村经济之发展。

上举各端，粗述崖略，然政府与人民，果能实力合作，次第施行，则国民经济，当可渐履坦途，国家财政，自能趋入正轨，

宁惟祥熙个人之私愿，国家前途，实利赖之。

财政部长　孔祥熙

民国二十四年二月

〔国民政府财政部档案〕

3．财政部拟具1934年度及该期以后财政情形报告

（1936年8月1日）

民国二十三年会计年度及该期以后财政情形报告

前于第四届中央执行委员会第六次全会及第五届中央执行委员会第二次全会开会时，祥熙曾将截至民国二十四年十一月一日及二十五年七月十日止之政府财政状况先后提出报告。兹再将二十三年会计年度中（自二十三年七月一日至二十四年六月三十日止）及自该时期以后有关财政之情形编具一总报告，敬请公察。

查本期中财政上之最堪注目者，厥为币制改革。忆自银价增高，白银继续外流，本部为保存通货准备，制止汇价提高及通货紧缩起见，乃于二十三年十月十四日实行征收银出口税。所有经过情形，祥熙已于上年度财政报告内详细述及。然此项办法，虽可协助完成上列之目的，究非根本解决之善策。盖汇价虽不若银价增长之猛，但仍继续增高，而国内通货紧缩之象，亦日甚一日。物价指数在二十四年六月至九月间跌至九〇——九二之最低度。复因汇兑上落不定，商业大受影响，政府至是乃不得不采取币制上根本之改革。

二十四年十一月三日，政府公布施行法币命令，规定以中央、中国、交通三银行所发行之钞票作为法币。凡执有现银者，应即兑换法币。而为使法币对外汇价按照当时价格稳定起见，规定由三行无限制买卖外汇。该计划内，并包含改组中央银行为中央准备银行及关于银行其他之改革，并国家预算收支适合等办法。

币制改革目前可谓已达成功期望，国内外舆论亦咸表赞许。

上海物价指数在二十四年七月为九〇·五，至二十五年六月增高至一〇六·一，俱见通货紧缩之象已被制止，而汇价之稳定更为从前所未有，国家经济及普通商业均受益匪浅。自币制改革以来，法币在国外之准备，因售银与美政府，大见增加。而在国内之准备，自二十四年十一月三日起，因发行准备委员会收进二二五，〇〇〇，〇〇〇元之现银，亦益增充实。最近西南政局转好，币制改革当能推及该地，财政统一至是又进一步矣。

关于造币，同时亦采取重要改革。新铸辅币，镍质者，分二角、一角、五分三种，铜质者分一分、半分两种，均已于本年二月流通使用。中央造币厂近更加工铸造上述各种辅币，以期将原有各种或纸或铜之辅币早日收回。此外尚拟开铸一元及五角银币，一俟筹备完竣，即可铸造发行。

今后改革币制之重要步骤，为筹设中央准备银行，成立后将为发行法币之独一机构，并为国家唯一之准备库，俾得对于金融及放款加以统制，并调剂全国银行之业务，稳定国币对外之价值。

本期中预算收支仍感不敷。考其原因，不外经济恐慌、币价不稳以及国外情形不定，国际贸易锐减，致关税收入因之短少。东北四省之关盐各税又不能供摊还外债之用。加以华北之走私漏税，自二十四年秋季始，益形严重。虽经绳以严律，但在北方之关务官吏，对于享受领事裁判权外国人民之非法行为，则仍不能执行法令，以致走私更加猖厥。漏税损失，甚至每周有二百万元之多。且私货倾销，为害国家经济及中外正当商人之营业者，更匪浅鲜。

为抵补上项收入之损失起见，对于税务行政，遂不得不从事改善，收税机关，或行改组，或予合并，以期节省开支，改良行政。施行以来，颇著成效，财务行政费业已较前减少。与税收比较，其比率在二十年为百分之十一，在二十一及二十二年为百分之九·九，在二十三及二十四年则为百分之九·二。

此外若施行合宜之新税，亦均在研究之中，藉可增加国家收入及平衡预算收支。所得税法规业已拟就，不久即可颁布施行。遗产税亦在计划中。政府施行新税，其意旨仍以不加重人民负担及不阻挠农工商业之发展为标准。

本期支出浩大，实缘振济水灾，复兴灾区，救济银行及工商事业，并资助各省及地方政府以及剿匪等用途。然在此财政困难之时，政府仍勉力增加教育及建设各经费，并资助各省施行农村复兴之政策。至全国经济委员会之经费，仍继续拨发，俾兴建设，并负治理全国水利之责。政府对各省财政上之改革，亦竭力资助，其显著者为四川省。该省财政紊乱不可讳言，乃由政府主持改革币制，整理债务，废除各种苛税，稳定财政。据预计，其二十五至二十六年度预算内之收支数额当可相抵。

按上述情形，二十三年度之岁计亏短，自难避免。截至二十四年六月三十日止，其亏短总数约在一万九千六百万元。除因救济银行认缴股款七千三百五十万元外，实短一万二千二百五十万元。兹据临时计算，二十四年度岁计亏短之数不幸将较上年为尤巨。

二十五年正月，政府与公债持券人会协议整理内债，商定办法，发行统一公债，计分五种，总值十四万六千万元，分别换偿从前之三十三种公债。其修改要点，为延长偿还期限。按此办法，每年债务费可减少八千五百万元。同时又发行复兴公债三万四千万元，以为巩固国家财政及弥补岁亏之用。

在本时期内，对于各种积欠债务之整理，尤为积极。二十五年二月，对于由铁路及关税收入担保之一九〇八年——十年津浦铁路借款宣告整理。此外，尚有其他铁路借款，亦在整理之列。政府希望能继续整理其他债务。更鉴于国有铁路之整顿，与财政之建设及国家信用之恢复关系綦切，复经财政部会同铁道部办理关于复兴铁路及整理旧债各事件。于二十四年春，聘请富于铁路行政经验之外国工程师来华研究我国铁路情形。其所具意见，颇多可采，对于我国铁路之改进，贡献殊多。

以上为关于金融财政之一般情形。兹再就财部主管各事务，分别报告于后。

中央政府收支

下列收支表系依据财政部会计司在二十三年会计年度所收得之各方报告编列而成。该年度即截至二十四年六月底为止，有若干款项，其收支虽在该年度七月一日以前，但其报告系在七月一日以后收到者，均已列入表内。至在该年度六月三十日以前之收支款项，而其报告在该时期以后尚未收到者，则未列入表中。

二十三年度中央收支报告表（收入之部）

Ⅰ．税项收入			
1.关税		$353,175,774.95	
2.盐税		167,437,077.40	
3.统税			
a.卷烟统税	$ 68,133,649.61		
b.棉纱统税	15,633,721.46		
c.麦粉统税	4,786,867.71		
d.火柴统税	8,948,167.92		
e.水泥统税	3,086,313.48		
f.熏烟统税	3,977,664.46		
合　　计		104,566,384.64	
4.烟酒税		11,484,844,06	
5.印花税		6,914,406.46	

6.矿税		4,232,259.30	
7.交易所税		139,763.71	
8.银行税		1,613,539.06	
9.国有财产收入		2,270,595.96	
10.国有事业收入		60,503,154.53	
11.国家行政收入		10,627,049.06	
12.营业纯益收入		1,281,060.00	
13.其他收入		20,676,133.07	
税项收入总计			$744,922,042.20
Ⅱ.债券借款收入			
1.公债及库券		164,390,292.27	
2.抵押借款及库券			
借入总额	228,442,894.82		
减归还额	145,437,597.40		
未还额		83,005,297.42	
3.垫款收入			
垫借总额	207,700,000.00		
减归还额	152,300,000.00		
未还额		55,400,000.00	
4.美棉麦借款		25,400,000.00	
债券借款收入总计		328,195,589.69	

续 表

减归还以前年度垫款		102,000,000.00	
债券借款收入净计			226,195,589.69
			971,117,631.89
收入总计			
上年度结存			
国库		19,307,154.80	
海关总税务司		33,880,544.44	
盐务稽核所		6,401,633.45	
合计			59,589,332.69
收入总计及上年度结存			$ 1,030,706,964.58

二十三年度中央收支报告表（支出之部）

Ⅰ. 党务费			$ 6,420,863.57
Ⅱ. 政务费			
1. 国务费	$ 16,448,979.01		
2. 内务费	5,395,405.61		
3. 外交费	8,703,246.32		
4. 财务费	68,553,342.77		
5. 教育文化费	31,739,487.23		
6. 司法费	3,727,229.72		
7. 实业费	6,725,402.94		

续　表

8.交通费	6,553,691.63		
9.蒙藏费	1,669,457.19		
10.建设费	26,364,620.28		
11.国营事业资本	537,200.00		
12.补助费	55,488,072.42		
13.抚恤费	1,557,205.47		
14.救济费	700,000.00		
政务费总计		$234,163,340.59	
减缴回经费余款		3,294,941.65	
政务费净计			230,868,398.94
Ⅲ.军务费			
1.本年度	330,157,607.30		
减缴回经费余款	704,39		
净计		330,156,902.91	
2.以前年度军事运输等费		57,699,033.31	
军务费合计			387,855,936.22
Ⅳ.政府银行投资		108,500,000.00	
减中央银行公积金及盈余抵拨数		35,000,000.00	
净计			73,500,000.00
V.债务费			

续　表

1.内债本息	140,862,812.60		
2.外债本息	61,661,579.26		
3.借款本息	21,761,172.53		
4.垫款利息	8,086,560.00		
5.庚子赔款	31,718,606.94		
6.手续费	164,538.93		
7.整理内外债准备金	5,000,000.00		
债务费总计		269,255,270.26	
减未售债券本息		31,756,914.69	
债务费净计			237,498,355.57
Ⅱ.暂记各款净额			4,784,901.81
支出总计			940,928,456.11
本年度结存			
国库		22,771,877.72	
海关总税务司		50,143,773.69	
盐务稽核所		16,862,857.06	
合计			89,778,508.47
支出总计及本年度结存			$1,030,706,964.58

关　务

修订海关进口税则，系于二十三年七月起开始施行。此新税则一面减轻数类疋头及若干项他种货物之税，一面增高五金机器及化学等品之税。上项货物，税率虽增，但以其销场不受严重影响为原则。盖修正税率之目的，原为增加税收及保障国内之生产与制造业也。出口税率，于二十三年六月亦曾一度修正，各货税率大都减轻。但因国库支绌及其他财政困难，在二十四年至二十五年之期中，政府卒不得实施其所预定之减轻出口税及裁撤转口税之计划。在上年度报告中，曾言自二十二年四月六日起，对各式白银之出口，征收百分之二·二五之从价税。惟银元及厂条之出口，则并不征税。自二十三年十月起对于银元及厂条亦征收百分之七·七五出口税，并施行百分之十之其他出口银税，外加出口平衡税，以补足伦敦银价及官定汇价之差额。以上各种自卫办法，系防止自国白银因外国市场银价高涨而流出。现白银走私已告停止，缘外国银价近已低落也。

关于进出口货之附加税（其税率各为进出口税之百分之五），在本时期内，赈灾部分照旧征收，其补助财政部分自二十五年七月起，更展期一年。海关缉私本年重加整顿。缉私巡舰大小有七十五艘，颇足防制普通沿海及边境之走私。但自二十四年秋季起，因海关巡舰在河北省东部受武力之抵抗并被缴械，大受挫击。北方走私之货云集，无法制止。一星期间税收之损失约在二百万元左右。现在惟有在铁路沿线设缉私站，以防私货侵入。

兹将自民国元年起至二十四年止海关收入总数按年列表如左。

年份	税收总数（连船钞在内）
民国元年	六六，七四三，〇〇〇元
民国二年	七三，〇六九，〇〇〇元
民国三年	六五，九一四，〇〇〇元
民国四年	六三，一四九，〇〇〇元
民国五年	六四，六七四，〇〇〇元
民国六年	六五，三八一，〇〇〇元
民国七年	六二，八一七，〇〇〇元

民国八年	七八，六八四，〇〇〇元
民国九年	八四，四五一，〇〇〇元
民国十年	九一，八九九，〇〇〇元
民国十一年	九八，〇七九，〇〇〇元
民国十二年	一〇五，九三五，〇〇〇元
民国十三年	一一五，〇五二，〇〇〇元
民国十四年	一一六，二二四，〇〇〇元
民国十五年	一二八，七三三，〇〇〇元
民国十六年	一一二，九八五，〇〇〇元
民国十七年	一三三，九四〇，〇〇〇元
民国十八年	二四五，二二六，〇〇〇元
民国十九年	二九一，六九七，〇〇〇元
民国二十年	三八六，九一二，〇〇〇元
民国廿一年	二八七，八八八，〇〇〇元
民国廿二年	三一一，二六〇，〇〇〇元
民国廿三年	三〇六，一八六，〇〇〇元
民国廿四年	二八八，四二五，〇〇〇元

至在最近三年中各项关税之总收入，包括上表未列之赈灾及其他附加税在内，则有如下表。

在观察以上税收数额之情形时，不得不注意以下各点：

（一）民国二十五年常关停办。

（二）民国二十一年一月，厘金、复进口税及内地子口税撤消。

（三）民国二十一年中，东三省及大连之海关被占据。

二十四年之进口税收，比较二十三年增加四百八十八万关金。惟因是年银价之高，致银元实收减少一千零五万元。自二十四年十一月改革币制以来，关金兑价增高，故银元实收亦因而增加。二十四年关金收入之高，系因二十三年新进口税则一部分税率增

关税种类	二十二年	二十三年	二十四年
进口税	二六五，六一〇，〇〇〇元	二六〇，二一五，〇〇〇元	二五〇，一六五，〇〇〇元
出口税	二三，二四五，〇〇〇元	二四，七一〇，〇〇〇元	二〇，七一三，〇〇〇元
转口税	一八，〇〇三，〇〇〇元	一六，九六八，〇〇〇元	一三，二〇八，〇〇〇元
船　钞	四，四〇二，〇〇〇元	四，三〇二，〇〇〇元	四，三二一，〇〇〇元
共　计	三一一，二六〇，〇〇〇元	三〇六，一八六，〇〇〇元	二八八，四二五，〇〇〇元
赈灾税	一四，一三六，〇〇〇元	一四，二四二，〇〇〇元	一三，五六〇，〇〇〇元
附加税	一四，一二七，〇〇〇元	一四，二一七，〇〇〇元	一三，五三四，〇〇〇元
总　共	三三九，五二三，〇〇〇元	三三四，六四五，〇〇〇元	三一五，五一九，〇〇〇元

高之故。盖是年进口货尚较前减少百分之十也。在另一方面，出口税收虽以税率之低降而减少，但出口货则较二十三年增多百分之七·六。根据目前情形及国币汇兑率之低落，本年出口货似更有增加之希望。

盐　务

在本报告所及之期中，盐务行政循序进步，收入增加。其改良各点，尤以缉私与盐场管理为重要。惟土盐之生产滋长，影响官销甚巨。数年前只有六县产生土盐。嗣据调查竟有一百五十八县之多。若任使土盐畅销，则盐税收入将大受影响。河北、河南、山东各省，每年税收势将减少数百万之巨。为使官销能与土私竞争起见，已将盐税逐渐减低，同时进行灌溉工作，改良土壤，俾产生土盐区域得以恢复种植。在河北省则征收整理费，专充此项工作之用，在河南省则自二十三年七月起，每月拨款三万元，同时并举。截至二十三年底止，在河北一省用各种取缔方法，土盐锅池之被铲除者约有三十万座。在河南省内则多濬河道，俾利种植。已开之河渠，已达三百四十四公里。是项工作仍在继续进行。

盐场管理工作亦继续发展，除建筑盐仓外，盐场管理制度日见进步。如长芦、淮北及山东各地，皆有围场公路、税警驻所及电话等之设备，以利缉私。

统一盐务行政，在本年内益见进展。四川之盐务行政及缉私机关均于二十四年四月收归盐务稽核所管理。硝磺自二十二年由盐务机关经管以来，销路亦日见起色。

外债摊额，除东北三省外，全国所属各盐务稽核所均按期汇解。四川各盐务机关，自二十四年五月起，亦复继续汇解。是故以盐税为担保之借款本息，均能如期拨付，信用日益稳固。一九〇八年英法借款之积欠，于二十三年十月付清。一九一二年克利斯浦借款本金积欠之一部分，亦在开始偿付。

关于盐税收入，在过去一年内，虽银根奇紧，各区感受水灾，而二十四年之收入比较二十三年竟增加八百二十五万九千元。兹将盐务稽核总所自民国二年起至二十四年止之岁入，列表如左。

（关如东北盐税被扣留后之影响参观二十一及二十二年度财政报告第十页）

年份	总收入
二年	一九，〇四四，二〇〇元
三年	六八，四八三，三〇〇元
四年	八〇，五〇三，四〇〇元
五年	八一，〇六四，八〇〇元
六年	八二，二四五，八〇〇元
七年	八八，三九三，七〇〇元
八年	八七，八二二，五〇〇元
九年	九〇，〇五二，四〇〇元
十年	九四，八八三，一〇〇元
十一年	九八，一〇六，七〇〇元
十二年	九一，四〇六，七〇〇元
十三年	八七，九〇八，六〇〇元
十四年	九一，九三一，六〇〇元
十五年	八六，三一七，二〇〇元
十六年	五九，七五三，三〇〇元
十七年	五四，二七六，六〇〇元
十八年	八五，三七〇，三〇〇元
十九年	一二九，六九三，〇〇〇元
二十年	一五五，一一二，六〇〇元
二十一年	一四五，二九二，〇〇〇元
二十二年	一五九，二四七，一〇〇元
二十三年	一七五，九五〇，〇〇〇元
二十四年	一八四，二〇九，三〇〇元

税　务

征收统税之物品，现有卷烟、棉纱、麦粉、火柴、水泥、熏烟　啤酒、矿产、火酒等九种。火酒前归普通酒类征税，自二十四年一月一日起改办统税，并妥订税率，期使火酒事业发展，俾税收得以增加。至于汽水之征税，现亦正在计划改办统税。

自薰烟改办统税以来，税收激增。惜因产烟区域管理尚未严密，私运私销，所在多有，以致各该地手工私制卷烟盛行，难于查缉，妨害正当商人营业，影响国家税收甚巨。为谋根本整理起见，已拟具烟叶统制办法，使政府统制烟叶之分配，呈经行政院令准照办，正在着手筹备进行。

至原有各税之整理，亦在继续进行，如年来外洋私制冒牌漏税进口火柴，充斥市面，为杜绝走私计，拟于二十五年度内改行火柴按包贴花，以期便利查缉。至川湘两省矿税，经与两省政府商洽，已收回由财政部直接征收。

又土酒产销，零星散漫，各省税率不一，虽迭经整顿，仍未能彻底改革。兹拟先就产多销广之江苏烧酒、浙江绍酒、山西汾酒，克期取销现行复杂税率，改办一道征收，以期统一。同时对于其他已经着手改良之计划，再加奋勉，逐渐推进，以求尽善。

税务行政，向对各种税收分设机关专管，难收彻底整理之效。现自二十五年度起，已决定将同一区域内所有统税及烟酒各机关分别裁并改组。将全国各省市划分为若干区，各设一区税务局，为督征机关。其下分设税务管理所、税务分所，专司稽征事务。但为逐渐实施起见，自二十五年七月一日起，先于豫、赣、湘、鄂、川五省先行试办。其余未行改组各省，则仍由税务署责令切实整理，并派遣督察员稽查。至改良办法，自当体察情形，随时推行，以期统一。

地方财政

忆自二十三年五月间召集第二次全国财政会议，决议整理地方财政方案，对于废除苛捐杂税，减轻田赋附加，举办土地陈报，确定地方预算诸项，两年以来，已逐渐获有成效，颇堪欣慰。此不独由于本部之努力督促，亦由于各省市当局之诚意合作也。

最近各省财政状况均有显著之进步，尤以苏、皖、湘、鄂、赣、豫、鲁、陕、川为最。中央视其力之所及，对于最近各省财政之整理，预算之平衡，历经实施协济。同时对于各省农村之建设，更予以尽量之辅助。

各省整理财政，其成效最著者，当推川省。当中央进军剿除共匪时，川省财政混乱非常。嗣后政局渐臻平定，财政改革即随而进行。本部对于该省币制之统一，旧债之整理，不遗余力。乃相继发行川省金融整理库券三千万元及善后公债七千万元。至川省二十五年度预算业经中央核准，可求收支平衡矣。

各省市已将二十四年度概算送部者计有十七省四市（注一）。其已将二十五年度概算送部者计九省一市（注二）。县政府已将二十四年度概算送部者不下一千零五十九县（注三）。

截至本报告编造之日为止，各省市裁撤苛捐杂税及减轻田赋附加总数已达五千一百万元。至于整顿田赋各区，业已举办土地陈报者为数颇多，此后当益有进步之可能。

注一：安徽察哈尔浙江青海福建河南河北湖南湖北甘肃江西江苏贵州山东陕西南京北平青岛宁夏威海卫绥远。

注二：安徽察哈尔福建河南湖南湖北甘肃江苏宁夏威海卫。

注三：安徽六一、察哈尔一五、浙江七五、福建六二、河南一一一、湖北七〇、湖南五七、甘肃六七、江西八三、江苏六〇、广西八四、贵州五四、宁夏一〇、山东一〇八、陕西九二、云南五〇。

债　务

自二十三年七月一日以后，除于二十五年初发行之统一公债及复兴公债外，其由财政部发行之公债有下列数种：

发行日期	名称	数额
二十四年四月一日	金融公债	一〇〇，〇〇〇，〇〇〇元
二十四年六月三十日	关税公债	一〇〇，〇〇〇，〇〇〇元
二十四年七月一日	四川善后公债	七〇，〇〇〇，〇〇〇元
二十四年八月一日	整理四川金融库券	三〇，〇〇〇，〇〇〇元
二十四年十一月一日	水灾工赈公债	二〇，〇〇〇，〇〇〇元
二十五年四月一日	四川善后公债	一五，〇〇〇，〇〇〇元
		总共三三五，〇〇〇，〇〇〇元

此外尚有铁路建设公债一万二千万元，由铁道、财政两部会同发行，用备兴筑连接湘、黔、川、桂各省之铁道，并展长平绥、正太两路路线之用。该公债本年五月先发总额三分之一。其本息基金，除以新筑及展长各路之收入及国有其他各铁路偿还原有债务之余款拨充外，另由财部补助之。

在本时期内，对于公债最著之改革，厥为内债之统一。其办法经财政部与持券人会双方商定，于本年二月一日实行。此项办法，不仅变更公债之组织，并使其种类亦化为简单。即以五种统一公债总值十四万六千万元，换偿以前发行之三十三种公债。利息虽仍旧以六厘计算。惟偿还期限则延长为自十二年至二十四年。以前发行各种公债，偿还期限大都较近，其中约有百分之七十应于六年之内偿清。故此统一之办法较之从前之规定，每年债务费上约可减少八千五百万元，对于平衡预算收支，获益匪鲜。

统一办法，包括所有前发之内国公债、库券及国民政府所发行之各券证，惟下开各种除外。

（一）短期善后公债。该债系于二十五年三月满期。

（二）十七年金融长期公债。该债年息二厘半，至民国四十二年满期。

（三）海河公债。

（四）二十四年四川善后公债。

第（三）及第（四）两种公债虽由中央发行，但其基金，均以地方收入为担保，性属地方借款。上开四种公债之数额，仅居统一公债总额百分之八。

至旧有之公债，则依其偿还期限别为五类，以便分换各种统一公债。其调换券据手续已于本年六月三十日完结。

发行六厘复兴公债三万四千万元，亦为统一办法中之一部。藉可巩固财政地位，以资建设之需要而补预算之亏短。此项公债拟在一年或两年内陆续发行。

二十年及二十二年物品借款之展期偿还

本年五月二十八日政府征得美当局之同意，签订合同，将一九三一年水灾救济借款与一九三三年棉麦借款合并为一项借款，计美金一六，六〇八，三二九·九九九元，并延长其偿还期限。水灾借款，计有美麦及面粉共四十五万吨，原值美金九，二一二，八二六·五六元，以供救济民国二十年长江水灾及灾区建设之用，其三分之二即美金六，一四一，八八四·三六元，业已还清。所余美金三，〇七〇，九四二·二〇元，应于本年十二月三十一日归还。至棉麦借款，计美金一七，〇八六，二八二·四八元，其中美金三，五四八，八九四·六九元已于本年五月二十八日前付还，全部用于一切建设复兴等事宜。此项借款，原定于三年内偿清。惟在一九三三年签订合同时，双方曾有展延二年之建议。

上列两项借款之还本，依照原订合同，应于二十五年度归还美金八，六三〇，〇〇〇元，二十六年度归还美金八，四二一，〇〇〇元，政府以改革币制正在施行，希将外债之负担暂予减轻，故商请展长偿还期限，幸获美当局之赞助，重订还本表如下。

二十五年	（一九三六年）	美金一，三五一，〇〇七元
二十六年	（一九三七年）	美金二，〇〇〇，〇〇〇元
二十七年	（一九三八年）	美金二，五〇〇，〇〇〇元
二十八年	（一九三九年）	美金二，八〇〇，〇〇〇元
二十九年	（一九四〇年）	美金二，八〇〇，〇〇〇元
三十年	（一九四一年）	美金二，八〇〇，〇〇〇元
三十一年	（一九四二年）	美金二，八〇〇，〇〇〇元
	共计	美金一七，〇五一，〇〇七元

政府依本年五月二十八日所签订之合同，得于近年中减轻还本数额，在财政上获益殊非浅鲜。

整理旧欠　　一九〇八年至一九一〇年间，所签订津浦铁路借款之旧欠悬案，经长期之磋商，得于本年二月二十五日宣告解决。该项借款合同内虽以津浦路收入为第一担保，但更载有得以关税为担保之规定。故政府在此次整理时，亦以关税收入为该借款利息之担保，以昭信誉。

同时其他铁路借款之旧欠，业经整理者为数亦不少。其最著者有平汉路、南浔路及豫省铁路等借款。

政府对此综错复杂之旧欠问题仍继续注意，深冀能于最短期内将其他旧欠亦一并整理完竣。最近政府主要外债之价格，在国外市场上日见高涨，反映政府整理国债信用之政策已收实效，良可欣慰也。

中央银行

在本期中，中央银行之发展，日新月异，但观下表所列即可知之。

中央银行在本时期内，除继续对政府供给国内外种种所需之便利外，更能积极执行中央银行之职务。会金融界风潮迭起，社会经济兀臬不安，该行得中、交二行之密切合作，倡导救急办法，对商业银行力加援助。又自二十三年十月现银出口实行取缔以来，该行对于稳定外汇行市，始终努力进行，成效甚著。

自二十四年十一月三日施行法币政策，政府对于全国法币流通数额，以及国内银行放款事业亟应加以统制，以求新货币制度之安定。盖当银本位时代，现银之输出或输入，恒有调剂市面之效用，使吾国对内对外之经济状况臻于平衡。但今兹情异势迁，欲求金融调剂得宜，非由负责施行货币政策之当局随时严密注意与筹维不为功。

二十四年十一月三日宣布新货币政策原文有云："现为国有之中央银行，将来应行改组为中央准备银行，其主要资本，应由各银行及公众供给，俾成为超然机关，而克以全力保持全国货币之稳定。中央准备银行应保管各银行之准备金，经理国库，并收存一切公共资金，且供给各银行以再贴现之便利。中央准备银行并不经营普通商业银行之业务。惟于二年后享有发行专权"。

本年二月，祥熙曾向行政院建议，拟将中央银行官股让出百分之六十为商股，以应社会需要，而示与民共有。同时并组织一专门委员会，专司计划，改组该行为中央准备银行。该会业经透切研究，呈具报告，现正由政府当局详加考虑。该新银行之早观厥成，实祥熙所切望者也。

钱　币

揆衡近代国家需要，适应我国特殊之经济状况，以实现统一健全之币制，久为政府货币政策之鹄的。十七年中央银行之创设，十八年中央造币厂之开办，二十二年之废两改元与改革钱币之筹措与夫去年十一月三日新币制之实施，皆完成货币政策之步骤也。

二十三年十月实施征收白银出口税，藉以制止白银外流及防止外汇随国外银价而升降，已于上届报告详述矣。苟非如是，则赖以维持币制之存银，恐早有罄尽之虞。物价惨落，将不堪设

中　央　银　行

资　产　类

	民国十七年下期	民国廿三年下期	民国廿四年下期	民国廿五年上期
现金库存	$ 7,963,242.24	52,618,411.34	44,675,547.21	117,220.194.59
运输中现金			42,733,870.11	
存放行庄款	10,394,767.67	56,473,188.28	176,063,992.03	140,079,382.81
发行准备金				
现金准备	8,232,923.00	67,610,616.93	119,115,545.81	202,271.298.61
保证准备	3,480,000.00	18,438,000.00	60.808,000.00	98,111,300.00
放款贴现及透支	4,419,714.54	85,163,824.79	154,313,340.66	365,314,594.13
政府证券	9,990,000.00	155,414,118.60	252,904,406.16	85,873,094.05
中央信托局资本			10,000,000.00	10,000,000.00
营业用房地产	2,004,305.28	13,193,400.27	14,549,509.17	15,566,039.91
营业用器具	32,910.29	299,175.79	656,732.84	732,504.03
应收期款	703,308.46	3,455,744.32	8,049,807.90	11,989,152.86

续　表

其他资产	249,624.87	4,041,870.43	12,854,508.70	14,922,744.77
未收款项（应收活支汇款及应收保证款项）		21,531,894.78	34,817,508.61	37,864,266.05
合　计	47,470,796.35	478,240,245.53	931,542,769.20	1,099,944,571.82
	负	债	类	
资本金	20,000,000.00	100,000,000.00	100,000,000.00	100,000,000.00
公积金		3,698,534.90	3,845,136.17	8,893,475.81
发行兑换券	11,712,923.00	86,048,616.93	179,923,545.81	300,382,598.61
各项存款	15,410,467.77	249,485,830.36	595,940,737.27	639,267,788.93
应付期款	108,045.45	1,575,100.61	3,241,849.45	5,307,284.69
其他负债		1,078,762.49	4,725,652.25	3,019,764.02
本年纯益	239,360.13	14,821,505.46	9,048,339.64	5.209,393.71
代收款项（活支汇款及保证汇款		21,531,894.78	34,817,508.61	37,864,266.05
合　计	$ 47,470,796.35	478,240,245.53	931,542,769.20	1,099,944,571.82

想。

鉴诸香港以对白银出口初无限制，以致趸售物价指数在二十四年八月跌至六九·四，而同月上海趸售物价指数仅降至九三·二，(俱以十一年平均数为一〇〇)益见征收银出口税关系之重要。惟此种举措，虽能奏效于一时，究非根本安定金融之策。诚以施行以来，输送白银之风未戢，外汇续见上腾，通货益加紧缩，国内银价仍受国外银市之波动。如以近三年每月平均英汇美汇行市与按伦敦银价计算之平价相较，而计算市价与平价之差额，则有如下表。

年	月	美汇市场卖价每月平均数		按伦敦银价计算之平价	行市与银价差额之百分率（运费等费用未计算在内）
		美金元	英辨士	英辨士	
二十三	一	三四·一二	一六·一九	一五·八六	二%
	二	三四·四四	一六·四四	一六·三九	〇
	三	三四·七五	一六·三八	一六·六三	二
	四	三四·三八	一五·九七	一六·二三	二
	五	三二·六九	一五·三一	一五·七六	三
	六	三三·一九	一五·七五	一六·三二	四
	七	三三·九四	一六·一二	一六·八七	五
	八	三五·〇〇	一六·五六	一七·一四	五%
	九	三五·六九	一七·一二	一七·八七	四
	十	三四·八七	一六·九四	一九·三二	一四
	十一	三三·五六	一六·一二	一九·八七	二三
	十二	三四·三八	一六·六二	二〇·〇三	二一

二十四年	一	三五、一九	一七、二五	二〇、一八	一七
	二	三六、七五	一八、一二	二〇、三二	一二
	三	三八、六二	一九、三八	二二、三五	一五
	四	三九、〇〇	一九、三一	二五、一七	三〇
	五	四一、三八	二〇、三一	二七、八五	二七
	六	四〇、六二	一九、七五	二六、七〇	三五
	七	三八、九四	一八、八八	二五、〇六	三三
	八	三七、一二	一七、九一	二四、〇七	三四
	九	三七、九六	一八、三一	二三、九一	三一
	十	三五、八八	一七、五六	二三、九七	三七
	十一	二九、八一	一四、五〇	二三、九〇	六五
	十二	二九、六二	一四、四四	二一、一三	四六
二十五年	一	二九、八八	一四、四四	一六、六五	一五
	二	三〇、一二	一四、四七	一六、一六	一二
	三	三〇、〇〇	一四、五〇	一六、〇五	一一
	四	二九、八八	一四、五〇	一六、五二	一四
	五	二九、八一	一四、四一	一六、五五	一五
	六	三〇、〇三	一四、三八	一六、一六	一二

（注一）二十四年十一月三日以前各数系根据远期市价，以后系采用近期市价。

征收白银出口税办法公布后，汇价略缩，惟不久即复回涨。至二十四年春，续涨至合美金四角二分，英金二〇·五辨士。而在二十三年十月上半月之最高价则为美金三角八分与英金一八·

五辨士。汇率续涨之原因约有数端。我国外汇受国外银价之波动由来已久，非短期间可能脱离连系。白银终是白银，国外银价上涨，势必随之而涨，非禁止输出所能抑止。通货续见紧缩，上海趸售物价指数在二十四年二月为九九·九，至同年七月已降至九〇．五，况国外银价较国内银价高百分之十五至百分之六十五不等，私运之利奇厚，以我国边境之辽阔，再加治外法权与租界之障碍，故防范甚不易收效。随白银外流而生之征象，为金融之极端枯紧。其影响更足以提高外汇，抑低物价。二十四年二月间废历新年结算后，银拆虽略见低落，顾不足以为银根宽裕之证，实由当时市面枯竭无款可贷也。其延滞建设之进行与妨碍政府财政之筹措至深且巨。

当时吾国经济危殆之征象日见显著，债票价格惨落，地产下跌，中外商号资力之薄弱者先后倒闭，其勉强维持者，实力亦大见削弱，以致倒闭与失业日趋严重与蔓延。此种状况，在二十四年春秋两季间为最严重。在此期中，政府得中央、中国、交通之合作，措筹救济办法，复拨库券二千五百万元贷与各业，以济眉睫之急，国家经济破产之患，得以幸免。

政府举措之最重要者，莫如改组中、交两行，增加政府资本，俾于救济工商、改革币制之设施上，得与中央银行通力合作，藉收事半功倍之效。查中国银行经增加官股为一千五百万元后，资本总额为四千万元，百分之五十为官股。交通银行经增加官股一千万元后，资本总额为二千万元，百分之六十为官股。

在二十四年之初期，政府深知彻底改革币制为稳定金融之唯一途径。防通货之紧缩，拯吾国于经济恐慌之漩涡，唯此是赖，故即进行规划改革方案。迨乎十月间，情势益趋险恶，政府乃于十月三日毅然实施新币制政策，公布施行法币办法。规定：(一)稳定外汇，约以当时外汇市价为标准，(二）中央、中国、交通三银行发行之钞票，定为法币，并集中发行，(三）白银国有，(四)

改组中央银行为中央准备银行，俾成超然机关，(五)健全商业银行制度，设法增加其活动能力，(六)整理财政，使国家预算再历十八阅月能收支适合。(实施新货币政策之宣言及通告附录于后)〔略〕

新币制法案公布之翌日，英国大使通令该国侨华商民一体遵守，并禁止使用现银清偿债务，违者视为犯罪行为。

政府复以我国旧有辅币至为复杂，乃公布辅币条例，并饬中央造币厂鼓铸二十分、十分、五分、一分、半分之辅币，于本年二月十日发行。又为便利商民起见，将铸造半元、一元银币，以完成硬币之种类。兹将本年上半年中央造币厂铸造辅币数目列表如下。

种类	枚数	面值
二十分镍币	一一，六一八，五四四	二，三二三，七〇八·八〇元
十分镍币	一八，一八三，六六八	一，八一八，三六六·八〇元
五分镍币	五〇，七三七，二〇二	二，五三六，八六〇·一〇元
一分镍币	一一九，九八〇，〇〇〇	一，一九九，八〇〇·〇〇元
半分铜币	四一，一六〇，〇〇〇	二〇五，八〇〇·〇〇元
共计	二四一，六七九，四一四	八，〇八四，五三五、七〇元

(注一)包括二十四年十二月铸造之三，一〇〇，〇〇〇枚(值三一，〇〇〇元)在内。

顾我国内，杂币流通各地，势须逐渐收回，所需新辅币之数量自必甚巨，欲新旧全部替换，恐非数年不可也。

政府改革金融之措施，已奏良效，现在努力推行，以竟全功。自法币案公布之后，本部设立发行准备管理委员会于上海，并核准于天津、汉口、广州、西安、济南、长沙、青岛等处设立分会，专任保管法币发行准备金，同时负责办理法币之发行收换事宜。关于法币兑换事项，复经本部制定兑换法币办法及银制品用银管理规则，进行尚称顺利。又为防止不正当之投机及逾分之物价上涨，于各处设立安定物价委员会以取缔之。

新币制之施行，已奏肤功。上海市趸售物价指数，二十四年七月为九〇·五，在十月为九四·一，在十一月为一〇三·三，在二十五年六月为一〇六·一。本年废历年关，各业安然渡过，市上并无任何之骚扰。本年上半年出口贸易较去年同期约增四分之一。关税收入，初呈增加之现象，迨受华北走私猖獗之影响，始略见减少。

自新币制法施行以来，全国资力更见集中。外汇极称稳定。截至本年六月底止，发行准备管理委员会除保管中央、中国、交通三行原有白银外，计收集白银二万二千五百万元。二十四年十一月间，我国政府与美政府订约售白银五千万盎斯，每盎斯价为美金六角五分，于去年十二月间运美。今岁五月间，又有第二批白银售与美国。此项举措，乃为调节外汇，稳定汇价，以固世人对新币制之信仰。美国对我国新币制之赞助，岂独利吾国人，其裨益外人之与我共贸易者亦良多也。

本年五月为谋增厚法币保障计，复由本部规定法币现金准备，仍以金银及外币充之，内白银准备最低限度，占发行总额百分之二十五。同时本部公布撤销银制品用银限制。（宣言及部令附录于后）〔略〕自新币制施行以来，中、中、交三行发行总额，由四二七，〇〇〇，〇〇〇元增加至八五六，〇〇〇，〇〇〇元（本年六月二十七日核计数），计增发四二九，〇〇〇，〇〇〇元。内用以兑回以前其他发行银行之钞票者，计一三九，〇〇〇，〇〇〇元，其余二九〇，〇〇〇，〇〇〇元，则以兑回之白银一七二，〇〇〇，〇〇〇元及金与外汇暨由市场收回之债票为标准。兹将截至本年六月底止吾国之发行总额列表如下。

中、中、交三银行发行总额	八五六，〇〇〇，〇〇〇元	
其他各行	一六五，〇〇〇，〇〇〇元	
农民银行	七一，九一二，〇〇〇元	
以前银行未兑回者	九三，〇〇〇，〇〇〇元	
合　计		一，〇二一，〇〇〇，〇〇〇元

中央对各省币政之整理，不遗余力，如川省原有杂币，流通至为纷乱，经整理后，皆以中、中、交三行钞票收回。西南亦筹改大洋制，全国币制统一，为期不远矣。

综观我国在过去年度中对于安定金融之措施已有显著之进展，基础既固，苟无国际风云变化之阻挠，国民经济当可日趋繁荣焉。

预　算

二十四年度现甫终了，决算尚须时日。兹姑就十九年度以来，五年度收支概况，根据本部会计司之报告列表如左，以资比较(注一)。

二十三年度亏短之数为一九六，〇〇〇，〇〇〇元。内有七三，五〇〇，〇〇〇元系拨充银行官股，以救济该年度内金融机关之恐慌。故岁计亏短实数为一二二，五〇〇，〇〇〇元（注二）。

注一：本表所列数字与本部以前之财政报告所列者略有差别，因会计司现已改照主计处计算办法，以本部主管各税征收费作为拨与本部支出，而不由税款收入内坐拨。

注二：亏短净数之计算

会计年度	总支出净数（各年度底现金结存除外）（单位：百万元）	总收入净数（债款收入除外）	亏短数	亏短数与总支出净数比较之百分率
十九年度	七七四	五五七	二一七	二八·○
二十年度	七四九	六一九	一三○	一七·四
廿一年度	六九九	六一三	八六	一二·二
廿二年度	八三六	六八九	一四七	一七·六
廿三年度	九四一	七四五	一九六	二○·八

支出总数	九四○，九二八，四五六·一一
收入总数	七四四，九二二，○四二·二○
亏短总数	一九六，○○六，四一四·九一
投资总数	七三，五○○，○○○·○○
亏短净数	一二二，五○六，四一三·九一

上列各年度亏短数目大部分可与偿还债务支出相抵。兹将历年偿还债务支出与各年度岁计亏短列于下表（以百万元为单位）。

会计年度	偿还债务数	亏短之数
十九年度	一五○	二一七
二十年度	一六○	一三○
廿一年度	一○○	八六
廿二年度	一一五	一四七
廿三年度	一二五	一九六
共　　计	六五○	七七六

每年偿还庚款之后，除担保债务费外，概未列入上表。历年政府借贷大半用于偿还旧债。惟所发之新债券，因系照票面贬值发行，实际上利息奇重，而国家税收之经指定为新债之担保者，亦日见加多。

二十四年岁计亏短，较前年度为尤巨。其增加原因约有数端。(一）在过去一年间，华北大规模之走私，国际间纠纷之频仍，人民购买力之削弱，均足以减削进口之数量，以致关税收入锐减，（二）江河泛滥，灾情严重，修堵救济支出激增，(三）经济不景气愈益深刻，救济银钱业及工商各界所费亦巨，(四）补助各省与地方政府所费仍巨，(五）共匪侵扰西北与西南，剿灭不容稍缓，国防建设乃存亡所系，尤不能不尽力措置也。

历年岁出以军务费与债务费为最大宗，于左表可概见之。(以百万元为单位）

年度	军务费数额	与总支出比较百分率(注三)	债务与赔款数额	与总支出比较百分率(注三)
十九年度	三一二	四〇、二	二九〇	三七·五
二十年度	三〇四(注四)	四〇、六	二七〇	三六·一
廿一年度	三二一(注四)	四五、九	二一〇	三〇·〇
廿二年度	三七三(注四)	四四、六	二四四	二九·二
廿三年度	三八三(注四)	四一、二	二三七	二五·二

注三：见前注一。

注四：此数一部分系前一年度内支付之数，计二十年度支四九，〇〇〇，〇〇〇元，廿一年度支五九，〇〇〇，〇〇〇元，廿二年度支四六，〇〇〇，〇〇〇元，廿三年度支五八，〇〇〇，〇〇〇元。

教育费及建设费　数年来国库财力虽以种种意外事件以及其他用途而日形枯竭。但本部关怀教育及建设等事业之进展仍未稍减。盖本部深信欲求税收之增加，非先提高人民生产力，改进其日常生活不可。幸经本部努力筹维，近年内教育及建设款项之支出，包括公路、铁路、水利、公共卫生、农村救济等费用，反见增加，此亦足堪欣慰者也。

会计年度	教育费	建设费	总额	与支出总额之百分率
廿二年度	一三，三三八，〇〇八·二八	一〇，七三六，二二九·二一	二四，〇七四，二三七·四九	二·八七
廿三年度	三一，七三九，四八七、二三	二七，〇六四，六二〇·二八	五八，八〇四，一〇七·五三	六·二五

上表所列数字，系包括救灾费在内。但拨付各省之补助费则并未计入。按各省补助费，其大部分系充补助各地教育之发展、经济建设之实施及废除苛捐杂税等事宜。其数目亦颇可观，计廿二年度为国币三二，〇〇一，三三二·八一元，廿三年度为五五，四八八，〇七二·四二元，而廿四年度该两项教育及建设费益见增加。

廿五年度国家预算业经颁布。兹将廿四、廿五两年度岁入岁出预算数目分列如左，以资比较。

甲、岁入之部	廿四年度	廿五年度
1．关税	三四一，三六一，四〇〇·〇〇元	三一七，九七三，五一四·〇〇元
2．盐税	一八四，二一九，〇四四·〇〇元	一八九，一八七，二二五·〇〇元
3．烟酒税	二二，三四九，一八六·〇〇元	一六，九八七，三九五·〇〇元
4．印花税	一二，〇〇〇，〇〇〇·〇〇元	一一，三〇〇，〇〇〇·〇〇元
5．统税	一一三，二九八，一七七·〇〇元	一三二，七九六，一一七·〇〇元
6．矿税	三，八七三，一二四·〇〇元	三，六三一，八六二·〇〇元
7．交易所及交易税	一，九五〇，〇〇〇·〇〇元	一，三五〇，〇〇〇·〇〇元
8．所得税	五，〇〇〇，〇〇〇·〇〇元	五，〇〇〇，〇〇〇·〇〇元
9．银行税	一，六〇〇，〇〇〇·〇〇元	一，六〇〇，〇〇〇·〇〇元
10．国有财产收入	八，八四六，八五〇·〇〇元	五，七九一，七六七·〇〇元
11．国有事业收入	二〇，八五五，〇二二·〇〇元	二一，二〇一，五三一·〇〇元
12．国家行政收入	一〇，九三一，九八九·〇〇元	一〇、九〇一，二三三·〇〇元
13．国有营业纯益	四〇，二六八，八五一·〇〇元	四一，三九七，五八三·〇〇元
14．协款收入	三，七六八，〇〇〇·〇〇元	三，一九八，〇〇〇·〇〇元

续　表

15．债款收入	七〇，〇〇〇，〇〇〇·〇〇元	一二五，〇〇〇，〇〇〇·〇〇元
16．其他收入	一一六，八三二，三六三·〇〇元	一〇三，三四二，二二四·〇〇元
总　　计	九五七，一五四，〇〇六·〇〇元	九九〇，六五八，四五〇·〇〇元
乙、岁出之部		
1．党务费	五，八七〇，八〇〇·〇〇元	五，四一九，〇八〇·〇〇元
2．国务费	一二，五七八，六七二·〇〇元	一五，五三五，一三〇·〇〇元
3．军务费	三二一，〇〇〇，〇〇〇·〇〇元	三二二，〇一九，二〇〇·〇〇元
4．内务费	四，三七一，三〇八·〇〇元	八，八三六，五二〇·〇〇元
5．外交费	九，四〇一，二九五·〇〇元	九，六九〇，二三四·〇〇元
6．财务费	六六、四三三，五二九·〇〇元	六四，五一五，五六六·〇〇元
7．教育文化费	三七，二一一，六二一·〇〇元	四四，三三九，九六二·〇〇元
8．司法费	二，八三四，八〇五·〇〇元	三，二四〇，八九八·〇〇元

续　表

9．实业费	四，三八九，七八〇·〇〇元	四，二二六，四四七·〇〇元
10．交通费	四，九二九，一二二·〇〇元	四，八三五、七三四·〇〇元
11．蒙藏费	一，七二二，八四四·〇〇元	二，三二〇，七六八·〇〇元
12．建设费	三六，三七四，八九〇·〇〇元	五三，一一〇，二二一·〇〇元
13．国有营业资本支出	六〇，九七一，一六六·〇〇元	九六，三三七，七二〇·〇〇元
14．补助费	一〇六，九一六，七八八·〇〇元	一〇五，八一六，〇〇〇·〇〇元
15．抚恤费		五，六六四，七〇四·〇〇元
16．债务费	二七四，八〇三，二七九·〇〇元	二三九，〇三七，九〇八·〇〇元
17．第二预备费	七，七六六，二九三·〇〇元	五，七一二，三六〇·〇〇元
总　　计	九五七，一五四，〇〇六·〇〇元	九九〇、六五八，四五〇·〇〇元

在过去之七八年间，政府对于辟养税源不遗余力，如关税税则之修订、盐务之整理改进、统税制度之创办，皆著成效。各项税收之进展，可见下表。（以百万元为单位）

年度	关　　税 （包括常关税与附加税在内）	盐税	统税	共计
十八年度	二四五	八五	三九	三六九
十九年	二九二	一三〇	四〇	四六二
二十年	三八九	一五五	七四	六一八
廿一年	三一二	一四五	八三	五四〇
廿二年	三四〇	一五九	八九	五八八
廿三年	三三五	一七六	一一三	六二四
廿四年	三一六	一八四	一一六	六一六

历年税款收入，一部分虽由于各地之国税渐归本部直接征收，然所需征收经费因以随增。且民十八以来，内乱屡起，共祸蔓延，剿抚之费甚巨。益以连年灾患，防堵救济在在需款。民二十年长江水灾赈费逾七十万元，财产损失估计二十万万元，其影响国家税收者至大。自东北沦丧，税收随之而失，致以该四省关盐担保之各外债之协款，未能解拨。且东北与内地各省商业尚称畅旺，至此亦因之阻滞，使政府税收与工商业受绝大打击。近两三年来，因种种不景气影响，不独税收未能加增，而临时支出救济等费，反因之而激增矣。

结　论

溯自民国二十二年以来，我国在财政上所遭贫困之境遇，于近代史中得未曾有。盖以天灾频仍，共祸猖獗，而救灾剿匪，动需巨款。兼以世界经济不景气之袭击，使我国倍受摧残。复因历年之旧欠，致财政较前更形困难。然本部虽处于如此万难中，犹能增拨的款，促进建设，其最著者，如教育、公路、铁道、水利、公共卫生、农村救济，以及其他生产等事业。此外，又能尽力管理旧欠，以维国债之信用。至全国金融组织，幸经政府采用最适当之步骤，从容应变，复得人民一致协助，始能免于崩溃，而转臻稳固矣。且商业金融，现已渐呈蓬勃之象，一俟完全恢复，其前途当未可能限量也。

政府在财政上之改革，经济上之建设，现已次第实施，设无外患之牵制，当可有更显著之进展。况西南问题，近日亦已全部解决，故财政统一，更无问题矣。

政府为求更进一步之进展起见，在财政上须以下列原则为张本。

（一）凡属不需要或不生产之开支，应一律撙节，余款以供生产及建设上之用途。

（二）甄别及训练税收人员，藉资增加行政效率。

（三）整理现行税收，开征良好新税，以达增加税收而不增加人民负担之目的。

（四）改革地方税收，使其与国家税收相符。

（五）改良银行制度，并促进农村信用制度，俾农村经济易于恢复。

（六）完成币制之统一，维持国币汇价之稳定，藉以稳定金融情势。

（七）清理旧欠，以维国债信用。

近数年中，政府迫于环境，注全力以应急需。但此后则将倾向于经济建设一途。惟欲达此目的，须设立一更有效之预算制度，以资控制各项用途。然政府在财政上所渴望者，不仅收支相抵而已，且冀财政日臻健全，俾有余力以开发国内经济资源，并改进人民之生活也。

所有民国二十三年会计年度及该期以后之财政状况，胪陈如右。敬祈

中央政治委员会公鉴。

财政部长　孔祥熙

廿五年八月一日

〔国民政府财政部档案〕

4. 财政部1936年度行政计划①

（1936年8月21日）

财政部二十五年度行政计划

第一章　关于关务事项

第一节　防止路运私货

查华北各关，自日方借口塘沽协定干涉武装缉私以来，私运情形日趋严重。计自二十四年九月至二十五年五月，走私货物所漏关税达二千余万元，而二十五年四月以至五月，每一星期因私运货物所损失之税款，约为二百万元，自非急图防止，不足以维税收。顾以私运货物，在华北特殊情形之下，既属难以堵截，近已沿铁路南运及于长江流域辗转运输而至西北。爰经会同铁道部拟订海关防止路运走私办法，呈奉行政院核准施行。其大要为沿铁路各重要车站设立海关稽查处，并派关员随车查缉私货，铁路应凭海关完税凭证运输，如有无证洋货到站托运，随时由路员通知驻站关员处理，已于二十五年五月间，由本部会同铁道部遵照院令拟定施行细则呈准备案，并设立海关防止路运走私总稽查处，派安斯迩为处长，先沿津浦路各重要车站设立稽查分处，着手办理。此外，如平绥、平汉、陇海、京沪、沪杭甬，以及华南广

① 该项计划由财政部秘书处汇编成册，日期为秘书处检送钱币司时间。

九、粤汉各铁路，均将于本年度内按照规定办法次第设立稽查分处，所有路运洋货在规定种类范围以内一律由关实施稽查，以期路运走私货物可资遏止而维税课。

第二节　稽查运销进口货物

防止路运私货办法既已规划进行如前，而所有装载内河轮船、民船、汽车等由进口口岸转运各处销售之进口货物，自亦须规定稽查办法，以臻严密。爰于二十五年五月间订定稽查进口货物运销暂行章程公布施行。除各通商口岸及私货行销之山西等十五省，已于上年度先行实施外，拟于本年内，就该章程所定各事项推行至其他各省，以期进口货物之运销得以悉受控制，而私运之风，亦可因货物之无法流通渐归绝迹。

第三节　平衡国际贸易

平衡国际贸易办法，前于奉令交议努力生产建设以图自救案内，经本部会同实业、外交两部拟定根本方策二项：(一)限制进口。(二)增加输出。其中如运用关税政策以抑制奢侈品及消耗品之输入，及继续督促各省裁减内地税捐，以调整国内产销等项，均属于本部主管范围。现拟一面参酌国际贸易情势，一面考查各地税捐实况，分途规划进行，以期进出口贸易之得渐趋平衡。

第四节　调整关税税率

关税在我国财政上居最重之地位，凡有关国信之债赔各款，多以关税担保偿付，故关税盈绌之影响不特有关国用，且及于国家之信誉。同时因征收关税之对象为进出口货物，此项贸易之盛衰，又与国内工商业有密切关系，故关税轻重之间有适应贸易情势之必要。本部鉴于我国关税所负之使命，对于现行关税税率，自应继续随时考察，如有必须调整者，拟即斟酌修改呈核施行，总期在进口方面无碍国民经济之正当输入，增进无减。在出口方面，能大宗向国外推销，以资抵补入超。此外，如纱布出洋退还棉花原料税、人造丝织品征税办法之补充，在上年度内，未能如拟实行，亦拟于本年度内相机办理。

第五节　延展征收海关附加税

海关现行之附加税计有两种，一为救灾附加税，一为海关附加税，均系照进出口关税税率百分之五征收。其征收期间，救灾附加税应征收至美棉麦借款本息偿清之日止，海关附加税征收至二十五年六月三十日，即行满期。本部以该项附加税系作补助财政之用，有赓续征收之必要，经具提案呈奉院会决议通过，自二十五年七月一日起延展征收一年，现已完成立法程序，即由部转饬海关遵照施行，藉资挹注。

第六节　扶助发展桂省糖业及国内实业

我国南部各省宜于植蔗，蔗为制糖原料，如粤桂等省本属我国食糖取给之所，惟自洋糖运销我国后，各该省原有糖业渐形式微。年来粤省改良蔗种，创设新式糖厂，从事复兴糖业。本部曾特订扶助办法，藉利进行。乃者桂省对于植蔗制糖，亦采用新法改良，其在贵县所设之新式糖厂，业经完成开工，关于购用必要之原料糖与便利厂制蔗糖之推销等事项，桂省政府曾派员到部请求维护，拟即仿照粤省成例，酌予协助，俾粤桂糖业得以共同发展。至此，国内实业之规模宏大，成绩优良，能与洋货竞销者，均拟在可能范围内设法奖掖，期有裨于国民经济。

第二章　关于盐务事项

第一节　核定各区输出日本工业用盐

我国输出日本工业用盐，依照中日协定，应由青岛所产盐斤供给，并须由指定之工业盐输出商办理，输出他区盐斤本不能援以为例，惟长芦、淮北、山东、福建等区产盐过剩，迭据各该区商人先后呈请输出日本作为工业用盐，本部为疏销积盐起见，特规定办法四项，(一)各区如有剩余盐斤，准其输出日本作为工业盐之用，惟必须经日本专卖局证明后，方可准许出口运日。(二)各区商人请求输出，应先向当地盐务主管机关呈递请求书，由该管机关切实审查，必须纯粹华商资本殷实素有声望者，方为合格，呈候部署复查属实正式派为输出商，其有径向部署呈递请求书者，一律饬交各该区主管机关审查呈复再行核定，输出商名额，每区均定三名以上，试办一年。(三)各区输日工业用盐税率，暂定为每公吨一元，并应照各该区最高税率另缴现款保证金或殷实银行出具切实保单。(四)盐斤出口时，关于查验及其他一切手续，仍应照华盐出口办法办理，此项办法已分令各有关盐务机关遵照。所有径呈本部请求输出之案，亦经发交各该主管机关审查，一俟审查合格呈复到部，再行核定，派为输出商，实行输出。俾各区积盐可以陆续疏销，而灶民生计、中央税收，亦属不无裨益。

第二节 平均税率

各区盐税因各种关系，税率相差悬殊，由来已久，近年迭次整理，仍未能遽跻于平。现拟就全国销场较广及税率过分参差之各盐区着手整理，如湘、鄂、西、皖四岸，本淮盐销区，因接壤之地税率互异，邻私侵灌，拟将湘南、淮、粤并销区域之淮盐税率减轻，并于粤盐入境酌征补税，湘西邻接川桂各县，亦酌减淮盐税率。鄂岸东北与皖豫接壤，西北与陕豫接壤各县，西岸与湘省行销粤盐区域邻接各县，皖岸邻接苏皖税率较轻之各县，一律将淮盐税率酌减。又如四川全区税率计有十余种之多，极易发生冲销情事，除已分别酌量增减改定外，拟再作第二步之整理，俾臻平衡。此外，如浙盐税率尤为复杂，高者七元余，低者只九角。均有特别情形，非短时期间所能平均，亦拟妥筹逐步平均办法，以便施行。

第三节 增加税警

防私为盐务要著，在各区税率尚未平均，各场仓坨及包围工程尚未悉臻完备之时，唯赖税警之查缉。但为财力所限，未能尽量扩充，而盐区辽阔，实有供不应求之势。现为因应需要计，拟择要酌增警力。如四川一区，自贡两井为盐区中心，夙为匪所觊觎，近以建筑碉堡，奉令派队驻守防护，复于缉务之外，兼顾公安警力实苦不敷，拟即酌增警队，添购枪枝，以厚实力。两浙为产销兼办之区，网地产区势难偏废，拟增募税警积极整顿。从前长江一带轮私极多，自成立查验队，交由海关率领查缉后，现在上行各轮私运已少，惟宜昌、沙市等处川私下行，侵销尚多，拟添设查验队驻宜查缉。西岸口捐局，业经恢复，亦拟添置警队驻防赣粤边境缉私，他若福建之除坎、松江之查产，均赖警队之辅助，冀豫之硝私、应城之膏私，均赖警队之查缉。常视有警力不足，武器缺乏之处，随时酌予补充，藉资策应，而免疎虞。

第四节　设备防私工程

实行就场征税必先杜绝场私，场私之防范，除建筑仓坨，责令产盐颗粒归仓，严密管理，毋使走漏外，必须于场区四周筑堤掘沟，使与外界隔绝，并于场内外相当地点建筑公路，分置税警营房，装设电话，以便巡缉，而资联络。查长芦、淮北两区对于此项工程，业经设置完备，现拟就山东、两浙、松江、福建四区同时举办，其工程经费预算已据各该主管机关拟呈分别核定，令饬赶紧兴工，务于一年内完竣。又四川区盐场散漫特甚，各场旧有公仓公垣系属商人所设，虽间有官垣数处，亦尚非合法之建筑。目前整理计划书拟先就产量丰富占有重要位置之富荣犍乐等场建筑合法官仓，其他小场暂就固有仓垣酌加修改，设法管理，并于各场区内外修筑稽查路及运输路，俾便交通，俟饬据该主管机关将地势及需要情形分别勘定，即可举办。

第五节　减轻制盐成本

制盐成本为盐之根本问题，理宜全国划一，方于均平税率及自由贸易之推行，不致发生障碍。今国内各区盐本高下悬殊，揆厥由来，关于制造方面者，为人工原料，关于运输方面者，为道路交通。此外，尚有地方公益捐款资本借贷利息及盐公司浮滥开支种种关系，亟宜逐加考察设法厘剔。关于盐本身之各项费用，并将制造运输方法分别改良，以减轻成本。现拟先就内地淮浙两区各场逐一研究整理，先分饬各该主管机关切实查核情形，拟议办法，呈候核定，次第推行。至四川区制盐成本高昂其情形又有特殊之点，缘川省系属井盐，川南则利用火井卤水制盐，有时火力不均匀，卤汁淡薄，以致成盐少，而人工经费虚耗。川北则恃柴薪煎熬，薪价既昂，锅铲亦未尽合法，均尚须先从科学上研究，谋根本之改良。现已将原设北平之盐业研究所，移驻川省，拟即令该所就学理上详察各场制盐方法，指导改进，一面令该主管官署就事务上审核其一切用费，设法撙节，俾成本得以逐渐减轻。

第六节　推进川盐自由贸易

川盐运销向分楚（鄂西大部分及湘西小部分）、边（川省毗连滇黔各县及黔省大部分，又滇省东北小部分）、计（川省一部分及鄂西小部分）、票（川省及陕南各一部分，又鄂西陇南数县）四大岸别，大岸中又各分小岸，其销楚岸、边岸计岸者，为引盐，销票岸者为票盐，内除富荣场引盐曾由专商认办外，所有富荣场票盐及其他二十五场引票盐斤，原系自由贩运。惟川区盐务，因保护小场向有所谓分厂分岸制度，即划定某场之盐限销某岸，其本重质劣者，并订轻税率以调剂之，乃流弊所及，人民固不免食贵食劣，国税亦受影响，与新盐法精神亦有抵触。二十四年川改革新之始，已将富荣引岸专商取消，仍听散商一律自由贩运。现在川盐既渐采均税办法，拟更进一步，俟场产整理就绪，即将分厂分岸旧制酌予变通，俾价廉质美之盐，可以自由推销，不受岸界限制，以便民食而裕税收。

第七节　研究利用盐副产品

制盐所出之副产品，以四川为最丰富，旧有井油、鹼巴二种，井油可以燃灯，但有臭气，大都井灶自用，鲜有售者，卤巴则可供民间造作豆腐及筑三合土平地之用，每年产销不在少数。近复据川省中心工业试验所于盐附产物中发现三种物质，（一）钾盐。

(二)炭酸镁。(三)溴与碘。若能废物利用,可以增生产而备国防,利益甚大，又据地质专家探查五通桥盐场，内有石油、煤汽、盐矿，蕴藏极富，似应特加注意，拟饬盐业研究所将上述各种副产品悉心化验，筹议发展计划，呈候采择施行。

第八节　继续研究制造氯酸钾

氯酸钾为硝磺品类之一，于国防工业均关重要。本部前为自谋制造起见，特设立氯酸钾制造研究委员会，从事研究。经先向各方调查钾质物料之来源，并化验各项含钾物质之成份，当查得川南富荣场云龙井之油𪉅巴、利涌井之泡𪉅巴、集与井之白𪉅巴、淮北涛青场之卤膏、卤块，浙江三江场之𪉐饼、软硝、东江场之泥硝等，均为盐场副产，含钾尚多，极有利用之价值。又各项植物灰如蒲草灰、高粱杆灰及由桐壳灰中提得之桐碱等,含钾亦富,拟即着手调查上项原料之产量及研究，用以采取钾质之方法，以便实行自制。

第九节　推广国产硫磺销路

硫磺一项前以国内出品不良，大都采用外货，致国产销场因之衰落。自上年在豫省设立炼磺试验场，改良土法制造，提高品质，已获相当成绩，现将此项硫磺成本售价切实减低，令各区按照各该省全年总销额认定成数订购，以广销路。

第三章　关于税务事项

第一节　酌改卷烟统税条例

现行新二级卷烟税制，系于二十二年十二月起实行试办，其税级以及税率是否适合商情，本部时在详密注意，并经拟就卷烟统税条例修正草案，预备提请审议。现拟再体察市场销售数量及厂商负担能力，将前项修正草案斟酌改拟，务臻妥善，再行呈送核定，俟经立法程序，即可公布施行。

第二节　筹办烟叶统制

烟叶为制造卷烟之重要原料，其在豫、鲁、皖三省出产者，系用美国种子植成，其他各省出产者，系用土产种子植成，此项烟叶因产区散漫，私运分销，缉不胜缉，妨害正当卷烟商业及国家税收甚巨，自非从烟叶根本上设法整理，不易收效。兹拟定本年度内，将国产烟叶中之熏烟叶一项，先行筹办统制，以期杜绝私制，俟施行就绪，再行推及土烟叶之统制。至舶来烟叶亦拟订明取缔办法，以维税政。

第三节　麸皮改用定额税照

麸皮为麦粉业之副产品，出厂向不完税，惟运经海关时始行征税，与麦粉之就厂填发税照情形不同，又以麸皮之产量为数有限，税照之填发无多，故迄无定额税照之规定。兹查此项不定额麸皮税照，原印有转运地点一栏，早经通令废止，而运商往往发生误会，并不遵章报运，以致稽查时感困难，且与麦粉采用定额税照之办法亦不一致。现拟于二十五年度开始时，将麸皮亦改为定额税照，以昭划一。

第四节　火柴印花改用包花制

现行火柴征税办法，厂商于完税出厂时，将印花贴于箱面，大箱六枚，小箱一枚，以资标试，而便查验。但一经拆箱后，该货是否完纳统税殊难分辨，于查缉上似觉仍有困难。现查沿海一带私制火柴日见增多，为便利查缉计，拟于二十五年度开始改用包花制，即每包（十小盒）粘贴印花一枚，以便查验，藉杜走私。

第五节　次第推进矿产税

矿产税由中央直接征收者，为苏、浙、皖、赣、鄂、豫、鲁、冀等省。上半年度本部曾拟就未办各省中之产矿较多省分着手筹备开征，结果川、湘两省均经与省府方面商洽圆满实行接收开征。惟接办伊始，关于税率及征收办法等项，暂时仍多率循旧制，以资过渡。本年度起，自当按照通行法规赓续整理，力求改良，其他未办省份亦拟察酌情形，积极推进，以一税制，而裕国帑。

第六节　继续厉行改善印花税务

印花税票自二十三年度委托邮政局代售，并饬由各县地方政府负责检查，办法已较完善，其时恐各地检查勤惰不一，印花积弊不能铲除，有妨税收之平均发达，乃由部派员分赴苏、浙等省认真督察，并饬各该省印花烟酒局实行抽查，嗣复于二十四年度内委派督查印花委员二十人分赴各省市，依照督查规则切实办理，遇有困难问题随时请示，指饬遵照。现在邮局代售印花办法暨司法机关科罚及执行规则，复经分别修正，并另编印花税法施行，例案辑览，俾家喻户晓。在二十五年内仍应根据改善各办法厉行督查、抽查、检查，务使养成人民实贴习惯，印花收入庶可增益。

第七节　保持对于上海租界华商违反印花税案件处罚之法权

上海租界华商实贴印花业已遵办，关于违反印花税案件由我国法院审理一节，公共租界经已实行。惟法租界警务处，尚持异议，此事已咨请外交部与外交团商洽，将民国八年所订租界内华人实行贴用印花办法加以修订，务期二十五年度内租界方面一道同风，至外商贴花亦应设法推行，并拟根据中外商人同等待遇之原则，切实交涉，使之就范，以浚税源。

第八节　苏浙鄂三省大宗土酒改为产地一道征收

各省土酒产额零星散漫者实占多数，统一征收原非易事，然为循序改进起见，自应就各省所产大宗土酒先行举办一道征收，以期渐合统税之原则。自二十五年起，对于浙省绍酒、苏省土烧、鄂省汾酒拟变通定额税办法，参酌统税原理改为产地一道征收，凡已在产地征足税额者，即通行各省不再重征，似此删繁就简便利较多，而扼总稽征流弊亦少。

第九节　各省烟酒牌照税册继续实行发局抽查

烟酒营业牌照税，自二十三年度全部划归各省自征，其烟酒营业税暂行章程及施行细则，亦于是年度由部修正公布，通咨各省市政府转饬财政厅局遵章办理，并按照章则规定分别造具年册、季册，转送本部审核，发交各省印花烟酒税局抽查以昭核实。计在二十四年下半年度内送到者，有浙、鲁、豫、湘、陕各省及南京、上海、天津、北平等市，均经详加审核，随时指导，发局抽查，在二十五年度内自应继续切实施行，并令各省一致分年按季造报转送，不得迟延，庶几各省牌照税情形了如指掌，而税务亦得以随时改善。

第十节 设置查缉队

本部税务署主管各税，如卷烟、麦粉、水泥、火柴、棉纱、矿产，以及熏烟、土烟、洋酒、土酒、啤酒、火酒等类，均占国税重要部分。就卷烟一项而论，尤为岁入大宗，年来以税率叠次加重之故，各地刁狡之徒，逞其伎俩，而手工私烟因之日渐潜滋，国家税收、厂商营业在在均蒙莫大影响，虽节经饬由税务署遴派视察稽核人员兼充查缉专员、督率调查员，分途出发，协同各主管局、所切实缉办，究以地方辽阔，实力薄弱，策应不免难周，且各该私制机关尚多深藏于穷乡僻壤或孤屿海岛之间，当地团保劣绅均为护蔽。其对于所需之熏烟叶、熏烟丝、卷烟用纸等原料及铁木质手摇机等工具之购运，又恒挟带武器，纠众同行，查缉人员力不能敌，往往被其侮辱，甚至有恃强抗拒劫夺人证等情事，此就卷烟缉务之推进，已觉困难如此，其余各种货品违章走漏之事，尤为层出不穷，为维护税源统筹整理计，亟应增厚查缉实力，方足以收根本防止之效，拟即组织武装查缉队，选募精壮队士二百名，加以训练，使任查缉上述各种货品走私漏税事宜，先就苏、浙、皖、鲁、豫等省境内私漏较多之处，扼要分屯，其他各省区如发现有上述私漏情事，亦得随时抽调，将来财政充裕时，再予酌量扩充，似此办理，既有充实能力，缉务进行自较便利，一切隐匿偷漏之弊当可日渐减少，税收前途或其有裨。

第十一节　划一各省税务稽征机关

现时各省税务稽征机关名称不一，经费浩繁，事实方面复多隔阂，亟应改善。拟于二十五年度内，将各省矿税统税及烟酒税等稽征机关次第划一改组，俾可执简驭繁厘然有序，而税务进行效率克增。

第十二节　开征所得税

所得税、遗产税、课税公允各国均视为赋税之中坚，亟应次第创办，以裕税源。关于征收所得税原则及暂行条例，经本部详加研究，拟具草案经过立法程序，奉国府明令公布。现已于部中设立直接税筹备处，着手详细规划实施办法，订定施行细则，期能早日开征。俾良好税制之基础，得以树立，而国家税收之增进，亦可预期。

第十三节　筹办遗产税

征收遗产税原则及暂行条例草案，因与财产登记民法继承在在有关，经与司法院、司法行政部往复商讨，斟酌拟订，提请院会审核修正，呈请中央核交立法院审议。现拟先将关于此税施行办法从事研究，俾将来法案经过立法程序奉令公布后，便可立付施行。

第四章　关于债务事项

第一节　各项公债还本抽签

民国二十三年六厘英金庚款公债，应于二十五年七月一日、二十六年一月一日分别开始付还。第四、第五次本银如期抽签。

民国二十二年华北救济战区短期公债，应于二十五年七月三十一日、十月三十一日，二十六年一月三十一日、四月三十日分别开始付还。第十一次至第十四次本银如期抽签。

民国二十五年统一公债甲、乙、丙、丁、戊五种债票，应于二十五年七月三十一日、二十六年一月三十一日分别开始付还，第一、二两次本银，为便利持票人将中签债票及未到期息票向中央、中国、交通三银行贴现，藉以周转资金起见，并将每次还本抽签提前办理。规定戊种债票第一次还本于二十五年七月十日抽签，甲种债票第二次还本，于二十五年八月十日抽签，第三次还本，于二十六年二月十日抽签，乙种债票第二次还本，于二十五年九月十日抽签，第三次还本，于二十六年三月十日抽签，丙种债票第二次还本，于二十五年十月十日抽签，第三次还本，于二十六年四月十日抽签，丁种债票第二次还本，于二十五年十一月十日抽签，第三次还本于二十六年五月十日抽签，戊种债票第二次还本，于二十五年十二月十日抽签，第三次还本于二十六年六月十日抽签。

民国二十五年复兴公债，应于二十五年七月三十一日、二十六年一月三十一日付还。第一、二次本银如期抽签。

民国十七年金融长期公债，应于二十五年九月三十日、二十六年三月十一日分别开始付还。第六次、第七次本银如期抽签。

民国二十四年电政公债，应于二十五年九月三十日、十二月三十一日，二十六年三月三十一日、六月三十日分别开始付还。第四次至第七次本银如期抽签。

民国二十五年四川善后公债，应于二十五年九月三十日，二十六年三月三十一日付还。第一、二两次本银如期抽签。

疏浚河北省海河工程短期公债，应于二十五年十月二十日，二十六年四月二十日分别开始付还。第十五、十六两次本银如期抽签。

民国二十三年玉萍铁路公债，应于二十五年十一月三十日，二十六年五月三十一日分别开始付还。第三、第四次本银如期抽签。

第二节　各项公债付息

民国二十三年六厘英金庚款公债第五、第六两期付息，应于二十五年七月一日、二十六年一月一日到期，如期支付。

民国二十二年华北救济战区短期公债第十一期至第十四期付息，应于二十五年七月三十一日、十月三十一日、二十六年一月三十一日、四月三十日到期，如期支付。

民国二十五年统一公债甲、乙、丙、丁、戊五种债票，第一、第二两期付息，应于二十五年七月三十一日、二十六年一月三十一日到期，分别支付。

民国二十五年复兴公债第一、第二两期付息，应于二十五年七月三十一日、二十六年一月三十一日到期，如期支付。

民国十七年金融长期公债第十六、十七两期付息，应于二十五年九月三十日、二十六年三月三十一日到期，如期支付。

民国二十四年电政公债第四期至第七期付息，应于二十五年九月三十日、十二月三十一日、二十六年三月三十一日、六月三十日到期，如期支付。

民国二十五年四川善后公债第一、二两期付息，应于二十五年九月三十日、二十六年三月三十一日到期，如期支付。

疏浚河北省海河工程短期公债第十五、第十六两期付息，应于二十五年十月二十日、二十六年四月二十日到期，如期支付。

民国二十三年玉萍铁路公债第五、第六两期付息，应于二十五年十一月三十日、二十六年五月三十一日到期，如期支付。

第三节　延展换偿旧有债券

统一公债甲、乙、丙、丁、戊五种债票换偿旧有债券期限本定至二十五年六月三十日截止，惟旧有债券种类甚多，数额亦巨，自难依限换偿完竣，拟酌量情形，延展换偿，以维护持票人利益。

第四节　各项外债拨付基金

英德续借款、善后借款、各国庚子赔款、美麦借款、美棉麦借款所有二十五年七月至二十六年六月止，按月应拨本息基金各如期在关税项下及关税救灾附加税项下拨付。英法借款、湖广铁路借款、克利斯浦借款所有二十五年七月至二十六年六月止按月应摊拨基金，均照预定计划在盐税项下摊拨。

第五节　整理无确实担保之旧债

查归入整理无确实担保之旧债，前奉院令关于对外债务应取分别整理办法不取整个交涉方针，并规定原则三项，关于对内债务亦同时办理，当由本部遵照数小而无问题，不待交涉即行开始偿还之原则，即经会同整理内外债委员会将外债方面之美国哥伦比亚大学中国官费生欠款、美京孟赛银行学费借款、华比银行留学垫款、汉口造纸厂欠付英商煤价先后商洽提前清理。尚有北平印刷局及汉口造纸厂之外债，亦均在进行清理谈判中，本年度拟赓续进行。至其他内外各债，如债权人竭诚相商当酌量国库情形，先将数小而无问题者，积极陆续清理。即数额较巨者，如条件和平，亦当力筹分期清还办法，以期逐渐减轻债务，并由关税项下照每年应拨五百万元整理基金之数，按月平均拨出，专储中央银行，以备整理之用。

第五章　关于金融事项

第一节　实行改善中央银行组织

上年十一月颁布施行新货币制度时，曾郑重声明中央银行之组织，将力求改善，以尽银行之职务。现经本部拟具修正中央银行法草案，呈请行政院核定，一俟经过立法程序公布施行，即本历年协助方针，督促改组，俾处于超然地位，并依法收管各银行准备金，办理票据交换，施行重贴现，以便控制全国金融为银行之银行。

第二节　继续督促中国交通两银行扩展业务

中国、交通两银行，自经本部增拨官股后，资力既厚，信用益著，发展亦易。此后当照原定计划，督促中国银行，于各国重要商埠推设分支行处，俾其对外汇兑业务，得以扩展。于交通银行，则当督促尽量协助发展全国实业，以固国本。

第三节　督促中国农民银行救济农村金融

中国农民银行原为复兴农村而设，业由本部加入官股，以厚实力。自法币实行后，为督促救济农村金融起见，又由本部令饬该行，至少应以五千万元经营土地及农村放款，并规定该行经营土地抵押放款及农村放款办法六项，先后令饬遵办，自应仍本已定办法，督促该行积极办理，俾于本年度内著有相当成效。

第四节　施行银行法

查银行法早经公布，尚未定期施行。现拟将原法所定窒碍难行各点，如股东双倍责任等类予以删除，又如银行不得为商店或其他银行、他公司股东等类予以修正，以期推行尽利，并为保障银行信用起见，订入银行营业准备金一项，期与中央银行法相呼应，一俟经过立法程序，当即定期施行，以便依法监督。

第五节　修正储蓄银行法

储蓄银行法施行后，迭据各地银行业公会列举困难，纷请修改，现拟斟酌实际情形，酌予修正，呈请核转审议，公布施行。

第六节　完成各项银行法规

上年度实施新货币制度曾郑重声明，一般银行制度须改革健全，此为健全金融组织，以利推行法币、复兴经济之要图，对于各种银行法规，亟应分别改订，酌量补充，除现行之中央银行法、中国银行条例、交通银行条例、银行法、储蓄银行法，应加修改已如上述外，其一般银行制度中之关于地方金融者，拟草订省银行法、县银行法。关于特种金融者，拟草订农业银行法、地产银行条例、信托法及信托公司法等，以完成各项银行法规，健全全国金融机构。

第七节　筹设不动产抵押放款银行

不动产抵押放款银行，业经本部饬由中国建设银公司积极筹设。惟以该项银行办理放款，关系不动产抵押法令之处甚多，为便利放款起见，各项不动产抵押法令，尚应修正补充，现正分别研究，对于立法院所拟强制执行法，并拟参加意见，以便修正公布后，不动产抵押放款银行可以克期成立。

第八节　严令各停业行庄克期清理完竣

本部为监督停业各银行钱庄迅速清理起见，曾分别指派专员监督清理，对于各行庄之债权债务，因办理需时，虽未能完全清结，但大体上已进展不少，本年度当再由部通令限期理楚，严加监督，务使依限办竣，以维债权人之利益。

第九节　继续运用法币政策

自上年十一月三日公布施行法币后，本部为完成新币制政策，对于法币准备金，特规定检查规则，由发行准备管理委员会依照该项规则，每月检查一次，将发行数额及准备实况分别公告，以昭大信。对于稳定法币外汇价格，亦经函令中、中、交三行无限制买卖外汇。施行以来，法币汇价极称稳定，自应本既定方针分别切实办理。至运用法币政策、改善国际贸易，尤关复兴经济要图，并应继续策划进行。

第十节　督促接收中、中、交三行以外各发行银行之发行部份

自法币施行后，所有中、中、交三行以外各发行银行之发行准备基金及已印未发已发收回之新旧各券，业由发行准备管理委员会指定中、中、交三行分别接收，如中南、浙江、兴业、垦业、农商、边业、湖北省银行、河南省农工银行等已大致接收清楚，其余虽未据悉数移交，现正分别令饬克日缴足。至各省省银行或类似省银行之发行部份，为便利接收起见，特由部规定办法。除河南农工、浙江地方及湖北、陕西两省银行外，概由中国农民银行妥为接收，本年度当由部随时督促办理，务于最短期内可以一律接收清楚。

第十一节　继续办理兑换法币

兑换法币期限依照兑换法币办法第一条规定，截至二十五年二月三日届满，嗣为便利偏远省区及法币流通尚未充分地方人民兑换行使起见，经延展至二十五年五月三日。迨此项延展期限届满后，本应如期截止，惟念偏远省区及法币尚少流通地方之人民，或因不明政令，或狃于积习持有银币银类未即兑换法币者，仍不在少数，本部为特示体恤起见，对于该项地方兑换法币事务准予暂维现状，继续办理，将来由部斟酌各地兑换情形随时随地分别明令截止，本年度内当随时随地斟酌情形，分别办理，以利收兑。

第十二节　整理辅币及辅币券

本部对于整理辅币，业经遵照辅币条例，饬令中央造币厂铸造新币，交由中央银行发行，并由该厂筹划提炼旧日铜元制钱作为新铜辅币币材。惟查我国人口数在四万万以上，需要辅币数量颇巨，以现在中央造币厂之铸造能力，尚难供应需要，爰将可资利用之各旧造币厂局交由中央造币厂监督管理筹划改设分厂四处。本年度起拟即分别整理，开始鼓铸，同时并拟扩充中央造币厂铸造能力，俾可增加铸数。至现在流通市面之旧辅币，本年度内拟仍准照常流通。但应由中央银行斟酌各地方需要辅币情形，积极调整铜元价值，严禁贩运牟利，以维新辅币价格，又各地私发辅币券，拟于本年度内勒令一律收毁。其经本部核准发行之辅币券，并令各发行银行不得再发。

第十三节　举办公务人员储蓄

现值厉行新生活运动，亟应提倡公务人员储蓄，以养成俭德。业由中央银行增设信托局办理，并经本部根据第二次全国财政会议议决原案，拟订公务员储蓄条例草案，呈请核转立法院审议，一俟经过立法程序公布施行，当即开始办理。

第十四节　督促交易所业务

交易所各种交易与经济金融关系密切，前以证券交易市场每有投机操纵情事，又标金交易市场绝少现货交易，多以外汇结价，节经本部分别严予取缔纠正。自施行法币以来，关于调整金融暨安定物价汇价均有赖于交易之协助，此后对于交易所业务，尤应切实监督藉收效益。

第六章　关于国库事项

第一节　继续收回各省国税

国家收入均应归中央直接征收，其一切国家性质之支出，亦应由国库统筹拨付。上年度本部即以统一国库收支，定为行政计划之一，所有四川、甘肃、宁夏等省国税，均经分别收回，本年度内自应继续推进，现晋、绥、湘等省已将国税收入及军事机关并军队编制暨饷额等项报部，正会同军政部详细查核办理，期于本年度内切实收回，一面并拟着手调查滇、黔、粤、桂等省国家收支款项，以便酌量情形逐渐收回，总以达到国库收支能完全统一为目的。

第二节　继续推设各地方分支库

上年度内本部推设各地方分支库，已增至四十余处，本年度内拟仍继续推设，以期国库收支日臻便利。

第三节　调查国营事业收支

国营事业如铁道部之各路局，交通部之邮电航各局及实业部建设委员会等主办各项事业之收支款项，原属国库整个收支中之一部，惟年来均未经由国库收拨。本年度内拟切商各该主管机关，将各该事业之收支转列库账，借以觇各该事业之盈亏，并使国库整个收支得以完全表现。

第七章　关于会计事项

第一节　实行改革海关会计报表

海关会计历来自成一种制度，所造各项会计报表与中央规定程式不甚相同，其经管支拨各款亦未依照中央规定程序办理，因于二十五年二月间订定办法九条，先为款目上之整理及手续上之纠正，嗣后派员前往总税务司署实地考查，订定报表格式十余种，交由总税务司研究，准备拟自二十五年度开始时实行。

第二节　改进税警团预计算等编送办法

税警总团及所属部队机关经费列入军费预算，其情形亦与军队及军事机关相似。关于会计事项，殊难适用一般财务机关之成规，爰就二十四年度情形订定补助办法，计关于概算事项者凡六款，关于支付预算及请款事项者凡九款，关于计算书及收支报告事项者凡五款，拟饬自二十五年度开始起实行。

第三节　厘正部属机关会计组织及系统

本部所属机关向设部派会计主任驻在各机关，办理该机关之岁计、会计、统计事务，与中央现行采取连综组织之主计制度意旨相同。自国民政府主计处成立以后，各机关之会计人员，依法应由主计处任用，并直接对主计处负责。此次修正之本部组织法内业将部内会计组织予以修正，一俟公布施行部属机关之会计组织及系统，当斟酌情形，予以厘正。

第八章　关于地方财政事项

第一节　催编二十五年度各级地方预算

各省市应编二十五年度各级地方概算，本部曾于本年一月间咨行各省市依限造送。嗣复规定注意事项三点：（一） 绝对量入为出，以近三年实收平均数为标准。（二） 各地方一切事业必须整顿固有赋税，以资因应，不得再增税捐。（三）各地方应维持二十四年度核定各项税率，不得变更。电请各省市转饬依此原则，早日编造分送，勿逾法定期限，仍当由部不时催促，俾二十五年度各级地方预算得以如期完成，并于预算核定后更为有效之严格执行，庶地方财政可渐纳轨范。

第二节　促进统一地方财政

县地方财政关系重要，本部前以第二次全国财政会议关于统一征收一案，各省情势颇难一致，因以院交南昌行营所订剿匪省分县政府裁局改科办法大纲第七条规定县财政事务改革原则，为推进本案标准，分咨各省参照地方情形，拟订单行章则，送部核定办理，而原则上各省仍难一致。嗣又奉院交行营函送修正剿匪区内整理县地方财政章程，核与前订县财政改革事务原则系一贯政策，不但剿匪省分应遵奉办理，即其他各省亦有循此轨范同一整理地方财政之必要，经加具意见呈复，仍奉交妥为修订，再通行各省照办。现正将是项章程详加修订，拟俟呈院核定后，即通行各省依照办理，以期地方财政在原则上有统一办法，得收整理之效。

第三节　整理田赋推行陈报

田赋为地方重要税收，徒以积弊甚深，有地无赋者比比皆是，而地方政府因税收短绌，往往取给于田赋附加以资挹注，因此有赋之地负担重叠，农村经济益形枯竭。自院颁办理土地陈报纲要后，各省整理田赋遂有法令可循，如江苏、安徽、河南、福建、广西、湖北等省多已办有相当成效。本年度当继续督促办理，其业经办理陈报完竣之县区，即转饬从速改订科则，以均负担而苏民困。

第四节　厘整田赋章则

各省市征收田赋及办理推收事务，向按照各该省市单行章则办理，以致办理纷歧，互有出入。本部为切实整顿起见，经斟酌各地方情形，拟具征收田赋条例草案，尚待博访周咨以期尽善，刻正在征集各方意见，拟俟汇集后，再作一度修正，即呈院核转，经过立法手续正式颁行。至推收事务，各省向沿旧例办理，流弊滋多，亦拟于本年度内拟定草案后，再征集意见，修正颁行。

第五节　继续整理契税

各省市自奉院颁办理契税纲要后，多已遵照施行，间有办法未合者，亦经本部随时纠正。原拟即将契税条例另行拟定，适因内政部咨送第一次全国地政会议决议案，有在登记区内废除契税一案，当以各省市契税收入列入预算为数甚巨，遽予废除恐牵动预算，经商同内政部会咨各省市政府征询意见，再凭核办，现此项复文尚未到齐，已会同咨催，迅予核复，俾得据以解决，如认为仍须存在，即可拟订契税条例，以便整理而昭划一。

第六节　改进营业税

第二次全国财政会议曾议决整理营业税办法，由本部颁布通行。现在各省市营业税率大多均已依照部颁办法标准分别改订，税收已有增加。惟外商营业税问题迄今尚未得妥善解决，拟会同有关系机关切实商讨，设法推行。又营业税法自施行以来，未能切合实际需要。拟将本部前拟营业税法修正草案，再加讨论审定，依照立法程序，呈请审议，颁布施行，俾收切实改进之效。

第七节　整理各省市合法税收

自各省市努力奉行第二次全国财政会议决议之废除苛杂案后，综计二年来人民负担减轻不在少数，此后，对于地方税制必须继之以根本之整理。查地方合法税收，除营业税一项，应专案设法推进外，其他如房捐，应俟各省市实行征收土地税时改征改良物税。船税应俟财政收支系统法施行后改征牌照税，并应筹拟通则以期于实施时得所依据。至牙税、当税、屠宰税均为地方收入大宗，拟督饬各省市将征收方法暨所订税率切实整顿，以期将来归入营业税范围内统一征收。

第八节　促进各省捐税监理委员会任务

各省捐税监理委员会二十四年度开始以前成立者，计为苏、浙、皖、赣、鄂、冀、豫、鲁、陕、闽、绥等十一省。嗣湘、察两省亦由本部督促成立，并函各该会将每期会议纪录及关系文件随时送部审核。现查各该会委员有因其他任务不便兼职，或请辞者，拟再分别遴选公正人士呈院聘任补充，一面就监委会职权范围内有关裁废苛杂整理捐税事项，促其继续努力辅翊官厅，以蕲迈进，而策实效。

第九节　会同筹办航空测量

航空测量节时省费，精确效宏，既足代替人工测丈，亦可作土地陈报基础。最近，中央有关系机关已会同草定实施计划，本年度当继续会同各主管部会积极筹备，促其实施。

第十节　整理地方赋税册报

各地方赋税册报或造送稽时或阙略不详，本部负监督地方财政职责，对于各地方赋税征收实况，自宜随时切实明了。本年度内拟将现有之册报加以整理，并督饬依限依式编送，俾随时明了全国各地方税收实况。

第十一节　编制地方税收统计

地方正税如营业税、牙税、当税、屠宰税、烟酒牌照税，历年均已通行各省市列表报部。惟其他各项地方税款尚多缺而不详。拟由部再行通咨各省市补报齐全，以便连同现有各项册报材料，制成各项税收统计，以为改进之参考。

〔国民政府财政部档案〕

5. 财政部拟1937年6月份工作报告

（1937年8月）

财政部二十六年六月份工作报告

（一）关于法令事项

（甲）奉行法令事项

法令名称	到达日期		奉行方法	备考
	月	日		
民国二十六年四川省 振灾公债条例	六	二八	奉行政院训令奉令公布上项条例通饬施行由部抄发原条例及第一期发行债票还本付息表通饬直辖各机关知照并分别函咨军事委员会重庆行营监察院及四川省党部内政部振务委员会四川省政府及中央救灾准备金保管委员会并中央银行查照接洽办理	

（乙）颁行主管范围内之法规事项①

法规名称	颁行日期		法规要旨	备考
	月	日		
修正财政部所得税事务处暂行组织章程第十一条事务处设专门委员四人荐任办理本处特种问题之研究事项	六	四	规定专门委员之官等	
财政部税务署烟叶统制筹备处章程	六	二二	规定烟叶统制筹备处之应行筹备事项及其组织	章程附后
修正运盐执照领用章程	六	二三	因盐务机关改组将原章程内不适用条文加以修正	章程附后
所得税奖励金暂行办法	六	二六	规定扣缴所得税者依照法定手续期限完成其扣缴职责之奖励办法	办法附后
所得税罚锾暂行办法	六	二六	规定自缴或扣缴所得税者有不依期或怠于报告及隐匿不报或为虚伪之报告者之处罚办法	办法附后

（二）关于主管事务之进行事项

（甲）关务事项

（1）核定济南及冀东各处商号积存私货补税办法之经过

天津各商号积存私货补税办法，已详上月份工作报告。现在济南及临清两处商会，纷纷请求援例办理。本部以临清地方系属内地，与天津不同，未便援例。至济南一处，于六月二十五日令准援用天津办法办理。又冀东积存私货，各货主亦请准援例登记补税。但该处私货本应没收，顾处现时情势之下实属不易。总税

① 上述条例均略。

务司并以秦皇岛关对于由冀东沿海一带地方运入私货，委实无法执行充分处分，呈请准将该货照天津补税办法办理。本部以该处货主等肯向关照章补税，未始非良好情势，盖既可免国库损失，又可免其再向津方设法私运。惟以该处情势究竟与天津不同，经另订办法，准予该项货物援照津市旧存私货登记补税办法办理。惟税款须十足缴现，并须由关将登记期限明白规定，以杜流弊，于本月三日令饬遵照办理。

（2）延长惩治偷漏关税暂行条例施行日期之经过

查前以私运猖獗，拟订惩治偷漏关税暂行条例，于二十五年七月四日呈奉行政院转呈国府明令公布，施行以来，颇著成效。惟该条例第十一条有本条例施行期间定为一年之规定。现距七月四日为期不远，本部以华北走私近虽逐渐减少，而猖獗情形仍未戢止，该条例于制止私运既著成效，应予延长一年，已于六月一日呈经行政院转呈国府核准施行。

（3）核定津海关监督署缉私人员缉获私货给奖办法之经过

自华北走私问题日趋严重以来，税务司人员对于防杜查缉，因特殊关系，不能行使职权，幸津海关监督署人员与之通力合作，谋得地方军警之协助，渐有成效可观，已由部核准该署缉私人员准照税务司署人员一致给奖一成，以资鼓励，于六月二日令饬照办。至缉获私货送关处理之运输等费用，倘该监督署特别经费预算内能以开支此项费用，则就中开支，否则仍由关拨付。

（4）补充规定进口糖、食征税办法之经过

现行进口税则规定糖食与糖品之税率，轻重悬殊，糖食系按第三一二号从价值百抽五十征税，糖品则除糖精及未列名称外，均系从量征税，照现时货价计算，多超出值百抽百以上。近查青岛进口之糖食，除照糖食销售外，并可研碎或以水溶化，作为糕饼糖饵之原料，名为糖食，实系当作原料糖之用，按照糖食征税，于税收损失甚巨，为杜绝此种低价糖食大量进口起见，应于现行进口税则第三一二号糖食从价税率之下，补充以本项应征税金，每公担不得低于九·六〇金单位，即税则第三九七号糖品之最高税率之规定，以免商人避重就轻之弊，当即分别令行海关总税务司及各关监督遵照办理，并呈报行政院备案。

（5）核准南京转口花生等品免征转口税之经过

南京市商会以青、津、沪、汉等处转口之花生，业已先后免征转口税，请将由京转运国内各口岸之花生等品，准予援案饬关免征转口税。当经本部核准援案免征转口税二年，即自二十六年六月十六日起，扣至二十八年六月十五日为止，分别令行海关总税务司及金陵关监督遵照办理。

（6）改订纸烟进口税率之经过

现行进口税则内列之纸烟税率，系分订为甲、乙、丙、丁、戊、己、庚七级。其时纸烟统税税率系分为二级制，故原订七级之纸烟进口税率，均较国制纸烟所征之统税为高。现在纸烟统税自本年四月五日起，已改行四级制，以四级制之统税税率与七级制之进口税率比较，则进口税则中，丁、戊、己、庚各级之税率，均有一部或全部比统税为低。因国内产销纸烟，向以丁级以下之货品为多。舶来纸烟与国制纸烟竞争者，亦多属此等货品。今此等货品之进口税率，反较统税为低，显于国内纸烟制造业有所不利。为因时制宜计，自应将舶来纸烟之七级进口税率酌予改订，俾资维护。经拟修正纸烟进口税率表如次。

上列修正税率表之要点，则为由七级制改为六级，各级税率均有增加，大体系以值百抽八十为根据。因纸烟统税税率，平均已达值百抽六十六有奇，故进口纸烟之各级税率，均应较统税同级税率为高。经此次修正以后，国内纸烟制造业已足资维护。当即照上表所列税率提经院议通过，送请中央政治委员会核定，交立法院审议。经立法院财政委员会经济委员会开会审查，并由本部派员出席说明应予改订各情形。经立法院大会按照原改订税率

税则号列	货名	税率	
		单位	金单位
四二〇	甲、每千枝值过十金单位及无商标纸烟	从价	八〇 %
	乙、每千枝值过六、四金单位不过十金单位	千枝	七、六〇
	丙、每千枝值过四、八金单位不过六、四金单位	千枝	五、八〇
	丁、每千枝值过三、二金单位不过四、八金单位	千枝	四、〇〇
	戊、每千枝值过一、六金单位不过三、二金单位	千枝	二、五〇
	己、每千枝值过一、六金单位或以下	千枝	一、四〇

通过，并呈奉国民政府明令公布，由行政院令行到部，当即于六月十七日分别电令海关总税务司及各关监督即日施行。

（乙）盐务事项

（1）各区建坨及防私工程之进行

各区建坨及防私工程，计本月份长芦区丰财场大漏滩改线桥梁建筑完成，芦台场电灯装设齐备。两浙区余姚场地形及仓位之测量与增设沿海双人岗亭三处之填土工程，均已完成。南盐场建坨工程图表已设计就绪。两淮区大岛至黄九埝汽车路修筑完成。淮南建坨及防私工程，现经核定分三段办理，通属各场为一段，泰属安梁草堰两场为一段，草堰以北迄淮北济南场境为一段，初步概算定为一百五十万元，经饬克期着手进行。

（2）疏导淮北积水工程之完成及给奖

二十四年间黄河董庄决口，淮北盐区积水浸漫，经部核定在盐款项下拨洋五十五万元，疏浚淮北区内之岑池车轴善后各河，以资宣泄，并会同全国经济委员会江苏省政府组设疏导淮北积水工程委员会，负责主持办理。现该项工程业已按照预定方案全部完全，在事员工及协助进行之地方官民均属异常出力，经于六月九日举行给奖，并由部派员前往实地视察，藉资考核。

(3) 核定长芦丰芦两场及淮北济南场本年产额之经过

长芦、丰芦两场及淮北济南场每年产盐数额均由部预为核定，以资调节。本年份长芦两场产额，共为九百四十五万担，较上年份产数增加一百九十九万担，系因官销畅旺，各坨存盐减少，故须充实准备。淮北济南场本年产额定为三百四十五万六千担，与上年份产额相同，并无增减。

(4) 开放扬中盐务之经过

淮南食岸泰兴扬中两县食盐向由专商协泰隆承销。二十五年一月间，扬中党政机关请饬该商前往该县设立分栈，以免盆户担价居奇。该商以有种种困难，不原设栈，当经由部饬将该岸盐务，另行招商承办，并饬从速招定实行。嗣据电复，该岸地势特殊，无人投资，招商困难，拟将该岸开放为淮盐自由销区等情，并据扬中县党部等迭电催请解决，本部为免除纠纷起见，经予核准开放原则。近据盐务总局转据两淮管理局呈拟开放扬中岸行盐办法，所有淮南场盐任商自由缴税报运，一面在扬中县境设立查验机关，以防侵销其他食岸或高税区域，倘开放以后，一时盐运未能畅旺，暂由公家设立官仓，办运淮盐，前往济销，俟民食赡足。此项售盐机关即予撤销。经部复核，尚属可行，已电复准予试办。

(5) 交涉青盐输出之经过

青岛永裕公司对日输出食盐，前因日方不照鲁案协定履行，影响该公司营业，迭经本部咨请外交部与之交涉，日方已允按月分领订购数量，并停收过息金及保证金。惟关于补购短收数量(约九十余万担)一项，日方拟在协定期满以后，分两年收足，我方仍请其在协定有效期内补收清讫，双方意见犹未一致。近据永裕公司以鲁案协定内载日本自民国十二年起往后十五年间购买青盐。又青岛产盐输出协定限定该公司之输出期间至二十六年年底为止，但该公司自十五年以后，方始实行输出，故输出年限，不应从民国十二年起算，应向后展长三年，扣足十五年，庶符原案等语，呈由该管盐务机关转呈来部。当以所陈不无理由，倘日方承允该公司输足十五个年度，所有前项补购短收数量问题，无庸谈议。俟十五个输出年度满后再定续约，否则应请其于协定期满后一年内补运足数，此后再行续订协约，经已咨准外交部咨复，已函日本大使馆请其转达日本政府，并令饬驻日大使馆分向日本外务、大藏两省提出交涉。

（6）拨付京市食盐公益捐救济甘肃灾童之经过。

据盐务总局呈准振务委员会代电，请将京市食盐公益捐拨振甘肃灾区儿童，拟请照准等情，并准振委会以同情电请到部。查京市食盐公益捐原议拨作京市公益之用，惟各地灾情以甘肃河西为最重，振委会拟在河西各县分设育幼所，收养无依儿童，关系西北民族生机，应准将自二十五年七月开征之日起至本年六月底止，按实征数照拨半数，专为救济甘肃灾童之用，经令饬拨发，并电饬振委会查照。

（丙）税务事项

（1）筹商云南省卷烟改办统税之经过

滇省卷烟征收特捐及附加税一事，迭经本部商请云南省政府筹备改办统税。二十五年九月复咨请将最近三年内原征卷烟特捐暨附加税数目及其用途，详细查明，按年列表开示，以便商洽，酌量补助，现尚未准查复。惟本部规定计划，拟于二十六年度起，将滇省划入统税区，实行改办卷烟统税，经又电请云南省政府查照前咨，迅予见复，俾便商定，择期开办。

（2）贵州松坎分区统税管理所改设贵阳并变更名称之经过

贵州统税机关原系根据财政厅意见，于松坎地方设置贵州松坎分区统税管理所。兹据该管理所陈明松坎情势今昔不同，请将所址改设贵阳，经予照准，并即改为财政部贵州贵阳分区统税管理所，以符名实。

(3) 派员筹设西安分区统税管理所之经过

陕西、甘肃等省先后宣布为统税区域后，经核定于陕西西安设置二等统税管理所。在陕甘宁区局未成立以前，暂由部署直接指挥，甘肃平凉设置统税查验所，张家川一条山各设查验分所，均归西安管理所管辖。嗣因西安事变暂告停顿。现查陕、甘两省秩序均已恢复，亟应组织成立，以重税务。业由部遴员前往西安筹设管理所，俟该管理所成立后，再行察酌情形，派员筹组甘肃平凉统税查验所。

(4) 设置松江统税查验分所之经过

苏浙皖区统税局所属松江地方，商运颇繁，距沪较近，且为沪南各地水道总汇，私货偷销，在所难免，决定于二十六年度开始，设置松江统税查验分所，以重缉政，即经令饬该区统税局遵照办理。

（丁）直接税事项

(1) 边远省份所得税推行之经过

边远省区如云南、宁夏等处所得税务虽已推动，但尚未达到实际征收阶段。现经本部分别派员前赴各该省接洽指导，进行颇为顺利，

均于五月一日起征。

(2) 继续办理外侨所得税之经过

关于进行外侨所得税事项，六月份检同本国所得税关系资料，并进行现状之简要说明，分别函请驻法顾大使、驻美王大使供备参考，随时向各该政府阐释，俾利交涉。又函请国际贸易局于国际商务会议在巴黎举行时，以友谊之立场，就便提出请求各国赞助中国进行所得税，当较外交部个别接洽易收速效。另又拟具体办法，对于无领事裁判权国及无约国人民，一律限期通知纳税，如在相当期限尚不报税时，即再函催，并告以将移交常任律师办理，

一面将延抗情形呈部通知外交部，请其指示方针，在外交部未决定办法以前，并当密嘱律师暂缓追诉，分饬各稽征机关一体遵照。

（3）筹办会计统计人员特种考试之经过

各省市所得税务逐渐推动，需用会计统计人员极为殷切，拟考选大学关系学科之大学毕业生八十名，以备分发试用，经函请考选委员会代办特种考试，分在京、津、汉、粤四处举行，并请提前赶办，正在派员接洽办理中。

（戊）债务事项

（1）民国二十四年电政公债还本付息之经过

民国二十四年电政公债第七次还本及第七期付息，应于六月三十日到期，经定于六月十日在上海银行业同业公会举行抽签，中签号码为第二五号、四五号、五四号，共还本银三十万元，息银十二万三千元，此项本息基金，在交通部国际报费项下，预先分月拨交中央银行收入国债基金管理委员会本公债户帐，专储保管，届期由国债基金管理委员会分拨中央、中国、交通三银行经理支付，经本部布告周知，并分函各机关知照。

（2）民国二十四年四川善后公债还本付息之经过

民国二十四年四川善后公债第三次还本及第四期付息，应于六月三十日到期，经定于六月十六日在重庆市银行业同业公会举行抽签，中签号码为第一一号、二四号、六八号、七八号、九六号，共还本银三百五十万元，息银一百九十五万三千元，此项本息基金，在中央征收四川部分盐税项下，预先分月拨交民国二十四年四川善后公债基金保管委员会专储保管，届期由该基金保管委员会分拨重庆中央银行及各地中央、中国、交通三银行经付，经本部布告周知，并分函各机关知照。

（3）民国二十六年京赣铁路建设公债还本付息之经过

民国二十六年京赣铁路建设公债第一次还本及第一期付息，应于六月三十日到期，本部会同铁道部于六月十日在南京市银行业同业公会举行抽签，中签号码为第〇六号、七八号、共还本银二十八万元，息银四十二万元，此项本息基金，由铁道部在完成粤汉铁路借款项下归还中英庚款之本金，预先分月拨交民国二十六年京赣铁路建设公债基金保管委员会专储保管，届期由该基金保管委员会拨交中央银行经理支付。

（4）民国二十五年统一公债戊种债票先期还本抽签之经过

民国二十五年统一公债戊种债票第三次还本及第三期付息，应于二十六年七月三十一日到期，本部为便利持票人将中签债票预为贴现俾周转资金起见，核定六月十日提前抽签，与电政公债抽签同时在上海银行业同业公会举行，中签号码为第〇九二号、三七四号、五七三号、六五七号、九〇二号，应还本银一百三十万元，息银七百七十二万二千元，此项本息基金，在关税项下，分月拨交中央银行收入国债基金管理委员会本公债户帐专款存储，届期由该委员会转拨中央银行及其委托之中国、交通两银行暨中央信托局备付，先由本部将中签号码、应还本息金额，布告周知，并分函各机关知照。

（5）审核四川省政府发行民国二十六年四川省振灾公债之经过

四川省政府先后来电，以川省旱灾奇重，拟请发行四川省振灾公债一千二百万元，以资救济，经本部审核，将所请原拟债额一千二百万元分两期发行，第一期定额六百万元，并核定此项公债专为办理移垦水利等工赈事项之用，由四川省政府按照实际情形，妥拟切实计划，送由行营会商主管机关核定施行，由四川省党政军各界及公正绅士并由监察院派代表组织川灾救济会督促办理，并负责保管本公债及稽核用途，应付本息基金，以四川省预算所列救灾准备金项下拨充，其第一期第一年应付本息基金，由国库在救灾准备金项下拨付补助，经本部拟具发行原则及公债条例、还本付息表，提经行政院会议通过，送经中央政治委员会核定，交立法院审议，并于立法院财政委员会开会讨论时，由部派员列席说明，旋由财政委员会将公债条例、还本付息表分别修正，报告立法院会议通过，于二十六年六月二十四日奉国民政府明令公布，通饬施行，经抄录原条例及还本付息表分别函咨军事委员会重庆行营、监察院、四川省党部、内政部、振务委员会、四川省政府及中央救灾准备金保管委员会暨中央银行查照接洽办理，并通行直辖各机关知照。

（6）审核南京市政府发行南京市短期库券之经过

南京市政府为推进建设，调剂市财政，拟发行短期库券九十六万元，分四期发行，附送条例、还本付息表及房捐收数表咨请查照备案到部，并准行政院秘书处函，奉交本部核议，遵即审核，以京市建设事业诸待扩充完成，为应付急需，发行库券，似尚可行，经将所指基金利率及保管基金等事项分别审核修改，并以此项库券拟办之各项建设事业，应由市政府分别缓急，拟具计划，分别呈报行政院暨咨行内政部察核施行，由部将审核情形，并签注库券条例连同还本付息表，呈奉行政院令准备案，并由部咨达南京市政府查照办理。

（7）审核福建省政府发行民国二十六年福建省公路公债之经过

迭准行政院秘书处函，以福建省政府拟发行电业公债七十二万元，公路公债九十六万元，抄同两种公债条例、还本付息表及计划书，并全国经济委员会建设委员会审查意见交部核议。当查电业公债所指基金之烟酒牌照税，为该省废除苛杂之抵补专款，未便移作他用，除咨该省政府另指其他地方可靠税收拨充再行办理外，其公路公债所指之汽车牌照季捐，闽省所列岁入概算仅八万四千元，以与公债年还本息在十万元以上比较，显有不敷，经电准福建省政府查复，以指作公路公债基金之汽车牌照季捐，并无指充其他用途，实际收入可达十万元以上，二十六年度按照所发汽车牌照及捐率计算，可收至十三万元之谱，且本省公路建设积极进行，汽车牌照捐当逐年激增，拨充基金当无不敷等语。复查该项汽车牌照捐，二十六年度既可实收十三万元之数，又未指充其他用途，似可准予指作基金，其原拟筑路计划书，并由全国经济委员会核明，所定线路，诚为闽省中部东西联络干线，似宜设法赶筑，工程预算书内所列各项单价，亦尚允当，所请发行公路公债九十六万元似可照准，经签注该项公路公债条例附表，呈奉行政院令准备案，并咨达福建省政府查照办理。

(8) 拨付外债赔款本息基金及整理基金数目之经过

一、英德续借款本息基金一百一十五万四千三百五十三元六角四分，由关税项下拨付。

二、善后借款本息基金二百零九万七千七百二十五元二角四分，由关税项下拨付。

三、各国庚子赔款本息基金三百零四万九千七百八十三元，由关税项下拨付。

四、美麦及美棉麦借款本息二百一十九万二千五百八十三元六角五分，由海关救灾附加税项下拨付。

五、中法教育基金委员会美金借款利息美金三千九百七十五元，由国库项下拨付。

六、湖广铁路借款利息二百三十四万九千七百五十四元，由盐税项下拨付。

七、整理内外债基金四十一万六千六百六十六元六角七分，由关税项下拨付。

(9) 拨付整理外债本息数目之经过

一、马可尼公司与费克斯公司借款第二期利息国币二十九万九千二百九十一元五角三分，在盐税项下拨付。

二、中日实业公司汉口造纸厂垫借款应摊付第八期款日金一万五千元，计折合国币一万四千八百五十一元四角八分，在国库项下拨付。

三、安利洋行无利库券应摊付第三次本金国币一万元，在国库项下拨付。

(10) 拨付各项借款到期本息数目之经过

一、中法储备会等借款本息十万元，由关税项下拨付。

二、中法实业借款保息六千元，由印花税项下拨付。

三、总理陵园保管委员会借垫款本息三万三千元，由国库项下拨付。

四、中国建设银公司卷烟税税票借垫款五百五十万元，由该公司售发卷烟税税票抵拨。

五、中法大学加息一万二千五百元，由国库项下拨付。

(11) 拨付各项公债本息基金数目之经过

民国十七年金融公债本息基金二六四、八四三·七五元，二十五年统一公债本息基金八、五一七、九一六·六七元，复兴公债本息基金一、九六六、三三三·三三元，均在关税项下拨存备付。疏浚河北省海河工程短期公债本息基金三九、七三三·三三元，在津海关值百抽五税收项下附征百分之八之收入拨存备付。辟浚广东省港河工程美金公债本息基金美金一六、六六六·六六元，在粤海关附征百分之五进口税项下拨存备付。二十六年度广东省铁路建设公债本息基金英金一三、五〇〇镑，在粤区增收盐税项下提拨建设事业专款部分拨存备付。二十三年玉萍铁路建设公债本息基金一四八、〇〇〇元，在中央拨交江西地方盐附捐项下拨存备付。二十五年整理广东金融公债本息基金七九六、〇〇〇元，在征收粤区统税项下拨存备付。第三期铁路建设公债本息基金在国库项下拨存三〇〇、〇〇〇元（另由铁道部在国有各铁路之余利项下拨存九〇、〇〇〇元）。二十五年四川善后公债本息基金在中央征收四川盐税、烟酒税项下拨存八〇、〇〇〇元（另由四川省政府在营业税项下拨存五〇、〇〇〇元）。又由铁道部在借得英国退还庚子赔款项下拨存备付二十三年六厘英金庚款公债本息基金英金一六、一六六镑一三先令四便士。

（己）金融事项

（1）整理粤省币制之经过

上年本部为整理粤币安定汇价，呈准发行广东金融公债一万二千万元代为补充毫券准备，并呈准暂行办法，规定毫券与法币比价不得超过加五计算，实施以来，毫券汇价极为平稳，物价亦趋于安定，金融经济均呈活泼，工商各业亦已昭苏。本部为谋完成统一币制政策，经查省市两银行所发毫券，截至本年六月十九日止，共计有三万三千七百八十四万九千元，即规定自六月二十一日起，以一四四为法定比率，折合国币，由中央、中国、交通三银行及广东省银行按照比率负责兑换销毁，并由发行准备管理委员会广州分会对于尚未收回毫券随时保持其原有比例之现金准备。在本年底以前，按照比率照常行使，但以国币照法定比率交付者，不得拒收，违者严惩。自二十七年一月一日起，所有粤省公私款项及一切买卖交易之收付与各项契约之订立，均应以国币为本位，如再以毫券收付或订立者，在法律上为无效。上项办法，业经由部呈请行政院备案，并函广东绥靖主任公署、广东省政府、广州市政府布告周知暨分别电令各机关遵照。

（2）规定内地商民运银兑换法币免予查验之经过

兑换法币补充办法前经核定施行，依照该办法规定，凡沿边沿海及经过海关地方，运输银币银类仍应持有部照，方得起运，其内地人民及商号公司暨兑换法币机关带运银币银类，向就近中央、中国、交通、农民四行领兑法币者，得暂免运输银币银类请领护照及私运私带处罚办法所规定备具证明书及查验没收之拘束，以利收兑，业已由部呈报行政院转呈国府备案，并咨电通行照办。至运送现银之手续费，亦经四行会商，视各地交通运输情形及市面环境状况，分定标准如下。

（一）南京、上海、天津、北平、汉口、青岛、济南、广州等地给予手续费每百元以四元为限。

（二）铁路沿线及各地给予手续费每百元以五元为限。

（三）其他各地给予手续费每百元以六元为限。

复经本部核准照办，并函令四行转饬各行处一体知照。

（3）处理典当业满当整批银饰银器之经过

自实施法币政策后，关于银制品用银之管理，业经本部制定银制品用银管理规则公布施行。典当业当入各种银器银饰，期满运售，每为海关及军警查扣，纠纷时起，亟应明白指示，以资遵循。查银制品用银管理规则第八条有银制品制造者停业时，应将所有银器银饰银料按所含纯银量，向中央或中国、交通银行兑换法币之规定，典当业满当整批银器银饰与银制品制造者停业时之银饰银料性质从同，自应援照该规则第八条之规定，持向就近之中央或中国、交通、中国农民四银行及其所委托兑换法币机关依照收兑杂币杂银简则，按所含纯银量兑换法币，不得私自运售，以免误干查扣，遭受损失。业经本部分别咨令各省市政府及各海关饬属一体知照，并令饬各省市商会转行典当业公会转知各典当商一体知照。

（4）修正妨害国币惩治暂行条例之经过

本部前因防止白银外流，经拟定妨害国币惩治暂行条例，经过立法程序，由国府明令公布。查原条例施行期间定为二年，计至二十六年七月十四日满期，衡以目前情形，尚有再行展期之必要，且自海外铜价高涨以来，私运铜币出口或销毁后私运出口可获巨利，故不肖奸商以私运私毁为业者甚多，市面铜元因之减少，影响平民生计非浅，迭经破获多起，均以现行刑事法令尚无处罚明文，以致无从制裁。又以伪造法币案件，各地层见叠出，亦属破坏币政，扰乱金融，刑法所定刑等，尚嫌过轻，不足收惩儆之效。兹由本部将妨害国币惩治暂行条例，加以修正，订入伪造法币加重处罪及私运铜元出口科以重刑等条，并延长施行期间，仍定为二年，以资适应需要。现在延期一节，已呈奉国府明令公布，修正一节，并已由中央政治委员会交立法院审查。

(5) 拟订中央储备银行法之经过

中央银行负有调整全国金融之使命，自法币实施以后，责任尤重，自应改善组织，以期完成任务。本部曾于二十五年二月拟具修正中央银行法草案，提经行政院转呈中央政治委员会决议通过中央储备银行法原则，令由本部遵照原则拟具中央储备银行法草案，于本年六月一日备文呈院核转，现已经过立法程序，一俟明令公布，本部即依法将中央银行改组为中央储备银行，俾处于超然之地位，以尽银行之银行义务。

(6) 核准湖南省兑换法币办法之经过

湖南财政厅以该省各县银币银类留存民间不少，亟应设法收兑，以完成法币政策，因参酌河南省兑换法币办法，拟具湖南省兑换法币办法，提经省政府委员会议决通过，送由省府检同原拟办法咨请核复前来。查所拟办法，系为迅速收兑银币银类兼为防止奸商高价收买偷运起见，除第五条应予修正外，其余尚属可行，经即录送第五条修正条文，咨复湘省府查照修正，转饬遵照施行。

(7) 检查法币准备金之经过

发行准备管理委员会照章于二十六年五月三十日举行第十八次检查中央、中国、交通、中国农民四银行发行准备，计中央银行发行总额三万七千二百三十一万三千四百二十九元，内现金准备二万四千一百三十一万四千三百二十九元，保证准备一万三千零九十九万九千一百元。中国银行发行总额五万一千一百五十二万零三百九十六元八角，内现金准备三万一千九百零四万五千六百零一元三角二分，保证准备一万九千二百四十七万四千七百九十五元四角八分。交通银行发行总额三万一千二百万零零五千四百四十四元，内现金准备一万九千一百三十六万九千三百六十四元，保证准备一万二千零六十三万六千零八十一元。中国农民银行发行总额二万一千零七十三万八千七百五十一元，内现金准备一万七千零五十六万九千二百七十一元，保证准备四千零一十六万九千四百八十元。上列发行及准备金数额，现金准备均超过百分之六十以上，保证准备在百分之四十以下，核与检查规则相符，已由该会将检查情形报部，并布告周知。

（8）彻查上海纱布交易所投机操纵之经过

上海纱布交易所自近月以来，价格狂涨，紊乱市场，瑞昌纱号等以五月期货被人操纵，呈请令饬华商纱布交易所公允结价，以资取缔。本部当即令行上海交易所监理员迅行彻查，具复核夺。嗣据呈复市价变动原因及经过情形，显有投机分子从中操纵，影响金融市场甚巨，实堪痛恨，复经一再电令交易所监理员查明买卖大户户名，彻底根究，呈部核办。

（9）核准银行换照之经过

查本月份各银行呈请换照经部核准者，计有四家，（1）大同商业银行扩展业务，经股东会议决增加资本十万元，连同原有股本共计国币三十万元，既据将新增股款一次收足，取具崇明县商会保结证明属实，所送修正章程，查核尚无不合，应准备案，换发银字第二八一号营业执照。（2）四川美丰银行此次依照修正章程所增之董监名额举行改选，遵章呈请换发新照等情，应予照准，换发银字第二八二号营业执照。（3）中国实业银行自加入官股整理改组后，所有修正章程业据分别改正。兹由该行呈请注册换照，应予照准，换发银字第二八三号营业执照。（4）统原商业储蓄银行新增资本十万七千五百元，如数拨存中央银行，具函证明属实，所送章程，亦据遵批分别改正，尚无不合，应准备案，换发银字第二八四号营业执照。

（10）监视厂条加戳之经过

中央造币厂二十六年六月份铸成乙种千元厂条计一百二十五条，经审查委员会指派化验师照章监视加戳，并将各案成色重量列表登记，呈报本部备案，布告周知。

（庚）国库事项

（1）会商拟定各省灾荒根本救济办法之经过

比年以来，各省时有水旱偏灾，虽经本部暨各该被灾省份分别拨款振济。惟不于根本上筹议救济办法，终无由杜灾变之来源。本部前奉行政院令饬会同内政、实业两部暨振务委员会商议各省灾荒根本救济办法，当经会同议定，分为救灾防灾两部分，救灾项下计分六目，（一）办理急振，（二）推行工振，（三）办理农贷，（四）举办平粜，（五）散放积谷，（六）减免灾区赋税。防灾项下计分四目，（一）移民垦植，（二）造林以防水旱灾害，（三）兴修水利，（四）建仓积谷。经提院会通过奉院令饬就主管事项分别遵办。关于救灾项下第四目办理平粜，应令粮食运销局派员前往会同筹办一节，系属本部主管范围，业经本部令饬粮食运销局分别派员前往各被灾省份，会同省政府切实筹议办理，其第三目办理农贷应令中国农民银行拟具农贷办法，筹拨的款，会同地方政府切实办理一节，亦正由部令饬农民银行遵办。

（2）党员及先烈抚恤金改归国库支出之经过

党员恤金，向由中央党部在所得捐项下支给。自上年十月间所得捐停征后，上项恤金即经中央议决，改归国库在抚恤费项下支给，前准中央执行委员会秘书处函，以发给党员恤金手续问题，尚有商讨之必要，经部派员出席会商，对于发款手续，经决定援照拨发文武官吏恤金例，以领恤人现住地之市县政府为拨发恤金机关，由财政部汇造恤金清册，分咨各省市政府转饬各市县政府遵照，按期拨发，每年分上下两期汇总，咨由财政部拨还。旋准中央抚恤委员会造送党员抚恤金暨抚助金清册到部，业经本部依照上项议决案分别造册，分咨各省市政府转饬遵办。本年度党员及先烈抚恤费预算内已列有六十万元，自可在该款内照案拨付。

（辛）地方财政事项

（1）审查二十六年度宁夏青海两省地方总概算之经过

宁、青两省二十六年度地方总概算业经先后送达本部，并奉院交签注意见呈核。已由本部查照本年度各该概算款目及其列数，并参照上年度成案，分别核签送院，以备召集各有关部会署会同审查，进行编审程序。

（2）咨请福建省府修正清查官产换给部照简章之经过

厦门中孚钱庄陈永照因承受债务人所领官产请免予代缴官产清查费一案，准福建省政府咨复，以依照福建省财政厅清查官产换给部照简章第四条承买官产领有前财务委员会财政处及本厅印收，均应一律呈换部照，及第五条换领部照时，照章征收照费一元，注册费二角，并按业户所持缴验执照或印收内填载产价，核收清查费之规定，该民所请免缴清查费一节，自难照准等由。查此项简章，该厅究系何时公布施行，本部无案可稽，检阅福建省单行法规汇编，对于此项章则，亦未注有施行日期，查第五条后段规定，并按业户所持执照或印收内填载产价核收清查费，自每百元收二元累进至每百元收四元，又十元以上者，即须照百元计算一节，增加业户负担太重，殊涉苛细。再查该汇编内载官产清查登记及换照须知一种，除换照时应缴前项清查费外，仍须带征按产价百分之五之照册费，且对于前北京财政部所发官产执照，亦须照产价征收清查费，尤属有妨政信，本部认为均有修正之必要，当经咨请福建省政府转饬妥为修正，复部察核。

（3）咨湘省府关于减征团款应仍照原案办理之经过

湖南省政府以社会军事训练事关重要，而经费一项，在军训法规中既明白规定，不得增加人民负担，前经划定各县裁减义勇队经费三分之一移作社训经费，其余不敷开支之数，由各县就地筹足，颇涉纷扰。查本省保安团款确定自二十六年度起，每田赋正银一两减征四角，湖田亩捐每亩减征四分。兹为免除就地筹措纷扰起见，拟将上项减征之数仍予酌量，每正银一两恢复三角，湖田每亩恢复三分，以补社训经费之不足，咨行到部。当查军训经费，业经本部一再咨请遵照院令指示办法再行减少团队，以节省之经费拨充军训等项经费在案。湘省团款附加，人民久苦重累，此次减轻后，团款尚达四百余万，为数仍巨，其业经决议减轻之款，应请仍饬照案实行减征，一面再行减少团队，以节余拨充军费之用，以慰民望，已咨请查照饬遵。

（4）咨河南省府关于因灾减免田赋其输纳在前者仍应分别流抵之经过

河南省政府以二十五年灾欠县份甚多，必须通盘筹划，斟酌至当，乃提经本府委员会议定，（甲）关于减免手续部分，其因灾减免附捐，如输纳在前者，本应准其流抵次年新赋，其已停征之附捐，在次年无可流抵者，亦应以征起之正税附捐扣抵，以昭公允。惟为免滋流弊起见，拟将甲年勘灾减免成数作为乙年征收标准。（乙）关于减免县份及成数部分，经查勘决定伊阳等四县减免田赋四分，嵩县等二县减免五分，卢氏等五县减免四分，孟津等二县减免三分，咨请查照备案到部。查原咨关于减免手续部分，以流抵办法流弊滋多，拟将甲年勘灾减免成数作为乙年征收标准一节，固属不无理由。但甲年既已被灾人民衣食不给，自属无力完纳。政府勘灾免赋，所以体恤民艰，若一面勘灾核定减免成数，一面仍须照额征收，至乙年方得减免，民力实有不逮，应请仍照通例办理，将输官在前者，准予流抵次年赋税，灾案核定后，尚未输将者，实行分别减免，以恤民艰，已咨复查核办理。

（5）豁免征收民地赋税之经过

各省市因公用或筑路征收民地，其原有赋税，由征用机关造册送部查核，汇案呈院，历经照案办理，经过情形，已详以前各月份工作报告。

(6) 咨请闽省府停征煤气油营业登记费之经过

闽省征收煤汽油登记费一案，前奉院令展限至二十五年度终了时，实行停征，曾准闽省府于声复改编概算案内叙明力筹抵补。嗣奉院交外交部密呈，以该省续征煤汽油营业税引起纠纷，交本部会同省府妥商停收，复经咨请转饬财政厅迅筹停征办法报部查核，乃据同安同美长途汽车公司呈诉，该财厅迄未妥筹遵办，实有未合，现二十五年度瞬将终了，此项不合法之税捐自应遵照院令，从速妥筹抵补，限期停征，以重功令而泯纠纷，已咨请福建省政府查照，严饬财政厅从速妥筹办理，并批示知照。

(壬) 经费收支事项

(1) 收入概况

本月份收入除上月结存一万三千六百八十七元九角四分外，向国库领入应领未领四月份经费五千一百六十元，又五月份六万三千三百八十二元五角，六月份六万三千三百八十二元五角，借入经费一万六千八百二十元，合计一十六万二千四百三十二元九角四分。

(2) 支出概况

本月份支出各月份俸给费七万四千七百五十元零九角三分，办公费一万九千九百三十九元零九分，购置费六百六十六元六角，特别费八千三百二十元八角五分，暂付款一万五千四百九十二元四角一分，又电话押金二百五十五元，拨付会计处经费一万二千七百二十元，尚余三万零二百八十八元零六分，留付应付未付各费，合计一十六万二千四百三十二元九角四分。